KB201618

Theo-Cultura

테오–쿨투라

〈눈에서 천국까지〉

신학과

문화의

만남

Theo-Cultura

테오-쿨투라

〈눈에서 천국까지〉

신학과

문화의

만남

최병학
지음

인간사랑

차례

20세기 최고의 문화신학자인 폴 틸리히는 이렇게 말한 적이 있습니다. "궁극적 관심으로서의 종교는 문화의 의미를 제공하는 실체이고, 문화는 종교의 기본적 관심이 자신을 표현하는 형식들의 총체이다. 간략히 말해 종교는 문화의 실체이고 문화는 종교의 형식이다." 문화의 중요성을 잘 보여주는 말입니다. 대한민국 임시정부의 주석 백범 김구(1876~1949) 선생님도 회고록『백범일지』(1947)에서 문화 강국의 꿈을 이렇게 표현했습니다. "나는 우리나라가 세계에서 가장 아름다운 나라가 되기를 원한다. 가장 부강한 나라가 되기를 원하는 것은 아니다. 우리의 부력(富力)은 우리의 생활을 풍족히 할 만하고, 우리의 강력(强力)은 남의 침략을 막을 만하면 족하다. 오직 한없이 가지고 싶은 것은 높은 문화의 힘이다."

해외에서 항일 무력투쟁을 이끌었던 백범이 36년간의 일제 식민 지배를 갓 벗어난 상태에서 군사력이나 경제력보다 문화의 힘을 우선시한 것은 의외로 느껴집니다. 백범은『백범일지』에서 다방면으로 문화의 의미를 조명했습니다. "인류가 현재 불행한 근본 이유는 인의(仁義)와 자비, 사랑이 부족하기 때문"이라며 "이 마음만 발달이 되면 현재의 물질력으로 20억이 다 편안히 살아갈 수 있을 것이다. 인류의 이 정신을 배양하는 것은 오직 문화"라고 강조했습니다. 문화를 인류애적 관점에서 접근하면서 평화의 전제조건으로 제시한 것입니다.

교회(그리스도)와 세상(문화)의 관계에 관한 고민은 기독교와 신학의 역사만큼 오래됐고 근본적입니다. 필자는 문화신학 전공자입니다. 문화 전반을 살펴보고 그 속에서 신학적, 철학적 의미를 찾아내는 작업을 해왔습니다. 회화 속에서(『테오-아르스』), 영화 속에서(『테오-시네마』), 사진 속에서(『테오-포토』), 또한 일상 캐릭터와 유행어(『대중문화와 윤리』)를 통해 문화가 유통되는 과정, 문화 속에 내재하고 있는 생각의 틀거리를 분석하고 그 의미를 신앙적으로 모색했습니다. 그리고 이 작업은 보물찾기와도 같았습니다. 이제 문화 전반을 살펴보며 문화신학의 이름으로 책을 세상에 내놓습니다. 신학과 신앙의 관점에서 문화와 신학의 관계를 고민하는 사람, 또한 문화의 관점에서 종교에 대해 어떤 관계를 설정할 수 있을지 고민하는 이들에게 이 책은 의미 있는 통찰을 가져다 줄 것입니다.

이제 종교와 문화의 대화로 시작한 필자의 '테오(신)' 시리즈가 3권이 되었습니다. 『테오-아르스: 신학과 예술의 만남』(인간사랑, 2016), 『테오-시네마: 신학과 영화의 만남』(인간사랑, 2017), 그리고 『테오-쿨투라: 신학과 문화의 만남』(인간사랑, 2019)! 지난 4년간 한국기독신문에 쓴 '최병학 목사의 문화펼치기'와 인터넷 신문 '에큐메니안'에 게재한 '최병학 목사의 인문학으로 읽는 영화'가 지면을 허락해 준 덕택으로 이 책을 완성하게 되었습니다. 감사드립니다.

백범은 이렇게 말합니다. "문화의 힘은 우리 자신을 행복하게 하고 나아가 남에게 행복을 준다. 문화가 융성한 나라는 불행하려 해도 불행할 수 없고, 망하려 해도 망할 수 없다." 개인의 행복과 공동체의 존속 요건으로 문화를 꼽은 것입니다. 문화신학을 펼치며 지나온 시간들을 돌아보니 행복했습니다. 그 행복과 함께 하고 있는 인간사랑 출판사에도 감사드립니다.

이렇게 함께 '테오-시리즈'를 완성하게 되어 기쁩니다. 이제 출판사 이름과 같이 '사피엔스-시리즈'를 기획해 보려고 했으나, 이미 유발 하라리가 사피엔스와 호모 데우스를 통해 완성했습니다. 그렇다면 남은 것은 '사랑'인가요? 학문의 길은 끝이 없고, 진리 탐구의 열정은 오늘도 식지 않습니다. 에로스에 어원을 두는 사랑처럼 저 위를 향하고, 서로를 향하는 이 끌림은 언제 해갈이 될까요? 또 다시 물음을 남기고 머리말을 대신합니다. 참, 사랑하는 세 딸과 희경씨에게도 감사의 인사를 전합니다.

2019년 7월 봄밤이 그리운 어느 무더운 날에

곡선의 신학

〈곡선과 직선〉

    문화를 읽고 그 속에 감춰진 신학과 기독교 신앙의 의미를 펼치다 보니, 안목과 시선이 날로 새롭게 변해가기도 하지만 기발하거나/엉뚱해지기도 한다. 세상을 직선이 아닌, 곡선으로 보는 것도 그 중 하나이다.

    21세기 초를 근시적인 눈으로 보면 '사드'(고고도미사일방어체계)라든지, '경주 지진'이라든지 '최순실과 K스포츠, 미르재단', '북미, 남북 정상회담'이라든지 하는 것으로 역사에 남겠지만, 100년 정도의 역사적인 안목으로 보게 되면 '알파고와 이세돌의 바둑에서 인간이 4대 1로 졌다'는 것과 또한 '포켓 몬고 열풍'을 들 수 있다. 바로 4차 산업혁명이 시작되었다는 말이다. 김광두 국가미래연구원장은 '2016년 국민미래포럼'에서 "4차 산업혁명 시대에는 1등만 살아남습니다."라고 말한다. 빅데이터와 인공지능(AI), 가상현실(VR) 등의 신산업이 주도할 미래는 가장 빨리 관련 기술을 개발한 기업이나 국가가 계속 시장을 주도할 수밖에 없다는 것이다.

4차 산업혁명의 핵심은 3가지로 볼 수 있다. '자동화, 융합화, 연결화'가 바로 그것이다. 인공지능이 발달하면서 자동화는 가속화될 것이고, 개별적으로 발달한 다양한 정보기술은 융합되어 연결될 것이며 생각지도 못한 변화와 혁신이 일상화되는 것이 바로 4차 산업혁명이라고 할 수 있다.

이러한 4차 산업혁명의 핵심은 '아날로그의 여유로운 곡선'을 '디지털의 빠른 직선'으로 만든 것이다. 디지털의 직선은 자동화와 가속화를 상징한다. 모든 '실재적인 것'은 시공간의 4차원을 가지고 있지만, 디지털화를 통해 차츰 4차원에서 움직이는 입체는 조각품의 세계(시간 없는 입체)→ 그림의 세계(깊이 없는 평면)→ 텍스트의 세계(평면 없는 선)→ 컴퓨터화된 세계(선 없는 점들)로 요약되는 자동화와 가속화, 그리고 디지털화의 추상게임을 시작한다. 이렇게 파시스트적인 속도로 변화되어가는 세상 속에서 양적 성장은 당연하고, 더 많은 양을 획득하려면 더 빨리 목적을 달성하기 위하여 속도를 내야 한다. 이처럼 속도와 양적 성장과 목표지향적인 직선의 가치관이 오늘 화살처럼, 창처럼 사회와 세상과 교회와 교인들, 특히 목회자들에게 몰아치고 있다.

그러나 자연은 본래 곡선이었다. 곡선인 자연을 인간이 직선으로 만들어 버린 것이다. 직선의 마음은 급하게 지식을 만들어내려고 하고, 급하게 일을 처리하려고 하며 획일적이다. 하지만 곡선의 마음은 때를 기다리며 곰탕과 같이 우려내어 지혜를 잉태시킨다. 따라서 스페인의 건축가 안토니 가우

디(Antonio Gaudi)는 이렇게 말한다. "직선은 인간이 만든 선이고, 곡선은 신이 만든 선이다." 오스트리아의 화가이자 건축가인 훈데르트바서(F. R. D. Hundertwasser)도 인간과 자연의 공존을 강조하면서 "직선은 신의 부재"라고 말한 것도 같은 맥락이다.

필자가 보기에, 성경은 하나님의 곡선을 인간이 직선으로 만든 사건들의 기록이라고 볼 수 있다. '선악과 사건으로부터 예수님의 십자가 처형'에 이르기까지! '직선과 같은' 인간의 교만과 탐욕은 속도와 성장의 다른 이름으로 '신(神)인 곡선'을 지워버린 사건이라고 볼 수 있다. 따라서 직선의 획일성과 가속성에 곡선으로 튕겨져 나가 부활하신 예수님은 교만하고 강퍅한 직선들 위에 부드러운 곡선으로 다시금 재림할 것이라고 생각해 본다. 여기 이글들은 곡선으로 세상을 보고자 하는 필자의 마음이요, 신학이다. 혹 직선의 눈으로 세상과 사물과 사람을 보는 이들에게는 동의를 구하기 어렵겠지만, 천천히 걸으며 묵상하며 기도하며 읽을 때 곡선 속에 거하시는 신의 음성을 이 책을 통해서도 들을 수 있을 것이다.

1부

눈에서 포스트휴먼까지

01. 눈

눈의 역사 -지옥에서 선함에 이르기까지

"눈이 있는 한 인간의 세계는 파국을 면할 길이 없다. 종교적 용어를 구사한다면 인간에게 구원은 없다." (임철규, 『눈의 역사 눈의 미학』)

"우리가 주목하는 것은 보이는 것이 아니요 보이지 않는 것이니, 보이는 것은 잠깐이요 보이지 않는 것은 영원함이라." (「고린도후서」 4장 18절)

1. 눈의 역사에서

사람만이 '보는 것'을 통해 사유를 한다. 따라서 인식의 전제조건인 보는 것이 없다면 인간의 모든 사유, 역사, 문명은 불가능할 것이다. 이해를 청각을 통해 수용했던 히브리인들과 달리 그리스인들은 시각을 통해 얻을 수 있다고 생각했다. 따라서 그리스어 '나는 안다(oida)'는 '나는 본다(eidon)'의 과거로 '나는 보았다'와 같은 뜻이다. 즉 보는 순간 안다, 보는 것이 아는 것, 감각 작용이 바로 인식작용으로 이어진다는 의미를 함축하고 있다. 『티마이오스』에서 플라톤은 시각을 가장 고귀한 감각이라 부르며 자연계에 대한 가장 명확한 지식은 시각에서 나오며 인간은 시각을 통해 제반 지식과 지혜를 얻는다고 생각했다. 사실 플라톤의 이데아(idea)도 '내가 보다(horao)'의 제2단순과거 부정사인 '보여진 것(idein)'의 과거분사가 아니던가!

그러나 우리가 어떤 대상을 인식할 때 대상 전체를 인식한다는 것은 불가능하다. 따라서 우리가 안다고 할 때 '보지 못하는' 것을 배제하게 된다. 보지 못하는 것, 알지 못하는 것을 타자화하고, 비(非)동일적인 것으로, 반(反)정체성으로 규정하는 인식의 폭력은 이렇게 눈의 역사와 함께 진행된다. 대지에 발을 붙이고 하늘을 응시하고 있는 거대한 눈과 같은 저 로마의 원형극장을 보라. 『참회록』에서 "눈의 음욕"을 경계한 어거스틴의 우려에도 불구하고, 중세 시대는 성인들과 순교자들의 삶을 성상과 스테인드글라스, 프레스코화, 목판화 등을 통해 눈에 보이도록 만들었다.

눈의 이성적 능력을 비판한 바울의 가르침(고후 4:18)을 따라 종교개혁가 칼빈은 '믿음이 눈을 감게 하고 귀를 뜨게 한다'고 말하며 청각만이 구원의 영원성을 담보할 수 있다고 했으나, 가톨릭은 성상, 성화, 십자가 이외에도 눈부신 성당, 각종 대회, 축제, 가면, 장관을 이루는 분수 등의 볼거리를 통해 시각문화를 창조했다. 이후 18세기 계몽주의 시대는 시각을 가장 고귀한 감각으로 평가하며 '영혼과 가장 빠른 교섭을 가지는' 시각에 대해 예찬한다. 그러나 낭만주의에 이르러 눈의 잔치는 종교개혁 이후 최대의 총체적 반격을 받게 된다. 윌리엄 워즈워스(W. Wordsworth)는 자서전적인 시집 『서곡』에서 이렇게 눈의 폭력을 지적한다. "우리들 감각들 가운데 가장 폭군적인 감각"이며 "그 힘이 잠들 수 있는 어떠한 표면도 발견할 수가 없었다"고 애통해 한다.

『실낙원』의 저자 존 밀턴 역시 바깥을 향한 육체의 눈은 언제나 진정한 실체를 보지 못한다고 생각했다. 진정한 실체를 볼 수 있는 것은 내면을 향한 눈이며 이러한 눈은 신의 은총으로 가능하다는 것이다. "그대, 천상의 빛이여 마음속에 빛나라, 그리고 마음의 모든 능력을 비추어라. 거기에 눈을 심고, 거기서 모든 안개를 말끔히 거두어내라. 인간의 눈에는 보이지 않는 것들을 내가 보고 말할 수 있도록."

실존주의에 와서는 타자의 시선은 지옥으로 변한다. 타자는 자신의 시선을 통해 나를 바라보면서 나의 세계를 훔쳐가고 동시에 나에게 객체성을 부여하는 존재이기 때문이다. 따라서 타자는 항상 나와 투쟁 관계에 있을 수밖에 없다. 『밀폐된 방』에서 사르트르는 가르생(Garcin)의 목소리를 통해 이렇게 말한다. "나를 잡아먹을 듯한 이 시선들… 아! 당신들은 고작 두 명뿐이었는가! … 훨씬 더 많다고 생각했는데. (그는 웃는다.) 이것이 지옥이지. 전에는 전혀 생각을 하지 못했었지… 당신들도 기억하겠지. 유황, 장작더미, 쇠꼬챙이… 아! 다 쓸데없는 얘기야. 쇠꼬챙이 같은 것은 필요 없어. 지옥, 그것은 타인들이야."

2. 예술의 눈으로

타자가 갖는 이 새로운 지위를 보여주기 위해 사르트르는 『실존주의는 휴머니즘이다』에서 내가 나에 관한 진실을 알기 위해서는 반드시 '타자를 거쳐야만 한다'고 말한다. "무엇이건 나에 관한 진실을 얻으려면 나는 반드시 타자를 거쳐야만 한다. 타자는 나의 존재에 필수불가결하다. 그뿐만이 아니라 내가 나에 대해 가지는 인식에서도 이와 마찬가지이다." 따라서 『잃어버린 시간을 찾아서』에서 마르셀 프루스트는 이렇게 말한다. "오로지 예술을 통해서만 우리가 보고 있는 세계와는 다른, 딴 사람의 눈에 비친 세계에 관해서 알 수 있다." 철학자 강신주 박사의 부연 설명에 의하면 '기형도의 시를 통해 요절한 그의 속내를 이해하는 것', '카프카의 소설을 통해 여린 작가의 고통에 참여하는 것', '고다르의 영화를 통해 현대 문명을 진단하는 영화감독의 시선을 맛본다는 것', '피카소의 회화를 통해 그의 울분에 공명한다는 것', '슈베르트의 피아노 소나타를 듣고 그의 고독을 맛보는 것'은 바로 지금 내가 보고 있는 세계와 다른 세계를 보는 것이라는 말이다. 그러나 이러한 '동일한 세계를 달리 표현하는 타자와 만나는 게 얼마나 힘든가.' 눈의 역사를 통해 드러나듯 타인을 지옥으로 만드는 것이 눈이며 이러한 눈이 선한 눈에 이르기까지 우리는 잃어버린 시간과 눈을 되찾아야할 것이다. 거기에 예술의 길이 준비되어 있다.

문화신학자 폴 틸리히(P. Tillich)는 예언자들이 경험하는 신적 현전(Divine Presence)과 예술적 경험 사이에는 유비(analogia)가 존재한다고 믿는다. "예술은 궁극적 실재에 대한 한 개인의 체험의 표현"이라는 말은 바로 그러한 맥락 하에 나온 말이다. 예술 작품을 보고, '계시적 탈자(revelatory ecstasy)'를 경험하며, 그 작품의 아름다움 안에 '아름다움 그 자체(Beauty itself)'가 있었다고 말하는 틸리히는 "그 순간은 나의 삶 전체를 감동시키고, 인간 실존의 해석의 열쇠를 주었다. 그것은 내게 생명의 기쁨과 정신적 진리를 가져다주었다"고 한다.

사실 시각예술과는 거리가 먼 개신교 신학자인 틸리히는 개신교는 '말'에 묶여 있으며 시각예술과는 극히 의심스런 관계에 있다고 지적하며 "개신교의 역사를 보면, 종교음악과 찬미시에서는 초기교회와 중세교회의 성취를 능가하기도 했으나, 시각예술에서는 그 창조적인 힘을 잃었다. 그러나 청각과 시각은 똑같이 중요한 것"이라는 말은 오늘 우리가 선한 눈을 찾는 지름 길이 될 것이다. 중요한 것은 이러한 눈의 예술에 대한 개신교의 거부 배경 에는 우상숭배로 되돌아가는 것에 대한 두려움 때문이다. 그러나 영의 본성 은 그 현존의 체험에서 눈의 배제를 반대한다. 왜냐하면 영은 모든 차원을 포함하기 때문이다. 따라서 폴 틸리히는 다음과 같이 눈의 예술, 혹은 예술 의 눈을 간과한 개신교의 역사를 통탄한다. "개신교적 삶의 맥락 안에서, 눈의 예술의 결핍은 역사적으로는 이해할 수 있지만, 체계적으로는 지지할 수 없는 것이며, 실천적으로는 후회스런 것이다."

3. 구별하는 눈과 공생하려는 눈 사이

　나치즘을 공공연하게 대변한 유명한 정치학자이자 공법학자인 독일의 카 를 슈미트의 대표적인 저작 『정치적인 것의 개념』은 '정치적인 것은 적과 동 지를 구별하는 것'이라는 명제를 우리들에게 보여준다. "도덕적인 것에는 '선과 악'의 대립, 미학적인 것에는 '미와 추'의 대립이 그 본질적인 규준이 되듯, 정치적인 것은 '적과 동지'의 구별과 대립을 그 본질로 삼는다"는 슈 미트의 말에서 적이란 '사적인 경쟁 상대'가 아니라, '공적인 투쟁의 대상'으 로, 철저하게 현실적이고 실제적인 존재라는 것을 알 수 있다.

　반면 물소신학(Water Buffalo Theology)으로 유명한 태국의 일본인 선교사 코스케 코야마(Kosuke Koyama)는 "모든 것은 거미줄처럼 연결되어 있습니 다. 고립된 문화, 언어, 종교는 없습니다. 이 연결되어 있음은 생태학, 도덕, 신학의 양식입니다. 나는 '내가 내 형제를 지키는 자입니까?'라는 물음에 단언하여 말하고자 합니다. 내 자매와 형제로부터 분리된 '나'는 없습니다" 라고 말한다. 구별하는 눈을 넘어 공생하려는 눈을 제시한 것이다. 코야마

박사가 언어, 문화, 종교의 경계를 넘어 소통할 수 있었던 것은, 무엇보다도 가난하고 약한 이들의 고난에 동참하려 했던 그의 삶 때문이었다. 하나님은 시속 3마일로 걸어가시는 분이라는 통찰을 통해 태국적인 상황 신학인 '물소신학'이 탄생했는데, 이것은 불교라는 종교 문화적 전통사회에서 기독교적 토착신학을 발전시키려는 변증법적이며 선교적 신학이었다.

한완상 전 부총리는 한때 원수와의 선한 관계, 곧 평화의 관계를 만들기 위해서 이렇게 말한바 있다. "악이 우리 속에도 존재하듯이, 원수 속에도 선이 존재한다는 진실을 잊지 말아야 한다. 만일 냉전근본주의 기독교인들이 확신하듯이 우리만 선이고 원수는 악이라면, 예수께서 원수를 사랑하라고 명령하지 않았을 것이다. 왜냐하면 그 명령은 악을 사랑하라는 뜻이 되기 때문이다. 오히려 원수를 사랑함으로써 원수와 선한 관계, 곧 평화의 관계를 만들라고 한 것이다."

사실 사도 바울도 원수를 사랑할 때 나타나는 놀라운 효과를 '머리 위에 숯불을 쌓는 것'이라 말한바 있다. 원래 머리 위에 숯을 얹는 행위는 죄를 강제로 자백받기 위한 고문행위였다. 그런데 바울은 이것을 양심을 움직이는 사랑의 행위로 재해석하였다. 쉽게 말하자면, 원수 속에 꽁꽁 얼어붙다시피 한 선한 마음, 곧 양심이 상대방의 사랑을 받음으로써 제대로 작동하게 된다는 진실을 부각시킨 것이다. 이런 양심의 작동은 원수 간의 증오의 관계를(곧 구별하는 눈) 대화와 화해의 관계(공생하려는 눈)로 바꾼다. 그래서 악순환은 선순환이 되고, 적대적 공생관계가 우호적 상생 관계로 아름답게 변화되는 것이다. 따라서 구별하려는 눈이 공생을 지향하는 눈으로 변화되어야만 참된 신앙의 경지에 이르는 것이 아닐까? 여기서 예수의 눈이 우리들을 바라본다.

테오-쿨투라

4. 예수의 눈: 바보의 눈, 역설의 눈

한완상의 『바보예수』(삼인, 2012)는 바보들의 특징을 이렇게 말한다. "보통 사람들, 특히 영악한 보통사람들이 보지 못하는 것을 보는 사람입니다. 보통사람들이 듣지 못하는 것을 듣고, 말하지 못하는 것을 용기 있게 말하는 사람입니다." 사실 성경에는 수없이 많은 '바보 예수'의 이야기들이 있다. 예수의 비유 말씀에는 꼴찌에 대한 진한 사랑의 표현이 있다. 탕자 같은 존재, 경멸받았던 이방인, 여성, 죄로 인해 중병에 시달리는 죄인들, 지체장애자로 절망 속에 사는 사람들에 대한 예수의 지극한 배려와 사랑은 당시 율법주의자들과 기득권층에게는 바보스런 편애로 인식되었을 것이다.

그리고 이러한 예수 그리스도의 가장 심각한 바보다운 선택은 스스로 죽으러 가는 메시아임을 선포한 것이다. 원래 메시아란 칭호는 당당하게 승리하는 지도자, 용기 있게 해방시키는 지도자, 신적 권위로 세상을 통치하는 지도자의 뜻을 담고 있다. 따라서 패배하는 메시아는 상상할 수 없는 것이다. 그러나 예수는 자신을 승리자 메시아로 착각하는 제자들에게 '우아한 패배'를 역설하였다. 기독교 복음의 진수는 이것이다. "원수를 사랑하라고 산 위에서 바보처럼 말씀하셨던 예수께서 골고다 언덕에서 몸소 그 사랑을 실천하시어 바보가 되신 것", 지금 만신창이가 된 한국 기독교에 필요한 가치가 바로 이것이 아닌가? 우리 모두가 우아한 패배의 길을 선택해야 한다. 한완상의 말처럼 모두가 승리하려 한다면 우리 안의 악이 더욱 활개 치게 되니(發惡), 우아한 패배를 선택하여 우리 안의 숨겨진 선을 발선(發善)해야 한다. 이때 평화가 깃들며 함께 이기는 상승(相勝)과 함께 사는 상생(相生)이 이뤄질 것이다.

3세기경 외전인 『요한행전』에 의하면 예수는 단 한 번도 눈을 감아본 적이 없다고 한다. 최후의 심판을 위해 한 사람 한 사람의 삶을 낱낱이 지켜보는 예수의 이러한 감시의 눈은 중세 사람들은 '정의의 눈'이라고 불렀다. 그러나 예수가 지상에서 보낸 삶은 가난한 이들, 땅의 사람들(암하레츠)을 위한 것으로 보면 예수는 그들의 고통에 단 한 번도 눈을 감을 수 없었던 것은 아닐까? 도처의 인간들이 경험하는 숱한 고통 때문에 눈을 감을 수가 없었을 것이다. 그 고통이 전하는 아픔과 비통함에 눈을 감을 수 없었을 것이다.

그러나 십자가에서 예수는 마침내 눈을 감았다. 선한 눈을 죽인 인간들의 악한 눈이 이제 세계를 지배하게 되었다. 철학자 아도르노는 '암흑과 절망적인 사태에 직면했을 때 책임 있는 철학이 할 수 있는 유일한 시도는 그 사태를 구원의 관점에서 바라보는 것'이라고 말한다. 파국으로 치닫는 역사의 수레바퀴에서 부활의 신앙을 외치는 그리스도인들이야말로 암흑과 절망을 구원으로 바라보는 역설의 눈을 가졌다. 어거스틴의 다음의 말은 따라서 역설의 눈을 가진 자가 어떻게 삶을 살아가야 하는지를, 눈을 어떻게 떠야하는지를 잘 보여준다.

> "모든 이는 자기가 사랑하는 존재와 똑같은 존재가 된다. 그대가 땅을 사랑하는가? 그대는 땅이 될 것이다. 그대가 신을 사랑하는가? …… 그대는 신이 될 것이다."

테오-쿨투라

02. 색

색깔 신학

　우리말 가운데 '새빨간 거짓말'은 흰 것을 오염시키는 빨간색을 가치 없는 것으로 여기는 표현이다. 서양은 '하얀 거짓말(white lie)'을 선의의 거짓말로 표현한다. 기색(氣色), 본색(本色), 생색(生色), 특색(特色), 정색(正色), 이색적(異色的)이라는 말도 색깔을 통한 정서를 보여준다. 조선의 선비들은 육체와 정신을 구분하여 남성을 양(陽)으로 여성을 음(陰)의 존재로 보았다. 따라서 육체적 본능을 천시하였는데, 여색(女色)을 밝힌다거나 주색잡기(酒色雜技), 곧 술과 여자와 노름에 빠져 패가망신한 사람을 천한 인간으로 여겼다. 반면 재색(才色)을 겸비한 미인과 같이 긍정적인 표현들도 동시에 존재한다. 푸른색에 관련하여 독야청청(獨也靑靑), 청춘(靑春), 청상과부(靑孀寡婦), 청출어람(靑出於藍), 청산유수(靑山流水)라는 말들은 색깔이 주는 상징이 문화의 경험을 통해 맺어진 정신의 표현임을 알 수 있다(이하 성기혁,『색의 인문학: 색으로 엿보는 문화와 심리산책』, 교학사, 2016 참조)

현재까지의 연구에 따르면 인간과 같이 색을 보는 포유류는 원숭이 밖에 없다고 한다. 따라서 강아지를 즐겁게 해주기 위해 빨강 옷을 입힌다거나 노랑 밥그릇을 준비하는 것은 주인의 만족이지 강아지에게는 그림의 떡이다. 이제 색깔의 의미를 살펴보자.

자동차의 사고를 예방하기 위해서 가장 좋은 색은 노랑이다(따라서 위험을 알리는 경고등의 색이 노랑색). 유아나 어린이가 탑승하는 자동차를 노랑으로 정해 놓은 이유가 바로 이 때문인데, 노랑은 가장 밝게 느껴지고 어떤 환경에서도 가장 먼저 눈에 띄는 색이기 때문이다.

진찰실에서 진료하는 의사들은 흰색 가운을 입지만 수술실에 들어갈 땐 초록색 수술복을 입는다. 수술복이 흰색이라면 옷에 묻은 선명한 피가 의사를 자극할 수 있다. 그러나 초록 수술복에 피가 묻으면 갈색으로 보인다. 초록은 빨강의 보색이기 때문이다. 동시에 초록은 피로를 회복하고 마음을 안정시킨다. 사실 눈의 피로와 마음의 피로를 풀어주는 초록은 자외선과 적외선의 중간에 위치해 있어 눈이 가장 편안하게 받아들이는 색이기도 한다.

남(藍)색이라고 부르는 쪽빛은 파랑의 백미이다. 영원한 하늘의 색이고 그리움의 색이다. 동시에 쪽빛은 청결, 심원, 성실, 창조, 발전의 의미를 담고 있다. 또한 파랑은 지성과 연결된다. 형식보다는 내용을, 감성보다는 이성을 내세우는 색이기도 하다. 미국인의 이상이자 젊은 대통령의 상징인 케네디가 짙은 파랑 정장차림으로 대중 연설을 하면서 선풍적인 인기를 끌기도 했다. 또한 첨단 기술을 내세우는 회사나 통신회사, 신용을 생명으로 여기는 은행들은 파랑을 사용하는 경우가 많다. 동시에 파랑은 식욕을 억제하는 색이기도 하다. 그러나 다른 색으로 요리한 음식을 돋보이게 만들어 준다. 음식의 배경색으로는 아주 좋은 색이 바로 파랑이다.

파랑의 심리적 반대색인 빨강은 자극적이고 활동적이며 의지력을 특징으

테오-쿨투라

로 삼는 색이다. 빛의 스펙트럼(빨주노초파남보)의 첫 번째에 위치하는 빨강은 애정과 흥분, 진취적 기상, 신체적인 힘, 강인함과 연결된다. 동시에 육체적인 사랑과 욕망도 빨강이 지닌 독특한 감성이라고 할 수 있다. 재미있는 것은 빨강은 귀신을 물리치는 색으로도 최고라는 것이다. 동짓날 문설주에 팥죽을 뿌리거나 장을 담글 때 빨갛게 잘 익은 고추를 띄우는 것 또한 빨강의 적극인 에너지로 귀신을 물리치겠다는 생각이라 할 수 있다. 귀신은 어둡고 습하고, 죽음과 음기가 있는 곳을 좋아한다. 빨강은 양기가 왕성한 색으로 태양과 밝음을 상징한다. 따라서 남쪽을 뜻하는 양의 색인 빨강을 귀신이 싫어할 수밖에 없는 것이다. 출애굽 당시 마지막 10번째 재앙인 장자죽음에서 히브리 백성들을 구원해 준 것이 바로 어린양의 빨간 피가 아닌가!

회색은 빛의 강약에 의해서 생긴다. 어두움과 밝음의 중간에 위치한 회색은 어느 쪽에도 치우치지 않는 중용의 성향을 보여준다. 단아하고 부드러운 이미지의 색이기도 하다. 따라서 불교에서 중생의 선한 마음을 해치는 가장 근본적인 3가지 번뇌를 독에 비유한 삼독(三毒), 곧 탐진치(貪瞋痴, '탐욕'과 '분노/노여움'과 '어리석음')를 경계하기 위한 승려의 옷은 회색이다.

색깔 신학은 예수님께 옷 한 벌 맞춰드린다. 노란 목도리에 회색 옷을 입혀드리고, 그 위를 파란색과 빨간색을 연결한 태극 모양의 겉옷을 걸친 패션인데, 서 계신 배경은 초록 들판이다. 이렇게 옷을 입으신 예수께서 매끄러운 곡선의 길을 가시며 우리들에게 따라오라고 말씀하신다. 그 길을 따라가는 것이 바로 색깔 목회가 아닐까?

예수님을 따라 하얀 니트에 회색 조끼로 멋을 내고 거기에 쪽빛 바지를 입고 노랑 머플러를 걸친 패션으로 푸른 초원으로 소풍 가보자.

03. 말(씀)

발화된 '말'과 수육된 '말(씀)'

1. 말(言)의 복수

우화 '양치는 소년'의 이야기이다. 마을 사람들에게 늑대가 온다는 거짓
말을 즐기다가 진짜 늑대가 나타나서 그 밥이 되고 말았다는 비극적인 소
년의 이야기인데, 흔히 '거짓말하면 벌 받는다'라는 도덕교훈을 위해 단골
로 인용되는 우화이다. 인문학자인 이왕주 교수에 따르면 이 우화는 훨씬
더 심오한 언어철학의 메시지가 담겨져 있다고 한다.

> "이에 따르면 그 소년은 거짓말 때문에 천벌을 받은 것이 아니라,
> 말의 박해 때문에 복수를 당한 것이다. 소년의 입술에서 학대당한
> '늑대가 온다'는 말이 복수의 칼을 휘두른 것이다. 그것은 두 가지 방
> 식에 의해서다. 첫째는 말이 현실을 만들어내며 둘째는 그 현실 안

〈양치기 소년〉

에서 말이 스스로 무력해져버리는 것이다. 늑대가 나타난 것은 첫째
의 증거고, 사람들이 소년의 외침에 콧방귀도 뀌지 않았던 것은 둘째
의 증거다."(이왕주, 「떠도는 말들의 복수」, 『소설 속의 철학』, 문학과지성사,
1997)

　문제는 이 비극이 동화 속의 이야기로만 그치지 않는다는 것이다. 이 시
대를 살아가는 우리 모두는 물론이고 인간이 살았던 모든 세상에서 조금씩
은 다 이 양치는 소년의 운명에 몰려 있었다는 것이다. 중국 진(秦)나라 시
황제를 섬기던 환관 조고(趙高)는 시황제가 죽자 황제의 유서를 위조하여
태자 부소(扶蘇)를 죽이고 어리고 어리석은 호해(胡亥)를 내세워 황제로 옹
립했다. 이후 조고는 호해를 온갖 환락 속에 빠뜨려 정신을 못 차리게 한
다음 교묘한 술책으로 승상 이사(李斯)를 비롯한 원로 중신들을 제거하고
자기가 승상이 되어 조정을 완전히 한 손에 틀어쥐었다.
　어느 날 조고는 입을 다물고 있는 중신들 가운데 자기를 좋지 않게 생각하는 자를 가리기 위해 술책을 썼는데, 사슴 한 마리를 어전에 끌어다 놓고 황제에게 말했다. "폐하, 저것은 참으로 좋은 말입니다. 폐하를 위해 구했습니다." "승상은 농담도 심하시오. '사슴을 가리켜 말이라 하니(指鹿爲馬)' 무슨 소리요?" 조고는 완강하게 말한다. "아닙니다. 말이 틀림없습니다." 그러자 호해는 중신들을 둘러보며 물었다. "아니, 제공들 보기에는 저게 뭐 같소? 말이오, 아니면 사슴이오?" 그러자 대부분 조고가 두려워 "말입니다."라고 대답했지만, 그나마 의지가 남아 있는 사람은 "사슴입니다."라고 바로 대답했다. 조고는 사슴이라고 대답한 사람을 똑똑히 기억해 두었다가 죄를 씌워 죽여 버렸다. 그러고 나니 누구도 감히 조고의 말에 반대하는 자가 없게 되었다는 것이다.

그렇다면 이런 조고와 같은 환관의 마지막은 무엇인가? 나중에 사방에서 반란이 일어나고 유방의 군대가 서울인 함양으로 밀고 올라오는 가운데 조고는 호해를 죽이고 부소의 아들 자영을 3대 황제로 옹립했으나, 똑똑한 자영은 등극하자마자 조고를 주살해버렸다. '양치는 소년'과 같이 거짓된 현실을 창조한 거짓말은 지속되지 못하고 징벌의 칼날로 변하여 자신을 발화한 인간을 엄벌한 것이다. 논리적이고 감성적인 말에 의한, 냉철하고 비판적인 이성과 공감과 배려의 감성이 상실되고, 난폭한 감정과 편견의 말들이 휘몰아쳤던 세상이었음을 잘 보여준다. 그리고 거기에는 말이 있었다.

2. '발화된 말'과 '수육된 말(쏨)'의 자기희생

역사적 기독교는 역사적 인물인 나사렛 예수 그리스도의 삶과 역사, 교훈과 행동 등 예수의 전 운명 때문에 생겨났다. 따라서 예수 그리스도는 그 자신이 교회의 선포, 선교, 신앙 진리의 내용이고 대상이 된다. 그러나 이 대상으로서 예수는 복잡한 인간 이해의 범주(해석학의 차원)에서 다양하게 해석된다. 이것이 바로 기독론인데, 다음과 질문들이 제기될 수 있을 것이다.

"그러면 어떠한 예수가 기독교의 신앙과 실천의 궁극적 척도인가? 그는 쿠바의 게릴라 대장 체게바라인가, 한국 노동운동사에서 빛나는 전태일인가, 억압받는 민중의 해방을 위한 투쟁가인가? 그렇다면 위대한 민중 항쟁사의 가장 큰 분수령을 이룬 전봉준은 예수인가. 민중신학자의 주장처럼 민중이 예수인가. 혹은 감상적 경건주의자와 낭만적 신비주의자가 그리는 것처럼 역사적인 현실과는 동떨어진 피안의 세계에서 존재하는 예수인가. 그는 영적이고 내적인 세계에만 관여하는 골방 주인인가."(오영석, 『조직신학의 이해』, 대한기독교서회, 1992)

〈다양한 예수상〉

따라서 '예수는 누구인가?'라는 말은 간단하게 표현되었지만, 기독론이라는 제목 아래, 신학에서 다양하게 논의되어온 질문이라고 할 수 있다. 또한 "너희는 나를 누구라고 믿고 따르느냐?"라고 제자들에게 던진 예수의 말은 오늘 우리들에게도 들려온다. 그림 〈다양한 예수상〉처럼 다양한 기독론과 예수상이 전통적으로 해석되어온 것이다. 따라서 '어떤(?)' 그리스도 예수를 우리는 믿고 고백하며 증거 하는가? 기독교와 기독교인은 어디에서 왔는가? 무엇을 위해 존재하며 그의 삶은 무엇을 지향해야 하는가? 이러한 질문과 그 답은 기독교의 존폐가 걸린 문제라 할 수 있다. 즉 신학은 이 질문에 대해 거듭 새롭게 대답을 해야 하며, 그 대답을 통해 창조적으로 세상을 변화시켜가야 할 것이다. 만일 그렇지 못한다면 교회는 제 기능을 상실하고 도태될 것이다.

에밀 부룬너(E. Brunner)에 의하면 기독교의 핵심은 '하나님이 예수의 인격 안에서 인간이 되었다는 성육신 사건에 있다'는 것이다. 이 사상은 칼 바르트(K. Barth)의 기독론 진술에서도 찾아볼 수 있으며, 그에게서 절정을 이룬다. 그리고 그것은 요한복음에 기초한다.

요한복음은 태초에 있던 말씀(logos), 곧 이성과 법칙에 대해 이야기한다. 그리고 그 이성과 법칙이 우리 가운데에 임하셨다고 한다. 죄 없고 흠 없는 유월절 '어린양'으로! 그는 우리의 죄를 대신해서 십자가에 처형당했다고 한다. '말의 씀'은 '말씀'으로 우리말에서는 공경어가 되기도 하지만, 해석학적인 작업을 거치면 이제까지 발화된 말을 귀로 듣고 실천했던 종교가 '말을 씀'으로 쓰여진 문서(말씀)를 해석하는 해석학적 종교가 되었다는 것이다. 따라서 요한복음의 저 찬란한 메시지로 인하여 우리는 신학적 상상력을 되찾을 수 있으며 해석학의 바다를 향하여 노를 저어가야만 하는 것이다. 그리고 그 향해의 목적은 쓰여진 말들의 파편을 찾는 것이다. 이제껏 진리를 찾아 헤맨 인류 역사를 김성곤 교수는 이렇게 평가한다.

테오-쿨투라

"태초부터 있었던 말씀(the Word)은 곧 발화(utterance)의 힘으로 천지창조를 가능케 했던 완벽한 언어/로고스이자, 절대적인 진리/신 그 자체였다. 그리고 인간은 원래 그 말씀과 직접 교류하는 것이 허용되었다. 그러나 인류의 타락으로 인해, 말씀 곧, 진리는 베일에 가려졌고, 신은 인간으로부터 떠나버렸다. 그 후 인간은 그 사라져버린 진리를 되찾기 위해 부단히 노력해 왔으며 그 결과로 스스로 진리를 발견했다고 착각하는 사람들, 또는 자신이 신의 합법적인 후계자라고 생각하는 사람들이 생겨나게 되었다. 그리고 이와 같은 사람들은 권력을 쥐고 스스로의 신념을 절대적 진리로 선포했으며, 거기에 반대하거나 순응하지 않는 사람들을 이단과 적 그리스도라는 죄명으로 억압해왔다. 그러나 사실 이 세상의 종말(apocalypse)과 파멸(anni-hilation)을 재촉하는 진정한 적 그리스도(anti‒Christ)는 바로 그들 자신이었다(파멸과 연관되는 이 모든 것은 A자로 시작된다. 사실 A자는 알파벳, 곧 모든 문자의 시작이자 동시에 모든 것의 시작이다. 그렇다면 파멸은 다시 처음으로의 회귀를 의미한다고 볼 수도 있을 것이다). 어떤 의미에서 인간의 역사는 바로 이러한 두 계층 간의 싸움과 갈등의 기록이라고 할 수 있을 것이다." (김성곤, "포스트모더니즘과 포스트리얼리즘‒현대미국 소설과 유럽소설의 〈상호텍스트성〉을 중심으로‒," 『미국학』, 서울대학교 미국학연구소, 1989)

'발화된 말'이 인류의 타락으로 인하여 그들을 구원하기 위해 오신 '말의 씀'으로 수육(육신을 입음)되었을 때, 그 말씀의 해석(기독론)은 다양해 졌으나, 다시금 말의 씀을 단 하나의 발화된 말로 왜곡하려는 적그리스도들 때문에 차이를 존중하지 못하고, 획일적인 교리, 배타적인 신앙이, 자기 부정이란 십자가의 종교인 기독교를 이상한 종교로 만든 것은 아닐까? 사실 지구가 돈다는 사실을 알아낸 탓에 평생 모욕과 수난이 그칠 새 없었던 갈릴레이(G. Galilei)는 말년에 이르러 미쳐 돌아버렸다. 그러나 그는 옳았고, 당대의 배타적인 기독교인들은 잘못했다.

진지한 성서주의와 전적으로 그리스도 중심적인 세계관을 펼친 세르베투스(M. Servetus)는 법학과 의학을 전공하며 당시 과학 저서들을 번역하고 편집한 과학자였으며 개인적으로 신학을 연구한 신학자였다. 혈액 순환설을 제창했으며 '유대인의 땅에는 젖과 꿀이 흐른다'는 성서의 기록을 무시한 채 당시의 지리학설을 쫓은 죄로 종교 개혁자 칼뱅에 의해 불에 태워져 죽임을 당했다고 하는데, 사실 구체적인 내용은 이렇다.

세르베투스는 삼위일체에 대한 자신의 새로운 견해를 담은 『삼위일체론의 오류에 대하여』(1531)를 출판하여 '말씀'은 영원한 하나님의 자기표현 방식인 반면, 성령은 사람들 마음속에서 활동하는 하나님의 활동 또는 능력이라고 주장하며 성자는 인간 예수와 영원한 '말씀'의 결합이라고 말했으나, 가톨릭과 개신교인들은 그의 복잡한 책 내용을 이해하지 못했다. 또한 「그리스도교 회복」(1546)이라는 글에서 세르베투스는 성부와 그의 아들 그리스도가 니케아 신조 때문에 모욕을 당했으며, 교회가 타락하게 되었다고 주장했다. 이로 인해 구속되었고 1553년 칼뱅에 의해 이단혐의로 재판 받아 화형 당했다(당시 칼뱅은 세르베투스를 이단으로 고소하기는 하였으나 화형은 반대했다). 세르베투스를 처형한 사건은 개신교도들 사이에 이단자에게 사형을 부과하는 문제에 관한 논쟁을 불러일으켰고, '시대적 한계로 인한 장 칼뱅의 배타성'을 엿볼 수 있는 사건이 되었다. 따라서 1903년 세르베투스가 죽은 그 장소에 장로교 교인들은 기념비를 세웠다. 그 내용은 이렇다. "우리는 칼뱅의 후예로써 감사한다. 우리는 시대의 오류에 대해서 회개한다."

남녀의 갈비뼈 수가 같다는 상서롭지 못한 사실을 밝힌 근세 해부학의 대부 베잘리우스(A. Vesalius)는 교리 수호에 부심했던 교권에 의해 사형 선고를 받았다. 구태여 수백 수천만의 사람들이 어육(魚肉)으로 변했던 여자와 흑인과 유대인의 박해사를 거론하지 않더라도, 차이와 주변을 보는 시선은 이처럼 한때 생사의 갈림길이었다.

〈배타성의 희생자 갈릴레오, 세르베투스, 베잘리우스〉

'백명의 죄 없는 사람들을 고생시킬망정 한 명의 이단자를 놓치지 말라'는 중세 이단 심문소의 원칙처럼, 불과 얼마 전까지만 해도 새롭고 낯선 것이란 그저 박해의 대상일 뿐이었다. 차이와 주변을 수용하는 성숙한 시대정신은 '발화된 말'이 '수육된 말씀'으로 변화되었다는 것을 깨닫고 자신의 삶의 지평에서 수육된 말씀을 발화된 말로 교리화, 획일화시키는 것이 아니라, 자신과 차이나는 수육된 말씀들을 배움의 조건으로 삼을 때 성숙한 깨침을 얻을 것이다. 그리고 수육된 말씀은 자기희생의 상징인 '유월절 어린양'이다.

사실 차이와 주변을 너그럽게 받아들이는 것은 과거의 지식인들에게는, 배타와 혐오의 대상이 아니라 '생존'의 문제였다. 지금의 지식인들에게도 '앎의 새로운 지평'이 될 것이다. 그리고 우리 종교인들에게는 '성숙과 깨침'을 위한 화두가 된다. 곧, 자신의 동질성을 타자에게 강조하지 않고 타자와 자아와의 차이를 박해가 아닌 배움의 조건으로, 나아가 자기희생의 태도로 접근하는 겸손이야말로 한국 개신교가 나갈 성숙의 징표가 될 것이다.

3. 아킬레우스의 분노와 그 다스림

서양 최고의 고전인 호메로스의 『일리아스』 첫 행은 이렇게 시작된다. "노래하소서 여신이여! 펠레우스의 아들 아킬레우스의 분노를." 그리스 연합군 총사령관 아가멤논이 자신을 모욕하자 아킬레우스는 그의 목을 쳐버리겠다며 칼집에서 칼을 뺀다. 그때 지혜의 여신 아테나가 나타나 아킬레우스의 금발을 등 뒤에서 잡아당긴다. 그 순간 아킬레우스는 노여움을 삼킨다. 이성과 지혜가 분노의 불길을 제압한 것이다. 따라서 '분노를 노래'하는 대서사시인 일리아스는 아킬레우스의 이러한 지혜로운 행동 때문에 역으로 '분노의 다스림'에 관한 시가 된다.

태초에 있었던 발화된 말, 곧 이성과 질서가 우리 가운데 죄 없고 흠 없는 '어린양'으로 임했다는 것은 '양의 희생과 이성의 제 역할'이 이 땅을 바로 세울 것이라는 의미가 아닐까? 올바른 이성으로 지록위록(指鹿爲鹿)을 발화해야 할 것이며, 분노의 불길은 지혜의 손길로 다스려야 할 것이다. 그리고 그 기본은 바로 발화된 말이 말의 씀으로 어린양 예수가 된 것처럼, 예수 그리스도의 자기희생인 십자가 정신에서 시작된다는 것을 기억하자. 따라서 인문학자의 다음의 외침은 참다운 말씀의 종교인 기독교인들의 외침도 되는 것이다.

"누가 말에서 뜻을, 이름에서 실질을 박탈했는가. 누가 언어를 떠도는 유령으로 만들었는가. 바로 양치기 소년과 같은 거짓말쟁이들

테오-쿨투라

이다. 기억해두자. 우리가 해방되기 위해 진정 필요한 존재는 거짓말하는 똑똑한 지도자가 아니라, 진실을 말하는 양치기 소년이라는 것을."(이왕주, 「떠도는 말들의 복수」).

04. 로고스

영화 〈아쿠아맨〉과 플라톤, 요한복음

1. 영화 〈아쿠아맨〉

　DC코믹스가 마블코믹스에 대항하며 제임스 완 감독을 섭외해 내놓은 야심작 〈아쿠아맨AQUAMAN〉(2018)은 평범한 등대지기의 아들이었던 아서 커리(제이슨 모모아 분)가 메라(앰버 허드 분)의 지지에 힘입어 진정한 아틀란티스의 후계자가 되는 이야기이다. 사실 아서는 아틀란티스 여왕의 피를 이어 받은 인물이었다. 본인의 기원과 능력을 깨달은 땅의 아들이자 바다의 왕인 아서는 아틀란티스의 넘버 2인 벌코(윌렘 데포 분)에게서 훈련을 받고 후계자 교육을 받는다.

　영화의 한 장면, 육지의 쓰레기와 육지 사람들의 공격으로 바다(아틀란티스 제국)는 고통을 받는다. 그 결과 아쿠아맨과 아버지가 다른 동생이자, 아틀란티스의 옴 마리우스 왕(패트릭 윌슨 분)은 아틀란티스 7개 바다 왕국을

통합하고, 육지와의 전쟁을 선포한다. 그 첫 시작으로 바다 속의 모든 쓰레기를 육지로 밀어 버린다. 육지와의 전쟁을 선포한 것이다. 이제 아쿠아맨은 육지와 바다의 전쟁을 막아야 한다. 영화는 심해의 수호자인 슈퍼히어로인 아쿠아맨이 지상 세계와 수중 세계를 오가며 화해를 위한 대장정을 그린 액션 블록버스터이다. 특히 지금껏 본 적 없는 바다 왕국과 다양한 심해 크리처(창조된 것) 등을 통해 영상 미학을 창조한다. 아바타 이후 환상적인 비주얼 등 상상을 뛰어넘는 재미로 새로운 히어로 탄생을 알렸다.

2. 플라톤의 티마이오스

아틀란티스 대륙의 전설에 관해 플라톤은 『티마이오스』(서광사, 2005)에서 이렇게 말한다.

"'헤라클레스의 기둥해협' 반대편에 매우 큰 섬이 있었는데 리비아와 아시아를 합친 것보다 더 크고 다른 섬으로 가는 길목이었다. 또 거기서부터 반대쪽에 있는 대륙으로 갈 수 있었다. 그곳은 산맥과 온갖 동물들이 번성하는 푸른 벌판이 있었고, 또 아름답고 신기한 과일들이 많이 나는 비옥한 땅이었다. 땅 속에는 온갖 귀금속이 묻혀 있으며 특히 사람들이 가장 귀중하게 여겼던 금, 은을 비롯한 보석들이 많았다. 섬 한가운데에 있는 수도에는 흑, 백, 적색의 돌로 지은 아름다운 건물들이 줄지어 서 있으며, 이 도시는 완전한 동심원으로 이루어져 있고, 도시들은 항만과 운하로 연결되어 있다. … 그 나라 국민들의 타락으로 아틀란티스는 신의 무서운 저주를 받게 되었다. 그러던 어느 날 이 섬 전체에 끔찍한 재앙이 몰아 닥쳤다. 그로 인해 아틀란티스는 화산 폭발과 해일에 덮인 채 하루아침에 바다 밑으로 가라앉고 말았다."

플라톤의 후기 대화편인 『티마이오스』는 약 1만1천5백 년 전에 물 밑으로 잠겨 버렸다는 아틀란티스 신화가 담겨 있는 '들어가는 대화'와 우주의 탄생에서 인간 및 다른 생물들의 탄생에 이르기까지의 이야기를 담고 있는 '서론', '본론'으로 구성되어 있다. 본론은 1부 '지성에 의해 만들어진 것들', 2부 '필연의 산물들', 3부 '지성과 필연의 결합'으로 나눠진다.

옥스퍼드의 번예트 교수는 『티마이오스』에 관해 이렇게 말한다. "만약 당신이 '과학적 가치'들과 '정신적 가치'들이 어떻게 조화될 수 있겠는지를 보여 주려 하고 있다면, 플라톤 철학은 당신이 이용할 수 있고 영향을 받을 수 있는 단 하나의 철학이다."

왜냐하면 『티마이오스』는 형이상학적이면서도, 기술적 창출 과정을 모델

테오-쿨투라

〈아틀란티스 상상도〉

로 삼은 플라톤의 우주론을 담고 있으면서 동시에 인간의 삶의 방식과 제도 그리고 기술 등 모든 것이 우주적 질서에 동화되어 편입되어야 함을 강조하고 있기 때문이다. 물론 이 책에는 플라톤 자신의 철학뿐만 아니라, 당시의 천문학, 수학, 생리학, 의학, 광학, 화성학 등을 포함하는 모든 학문적 성과가 다 동원되어 있기 때문에 당시 그리스의 철학과 더불어 여러 학문들의 수준을 알 수 있다. 플라톤은 이렇게 말한다.

> "티마이오스님께서는 우리 중에서 천문학에 제일 밝으시고 우주 (to pan)의 본성(physis)에 관하여 아는 것을 무엇보다도 자신의 일로 삼아 오셨기 때문에, 자신께서 먼저 우주(세계: kosmos)의 생성에서부터 이야기를 시작하셔서 인간의 본성에 대한 이야기로 끝내시는 것이 좋을 것같이 생각되었습니다."

플라톤은 우주적 본성을 밝히는 작업을 통해서 본인이 생각하는 인간의 본성론의 필연적인 논거를 제시하겠다고 말한 것이다. 그리고 이러한 인간의 본성론은 오늘날의 정치철학의 주제가 된다.

3. 아이티온과 파테톤

플라톤은 『티마이오스』에서 우주의 생성과 구성을 이원론적으로 설명하며 '아이티온(αἴτιον)'과 '파테톤(παθητόν)'이라는 말을 사용한다. '능동과 수동' 혹은 '원인과 결과'로 번역된다. 쉽게 이야기하면 '움직임을 주는 스스로 존재하는 것'이 아이티온이며 '움직임을 받는 스스로 존재하지 않는 피조된 것'이 파테톤이다.

영어에 능동태와 수동태가 있듯이, 세상의 모든 일에도 원인이 있고 그 원인에 따른 결과가 있다. 육지 사람들의 탐욕과 환경 파괴가 아틀란티스 사람들의 육지 공격의 원인이다. 그리고 아틀라나 여왕(니콜 키드먼 분)과 등대지기의 만남이 아쿠아맨을 낳고, 이를 통해 화해가 일어난 것도 원인과 결과로 설명이 된다.

플라톤은 모든 생성되는 것은 어떤 원인에 의해 필연적으로 생성되며, 모든 원인 가운데 최고의 원인은 그것을 만드는 자라고 본다. 따라서 데미우르고스(dēmiourgos), 곧 장인(craftsman)을 통해 세상의 창조를 설명한다. 태초에 '무질서하게 움직이는 볼 수 있는 모든 것들'이라는 조건 아래 데미우르고스는 우주 창조 작업을 수행하는 것이다. 이를 위해 '언제나 같은 상태로 있는 것'을 본보기(paradeigma), 곧 이데아로 삼고, 자신의 작품에 그 본보기의 '형상'(idea)과 '능력'(dynamis)을 갖추도록 창조 작업을 완성한다. 따라서 현실 세계에 있는 모든 것들은 본보기(paradeigma), 곧 이데아를 본떴

테오-쿨투라

기 때문에 그림자이며, 그림자이기 때문에 실체가 아니고, 따라서 불완전하다는 것이다.

핵심은 이것이다. 인간이라는 존재는 '신의 본성'과 소멸되는 유한한 '인간적 속성'이 혼합된 존재이기 때문에, 그대로 두면 인간적인 속성이 신의 속성을 압도해버려 파멸될 것이다. 그렇다면 어떻게 신적인 본성을 유지해 유토피아와 같은 생활을 누릴 수 있느냐? 플라톤은 그 방법이 바로 가장 현명한 철인왕이 모든 것을 통치하는 정치제제를 구성하는 것이라고 말한다. 플라톤의 말을 들어보자.

> "바로 이것을 누군가가[일체] 창조물(생성)과 우주(kosmos)의 무엇보다도 가장 주된 원리(archē)로서 지혜로운 사람들한테 받아들인다면, 그 받아들임은 지당할 것입니다. 이는 신이 모든 것이 훌륭하기를 바랐지, 그 어떤 것도 가능한 한에 있어서, 볼품없기를 바라지는 않았기 때문인데, 이처럼 가만히 있지 않고, 조화롭지 못하며 무질서하게 움직이는 가시적인 모든 것을 그가 받아서는, 그것을 무질서 상태(ataxia)에서 질서 있는 상태(taxis)로 이끌었습니다."

무질서에서 질서로 창조가 이루어졌다는 것이다. 그리고 여기에는 로고스가 있다. 플라톤의 말이다.

> "우주는 바로 이렇게 해서 생겨났기에, 그것은 합리적인 설명(logos)과 지혜(phronēsis)에 의해 포착되며 '똑같은 상태로 있는 것'에 따라 만들어졌습니다. 이런 점들이 이러할진대, 이 우주가 어떤 모상(模相, eikōn)일 것임이 또한 전적으로 필연적입니다."

4. 요한복음의 로고스

요한복음도 태초의 로고스를 말한다.

"태초에 말씀(logos)이 계시니라. 이 말씀이 하나님과 함께 계셨으
니 이 말씀은 곧 하나님이시니라. 그가 태초에 하나님과 함께 계셨
고 만물이 그로 말미암아 지은 바 되었으니 지은 것이 하나도 그가
없이는 된 것이 없느니라. 그 안에 생명이 있었으니 이 생명은 사람
들의 빛이라."(『요한복음』 1:1–4)

어떻게 보면 플라톤의 말은 요한복음의 선취이다. 들어보자.

"그러니까 우리가 하게 되는 언급들 가운데 이미 앞에서 한 것들
은 적은 부분을 제외하곤 '지성(nous)'에 의해 만들어진 것들을 보여
준 것들입니다/ 그러나 '필연(anankē)'의 산물들도 우리의 이야기에 병
행되어야 합니다. 이 우주(kosmos)의 탄생이 실은 필연과 지성의 결합
으로 해서 혼성된 결과의 것이기 때문입니다. 그러나 지성은 필연으
로 하여금 생성되는 것들의 대부분을 최선의 것(to beltiston)을 향해
이끌고 가도록 설득함으로써 필연을 다스리게 되었으니, 이런 식으
로 그리고 이에 따라서 필연이 슬기로운 설득에 승복함으로써 태초
에 이 우주(to pan)가 이렇게 구성되었습니다."

이아티온과 파테톤을 통한 우주 창조의 진리인 것이다. 알렉산드리아의
필로(Philo of Alexandria, c. 25 BCE~c. 50 CE)는 '세상의 창조에 관하여(De
opificio mundi)'에서 이러한 플라톤의 아이티온과 파테톤을 차용한다. 당시

테오-쿨투라

필로가 살았던 시대는 디아스포라 현상이 있었다. 따라서 기독교 및 유대교는 그들 고유의 신앙과 헬라 문화와 타협이 필요했던 것이다. 필로는 예수님과 동시대 인물로 이교 철학의 정수가 히브리 성경과 일치함을 증명하려고 하였다. 그는 히브리 선지자들이 헬라 철학자들보다 먼저 살았기 때문에 후자가 전자의 지혜를 빌어 왔다고 주장한다. 필로는 이렇게 말한다.

"히브리 선지자들과 헬라 철학 양자 간에는 수많은 일치점들이 존재한다. 왜냐하면 궁극적으로 철학자들의 교훈은 성경의 그것과 일치하기 때문이다. 양자의 차이란 성경이 상징적으로 말한다는 데 있다. 이는 곧 성경이 풍유적 해석(Allegorical interpretation)에 의해 이해되어야 함을 의미한다. 바로 이러한 해석을 통해 성경의 하나님은 곧 철학자들의 신과 동일하다."(유스토 곤잘레스, 『초대교회사』, 은성, 1987)

자, 정리를 해보자. 플라톤의 아이티온이 바로 필로에게서는 '창조주 하나님'이 된다. 모세에게 나타난 '스스로 존재하는 자(출 3:14)'인 야훼가 필로에게는 '움직임을 주는 스스로 존재하는 자'로 확장, 이해된 것이다. 새로운 세상은 육지와 바다가 아쿠아맨을 통해 만나서 화해하고 하나가 되듯, 사상의 지평이 확장되는 것이다. 헬라 철학과 만난 기독교가 이제 아시아에서는 불교 철학과 만나야 된다. 그리고 과학과도 만나야 된다. 이러한 새로운 만남에 대한 두려움을 벗어버릴 때, 진정 새로운 세상이 열릴 것이다. 왜냐하면 그것이 기독교 신학의 역사였으며 예수께서도 이렇게 말씀하셨기 때문이다.

"진리를 알지니 진리가 너희를 자유케 하리라(요 8:32)"

05. 말모이

영화 〈말모이〉, 말의 효과화와 반-효과화 전략

기독교만큼 말과 말씀에 관해 중요하게 생각했던 종교는 없었다. 그리고 그 말(씀)에 논리(로고스)와 의미(예수 그리스도), 생명을 불어 넣어 세상을 변화시켜온 것이 기독교의 역사였다. 이처럼 말의 중요성을 알고, 그 말의 의미를 알았던 민족이 바로 우리 민족이었다. 그러나 일제 강점기 일본인들은 우리말을 없애버리려고 했다. 이러한 일본의 비열함과 우리말을 지키기 위해 목숨을 걸었던 사람들의 이야기가 있다. 바로 엄유나 감독의 영화 〈말모이〉(2019)이다.

1. 문 둘레에 핀 꽃들

영화는 일제시대, 우리말 사용이 금지된 1940년대를 배경으로 하고 있다.

테오-쿨투라

독립이 될 줄 알았지만 시간이 갈수록 사정은 나빠져 조선의 독립은 거짓말쟁이 소년의 거짓말처럼 조선 땅을 찾아오지 않는다. 따라서 많은 조선 사람들이 변절하고 친일파로 바뀐다. 조선의 말과 정신을 그리도 강조했던 정환(윤계상 분)의 아버지인 교장선생 류완택(송영창 분)도 친일파로 변절된다.

　주인공인 까막눈 판수(유해진 분)는 조선어학회 대표인 정환을 우연히 만난 후, 새로운 삶에 눈을 뜬다. 사전을 만들기 위해 비밀리에 전국의 우리말을 모으는 일에 가담하게 된 것이다. 그리고 영화는 우여곡절 끝에 우리말 사전을 완성하는데 판수의 역할이 중요했음을 보여준다. 판수는 배운 것이 없고, 자식들을 가르치고 먹여 살리기 위해 감옥소에 들락날락할 짓도 많이 하지만, 조선어학회 동지들을 만나며 글을 배우고, 말이 '정신'이며, 글이 곧 '민족의 생명'이라는 것을 깨닫게 된다. 이러한 판수의 변화는 영화의 재미와 더불어 생각할 거리를 많이 던져 준다.

사실 3·1운동 이후, 일본은 "조선인은 잡초 같은 놈들이니 뿌리 채 뽑아야 한다."라고 생각했다. 조선인의 민족혼을 말살하기 위해 조선말을 쓰지 못하게 하고, 창씨개명을 시킨다. 그러나 정환에게 있어서 "말은 정신이고, 글은 민족의 생명"이다. 사전을 만드는 것은 바로 이 민족의 혼과 생명을 지키는 일이었다. 판수가 베개 없이 잠을 못 자듯(물론 이것은 판수가 소매치기로 정환의 가방과 베개를 바꾼 것이기도 하지만), 말이 없으면 민족은 살아도 산 것이 아니다. 언어는 정신이기 때문이다.

영화 제목인 '말모이'는 끝내지 못한 우리말 사전의 이름이다. 우리말에 우리 글자로 뜻풀이를 한 사전이다. 일제강점기인 1911년 시작된 최초의 우리말 사전이었다. 따라서 사전을 만들려면 우선 말을 모아야 했다. 편찬자들은 '말을 모으다'라는 뜻으로 사전 이름을 '말모이'라고 했다. 실제로는 주시경과 그의 제자들인 김두봉, 권덕규, 이규영이 '말모이' 편찬에 함께한 이들이다. 그러나 원고가 거의 마무리되고 사전 출판을 앞둔 1914년, 주시경이 갑작스럽게 세상을 떠나고, 김두봉은 상하이로 망명하게 되고, 이규영도 세상을 떠나면서 사전은 출판되지 못했다.

그러나 이 '말모이'는 우리말 사전의 기틀이 됐고, 이후 조선어사전편찬회의 사전 편찬으로 이어지게 된다. 그리고 조선어사전편찬회는 취지서에서 이런 말을 남겼다. "문화의 발전은 언어 및 문자의 합리적 정리와 통일로 말미암아 촉성되는 바이다."

그렇다. 한 민족의 문화는 언어와 문자가 합리적으로 정리가 되고 통일이 되었을 때 힘을 발휘한다(그렇다고 사투리가 필요 없다는 말은 아니다. 다양한 사투리를 인정하되 통일이 되는 표준어가 있어야만 사투리의 가치도 빛난다). 영화에도 나오는 대사이지만, "한사람의 열 발자국보다 열 네놈의 한발자국이 낫다."는 말이 바로 그 뜻이다.

전국의 사투리를 모아 표준어를 정리해야 되는 정환은 어떻게 사투리를

테오-쿨투라

〈판수 친구들의 등장〉

모을지 난감해 한다. 직접 조사하자니 시간과 비용이 너무 많이 들고, 지역
의 조선어 선생들은 일본 순사들 때문에 쉽게 도와주지 않는다. 그때 판수
는 그의 감옥소 친구들을 모은다. 그리고 정환에게 소개한다. 전라도 광주,
의성, 부여, 고성, 온양, 안동, 부산, 목포, 경성 등. '열 네놈'의 한발자국이
열 발자국으로 변하는 것이다.

조선어학회 일을 도우며 차츰 글을 깨우치던 어느 날 책장을 정리하다 판
수는 현진건의 『운수좋은 날』을 읽게 된다. 밤을 새어 다 읽고 난 판수는
눈물을 찔끔 흘린다. 말은, 언어란 그런 것이다.

아무튼 공청회를 통해 표준말을 확정해야 되는데, 일본 경찰의 눈 때문에
공청회를 진행하기가 쉽지 않다. 그러자 판수는 자신이 관리하는 극장에서
위험을 무릅쓰고 공청회를 열도록 도와준다. 그리고 공청회 중간 판수는
아들에게 편지를 쓴다. "니들 아버지라는 것이 미안, 좋은 아버지 밑에 태어
났으면…. 내가 너들 아버지라는 게 덜 미안하다! 내가 공청회하자고 했다."

그러나 공청회가 들통 나서 정환과 판수는 일본 경찰 우에다(허성태 분)에게 쫓긴다. 부상당한 정환 대신 판수가 말모이 원고를 들고 도망간다. 출판사가 있는 부산으로 가는 길에 들통 난 판수는 일본 순사들에게 쫓기자, 말모이 원고를 우체국에 몰래 숨겨두고 숨을 거둔다. 그리고 그 원고는 해방 이후 발견되어 사전을 만드는데 큰 도움이 된다.

영화에 소개되었지만, 민들레는 '문 둘레에 핀 꽃'이라는 아름다운 우리말이다. 판수는 새 시대의 문은 아니었으나, 문 둘레에 피어 새로운 시대의 문을 아름답게 장식한 민들레꽃이었다. 아들 덕진(조현도 분)과 딸 순희(박예나 분)에게 조금도 미안하거나 부끄러운 아버지가 아니었던 것이다.

〈문 둘레에 핀 민들레꽃〉

2. 양치기 소년들의 '효과화'와 조선 민중들의 '반-효과화'

프랑스 철학자 질 들뢰즈의 『의미의 논리』(한길사, 1999)에 잠시 등장하는 개념어 가운데, '반-효과화(counter-effectuation)'라는 말이 있다. '효과화(effectuation)'의 반대말로, 먼저 효과화란 '하나의 효과로 화하기'란 뜻으로, 가령 누군가가 배가 고프다고 하면 그것이 그가 그의 몸에서 일어난 숱한 변화들의 한 효과로 화했다는 의미가 된다. 그러나 주체가 그저 한 효과로, 철저히 수동적인 존재로 그치지 않고, 효과화에 맞대응할 때 '반-효과화'가 성립한다. 쉽게 말해 교육학에서 '반-사회화'를 들뢰즈의 '반-효과화'로 비유할 수 있겠고, 영화에서는 일제의 우리말 없애기가 하나의 효과화라고 볼 수 있다.

따라서 반-효과화는 효과화를 무효화하거나, 효과화에 맞대응하는 행위자의 효과화를 말한다. 들뢰즈는 선불교의 선문답을 그 예로 들고 있다. 가령, 반-효과화로서의 기재로 '아이러니', '익살', '역설'이 있는데, 아이러니가 사변적 체계에서 마음으로 방향을 돌리게 하는 것이라면, 역설은 마음을 해체하게 하는 것이고, 익살은 형이상학적 표면으로 돌아가게 하는 것이다.

"진리가 무엇이냐?"고 물었을 때 "차나 한잔 하고 가시게."라는 선문답은 아이러니로 진리에 대한 사변적 사고와 체계에서 마음(불교는 마음공부가 중요한데)으로 방향을 돌리게 한다. 그리고 진리와 차의 만날 수 없는 역설에서 마음은 해체되고, 선문답 자체의 익살은 다시금 진리가 무엇인지를 깨닫는 형이상학적 표면으로 돌아가게 만드는 것이다. 그리고 이 형이상학적 표면은 탈성화된 다의성을 뜻한다. 익살에 대한 설명이 조금 어렵다. 들뢰즈의 『의미의 논리』 한 구절을 인용해보자. 이정우 교수의 번역인데, 읽어내기가 쉽지 않다.

"의미의 일의성은, 유일하게 표현된 것, 사건을 총체적으로 표현함으로써, 언어를 그 완전한 체계 내에서 포착한다. 그래서 익살의 가치들은 아이러니의 가치들과 구분된다. 익살은 표면들의, 두 표면 사이의 복잡한 관계의 기법이다. 지나치게 다의적인 것에서 출발해, 익살은 모든 다의성을 구성한다. 모든 다의성을 테두리 짓는 고유하게 성적인 다의적인 것에서 출발해, 익살은 탈성화된 다의적인 것(Univoque)을, 존재와 언어의 사변적인 다의성을 이끌어낸다. 즉, 한마디로 모든 이차적인 조직화를 이끌어낸다."

아무튼 이러한 효과화에 대한 반-효과화 전략 세 가지가 있다. '역설(paradox)'과 '아이러니(irony)', 그리고 '익살(humor)'이다. 역설은 '자체의 주장이나 이론을 스스로 거역하는 논설'이며, 아이러니는 '예상 밖의 결과가 빚은 모순이나 부조화'을 말한다. 마지막으로 익살은 '남을 웃기려고 일부러 하는 우스운 말이나 행동'을 뜻한다.

판수와 정환, 그리고 조선어학회 사람들은 일제의 조선말 없애기의 효과화에 관해 역설과 익살, 아이러니로 반-효과화를 만들어 내며 우리말 모으기와 사전 편찬 공청회를 실시한다. 그리고 마침내 사전을 만들어 냈다. 우리말을 지켜낸 것이다. 따라서 일제의 조선말 없애기라는 효과화에 관해 판수와 정환의 반-효과화로 조선말을 구해냈듯이, 우리는 불의한 거짓말쟁이들을 진실과 사실의 말로, 위에서 옆으로 휘갈기고 밑에서 위로 후려쳐야 할 것이다(다시 말하지만, 말로써!⌒⌒).

06. 감정

분노에서 자긍심으로: 낙타, 사자, 어린아이

"인간은 기쁨과 슬픔을 위해 태어났으며 우리가 이것을 제대로 알
때 비로소 우리는 세상을 안전하게 지나갈 수 있다. 섬세하게 직조
된 기쁨과 슬픔은 신성한 영혼을 위한 안성맞춤의 옷, 모든 비탄과
갈망 아래로 비단으로 엮어진 기쁨이 흐른다."

–윌리엄 블레이크, '순수의 전조' 중 일부

1. 서로 잡아먹는 비굴한 울혈(鬱血)사회와 감정의 윤리

윤평중 한신대 교수의 말에 의하면 우리 사회는 '울혈(鬱血)사회'이다. 국
민이 화병에 걸린 사회라는 것이다. 사실 주변을 둘러보면, 우리는(아니 나
는) 쉽게 화를 내고, 남 탓을 일삼지 않는가? 나아가 신문 사회면(아니 1면)

은 분노를 조절하지 못해 저지르는 증오범죄로 가득 차 있다. 그렇다면 이러한 화병의 원인은 무엇인가? 윤평중 교수는 "우리 사회에 만연한 불공정성과 부당한 대우"가 그 원인이라고 한다.

『비굴의 시대』(한겨레출판사, 2014)에서 우리 시대 가장 급진적이고 예외적인 지식인인 박노자 교수는 지금 한국 사회를 '전례 없는 더러운 시대', '서로 잡아먹기를 탐내는 사회'라고 말한다. 사회적 연대 의식은 증발하고, 저마다 자신과 몇 안 되는 피붙이들의 잇속만 추구하고, 타자의 아픔에 대한 공감이라고는 전혀 보이지 않는 각자도생의 사회라는 것이다. 이제 '인간이 사라져가는 곳'이며, 정치적으로는 파시즘이 위세를 떨치고 있으며, 유신 때보다 더한 '공포를 먹고 사는 사회'라고 본다. 그렇다면 지식인들은 어떤가?

사회문제에 한사코 침묵하는 교수 등 특권적 자식인의 행태와 그 지식에 관해 박노자 교수는 "배반과 혼란의 시대, … 착취 공장의 브레인, … 행동으로 이어지지 못하고 체제에 편입된 지식은 그저 악의 도구"라고 비판한다. 기득권층의 비리의 카르텔은 정치, 경제에서 종교, 문화계까지 탐욕과 착취, 맘몬과 거짓으로 가득 차 있는 것이다.

박노자 교수는 『당신들의 대한민국1/2』(한겨레출판사, 2001/2006)에서 한국 사회에 유령처럼 떠도는 뿌리 깊은 전근대성도 질타하고 있다. "남과 북은 서로 다른 체제를 표방하고 있지만 그 내부를 들여다보면 '전근대적이고 극단적인 우상숭배'라는 교집합을 이끌어낼 수 있다."라고 말한다. 타인에 대한 적극적인 폭력을 가르치는 군사문화, 굴종과 타협을 강요하는 대학 사회의 현실, 외국인 노동자들을 '우리'의 선 밖으로 내몰고 있는 인종주의적 편견 등은 박노자의 눈에 비친 우리 사회의 보이지 않는 폭력이다. 따라서 박노자는 이 땅, 대한민국에서 행해지고 있는 모든 제도적·사회적 폭력에 대해 울부짖고 있다.

테오-쿨투라

『광인일기』(1918)에서 노신(1881-1936)[1]은 "자기가 남을 잡아먹고 싶으면 서도, 남에게 잡아먹히기를 겁내며, 다들 의심 깊은 눈으로 서로서로 쳐다본다(自己想吃人 又?被別人吃了 都用着疑心?深的眼光 面面相?)"고 당시 중국 사회를 평가한바 있다. "이러한 생각을 버리고 편안히 일하고, 거리를 오가고, 밥을 먹고, 잠 잘 수 있다면 얼마나 기분이 좋을까", "사람을 먹어 보지 않은 아이들이 아직도 남아 있을지 모른다. 아이들을 구해야지."라며 소설 속 광인은 이렇게 말한다. "너희는 고칠 수 있어! 진심으로 마음을 고쳐먹으라구! 이제 멀지 않아 사람을 잡아먹는 놈들은 이 세상에서 살아갈 수 없게 되리라는 것을 깨달아야 해! 너희가 마음을 고치지 않으면 자기 자신도 결국 먹혀버리고 말거야. 설사 줄줄이 낳아서 늘어놓는다 해도 진정한 인간들에게 멸망당하게 될 거야!" 따라서 지금 우리 사회는 서로 잡아먹는 비굴한 울혈사회이다.

"일생 동안 하는 여행 중에서 가장 먼 여행은 머리에서 가슴까지, 그리고 가슴에서 발까지의 여행"이라고 말한 고 신영복 교수의 말은 지식과 감정과 실천의 문제를 잘 요약한다. 감정에 대하여 무조건적으로 적대적이었던 칸트(I. Kant)의 냉철한 이성과는 달리 감정을 긍정하고 지혜롭게 발휘하자고 이성을 주장했던 스피노자(B. de Spinoza)는 '이성의 윤리학'이 아니라, '감정의 윤리학'을 옹호했다. 『에티카』에서 스피노자의 말이다. "우리들의 정신이 큰 변화를 받아서 때로는 한층 큰 완전성으로, 때로는 한층 작은 완전성으

---

1   1902년 의학을 배우기 위해 일본에 유학했으나 중도에 포기하고 문학으로 자신의 길을 바꾸었으며 제국주의 열강과 봉건주의에 예속되어 있는 중국인의 정신을 깨우쳐주는 데 문학이 가장 좋은 수단이 될 것이라는 인식한 노신은 "험난한 사회 상황에서 문학은 비수이자 창이어야 하며 독자와 더불어 혈로를 개척할 수 있는 창검이어야 한다."고 말한다.

로 이해할 수 있다는 것을 안다. 이 정념(passiones)은 우리에게 기쁨(laetitia)과 슬픔(tristitia)의 감정을 설명해 준다." 즉 우리는 타자를 만났을 때 기쁨과 슬픔 둘 중 하나의 감정에 사로잡힌다는 것이다. 가령 어떤 사람을 만났을 때 우리는 자신이 더 완전해졌다는 느낌을 받을 때가 있고, 반대로 자신이 불완전해졌다는 느낌을 받을 수 있다. 이때 전자를 기쁨의 감정이라 하고 후자를 슬픔의 감정이라고 할 수 있다. 따라서 슬픔과 기쁨이라는 상이한 상태에 직면하게 된다면, 슬픔을 주는 관계를 단절하고, 기쁨을 주는 관계를 지속시키는 것이 인간의 행복한 삶일 것이다. 따라서 스피노자의 감정의 윤리학이 기쁨의 윤리학으로 불리는 이유도 바로 그러한 까닭이다.

2. 르상티망의 낙타와 저항하는 사자

스피노자는 분노에 관해서 이렇게 말한다. "분노(indignatio)는 타인에게 해악을 끼친 어떤 사람에 대한 미움이다." 좀 더 명료하게 말한다면, "우리와 유사한 대상에게 불행을 준 사람에 대해 분노한다."라는 것이다. 일찍이 도스토예프스키(F. M. Dostoevsky)의 『죄와 벌』에서 라스콜리니코프가 느꼈던 감정이 바로 그것이다. "노파를 죽이고 그 돈을 빼앗아라. 그리고 그 돈의 도움으로 나중에 전 인류와 공공의 사업을 위해 헌신하라. 네 생각은 어때, 하나의 하찮은 범죄가 수천 개의 선한 일로 무마될 수는 없을까? 하나의 생명을 희생시켜 수천 개의 생명을 부패와 맞바꾸는 건데, 사실 이거야말로 대수학이지 뭐야! 게다가 저울 전체를 놓고 보면 이런 폐병쟁이에 멍청하고 못된 노파의 목숨이 무슨 의미가 있겠어? 노파는 해로운 존재니까 이나 바퀴벌레의 목숨, 아니 그만도 못한 목숨이야. 남의 목숨을 좀먹고 있거든."

테오─쿨투라

『죄와 벌』은 자신이 저지른 살인죄를 죄라고 인정하지 않는 라스콜리니코프의 분노를 다루고 있다. 그러나 소냐라는 창녀를 만나면서, 그는 자신이 죄를 저질렀다는 사실을 인정하게 된다. 분노는 타당한 것이지만, 자신에게는 한 인간을 단죄할 수 있는 권능이 없다는 것을 깨닫게 된 것이다. 이것은 자본주의라는 냉혹한 사회 구조를 보고 그것을 향한 비판적 실천으로 나가지 못한 시대적 한계도 포함한다.

니체(F. W. Nietzsche)는 권력의지에 의해 촉발된 강자의 공격욕에 대한 약자의 격정을 르상티망(Ressentiment)"이라고 불렀다. 사전적 의미로는 '강자에 대한 약자의 원한, 분노, 질투 따위의 감정이 되풀이되어 마음속에 쌓인 상태'라고 할 수 있지만, 더 적극적으로 약자가 강자를 '진정한 선이나 삶의 가치를 모르는 불쌍한 인간'이라 느끼는 감정이라고 할 수 있다. 니체는 "인류는 원래 도덕적 가치관을 소유하고 있지 않으며, 행위의 기준은 고귀와 비천이라는 미적 가치관뿐이었다. 강자에 대한 반감이 이러한 가치관을 전도시켜 이른바 도덕적 선악의 관념이 생긴다. 그리고 그 배후에서 작용하고 있는 심리가 바로 르상티망"이라고 한다.

기독교 도덕관의 핵심은 "너를 핍박하는 자를 위해 기도하라, 원수를 사랑하라."이다. 그러나 여기서 우리는 약자의 르상티망을 엿볼 수 있다. 풍요의 신(이집트 태양신 라와 가나안 풍요의 신 바알과 바벨론의 신 마르둑까지)으로 상징되는 고대 근동의 강대국들의 신과 로마제국의 힘과 권력과 같이 맞설 수 없는 강자에게 학대당한 스트레스를 발산하지 못한 채 르상티망에 빠져 있는 것이 기독교 도덕관일지 모른다는 것이다.

니체에 따르면, 예수는 약자들에게 강자를 악인으로 간주하고 강자를 정의를 모르는 자라고 불쌍히 여김으로써 정신적 우위에 서는 법을 가르쳤다고 한다. 그것이 예수가 약자에게 베푼 도덕관의 정체인 것이다. 따라서 예수(기독교)의 도덕관은 르상티망을 바꿔 표현한 것에 불과하다는 것이다. 그럼으로 기독교인들은 근원적인 원한과 분노에서 도망갈 수 없다고 한다. 그렇다면 그 극복은 무엇인가?

니체는 인간 정신의 발달 과정을 '의무와 복종을 상징하는 낙타의 단계', '부정과 자유의 정신을 뜻하는 사자의 단계', '망각과 창조를 의미하는 어린아이'의 3단계로 나누고 있다. 그 가운데, 낙타의 정신은 금욕과 복종이다. 낙타는 전통과 명령에 순응하도록 길들여져 있다. 낙타는 무거운 짐을 져야만 그걸 자랑스럽게 여긴다. 그렇게 낙타처럼 노예의 근성을 쫓아 무거운 짐을 지고 들어가는 길은 사막이다. 영성의 길이 아닌 노예의 길이 사막인 것이다. 낙타처럼 살면 삶이 사막화된다. 겁이 많은 낙타는 두려움 때문에 복종한다. 이렇게 낙타처럼 무릎을 꿇고 살면 스스로의 욕망이 좌절되고 자존심이 상처를 입어서 그 정신이 르상티망이 되는 것이다.

무서움 때문에 무릎을 꿇고는 살지만 그 속에는 원한의 감정이 쌓여 간다. 이 르상티망이 자신에게는 죄의식으로, 타인을 향해서는 공격적인 분노로 나타난다. 이 단계의 사람들은 자기 삶에서 일어난 문제를 다른 사람에게 핑계를 대고 덮어씌운다. 다른 사람을 비난하고 깎아내리고 공격하는 것으로 자기 방어를 삼는다. 니체는 대부분의 사람들은 낙타의 정신단계에 머물러 있다고 지적한다.

그러나 니체의 사자의 정신 단계에 이르면, 정신은 용감하고 자유로워진다. 인습을 비판하고 불의에 저항한다. 니체는 "황량한 사막에서 두 번째 변화가 일어난다. 이곳에서 정신은 사자가 되고, 자유를 쟁취하여 사막의 주인이 되고자 한다." 따라서 사자는 전통의 질서에 저항하며 자신이 주인이 되고자 옛 주인인 용과 대결한다. 사자는 "사물의 모든 가치는 나에게서 찬란하게 빛난다."라고 말한다. 그리고 사자는 자유를 얻기 위해 목숨을 바친다. 또한 무엇을 획득하려고 무릎을 꿇는 법이 없다.

그러나 문제는 사자가 아무리 자유를 쟁취해도 그것을 어떻게 써야 하는

지 모른다는 것이다. 사자는 자신의 욕망이 무엇인지, 어떻게 삶을 긍정할 것인지 알지 못한다. 부정의 정신이 긍정의 정신을 넘어서지 못하는 것이다. 라스콜리니코프가 분노에서 죄의식으로 넘어갔다면, 니체의 사자의 단계는 자본주의에 저항한 마르크스(K. Marx)의 모습을 라스콜리니코프에게 투영한 것이다. 그러나 마르크스를 넘어서기 위해서는?

3. 자긍심의 아이

스피노자는 자긍심(acquiescentia in se ipso)에 관해 "인간이 자기 자신과 자기의 활동 능력을 고찰하는 데서 생기는 기쁨"이라고 정의한다. 즉 되돌아본 자신의 모습이 긍정적일 때 우리는 기쁨을 느낀다는 것이다. 자신이 얼마나 훌륭한지, 아름답고 매력적인지를 확인할 때 기쁨을 느낀다는 것이다. 사실 낙타 같은 사람들만 많으면 비겁한 세상, 혹은 정신병동이 된다. 그래서 사자의 정신 단계로 변화되어야 하지만 사자가 새로운 세상을 만들지는 못한다. 자유와 창의적인 존재들은 있지만 조화가 일어나지 않기 때문이다.

니체에 의하면 아이의 정신 단계가 되면 인생을 긍정하고 새로운 가치를 만들어 낸다는 것이다. 저항하고 투쟁에 주력하는 단계를 넘어서는 것이다. 사자는 비판하고 부정하지만 아이는 자기와 세계를 긍정한다. 이러한 아이의 단계는 순수이고 긍정적이며 창조적이다. 차라투스트라는 이렇게 말했다. "아이는 순수이고 망각이며, 새로운 시작이자 놀이이다. 저절로 굴러가는 바퀴이고, 최초의 움직임이며, 거룩한 긍정이다." 아이는 벌거벗은 임금님의 몸을 그대로 본다. 아이는 르상티망을 망각한다. 아이는 저절로 굴러가는 바퀴처럼 언제나 새로운 시작으로 재미있는 놀이를 발명한다. 아이들은 자신의 꿈을 좇아서 자발적으로 놀며 자신의 욕망에 충실하다. 이러한 아이의 단계에서 사람들은 자신의 의지를 의욕하고, 자신의 세계를 획득하게 되는 것이다.

4. 이성으로 비관하더라도 의지로 낙관하라

니체가 바라본 아이들이 꿈꾸는 세상, 더 이상 서로 잡아먹기 위해 싸우는 세상이 아닌, 비굴한 울혈사회가 아닌 기쁨의 세상, 기쁨의 윤리학, 나아가 기쁨의 신앙은 도대체 가능할까? 앞서 언급한 박노자는 자신이 꿈꾸는 대한민국을 이렇게 제시한다. "노조의 지원을 받는 좌익 정당들이 국회 의석을 절반 정도를 차지하는 나라, 공산당의 기관지까지도 국고 보조금을 받아 발간하는 다양성의 나라, 입사 때 여성이나 장애인이 '정상적인 남성'보다 더 유리한 평등의 나라, 노동운동가들이 감옥에 잡혀가지 않는 나라, 학생들이 교수를 만날 때 노르웨이처럼 동등한 인간으로서 웃으면서 악수할 수 있는 나라, 제국주의의 침략으로 완전히 폐허가 된 아프가니스탄에 각종 원조를 제공하는 일이 덴마크처럼 지성계의 가장 중대한 관심사가 될 수 있는 나라, 여성들이 손님의 냉면을 잘라주는 '음식집 아줌마' 정도의 역할밖에 맡지 못하는 나라가 아닌' 그런 대한민국이다.

따라서 박노자는 자본의 한계를 직시하고 거기서부터 새로운 대안을 찾아야 한다고 말한다. 단순히 집권만을 위한 정당 운동이 아닌 폐허를 딛고 일어나, '인간으로 다시 거듭나고 뜻을 되찾기 위한 실존적 운동'을 해야 한다고 말한다. 가슴에서 발까지가 엄청 먼 여행이 될지라도, '경계를 넘어서는 연대의 힘'만 있다면 못 이룰 것도 없는 것이다 "새로운 참사가 계속 일어나도 아무런 투쟁을 하지 않고 그대로 두는 것은 결국 역사 앞에서 커다

〈낙타, 사자, 어린아이〉

란 죄를 짓는 일일 것"이라는 말에 (박근혜 정부의 세월호, 메르스, 개성공단 폐
쇄, 노후 원전 재가동과 신규원전 건설, 생화학 세균무기 주피터 프로젝트 실시, 사드
설치 참사 등을 생각하면) 가슴이 아린다.

　노신의 소설은 전 세계가 근대화 속에 악습을 고쳐나가는 와중에도 이상
한 과거의 풍습을 버리지 못하고 고집부리고 있는 중국을 겨냥한 것이기도
하지만, 전통에 대한 치열한 반성이기도 하다. 동시에 오늘 대한민국의 모습
을 예견한 것이기도 하다. 그러나 희망적인 것은 노신의 말처럼, "애초에 길
은 없었다. 많은 사람들이 걸으면 그것이 길이 된다." 그렇다. 이탈리아 공산
당을 창설한 사상가이자 정치가, 문필가, 노동 운동가인 안토니오 그람시(A.
Gramsci)는 "이성으로 비관하더라도 의지로 낙관하라(I'm a pessimist because
of intelligence, but an optimist because of will)."고 했다. 합리성이 아닌 힘의 논
리가 관철되고 있는 우리 사회에 딱 맞는 말이다. 그람시는 "소수의 혁명보

다는 다수의 조금의 혁명이 더 혁명적"이라고 말한다. 따라서 그람시의 다음의 말에서 우리는 낙관을 발견한다.

"지금 모든 것을 잃어버린 것처럼 보이는 이 순간에 나는 조용히 다시 내 할 일을 해야 한다고 믿는다. 게다가 사람이라면 누구나 실망에서 벗어나기 위해서는 그 자신의 힘으로 일어서야 한다고 나는 믿는다. 즉 사람은 그 자신의 길을 가기 위해 뭔가를 계획하고 해야 하는 것이 필요하다."

테오-쿨투라

07. 기억과 망각

망각은 추방으로 이끌고, 기억은 구원의 비밀로 인도한다

"이스라엘아 들으라 우리 하나님 여호와는 오직 유일한 여호와이
시니 너는 마음을 다하고 뜻을 다하고 힘을 다하여 네 하나님 여호
와를 사랑하라. 오늘 내가 네게 명하는 이 말씀을 너는 마음에 새기
고 네 자녀에게 부지런히 가르치며 집에 앉았을 때에든지 길을 갈 때
에든지 누워 있을 때에든지 일어날 때에든지 이 말씀을 강론할 것이
며 너는 또 그것을 네 손목에 매어 기호를 삼으며 네 미간에 붙여 표
로 삼고 또 네 집 문설주와 바깥문에 기록할지니라."(「신명기」 6:4-9)

1. 추억의 소환과 기억의 귀환: '잃어버린 시간들을 찾아서'

TV드라마 〈응답하라 1988〉과 같은 '응답하라 시리즈'의 핵심은 추억의 소환이자, 기억의 귀환이다. 지난 2015년 말 개봉된 영화 〈히말라야〉 역시 죽은 후배와의 추억을 소환하여 그의 시신을 가지러 히말라야의 그 험준한 산을 오른 것이며, 영화 〈대호〉(2015)도 기억의 귀환에 다름 아니다. 호랑이는 자신의 죽음을 앞두고 새끼시절 자기를 살려주었던 포수를 기억하고, 포수는 어쩔 수 없는 운명의 소환에 그 모든 기억을 끝내기 위해 망각의 길로 호랑이와 함께 떠난다.

철학자 플라톤에 따르면 우리는 지각할 수 있기 때문에 기억할 수 있는 것이 아니다. 오히려 그 반대이다. 우리가 나무를 나무로, 꽃을 꽃으로 지각할 수 있는 것은 나무와 꽃에 대한 원초적 기억인 산과 바다의 이데아(idea)에 대한 기억이 존재하기 때문이라고 한다. 따라서 인간이 지식을 얻는 학습 과정은 영혼 깊숙이 숨겨져 있는 이데아가 밝혀지기 때문이고 지식은 순수한 영혼이 과거에 보았던 것을 우리 몸이 기억해내는 것이며, 새로운 것을 발견하는 것이 아니라 우리 안에 있는 것을 재발견하는 것이다. 이러한 플라톤의 기억 이론인 상기론(anamnesis)은 인간 존재의 본질적 특성이 추억을 소환하며 기억의 귀환을 당연시하는 것임을 보여준다.

고대 그리스인들의 진리 개념인 알레테이아(a-letheia) 역시 마찬가지이다. 망각(lethe)하지 않는 것, 잊어버리지 않고 기억하는 것이 진리이다. 그리고 이러한 기억은 잃어버린 시간을 찾게 된다. 프루스트의 『잃어버린 시간을 찾아서』에서 주인공 마르셀의 어머니는 어느 겨울날 추위에 떨고 있는 마르셀에게 따뜻한 차와 '마들렌'이라는 조그만 케이크 하나를 권한다. 마르셀은 마들렌 한 조각을 차에 담갔다가 차를 마셨는데, 마들렌 부스러기가 섞인 차 한 모금이 입천장에 닿는 순간 일찍이 느껴 보지 못한 '매혹적인 쾌감'을 경험하게 된다. 차에 섞인 마들렌 부스러기가 입천장에 닿는 순간 느꼈던 감각이, 어린 시절 아침 인사를 하러 레오니 숙모에게 갔을 때 숙모가 따뜻한 보리수꽃차에 마들렌 한 조각을 담가 준 일과 그 당시 콩브레(Com-bray: 소설의 공간적 배경)에서의 기억들을 연이어 떠올려 주었기 때문이다. 마르셀의 고백이다.

> "이윽고, 침울했던 그 날 하루와 내일도 서글플 것이라는 예측으로 심란해있던 나는 기계적으로 마들렌 한 조각이 녹아들고 있던 차를 한 숟가락 입술로 가져갔다. 그런데 과자 부스러기가 섞여 있던 그 한 모금의 차가 내 입천장에 닿는 순간, 나는 내 몸 안에 이상한 일이 일어나고 있음을 느끼곤 소스라쳐 놀랐다. 뭐라 형용하기 어려운 감미로운 쾌감이 나를 휘감았다. 그 매혹적인 쾌감은 사랑이 작용할 때처럼 귀중한 정수로 나를 채우면서, 즉시 나를 인생의 변전 따위에 무관심하도록 만들었고, 인생의 재난을 무해한 것으로 여기게 했으며, 인생의 짧음을 착각으로 느끼게 했다. 나는 더 이상 나 자신을, 초라하고 우발적이며 죽어야만 할 존재라고는 느끼지 않게 되었다."

프루스트는 이러한 회상을 '무의지적 기억(mémoire involontaire)'이라고 불렀다. 마르셀을 매혹적인 쾌감에 빠뜨린 것은 무엇일까? 프루스트는 그 답을 3,000쪽이나 되는 방대한 장편소설(7부작)로 제시하고 있다. 곧, 소설이 진행되면서 부단히 반복되는 이러한 회상들을 통해 마르셀은 결국 잃었던 정체성을 회복하고 허무에 빠졌던 자기 자신을 구하게 된다. 자신을 열등한 존재, 우발적이고 죽게 마련인 존재라고 느끼고 결코 글을 쓸 수 없을 것이라고 생각하던 그가 다시 소설을 쓰려고 마음먹게 된다. 희망이 생긴 것이고, 결국 그의 삶이 구원을 받게 된 것이다.

따라서 기억은 이 시대의 화두인 동시에 영원한 실존적 화두가 된다. 그렇다면 개인적인 기억의 귀환(잃어버린 시간을 찾는 것)이 이러할진대 사회적 기억은 어떨까? 우리는 무언가를 기억하기 위해 기념비(전직 대통령들의 기념관 등)[1]를 세우고, 기록보관소를 만들고(세월호 관련 저 엄청난 SNS상의 담론들을 보라) 기억의 조형물(위안부 소녀상처럼)들을 세운다. 그러나 세계적으로 볼 때 이러한 기억의 연구(사회적 기억)는 1980년대에 시작되었고(나치 치하에서 유대인들의 경험을 중심으로 전개된 홀로코스트의 영향과 제3세계 권위주의 국가들의 민주화 영향, 그리고 1990년 전후 세계적 탈냉전이 1945년 이전 식민주의나 1945년 이후 냉전하의 사회적 기억을 재구성하는 계기로 작용하였다) 한국에서는 1990년대 초반 치열한 '과거청산' 논쟁과 함께 이루어졌다. 대표적인 기억 연구는 5·18민주화운동과 일본군 위안부 문제 해결을 위한 여성운동이다. 여기에 제주 4·3사건 진상규명 동학농민혁명 등도 포함될 것이다. 이러한 기억담론(나아가 기억혁명)은 공식적인 역사가 민중의 경험을 다루지 못할수록 강력하게 요청되며, 이후 체계화된 기억은 다시 역사 영역으로 편입이 된다.[2]

---

1 문자적인 의미로는 기억(記憶)은 '이전의 인상이나 경험을 의식 속에 간직하거나 도로 생각해 내는 것'이며 기념(紀念)은 '어떤 뜻깊은 일이나 훌륭한 인물 등을 오래도록 잊지 아니하고 마음에 간직하는 것'이다. 따라서 기념은 과거의 사건을 반복적으로 재현하지만 그 속에 기억이라는 의식적이고 능동적인 행위가 없으면 그것은 단지 형식적 제의와 축제에 불과할 것이다.

2 그러나 이러한 기억혁명이 항상 인권을 중시하는 패러다임을 가지고 국가주의적 기억을 해체하는 것만은 아니다. 한국에서 사회적 기억의 전환은 주로 민주화 국면(또는 '민주정부 10년' 기간)에서 이루어졌기 때문에 보수적인 사람들은 '반기억혁명'의 맥락에서 국가주의적 기억을 새롭게 부활시키려는 새로운 기억의 터를 조성하려고 한다(대한민국 역사박물관이나 박정희 기념도서관 등).

테오-쿨투라

〈위안부 소녀상〉

2. "망각은 추방으로 이끌고, 기억은 구원의 비밀로 인도한다"

나치 정권에 학살당한 600만 명의 유대인들을 기억하는 예루살렘의 야
드 바셈(Yad Vashem, 이름을 기억하라) 홀로코스트 기념비에는 '망각은 추방
으로 이끌고, 기억은 구원의 비밀로 인도한다(Forgetfulness leads to exile, while
remembrance is the secret of Redemption)'는 말이 기록되어 있다. 야드 바셈은
"나의 집, 나의 울안에 그들의 송덕비를 세워주리라. 어떤 아들딸이 그보다
나은 이름을 남기랴! 나 그들에게 영원히 지워지지 않을 이름을 주리라"는
이사야 56:5절 말씀에서 인용되었다. 이스라엘 안의 이방인들(특히 이사야
본문에 의하면 '고자'로 배척받는 이들로 이 세상에서 쫓겨난 사람들, 추방당한 사람
들, 배제당한 사람들, 분배의 몫을 받지 못하는 사람들, 슬픔과 고통의 원인을 국가

적 횡포가 막아 더 큰 아픔에 빠져 있는 사람들)을 부르시어 이스라엘의 아들과 딸들보다 더 나은 이름을 주며 '기억'하겠다는 하나님의 의지의 표명이자 하나님의 기억의 귀환이다. 나아가 그리스도교 예배의 모든 절차는 기억의 귀환이다. 예수의 삶과 죽음, 그리고 부활에 관한 반복적 상기는 공통된 기억의 반복이며 이를 통해 신앙적 전통이 연결되는 것이다. 따라서 기억의 귀환은 신앙의 본질적 토대가 된다.

〈야드 바셈〉

또한 대표적인 그리스도교의 성례인 성찬에서 포도주와 떡을 통하여 예수 그리스도의 몸과 피를 나누는 것은 그의 삶과 죽음을 기억하는 것이다. 이러한 성찬을 통하여 예수 그리스도의 삶과 고난을 기억하고 우리를 위해 죽으신 예수 그리스도의 고난에 동참하는 것이 그리스도인의 삶일진대, 그렇다면 기억은 단순히 의지적인 머릿속 작용만이 아닐 것이다. 따라서 기억은 기억하는 사람과 기억되는 대상 사이를 연결시킨다. '참여적 행동'으로

테오—쿨투라

이끄는 것이다. 그리스도의 고난을 기억하는 이들은 그리스도께서 자신의 생명을 바쳐 사랑했던 이들의 고통과 고난을 외면해서는 안 되는 것이다. 기억해야 하는 것이다. 용산 참사, 밀양과 강정 마을, 세월호, 메르스 사태, 백남기 농민에 대한 공권력의 과도한 물대포 살수 살인 등 근래의 사건들도 잊혀져가는 것들이 너무 많다. 기억의 길이는 가슴으로 느낀 아픔의 길이와 비례하건만, 아직도 아픔은 기억으로 소환되어 망각의 강으로 떠날 줄을 모르는 것이다.

3. 애도와 우울증: 망각의 강으로

사람은 아픈 상처를 잊지 못하면 삶을 새롭게 시작하지 못한다(그러나 망각과 동시에 '앞서의 이야기와 같이' 기억하지 않으면 제대로 된 삶을 영위하지도 못한다). 오직 인권과 민주화 운동, 통일 운동을 하다 갖은 고초를 겪고 고문 후유증에 시달리는 사람들만이 계속되는 삶을 위해 망각을 불러내야하는 것은 아니다. 사실 트라우마(外傷, trauma, 전쟁, 성폭력, 재난, 사고와 같이 극심한 스트레스를 유발하는 외적인 사건의 영향으로 이 사건을 통제하는 능력을 상실하게 만드는 정신적 충격) 증후는 사건에 대한 기억이 너무나 강렬해 다른 일들을 기억하지 못하는 것이다. 의식이 기억하지 못하는 것을 몸이 기억하기 때문이기도 하지만, 한 가지 분명한 것은 기억을 통제하려면 망각이 필요하다는 것이다. 여기서 망각은 단순히 잊는 것이 아니라 잊을 것은 잊고 기억할 것은 기억함으로 기억을 통제하는 것이다. 물론 이것을 국가가 일괄적으로 집행할 아무런 권한도 의무도 없다. 오늘 한국 사회의 문제는 역사적 외상에 있어 국가의 과도한 망각 집착에 있는 것은 아닐까?

아무튼 상처와 고통에 대한 망각은 어떻게 가능할까? 「애도와 우울증」

(1917)이라는 논문에서 프로이트는 애도와 우울증 모두 사랑하는 대상을 잃어버렸을 때 나타나는 증상들이지만, 몇 가지의 차이를 발견하며 이렇게 말한다. "애도의 경우 빈곤해지는 것은 세상이지만, 우울증의 경우 자아가 빈곤해진다." 애도(Trauer, 슬픔)의 감정은 사랑하는 사람을 잃어버린 데 따른 자연스러운 반응이어서 아무리 격심하다 해도 치료를 요하진 않는다. 충분히 슬퍼하고 나면 아픔은 가라앉고 다시 일상이 열린다. 그러나 우울증에 빠지면 상실로 인한 극한의 고통 속에서 외부 세계에 대한 반응 능력을 잃어버린다. 왜냐하면 우울증은 자애심, 곧 자신을 사랑하는 감정이 사라지기 때문이다. 따라서 슬픔은 세상을 텅 비게 하고, 우울증은 내 안을 텅 비게 한다는 것이다.

나아가 프로이트는 우울증 발생의 원인은 죽은 사람에 대한 애증의 감정 때문이라고 한다. 떠나버린 사람을 미워하는 마음이 무의식 속에서 자기에 대한 공격적 증오심으로 전환되기 때문이라고 말한다. 또한 우울증은 바깥 세상으로부터 냉대를 받거나, 무시를 당할 경우에도 우울증으로 깊어질 수 있다고 한다. 따라서 우울증이 위험한 것은 공격성이 환자 자신을 직접 향하기 때문이다. 이를 '자살충동'이라고 하는데, 세상에 대한 미움이 해소되지 못할 때 그것이 방향을 바꾸어 자기 자신을 행하기 때문이다. 따라서 슬픔과 우울증의 원인을 밝혀, 자신이든 타자든 합당한 결과를 수용하거나 그 지난한 과정을 거쳐 지나갈 때, 슬픔은 위로받고, 우울증은 사라질 것이다. 그때 망각은 자연스레 따라와 지나가버린다.

4. 망각을 넘어 '아모르 파티'로

인간의 내면적인 삶과 관련된 트라우마와는 달리 인간의 외면적인 삶과 관련되어 국가 혹은 정치권력이 개입해서 망각하는 행위가 있다. 역사적 사면(赦免, Amnesty)이 바로 그것이다. 1946년 9월 19일 처칠 영국 수상의 취리히 연설은 이제까지 적대적이었던 국가들 사이의 과거를 잊고 새로운 평화의 역사를 쓰자는 '망각의 신성한 행위'를 호소한다. 하나님은 역사적 사면을 우리 인간 전체를 향하여 펼쳐 보이셨다. '기억의 귀환인 동시에 죄에 대한 망각 대선언'인 것이다. 성경을 통하여 드러난 하나님은 우리가 하나님 앞에서 의롭지 못할지라도 우리를 기억하시고 우리의 죄를 묻지 않으시고 용서하시는 긍휼하신 하나님이시다. "나, 곧 나는 나를 위하여 네 허물을 도말하는 자니 네 죄를 기억하지 아니하리라(이사야 43:25)", "오직 시온이 이르기를 여호와께서 나를 버리시며 주께서 나를 잊으셨다 하였거니와 여인이 어찌 그 젖 먹는 자식을 잊겠으며 자기 태에서 난 아들을 긍휼히 여기지 않겠느냐. 그들은 혹시 잊을지라도 나는 너를 잊지 아니할 것이라(이사야 49:14-15)."

일찍이 니체(F. W. Nietzsche)는 역사를 세 종류로 정리한 바 있다. 곧, 과거에 매달리는 '골동품적 역사'와 미래의 비전을 정치적으로 고취시키는 '기념비적 역사', 그리고 마지막으로 '운명을 사랑(Amor Fati)'하는 마음으로 현재의 삶을 끌어안으려는 '비판적 역사'가 그것이다. 니체는 골동품적 역사를 비판하는데, 그것은 과거의 회상에만 매달려 지금 살아 있는 삶, 뛰는 심장과 흐르는 피, 대지와 자연과 맞서는 현재 거친 살결 속 주름의 의미를 가진 인간의 주체적 삶을 황폐하게 만들기 때문이다. 따라서 기억에만 매달리면 인간은 인간이기를 멈추는 것이다. 오직 신만이 모든 것을 기억하고 영생하기에 우리 인간은 때로는 망각하며 살아가야 한다. 동물들이 모든 것을 망각하며 하루하루를 살아간다면 인간은 동물보다 조금 긴 기간을 두고 망각의 절차를 밟아가고 있는 것이다.

따라서 '신은 죽었다'는 니체의 그 유명한 선언은 바로 이러한 맥락에서 그 의미를 온전히 회복한다. 곧, '기억의 뿌리', 혹은 '회상의 원인'이 되는 저 초월적인 모든 것(가령, 이데아적인 것)의 죽음이 바로 신은 죽었다는 명제로 표현되는 것이고 기억에 관한한 가장 인간적이고 신 앞에 솔직한 신앙적인 말이 되는 것이다. 니체의 말대로 인간은 망각을 통해 실로 인간이 되는 것이다. "뭔가 올바른 것, 건강한 것, 위대한 것, 뭔가 참으로 인간적인 것이 성장할 수 있는 토대는 어느 정도는 망각할 수 있는 능력 속에 있다. 그런 한에서 우리는 이 능력을 다른 무엇보다 중요하고 근원적인 능력으로 보아야 할 것이다. 망각을 부정한다면 삶 또한 소멸되고 만다. 이 망각의 힘에 의해서 비로써 인간은 인간이 된다."

니체는 지금 이 시간을 살아가는 삶을 받아들이지 못하는 인간, 곧 과거에만 집착하거나 미래에만 매달리는 몽유적인 인간을 '역사적 인간'이라고 부른다. 그리고 이러한 역사적 인간들이야말로 이 대지에서 불행한 삶을 살아갈 수밖에 없다고 말한다. 따라서 우리가 만일 행복해지려고 한다면 '망각하는 것'과 '사랑하는 것'을 갖추어야 한다. 망각한다는 것은 이미 없는 과거와 아직 없는 미래를 뜻하며, 사랑해야 하는 것은 현재의 삶이라는 것이다.

고대 이스라엘 공동체는 기억의 회상을 통해서 하나님의 백성으로 자신의 정체성을 지켜온 이들이다. 유대인들은 유월절에 쓴 나물을 먹으며 선조들의 출애굽과 광야에서의 고난을 후손이 기억하고자 한다. 따라서 유월절 식탁에서 자녀들은 쓴나물을 먹으며 부모에게 이렇게 질문한다. "왜 우리가 이 쓴 나물을 먹어야 합니까?" 부모는 이렇게 답한다. "조상들의 고난과 하나님의 인도하심을 기억하기 위해서!"

이 말은 기억과 망각을 통해 아모르 파티를 살아가는 신앙의 본질을 잘 보여준다. 말씀을 마음에 새기고, 부지런히 가르치며, 강론할 것이며, 기록하라는 신명기의 말씀도 여기서 그리 멀지않다.

테오-쿨투라

08. 기억과 은총

영화 〈살인자의 기억법〉

1. 오늘을 버리고 내일만 사는 별종, 사피엔스

"인간 진화와 불행의 출발점은 '내일 보자!'이다."라고 진화생물학자인 다니엘 밀로는 말한다. 그는 여느 동물과 구분되는 인간만의 특징을 찾다가, 호모 사피엔스가 어느 날 문득 '내일'이라는 개념을 떠올린 것을 주목한다. 그리고 내일에 대한 막연한 기대와 두려움으로 '오늘만 사는 동물'의 낙원에서 추방당했으며(창세기), 돌연 아프리카를 떠나게 되었다(출애굽기). 밀로의 말을 좀 더 들어보자.

"케냐와 에티오피아 중간쯤 되는 어디에선가 기적이 일어났다. 동굴에 살던 웬 인간이 동굴에 살던 다른 인간에게 '내일 보자!'라는 인사말을 건네면서 세상이 완전히 달라진 것이었다. 지금으로부터

140억 년 전에 일어난 빅뱅 이후 그 같은 일은 그때까지 단 한 번도 일어나지 않았다. 그때까지는 전자, 양자, 태양, 별, 미생물, 동물, 식물 등 모든 존재가 영원한 현재의 포로였다. (중략) 선사시대 인간이 동료에게 '내일 보자!'라고 말한 바로 그날, 역사는 '전(pre)미래'와 '후(post)미래'라고 하는 균등하지 않은 두 부분으로 나뉘었다. (중략) 정확하게 언제, 어떤 상황에서 최초의 '내일 보자!'가 나왔는지 결코 알 수 없을 테지만, 그럼에도 미래라는 개념이 판세를 바꿔놓기 시작한 시점에 대한 상당한 단서를 가지고 있다. 지금으로부터 5만8천 년 전, 인간 종을 구성하는 몇몇 구성원들이 그들의 고향, 즉 아프리카를 떠나 장도(壯途)에 오를 때가 바로 그 순간이었을 것이다."

인간만이 지구상의 동물들 가운데 유일하게 아직 존재하지 않는 미래를 위해 이미 존재하는 현재를 기꺼이 포기할 수 있다는 것이다. 보나 나은 내일을 위해 오늘의 즐거움을 유보한 채 땀을 흘리며, 반대로 다가오지 않은 내일을 두려워해 일찌감치 미래를 포기한 채 오늘을 즐기기도 한다(카르페 디엠). '내일 저곳은 오늘 이곳보다 낫겠지.'라는 막연한 기대로 오늘까지 일궈낸 모든 것을 포기하는 모험을 감수하기도 한다. 내일의 발명. 그것이 말로 교수가 꼽은 인류가 아프리카를 떠난 원인이자, 지구 생태계의 정점에 선 힘의 근원이었다.

동료의 사체를 눈에 보이지 않는 곳에 묻고, 또 그렇게 보이지 않게 된 동료를 기억하며 자신에게 닥칠 죽음이란 미래에 대해 상상(메멘토 모리)하는 존재는 오직 인간밖에 없다. 물론 동물들 또한 동료의 죽음을 인식하는 감정과 생각을 지니고 있다. 그러나 동물의 그것은 인간의 것과 차원이 다르다. 따라서 호모 사피엔스의 진화에 '큰 두뇌'나 '도구'와 '불'이 결정적인 역할을 한 것이 아니라, 바로 '미래의 발명'이 그 역할을 한 것이다.

그러나 인류는 내일이라는 상상을 발명한 이후 삶에서 항상 불확실한 미래를 염두에 두느라 만성적인 불안과 공포에 시달려야 했다. 그리고 이를 극복하기 위해 '준비와 계획'이라는 개념을 다시 떠올렸다. 상상된 미래를 대비하는 과정에서 '축적'과 '잉여'가 탄생했고, 이윽고 호모 사피엔스는 '과잉'의 소용돌이라는 현세의 지옥에 빠지게 되었다.

일반적으로 인간과 동물의 차이를 '유희'나 '잔혹함', '소통', '이타주의' 등의 가부로 규정하곤 한다. 그러나 이러한 것들은 인간만의 것이 아니다. 흰쥐들은 불 꺼진 실험실에서 폭소하고, 늑대는 유희를 위해 쓸데없는 학살을 자행하는가 하면 사마귀나 돌고래는 시간(屍姦, 시체를 간음함)과 이종 강간마저 서슴없이 벌인다. 따라서 밀로는 "인간과 동물을 구별 짓는 인간다움이란 오직 내일이라는 상상과, 그 상상에서 비롯된 과잉이라는 현상뿐"이라고 말한다. 모든 것이 과잉으로 치닫는 현대사회의 모습은 이미 수만 년 전부터 예정되었던 셈이다.

자주 인용되는 하나의 사례를 살펴보자. 수사자 한 마리가 암사자들의 규방을 차지하게 되면 선왕의 아들들을 제거하는 일부터 시작한다. 이렇게 해서 죽임을 당하는 죄 없는 새끼 사자들의 비율은 80퍼센트에 달한다. 신다윈주의자들은 이러한 행태를 유전학적 논리로 설명한다. 새로 나타난 수컷 알파가 아비 잃은 고아들을 제거하는 까닭은 그에게 죽은 이전 우두머리의 유전자를 물려받은 자식들을 보호해주고 먹여야 할 이유가 없기 때문이라는 것이다.

하지만 이보다 훨씬 덜 미래지향적인 설명도 가능하다. 새끼들에게 젖을 먹이는 한 암사자는 배란을 하지 못한다. 새 왕은 자신의 리비도를 충족시키기 위해 아예 새끼들을 죽여서 암사자가 다시 발정이 나게 만드는 것이다. 이렇듯 수사자들은 미래를 예측하고 아빠가 되기 위해서가 아니라, 짝짓기를 하기 위해서 손발에 피를 묻히는 것이다. 흔히 짐승은 번식을 위해 섹스하고 인간만이 즐거움을 위해 섹스를 한다고 생각하지만, 이러한 생각은 틀렸다. 오직 인간만이 종족 보존을 위한 번식이라는 숭고한 사명을 위해 가끔 섹스를 하는 것이다.

그러나 다른 동물들은 지금 그저 좋아서, 재미나서 한다는 것이다. 인간은 가끔은 섹스가 자신의 후손 번식, 생산과 방어, 노후보장과 직결된 것이라는 걸 의식한다는 것이다. 아직 존재하지도 않은 이 미래를 발명해내고 그것을 위해 계획하고 기대하고 희망하고 주도면밀하게 준비·실행하는 인간의 의식이 이렇게 세상의 모든 것을 지구촌의 다양한 종들을 바꾼 것이다.

2. 살인자의 삶: 〈살인자의 기억법〉 영화와 소설

그렇다. 김병수(설경구 분)는 살인자였으나, '보편적인 인간의 형상'을 지닌 인간이었다. 여기서 '보편적 인간'이란 오늘을 버리고 내일을 사는 별종 사피엔스를 뜻한다. 김영하 작가의 원작 소설은 김병수가 비록 알츠하이머로 기억을 잃어가지만, 몸과 손이 기억하는 살인의 기억으로 자신을 보살피는 요양보호사 은희(설현 분)를 죽인 것으로, 머리의 기억보다 몸과 손의 기억으로 니체적 성향을 드러낸다면(사실 소설가 김영하는 소설에서 니체를 많이도 인용한다), 영화는 좀 더 복선을 깔아 기억과 시간의 문제로 방정식을 좀 더 복잡하게 만든다. 아니면 김남길이 그 배역을 너무나 잘 소화했기 때문인가? 아무튼 결국 이 영화도 딸을 살리려는 부성애를 통해 종족 보존이라는 별종 사피엔스의 현실을 여지없이 잘 보여준다.

병수의 아버지(정인겸 분)는 1971년에 집에 돌아왔다(이 시대는 박정희 군사정권 치하이다). 오자마자 엄마와 누나를 개 패듯이 두들겨 김치 국물로 뒤범

　　　　　　　　　　　　　　　　　　　　　　　　테오-쿨투라

벽이 되게 만들었다. 병수를 때리던 아버지의 눈빛은 먹이를 노리는 짐승의 눈빛이었다. 국가의 폭력이 한 인간의 삶에 영향을 미쳐 가정 폭력으로 이어지고, 전체주의라는 제도가 구성원 각 개인의 눈빛을 짐승으로 만들어 버리는 것일까?

따라서 아버지를 살해한 이후 병수는 세상엔 꼭 필요한 살인이 존재한다고 믿는다. 부친살해의 오이디푸스는 자기합리화의 길을 찾는다. '처자식 패는 횟집주인'도 죽어야 한다. 그리고 이것은 살인이 아니라, 청소다. '다이야 삼킨 개를 죽인 여자'도 죽어야 하고, '노숙자'는 물론 '사채업자'도 죽어야 한다. 존재할 이유가 없는 쓰레기들. 이들은 대부분 병수의 집 뒤 대나무 숲에 묻혔다. 그러나 병수는 죽이기만 한 것은 아니었다. 동물들 목숨을 사람을 죽인 것 보다 더 많이 살리기도 했다. 보라! 병수는 오이디푸스를 넘어섰다.

물론 영화와 달리 소설은 그 첫 페이지에 병수의 살인을 '아쉬움', 혹은 예술로 승화시켜놓고 있다. "그때까지 나를 추동한 힘은 사람들이 흔히 생각하는 살인의 충동, 변태성욕 따위가 아니었다. 아쉬움이었다. 더 완벽한 쾌감이 가능하리라는 희망, 희생자를 묻을 때마다 나는 되뇌곤 했다. 다음엔 더 잘할 수 있을 거야."

살인의 기억을 나만의 기록으로 남겨두기 위해 일기를 쓰는 병수는 시(詩)를 배운다. 시를 가르쳐주는 문화센터의 강사(이병준 분)는 이렇게 말한다. "시인은 숙련된 킬러처럼 언어를 포착하고 그것을 끝내 살해하는 존재입니다." 시 선생에 의하면 병수의 시어는 '날것의 언어와 죽음의 무상함'이 깃든 아주 괜찮은 시라고 한다. 감정표현은 없지만, 또한 유머에 시간차로 반응하는 병수는 메타포가 아닌 경험담을 통해 날것의 시를 생산한다. 그리고 이렇게 '냉철한 복기'를 통해 자신의 살인의 모든 과정과 느낌을 기록해 놓는다. 수험생들이 오답노트를 만들 듯이. 그래야만 뼈아픈 실수를 반복하지 않기 때문이었다.

그런데 문제가 생겼다. 또 다른 연쇄살인범이 병수의 구역에 침범한 것이다. 병수의 본능은 살인범을 알아본다. 그리고 "예나 지금이나 경찰들은 병신들이다." 알려줘도 제대로 잡지를 못한다. 살인범을 향해 병수는 말한다. "누굴 죽이든지 상관 안해. 내 딸만 아니라면." 딸을 지키기 위해 상체근육 운동을 한다. 손아귀의 힘을 기르기 위해 사과를 쪼개려 한다. 그러나 알츠하이머로 기억은 사라지고 사과가 쪼개지는 것은 입으로 깨물었을 때이다. "머리가 죽어가. 쪼그라들고 구멍이 숭숭 뚫려서, 자꾸 잊어버려." 그럼에도 불구하고 살인의 습관은 남아있다. 따라서 사라져 가는 기억에 외친다. "은희가 내 딸임을 기억하라." '잊어서는 안 되는 기억'과 그럴수록 '잊혀져 가는 현실' 사이에 병수는 처절하다. 이제 시간은 병수를 점점 더 극한으로 밀고 간다. 깨달음의 경지인지, 전적 포기인지, 아포케(apoche, 판단유보)인지 … 소설은 반야심경의 한 구절로 매듭짓는다.

> "그러므로 공(空) 가운데에는 물질도 없고 느낌과 생각과 의지작
> 용과 의식도 없으며, 눈과 귀와 코와 혀와 몸과 뜻도 없으며, 형체와
> 소리, 냄새와 맛과 감촉과 의식의 대상도 없으며, 눈의 경계도 없고
> 의식의 경계까지도 없으며, 무명도 없고 또한 무명이 다함도 없으며,
> 늙고 죽음이 없고 또한 늙고 죽임이 다함도 없으며, 괴로움과 괴로움
> 의 원인과 괴로움의 없어짐과 괴로움을 없애는 길도 없으며 지혜도
> 없고 얻음도 없느니라."

잊어버리려 했던 기억을 잊어버리면 누나의 말대로 15살 이전으로 돌아갈 것인가, 착하고 순진했던 시절로 돌아갈 것인가? 그러나 기억은 '목 메달아 죽은 누나'와 '17년 전 바람을 핀 아내와 은희가 내 딸이 아니구나.'로 돌

테오-쿨투라

아온다. 살인자의 삶은 이래저래 처절하다. 알츠하이머가 잠시 시간을 유예시키지만, 거기에 평안은 없다. 영화는 소설과 달리 공(空)의 단계 대신, 반복되는 기억 속의 살인자의 실존을 수미쌍관으로 보여준다.

3. 뇌: 진보와 보수의 뇌는 다르다

현대 과학의 최전선인 뇌과학 분야에서 선도적인 연구를 이끌고 있는 세계적인 포르투갈 출신의 유태계 뇌과학자 안토니오 다마지오(Antonio Damosio)는 '느낌과 감정, 정서'가 우리 마음의 토대를 이루고 있으며, 이들 또한 마음과 마찬가지로 과학적 연구의 대상이 될 수 있음을 주장한다.[1]

다마지오의 이론은 한마디로 '신체화된 마음(embodied mind)'이라고 할 수 있다. 신체는 단순히 정신을 담는 그릇에 불과한 것이 아니라, 마음의 일차적 내용이자 참고자료이다. '탈신체화된 마음(disembodied mind)'으로 상징되는 데카르트의 심신이원론을 비판하고 스피노자의 심신일원론을 새롭게 조명한 것이다. 이것은 느낌을 중심으로 인간을 새롭게 이해할 수 있다는 것이다. 병수가 살인의 '느낌'으로 비록 치매에 걸렸지만 자신을 살인자로 존재 증명했듯이.

사실 데카르트는 마음이란 공간을 차지하지도 않고, 물질적 실체도 없는

1　안토니오 다마지오는 『데카르트의 오류』(중앙문화사, 1999)에서 정서와 느낌이 인간의 '의사 결정'에 미치는 영향을 밝혔고, 두 번째 책인 『The Feeling of What Happens(사건에 대한 느낌)』(1999)에서는 느낌과 정서가 '자아 형성'에 끼치는 역할을 논의하였으며, 인문학과 과학의 경계를 허문 진정한 통섭을 시도한 책인 『Looking For Spinoza(스피노자의 뇌)』(사이언스북스, 2007)에서 '느낌과 정서의 본질'을 파헤침으로 '정서-느낌'에 관한 3부작을 마무리하였다.

것이므로, 마음과 몸은 별개의 것이라고 생각한다. 심신 이원론, 혹은 실체 이원론적 관점이다. 그러나 데카르트와 동시대를 산 스피노자는 『에티카』에서 마음과 몸이 동일한 실체의 평행하는 속성들(표현들)이라고 주장한다. 데카르트의 심신 이원론에 반대하는 것이다. 따라서 스피노자는 심신 동일론의 입장에서 느낌과 정서, 감정이 인간성의 중심이라 봄으로써 이미 300여 년 전에 현대 뇌과학을 예견한 인물이 되는 것이다.

『에티카』에서 스피노자는 이렇게 말한다. "덕의 일차적 기반은 자기 자신을 보존하고자 하는 노력(코나투스, conatus)이며, 행복은 자신의 존재를 유지할 수 있는 능력에 있다." 다마지오는 이 명제를 이렇게 변경한다. "모든 인간은 자신의 생명을 보존하고 안녕을 추구하고자 하는 경향을 갖도록 창조되었으며, 그 과정에서 자기 보존이라는 생물학적 현실이 덕에 이르게 된다." 비록 스피노자가 오늘날의 신경생물학적 용어를 들어 설명하고 있진 않지만, 윤리적 행동 시스템에서 '생명의 존재', 즉 '생명의 자기 보존 욕구'가 기반하고 있음을 말함으로서 생물학적 사실의 중요성을 인식하고 있었다고 다마지오는 주장하는 것이다.

이러한 다마지오의 이론 가운데, '신체표지 가설(somatic marker hypothesis)'이 있다. 쉽게 말하면 '뇌의 즐겨찾기' 가설이다. 가령 우리는 모든 상황에서 최선의 합리적 판단을 내리려 들다가는 시간과 에너지를 너무 많이 잡아먹어서 오히려 최악의 결과를 낼 수 있다. 따라서 손해를 보거나 보상을 받는 등 과거의 경험에 따라 뇌에 '즐겨찾기'가 새겨지면, 이제는 모든 정보를 심사숙고하는 대신 특정 신호에 특정 반응을 함으로 곧바로 꺼내 쓴다(판단)는 것이다.[2] 중요한 것은 우리의 뇌는 옳고 그름보다는 좋고 나쁨에,

---

2 이것은 '확증편향(confirmation bias)'의 오류를 양산한다. 사람들은 보통 자신이 믿는 것을 확인해 주는 정보만을 찾고, 우리가 선호하는 설명을 강화시켜 주는 사실

좋고 나쁨보다는 이득이 있고 없음에 더 민감하게 반응한다는 것이다. 따라서 옳고 그름을 판단할 때조차도, 직관이 심사숙고를 앞서는 것이다. 따라서 진보주의자와 보수주의자의 뇌는 다르다.

바이오 및 뇌공학자 정재승 교수는 이렇게 말한다. "똑같은 자극에도 보수주의자의 편도체(amygdala)가 더 민감하게 반응합니다. 여기는 공포 반응을 관장합니다. 보수주의자가 공포에 더 민감하죠. 반대로 진보주의자는 뇌섬(insula)이 더 민감하게 반응합니다. 여기는 역겨움을 관장하는데, 사회적 불공정을 볼 때도 반응하지요. 이들은 강자의 특권이나 약자의 부당한 고통에 뇌가 더 민감합니다."

따라서 '불확실성과 두려움을 해소하고 싶은 인간의 깊은 욕구'는 보수주의의 뿌리가 되고, '개방성과 지적 유연성, 호기심, 새로운 경험에 열린 마음, 위험 감수 성향 등'은 진보주의의 경향이 되는 것이다. 이렇게 '두려움'과 '개방성'을 가진 두 종류의 뇌를 가진 사람들이 함께 만들어 가는 세상이 지금 우리가 살고 있는 세상이며, 병수와 태주라는 두 연쇄살인범의 뇌 구조도 이렇게 진보와 보수로도 나눠지는 것이다. 병수의 자식을 지키려는 '두려움', 태주의 여성혐오에 대한 '개방성'으로!

여기서 박주태(영화에는 민태주, 김남길 분)는 머리에 두개골이 없다. 엄마를 때리던 아버지를 식칼로 쑤시려 했는데(이것은 병수와 동일한 가족 상황이다. 물론 시대적 상황도 여전히 군부 통치시대였다), 엄마가 뒤에서 다리미로 주태의 머리를 친 것이다. 주태는 절규한다. "아빠가 아니라 엄마가! 여자들은 다 똑같아." 연쇄살인범의 시작은 이렇게 소설과 다르게 시작된다. 여혐(여성혐오)의 발생사적 근원이랄까? 아무튼 여기서 뇌의 문제는 시작된다. 단순한

만을 받아들이며, 이미 진리로 받아들이고 있는 것과 어긋나는 데이터를 무시하고 싶어 하는 경향이 있는데, 이를 확증편향이라고 한다.

기억을 넘어 뇌에 대한 과학적 분석이 요구되는 것이다.

재미있는 것은 이러한 뇌 구분은 진화생물학적으로도 설명이 가능하다는 것이다. 사실 인간은 잡식동물이다. 잡식동물에게는 특유의 딜레마가 있는데, 새로운 음식에 얼마든지 도전할 수 있는 가능성과 정보가 없는 음식에서 독과 기생충과 미생물의 위험을 받아야 하는 가능성, 둘 다가 존재한다. '새로운 음식에 개방적인 전략'이 '더 많은 영양분과 더 많은 위험'을 동시에 제공하는 반면, '새로운 음식을 두려워하는 전략'은 '더 안전하고 더 배고픈 현실'을 제공한다. 나이든 연쇄살인범의 두려움과 젊은 연쇄살인범의 진취성은 시간의 무상함도 보여주지만 이렇게 뇌구조가 달랐던 것이다.

4. 번식전략

진화 심리학자인 경희대 후마니타스칼리지 전중환 교수는 진보와 보수의 쟁점이 '경제 영역', '사회집단 차별 영역', 그리고 '번식 전략 영역'에서 형성된다고 생각한다. 좌우 일차원 축으로 진보와 보수를 구분할 수 있다는 통념에 회의적인 것이다. 전중환 교수는 『오래된 연장통: 인간 본성의 진짜 얼굴을 만나다』(사이언스북스, 2016)에서 이렇게 말한다.

> "최신 연구들을 보면, 사람에게는 쟁점이 형성되는 영역이 적어도 세 개가 있다고 합니다. 경제 영역, 사회집단 차별 영역, 그리고 번식 전략 영역. 셋 다 진화적으로 중요하기 때문에 사람은 각각의 영역에서 어떤 전략을 택할지 신중하게 고려하죠. 그런데 실험을 해보면 이 셋이 같이 움직이지 않습니다. 예를 들어 경제 영역에서 진보적이라고 그 사람이 사회집단 영역에서도 진보적이라는 보장은 없습니다."

테오-쿨투라

가령 경제 영역에서 가난하거나 학력, 인종적으로 취약한 사람들은 자원 재분배를 지지하는 성향이 더 높다. 진보적으로 분류가 되는 것이다. 그러나 이 영역에서 진보적인 가난한 백인은 사회집단 영역에서 보수적일 수 있다. 성, 인종, 종교 등 집단 간 차별을 유지하는 것이 자기에게 더 유리하기 때문이다.

번식전략에 있어서도 마찬가지이다. 가난한 남성이라면 성적으로 개방적인 사회에서 추가적인 이익을 볼 가능성이 높지 않다. 성적 엄숙주의를 지지하는 보수파가 될 가능성이 높아진다. 전중환 교수는 이렇게 말한다. "가난한 사람이 보수당을 찍는 것이 비합리적이라고들 흔히 말하는데, 경제 정책만 보면 그럴지도 몰라요. 하지만 보수당은 사회집단 간 차별을 유지해주기 때문에 어떤 가난한 사람에게는 중요한 이익을 제공합니다. 더욱이 성적 엄숙주의도 가난한 사람에겐 상대적으로 도움이 되지요."

자유한국당을 지지하는 가난한 기독교인들이 왜 동성애와 낙태를 비판하는지를 알 수 있는 이론이 된다. 이들은 따지고 보면 경제영역 차별보다는 사회집단 차별 영역과 번식 전략 영역을 더 중시하기 때문이다. 진화적으로 중요했던 영역이 셋이 있다는 접근법을 택할 때 미스터리라고 생각했던 현상이 명쾌하게 설명이 되는 것이다.

강남좌파도 마찬가지이다. 상속자보다는 고학력자와 같이 자기 능력으로 출세한 사람의 경우 경제 영역에서 자원 재분배 정책으로 손해를 보지만, 사회집단 차별이 사라질수록 큰 이득을 본다. 개인 능력이 있기 때문에, 연령이든 지역이든 인종이든 종교든 자신이 유리하지 않는 사회적 차별이 철폐될수록 이익이 된다. 따라서 어느 나라이건 고학력자가 진보 성향이 두드러지는 것이다.

정리를 해보면, '경제 영역, 사회집단 차별 영역, 그리고 번식 전략 영역' 이 세 영역에서 보수당은 각각 '경제적 자유주의, 차별 묵인, 성적 엄숙주의'

를 대변한다. 반면 진보당은 '자원 재분배, 차별 철폐, 성적 자유주의'를 대변한다. 그리고 어떤 사람이 진보당과 보수당 중 누구를 지지할지는, 세 쟁점에서 그가 가장 이익을 극대화할 수 있는 노선이 무엇인지에 따라 정해지는 것이다.

5. 기억과 은총

프루스트의 『잃어버린 시간을 찾아서』에서 마르셀을 매혹적인 쾌감에 빠뜨린 것은 무엇일까? 프루스트는 그 답을 3,000쪽이나 되는 방대한 장편소설(7부작)로 제시하고 있지만 철학자 김용규는 이를 어거스틴의 은총으로써 '상기(memoriae)'와 유비하며 이렇게 해석한다.

> "인간에게 어느 순간 갑자기 일어나는 '무의지적 기억'은 단지 잊었던 옛 추억을 떠올려 주는 것으로 끝나지 않아요. 그것은 −마치 어거스틴의 상기처럼− 과거와 현재를 나란히 겹쳐 놓음으로써 시간에 의해 분산된 여러 가지 상들을 모아 이전까지는 감춰져 있던 삶의 진실을 드러내 보여 주는 일을 합니다. 그 결과 잃어버린 자신의 정체성, 삶의 의미와 가치를 되찾아 주는 일을 하지요. 또한 미래를 기대하게도 만듭니다."

소설이 진행되면서 부단히 반복되는 이러한 회상들을 통해 마르셀은 결국 잃었던 정체성을 회복하고 허무에 빠졌던 자기 자신을 구하게 된다. 자신을 열등한 존재, 우발적이고 죽게 마련인 존재라고 느끼고 결코 글을 쓸 수 없을 것이라고 생각하던 그가 다시 소설을 쓰려고 마음먹게 된다. 희망이 생긴 것이고, 결국 그의 삶이 구원을 받게 된 것이다. 조르주 풀레(G. Poulet)는 프루스트의 무의지적 기억을 기독교의 신의 은총에 의해 이뤄지는 구원과 연결 지어 이렇게 말한다.

> "기억은 실추한 인간의 본성, 돌이킬 수 없을 정도로 원래의 본성에서 분리된 인간의 그 본성에 대하여, 일거에 전적으로 그 근본 조건을 회복하기 위해서가 아닌, 영혼 구원의 길을 발견할 수 있도록 효력을 발휘하는 그런 불가해한 현상이다. 회상이란 '인간이 혼자 힘으로는 빠져나올 수 없는 허무로부터 인간을 구출하기 위해서' 찾아온 '천상의 구원'인 것이다. 그래서 프루스트 작품들에서 회상은 인간적인 동시에 초인적 형상을 띠고 끊임없이 나타난다."

회상이 의지에 의해서가 아니라, 무의지적으로 일어났다는 점에서 돌이킬 수 없을 정도로 실추한 인간의 본성을 회복시키는 작용을 한다는 점에서 인간을 제 힘으로는 빠져 나올 수 없는 허무로 부터 구출한다는 점에서 이러한 프루스트의 무의지적 기억은 기독교 사상의 은총처럼 초자연적인 역할을 한다는 것이다.

반면 '기억의 철학자' 플라톤에게 있어서 상기는 의지적이다. 소크라테스의 산파술이 대화법이라는 이성의 도구를 사용하여 지식을 이끌어 내듯 플라톤의 상기 역시 어쩌면 철학적 삶을 위한 의지적 노력이다. 그러나 프루스트의 무의지적 기억은 초자연적인 것, 곧 은총으로써 무의지적이다. 철학과 신학이 갈려지는 지점이 바로 여기이다. 그렇다면 어거스틴의 신을 기억하는 것은 '감정이 아닌 확실한 의식'(『고백록』 X.8)이라는 것은 어떤 지평인가? 은총의 신학자에 의지적 차원이 있음을 보여준다.

어거스틴의 『고백록』 10권은 인간의 기억과 욕망에 대한 심리적, 신학적 사색을 담고 있다. 특히 기억에 관해 대단히 심오하고 치밀한 분석을 시도한다. 따라서 기억과 은총의 관계에 관해 최초로 언급한 이로 어거스틴을 들 수 있다. 그는 기억을 크게 '감각기억'과 '비감각기억'으로 구분한다. 감각기억은 청각, 시각, 촉각, 미각, 후각 등 오감이 감지하는 어떤 사물에 대한 영상(정확히는 '감각정보')을 담고 있고, 비감각기억은 오감이 인식할 수 없는 밖의 영역에 존재하는 추상적인 것들의 영상을 담고 있다. 구체적으로 수학, 기하학, 어학(토론술로 표현됨), 감정에 대한 기억, 심지어 망각에 대한 기억 등이 이 기억의 범주에 속한다.

어거스틴에 의하면 기억의 용량은 무한하며, 자기(self)의 동일성과 연속성은 기억에 뿌리박고 있다. 여기서 자기란 시간의 흐름 속에서 끊어지고 이어지는(斷續) 경험의 다양성에 통일성을 부여하는 마음의 차원이다(병수의 처절한 살인자의 기억법을 보라). 따라서 지식과 의지보다 더 깊은 곳에 놓여있는 기억은 '마음의 위장(胃臟)'이고(『고백록』X.21), 오직 의식 안에만 잠재적으로 존재하는 창고이다. 중요한 것은 어거스틴이 기억을 은총과 연관시킨다는 점이다. 인간이면 누구나 행복을 추구하기 때문에 기억은 우리들로 하여금 은총에 응답하도록 만들어준다(『고백록』X.29)는 것이다.

그러나 어거스틴은 은총을 떠나 있는 자연적인 인간이, 자신의 인격을, 실은 의식적인 차원에서 신을 부정하고 무시할 때에도 그의 무의식 속에 이미 신을 가지고 있다고는 말하지 않았다. 따라서 신을 기억하는 것은 의지의 의식적인 행위이고 결단이다. 신을 사랑하는 것은 "막연한 감정이 아니라 확실한 의식"(『고백록』X.8)인 것이다.

나아가 기억이라는 깊은 심연을 떠나서 신은 발견될 수 없다. 기억은 '신에게 순종하면서 살려는 사람의 마음속에 현전해 있다(『고백록』X.37)'는 것이다. 곧 기억은 인간의 자아를 형성하고 영혼을 구성하며 인간은 하나님을 기억을 통해서 현재에도 이해하고 알 수 있으며, 참된 영적 지식에 이르기 위해서는 이 기억마저도 초월하는 경험이 필요함을 역설한다. 여기서 우리는 『고백록』의 저 유명한 구절을 떠올리게 된다.

> "마침내 나는 당신을 사랑하게 되었사오니, 당신은 오래 되었으나 언제나 새로운 아름다움이십니다. … 당신은 절제하라고 명령하셨습니다. 당신이 명하는 것을 주십시오, 그리고 당신이 원하는 것을 명하십시오."

어쩌면 소설/영화 〈살인자의 기억법〉은 기억을 내일을 사는 호모사피엔스의 번식전략을 넘어 은총으로 변화시키는 마중물이 될지도 모르겠다. 그리고 그 마중물은 뇌과학의 험난한 파도를 헤쳐 나가야 할 것이다.

09. 영혼

밤, 영혼, 우리–소크라테스를 기리며!

1. 밤에 우리 영혼은

『밤에 우리 영혼은』(뮤진트리, 2016)은 감리교 목사의 아들이자, 노련한 이야기꾼인 켄트 하루프의 은밀하고도 위풍당당한 유언과 같은 작품이다. 저자가 2014년 71세에 세상을 떠나기 전 탈고한 소설로, 가상의 작은 마을 홀트를 배경으로 칠십대의 두 주인공이 교감하는 믿음과 우정, 나이 듦에 대한 생각들을 특유의 잔잔하면서도 절제된 문체로 묘사하고 있는 아름다운 소설이다. 영화로도 상영되었는데, 소설은 70살의 주인공 애디 무어(영화에서는 제인 폰다 분)가 오랜 이웃인 비슷한 나이인 루이스 워터스(로버트 레드포드 분)를 방문하는 것으로 시작한다. 두 사람 다 배우자와 사별했는데, 애디는 루이스의 집 현관에 서서 마음에 담고 온 생각을 바로 말한다. "가끔 나하고 자러 우리 집에 와줄 생각이 있는지 궁금해요." 당황한 루이스의 "뭐

라고요? 무슨 뜻인지?"라는 말에 애디는 이렇게 말한다. "우리 둘 다 혼자
잖아요. 혼자 된 지도 너무 오래됐어요. 벌써 몇 년째예요. 난 외로워요. 당
신도 그러지 않을까 싶고요. 그래서 밤에 나를 찾아와 함께 자줄 수 있을까
하는 거죠. 이야기도 하고요. 밤을 견뎌내는 걸, 누군가와 함께 따뜻한 침대
에 누워 있는 걸 말하는 거예요. 나란히 누워 밤을 보내는 걸요. 밤이 가장
힘들잖아요. 그렇죠?" 섹스 없이 함께 잠을 자자는 것, 어둠 속에서 대화하
고, 함께 누워있음으로써 밤이면 더욱 생생히 다가오는 외로움을 달래보자
는 말, 놀랍고 오해받기 십상인 제안이지만 루이스는 애디의 뜻을 받아들
이고, 두 사람은 함께 노년의 새로운 모험을 시작한다. 자식(애디의 아들 진)
의 반대로 그 모험은 끝나지만, 신중하게 선택된 디테일들이 잔잔한 울림을
더해 주고, 재미와 슬픔, 경쾌함과 사색이 웃기게 교차한다. 단순하지만 심
오한 주제에 층위를 변주함으로 노년의 두 영혼의 품위와 용감한 모험을 더
없이 순수하고 아름답게 그려주었다.

이 작품에서 필자는 세 가지를 깊이 생각해보았다. 먼저, 밤, 그리고 영혼,
마지막으로 '우리'라는 가족, 혹은 공동체이다.

2. 밤, 때로는 절망을 때로는 새로움을

소설의 마지막은 밤의 무서움을 잘 표현해 준다. 애디가 창밖을 내다보았
을 때 유리창에 비친 자신의 모습이 보였고, 그 너머는 칠흑이었다. 애디는
루이스에게 전화로 이렇게 말하며 소설은 끝난다. "당신, 거기 지금 추워
요?" 밤은 죽음과 결부되며 우리 인간들에게 절망을 안겨주기도 하지만, 때
로는 새로움을 던져준다. 애디와 루이스의 무수한 밤은 그들의 후회, 사랑,

절망, 그리고 희망을 보여주었다. 이러한 밤에 직면하여 애디와 루이스의 영혼은 어떤 여행을 떠날까? 본질적인 영혼의 여행은 소크라테스가 이미 2,500년 전에 잘 말해주었다.

3. 영혼, 귀향의 여정

플라톤의『파이돈*Phaedo*』은 소크라테스가 두 적대자들과 논쟁하고 있는 것을 보여준다. 첫 적대자는 영혼이 이 세상에 오기 전에 이미 존재하지도 않았으며, 인간이 죽을 때 육과 함께 즉시 사라진다고 믿었던 심미아스이며, 두 번째는 영혼의 선 존재에 대해 믿지만 죽고 난 후에 영혼은 여러 육을 입고 난후 사라진다는 것을 믿었던 케베스였다. 이 둘의 주장이 서로 밀접하게 연결되어 있기 때문에 소크라테스는 이 둘을 서로 연결해서 '영혼의 여행(the Journey of the Soul)'에 대해 설명하고 있다.

소크라테스는 '영혼의 불멸(the immortality of the soul)'을 말한다(참고로, 기독교는 '영혼 불멸'을 믿는 종교가 아니라, '몸의 부활'을 믿는 종교이다). 영혼은 절대로 사라지지 않는다. 이 땅에 육을 입고 태어나기 전에도 존재해 있었으며, 또한 육을 벗을 때도 변하지 않고 영원히 존재한다. 영혼은 결코 변하지 않는다. 그리고 영혼은 지성과 사고력을 함께 소유하고 있다는 것이다.[1]

---

1 물론 쾌락학파로 알려진 에피쿠로스(Epicurus)는 반박한다. 영혼을 하나의 입자로 생각하여 물리학적 접근 방식으로 영혼을 연구한 에피쿠로스는 영혼이 인식하며 지성과 사고력을 얻을 수 있는 유일한 길은 육과 함께 결합되었을 때 가능하다는 것이다. 영혼은 이 땅에 태어나기 전에 결코 지성과 인식능력을 가지고 있지 않았다. 또한 인간이 죽은 후에도 영혼은 결코 인격을 가지고 있거나, 지성을 가질 수 없다. 따라서 그는 신이 인간사에 영향을 주거나, 간섭할 수 없다는 결론까지

테오―쿨투라

케베스는 인간이 죽은 후에 즉각적으로 영혼이 사라진다고 생각하지 않는다. 그는 영혼이 한 육을 벗을 때 또 다른 육을 옷처럼 입는다고 믿는다. 그리고 여러 육을 입으면서 영혼은 약해지고, 결국 어느 순간에 가서 영원히 사라지게 된다는 것이다. 그래서 영혼은 영원한 존재가 될 수 없다(*Phaedo* 87d–e). 따라서 케베스에게 있어서 영혼 불멸은 바보 같은 생각이다. 영혼은 영원할 수 없다. 영혼은 다양한 육을 옷처럼 입다가, 힘을 소진하고 마지막으로 사라진다는 것이다.

사실 이러한 케베스의 주장은 소크라테스가 주장하는 영혼의 불멸성과 비슷한 성격을 띤다. 만일 영혼의 불멸성에 관심이 없는 이들은 소크라테스와 케베스의 주장을 구분하기 어려울 수도 있을 것이다. 따라서 소크라테스의 주요한 적대자는 심미아스가 아니라, 케베스였다. 따라서 플라톤은 소크라테스와 케베스의 논쟁에 많은 부분을 할애한다. 케베스는 우리 누구도 죽음 이후 어떻게 될지 알 수 없다고 말한다(*Phaedo* 88a 10–b3). 그러나 소크라테스는 영혼에게 로고스(Logos), 즉 지적인 능력이 있기 때문에 육을 입기 전이나, 육을 벗는 행위인 죽음 이후 역시 알 수 있다고 반박한다. 이 말은 영혼이 항상 이 세상과 다른 세상(the other-world)을 향하고 있다는 것을 의미한다. 이것은 소크라테스가 영혼의 불멸(immortality)에 윤리적인 의미를 더한 것이라 볼 수 있다. 이 세상의 삶은 다른 세상에서 판단 받아야 된다는 것이다. 소크라테스는 영혼의 불멸은 심판을 의미한다고 주장한다

도달하게 된다. 에피쿠로스는 인간의 행복과 역경이 신에게 달려있다는 그리스의 대중 종교의 토대를 뒤흔들었다. 영혼의 지적인 능력이 이 세상 안에서 한정되어 있다는 이러한 주장은 인간이 '신의 심판과 처벌'에 놓여있다는 두려움에서 해방시킨 놀라운 생각이었다. 앤소니 A. 롱, 이경직 역, 『헬레니즘 철학』(서울: 서광사, 2000), p. 97.

(*Phaedo* 107a-e).

소크라테스의 말을 들어보자. "만일 영혼이 불멸한다면, 우리는 우리의 인생의 모든 시간의 순간을 조심스럽게 살아야 하며, 만일 조심스러운 삶을 살지 못하면, 우리의 영혼은 엄청난 위험 앞에 서게 될 것이다. 만일 죽음이 단순히 모든 것으로부터의 탈출구의 역할을 한다면, 육을 제거하고 자신들의 악함을 자신들의 영혼과 함께 제거해 버리는 사악한 자들에게 행운이 될 것이다(107c)."

그렇다면 어떤 결론이 가능한가? 소크라테스는 다음과 같이 결론 짓는다. "그러나 영혼이 불멸하다는 전제 아래서, 악으로부터의 탈출구는 없다. 그리고 가능한 지혜롭고 선하게 됨으로 영혼은 구원을 얻을 수 있는 것이다(107d)." 그렇다면 구원을 얻기 위해 영혼이 지혜롭고, 선하게 되기를 원한다면 어떻게 해야 하는가? 이 질문에 대한 답을 소크라테스는 '영혼의 훈련'에서 찾았다. 이 훈련은 바로 '철학적 삶'을 의미한다. 소크라테스에 의하면 영혼은 원래 존재해 있었다. 이 영혼이 육을 입으면서 이 땅에 살게 되었다. 그리고 영혼은 자신이 존재한 '신적인 장소'로 돌아가고자 욕구한다. 소크라테스의 말을 들어보자.

> "극단적으로 경건한 삶을 사는 사람들은 마치 감옥으로부터 풀려나듯이, 땅의 영역들로부터 풀려나 자유롭게 된다. 그들은 순수한 거주지를 향해서 가며, 땅의 지면 위에서 살게 된다. 철학으로 충분히 자신들을 깨끗하게 만들어왔던 사람들은 미래에 육 없이 살게 될 것이다. 명확하게 설명할 수 없지만은, 그들은 틀림없이 훨씬 아름다운 거주지로 가게 될 것이다(*Phaedo* 114c)."

그러나 소크라테스는 아름다운 거주지로 언제 갈지는 알 수 없다고 말한

테오-쿨투라

다. 그렇다면 소라테스가 말하는 그 아름다운 곳은 어디일까? 이것은 사람이 죽은 후에(육을 벗은 후) 갈 곳이라는 것을 은연중에 이야기하고 있다. 이 세상에서 철학적으로 훈련받으며 자신을 깨끗하게 하며 살았던 경건한 자들이 이 땅을 떠날 때, 아름다운 곳에 가게 될 것이다. 그곳은 바로 '신의 장소'이다. 그렇다면 이러한 철학적 훈련을 받지 못하고, 경건하게 살지 못하는 자들은 어떻게 되는가? 소크라테스는 세상의 많은 강들이 땅 밑에 흐르고 있다고 말하면서 이 질문에 답을 구한다.

땅 밑의 강들은 작고 큰 지역을 흘러 흘러 다니다가 마지막에 타르타로스(Tartarus)[2]로 흘러간다(*Phaedo* 112d). 이 강은 지구를 뱀처럼 둥그렇게 감싼다. 신화적인 다양한 강들을 묘사하고 난 후, 소크라테스는 죽은 자들이 자신들을 보호하고 있던 영혼들(guardian spirits)에 의해 어떤 장소에 인도되어 도착하게 된다(113c). 여기서 그 죽은 자들이 경건하고 철학적으로 살았는지, 아니면 철학적으로 살지 못했는지 심판을 받는다는 것이다.

독약을 마시고 죽기 전에 소크라테스는 그의 적대자들이었던 심미아스와 케베스에게 영혼이 지능을 가지고 있어서, 이미 자신이 육을 가지고 있기 전 존재해 있었으며, 신적인 존재이며, 다시 육을 벗고 원래의 자리, 즉

---

2   플라톤은 이 지하세계의 그리스 신을 이용하여 철학적으로 훈련받지 못한 영혼들이 가야 할 곳으로 묘사하고 있다. 그리스 신화에 보면 제우스가 악한 신들인 타이탄들(Titans)과의 전쟁에서 승리하여, 이 타르타로스에 쇠줄로 묶어둔다. 이곳은 불이 물처럼 흐르는 강으로 싸여져 있으며 고통스러운 지하세계이다. 타르타로스는 후에 그리스 신화에 자주 등장하는 하데스(Hades)와 같은 의미로 쓰인다. 이것은 초대 기독교, 특히 초대교회교부들이 영지주의와의 논쟁에서 예수의 구원을 비하하며 거부하는 영지주의자들이 가야 할 곳으로 이 타르타로스를 언급한다. Jeffrey Burton Russell, *The Devil: Perceptions of Evil from Antiquity to Primitive Christianity* (New York: Cornell University Press, 1977), pp. 136-137.

신적인 장소로 돌아가야 한다는 것을 아는 지식을 '영혼의 여행'이라고 명한다(115a).

그는 이러한 영혼의 여행의 본질을 알고 있고, 깨달았기 때문에 죽음이 눈앞에 왔을 때조차 기뻐한다. 그리고 독약을 마시기 직전에 소크라테스의 제자인 크리도(Crito)가 그에게 탈출을 권고할 때(*Phaedo* 116e) 소크라테스는 이생에서 계속 사는 것이 오히려 바보 같은 일이며, 어리석은 일이라고 크리도를 책망한다(117a). 결국 그는 독약을 마시고, 그의 적대자들(심미아스와 케베스), 그리고 제자들 앞에서 숨을 거둔다. 그에게 있어서 죽음은 영혼과 육을 분리시키는 '약'과 같다. 소크라테스는 죽기 직전에 크리도에게 다음과 같은 유언처럼 남긴다. "크리도여! 우리가 아스클레피오스(Asclepius)에게 닭한 마리를 빚졌느니라. 그에게 이 제물을 바쳐라. 절대로 잊지 말아라(118a)."[3]

필자는 켄트 하루프는 물론, 애디와 루이스가 좋은 곳으로 간 것을 믿는다. 왜냐하면 그들은 소크라테스의 말대로 이 세상에서 철학적으로 훈련받으며 자신을 깨끗하게 하며 살았던 경건한 자들이기 때문이다. 그래서 그들은 '신의 장소'인 아름다운 곳으로 가게 될 것이다.

---

3   여기서 아스클레피오스는 의학의 신이다. 그는 약을 만든 신이며, 인간을 치료하는 신이다. 따라서 이 의학의 신은 한 인간이 육으로부터의 분리를 통해 얻는 영혼의 치유와 관련이 있다. 따라서 소크라테스에게 육이 죽고, 영혼이 분리되어 원래의 신적인 장소로 가는 것은 기쁨이 되어야 하며, 행복이 된다.

테오―쿨투라

4. 우리, 혹은 우리가 되지 못하는…

이 소설은 필자에게 마지막으로 가족의 문제에 대해서 다시 한번 생각하게 만든다. 2018년 칸에서 황금종려상을 받은(이창동 감독의 〈버닝〉은 아쉽게도…) 고레에다 히로카즈의 영화 〈어느 가족Shoplifters〉(2018)과 김태용 감독의 〈가족의 탄생The Birth of a Family〉(2006)을 떠올리게도 만든다. 두 영화 모두 가족 개념이 다층적일 수 있음을 잘 보여준다. 곧, 입양가정, 다문화가정, 동성 부모 가정 등. 가족이 변주되는 이때 소설과 영화 모두 가족의 개념을 생각하게 만든다. 혈연으로 '우리'가 되어야 하는가?, 사랑으로 '우리'가 되어야 하는가? 애디와 진–제이미(진의 아들)의 관계보다 애디와 루이스, 제이미의 관계가 더 사랑스러운 가족임은 필자만 느끼는 것일까? '우리'가 되지 못하는 가족과 공동체가 많은 이때에 이 소설은 밤에 우리의 영혼이 더욱더 외로워 질 것임을 보여준다. 그러나 외로워말자. 우리의 영혼은 지혜를 사랑(philos+sophia)함으로 구원을 얻을지니!

10. 뇌

신은 인간의 뇌 속에 들어있다?

1. 하나님의 고민?

하나님께서 인간을 창조하실 때 가장 고민하셨던 부위는 인간의 뇌가 아닐까? 너무 완벽하게 만들면 하나님을 넘어설 것이고, 너무 뒤쳐지게 만들면 인간 종이 멸종당할 터, 그래서 뇌라는 복잡한 것을 만들어 그 뇌의 기능을 다 사용하지 못하도록 만드셨는데, 이제 뇌의 기능을 확장시킨 인간들은 자유의지를 통해 하나님을 배반하고 그들 인간만의 역사를 만들어 온 것이 우리 문명사가 아닐까?

---

1 이 글의 뇌 관련 정보와 예시는 정재승 교수의 '영혼공작소' 및 정재승, 김대식 교수의 저서와 번역된 앤드류 뉴버그 교수의 저서 등에서 발췌한 것이다.

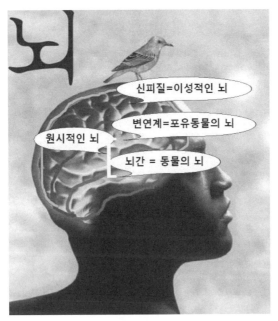

〈4종류의 뇌〉

　베르나르 베르베르는 그의 소설 『뇌』(열린책들, 2002)에서 인간의 뇌에는 파충류의 뇌와 관련된 동기유발 부분과 포유류의 뇌와 관련된 동기유발 부분, 마지막으로 이 모든 것을 뛰어넘는 '최후의 비밀(소설의 원제가 L'Ultime Secret, 최후의 비밀)'이라는 부분을 통해서 미래의 인간이 도달하게 될 뇌의 한 부분을 말하고 있다. 또한 자아의 확장, 곧 자신의 존재를 뛰어넘는 개별 자아의 확장이 인류가 미래에 도달하게 되는 진화의 마지막 단계라고 역설하고 있다. 사실 인간의 뇌는 각각의 부위마다 다른 역할을 수행하고 있지만 그것을 통합하고 조합하여 사고라는 과정을 만들어내는 부분은 아직까지 발견되지 않았다. 마치 호수에 물이 여기저기서 파동을 만들어 내는 것은 확인되나 그것들이 전체적으로 조합이 되어 (사고라는) 큰 그림을 엮어내

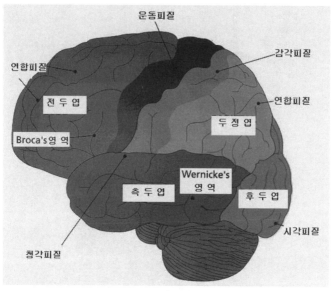

〈뇌의 영역〉

는 부분은 찾지 못한 것과 같다.

2. 뇌의 고민: 스키마, 선입견과 고정관념

"니 아버지 뭐하시노?" 곽경택 감독의 영화 〈친구〉(2001)에서 선생님이 동수(장동건 분)에게 물었던 질문이다. 이것은 우리 뇌가 고정관념이라는 편리한 판단기준을 통해 사람을 미리 재단하기 때문에 가능한 질문이다. 성별, 인종, 출신 지역, 가정환경 등을 통해 쉽게 대상을 일반화하려는 것이다. 뇌 작용의 이런 선입견이나 고정관념을 '스키마(Schema)'라고 한다. '과거의 경험이나 지식들을 토대로 새로운 경험을 친숙하게 받아드리는 것'이다. 뇌가 정보를 여러 범주로 조직화할 때 이용하는 기록체계의 일종으로 다양하고 복잡한 정보들 속에서 상황을 빠르게 파악하고 그 사람에 대한 판단을 결정하는데 도움을 준다.

사실 정글에서 생활하는 원시인들은 사람의 얼굴을 판단하는 데 그들의 뇌에 필요한 시간은 약 0.4~0.6초이다. 또한 그 사람이 매력적인 사람인지 아닌지를 판단하는 데 필요한 시간은 겨우 0.2초이다. 원시시대에 유용한 이러한 스키마가 복잡한 현대사회에서는 종종 잘못된 판단을 야기하기도 한다. 뇌의 태생적 고민이 시작되는 부분이다.

우리의 뇌는 '여성은 모성적이고, 흑인 남성은 공격적이며, 유대인은 지갑을 절대 열지 않을 것'이라는 성적, 인종적 편견을 가지고 있다. '아줌마는 억척스럽고 아저씨는 뻔뻔하며 요즘 애들은 버릇없고 나이든 노인은 성욕을 잘 다스린다'는 선입견도 갖고 있다. 직업에 대해서도 마찬가지이다. '예술가는 섬세하고, 정치가는 권모술수가 능하며, 교수는 논리적으로 따지고, 사업가는 통이 크다'고 생각한다. 중요한 결정을 할 때 우리 뇌는 이런 고정관념이 불쑥 튀어나오는 것이다. 성격의 문제를 넘어 뇌의 문제로 결국 문제는 뇌인 것이다.

3. 중년의 고민: 절정의 뇌

젊은 시절 약 2만 종의 맛을 구별하던 인간은 나이가 들면서 (중년이 되면) 1만 종의 맛을 구별하기도 버거워진다. 중년의 기억력 감퇴는 제일 먼저 이름과 얼굴을 잊어버리는 데서 시작한다. 신경과학자들이 정의한 '인생의 중년'은 나이 45세부터 68세까지인데, 중년의 뇌는 어떨까? 중년의 고민으로 남을 것인가? 최근 경영학과 신경과학이 융합된 '뉴로리더십(Neuroleader-ship)'이라는 분야는 리더가 제 역할을 제대로 수행하기 위해서는 자신의 뇌 상태를 정확히 파악하고 단점은 보완하고 장점은 살려나가야 한다고 말한다.

미국 시애틀 세로연구소의 '뇌 인지능력 검사' 결과는 중년의 뇌에 대한 놀라운 결과를 보여준다. 어휘능력, 언어기억능력, 계산능력, 공간지각능력(공간 정향 능력), 반응속도, 귀납적 추리 능력 등 6가지 능력이 가장 초절정의 성과를 내는 나이대가 45~53세 사이의 중년의 뇌로 나왔다는 것이다. 중년의 뇌는 새로운 것을 받아들이는 순발력은 다소 떨어지지만 복잡한 상황에서 문제를 발견하는 능력, 글을 읽고 주제를 파악하는 능력은 매우 뛰어나며, 결과를 예측하는 능력 또한 우수하다는 것이다. 또한 나이가 들수록 단기 기억력은 떨어지지만, 중요한 사실에 대해서는 장기 기억 능력이 오히려 좋아지는 것으로 나타났다(나이가 들수록 더 지혜롭고 현명해진다는 말은 뇌과학적으로 사실인 것이다!).

4. 신은 뇌 속에?

신을 영접하는 순간(혹은 명상을 하는 동안) 뇌에서는 어떤 일이 벌어질까? 신학자와 철학자, 종교학자가 질문한 신의 문제에 물리학자, 심리학자들이 가세한 이후 이제 신경과학자들이 합류하여 "신은 실제로 존재하는가?, 우리는 신의 존재를 어떻게 인식하는가?, 왜 우리는 항상 우리보다 더 큰 어떤 존재와 연결되기를 바라는 것일까?"라는 질문에 개입하였다. 그리고 신경과학자들의 결론은 '인간의 뇌는 종교를 추구하도록 구조화되어 있다'는 것이며 '종교적 체험을 하는 동안 뇌의 특정 영역이 활성화되며, 종교적 체험이 우리의 뇌에 유익하기 때문에 인간이 종교활동을 영위한다'고 결론짓는다(뇌의 생물학적 구조와 기능이 존재하지 않은 신을 만들어냈을까?, 아니면 신이 자신을 숭배하도록 인간들의 뇌를 그렇게 만들었을까?).

20세기 말 펜실베이니아 대학의 핵의학과 앤드루 뉴버그(A. Newberg) 교수는 종교적 체험을 하는 동안 인간의 뇌에서 무슨 일이 벌어지고 있는지에 관해 6년간 실험을 반복했다. 종교인들이 종교적 체험을 하는 동안 뇌 활동에는 비정상적인 변화가 일어났고 자신들의 초월적인 종교적 경험을 아주 생생한 현실처럼 인식하게 된다는 것을 알아냈다. 실제로 현실에선 아무 일도 벌어지지 않았는데 그들은 마치 무언가가 존재하는 것처럼 생생한 각성을 경험했다는 것이다. 신경과학적으로 감정과 행동을 통제하는 전두엽(Frontal lobe)과 사고 기능을 조절하는 하두정엽(inferior parietal lobe)이 나란히 활성화되었다는 것이다. 그리고 중요한 것은 어떤 종교를 믿느냐에 관계없이 영적 체험을 하는 사람의 뇌 활동 상태는 거의 비슷한 변화를 보였다. 따라서 뉴버그는 2001년, "신은 인간의 뇌 속에 들어 있다"는 결론을 내리게 된다.

재미있는 것은 뉴버그 교수가 기독교인이 영어로 기도할 때와 방언으로 기도할 때의 뇌 스캔을 통하여 어떤 차이가 나는지도 실험한 것이다. 영어로 기도할 때는 언어를 관장하는 전두엽의 활동이 활발하게 나타났지만 방언으로 기도할 때는 활동이 감소되고 조용했다. 즉 방언으로 기도할 때는 내가 아닌 다른 존재(개신교적으로는 '성령')가 나의 기도를 통제한다는 것이다. 그러나 불교의 수도승이 명상할 때와 프란체스코회 수녀가 기도할 때는 전두엽이 활발하게 작용했지만 개신교인이 방언을 말할 때는 전두엽 활동이 감소되는 것을 확인한 것이다. 즉 방언기도 할 때는 나의 생각이 아닌 나의 영이 직접 기도하기 때문에 두뇌를 거의 사용하지 않는다는 것이다.

그러나 정말 신은 전두엽과 하두정엽에 있을까? 뇌에 전기자극을 가함으로 신을 만날 수 있다는 것인가? 그렇다면 우리 인류의 원형적인 종교적 기억들은 미리 실현된 전기자극인가?

5. 엔그램: 기억의 장소

기억은 뇌 신경세포와 시냅스에 저장된다. 뇌에는 엄청나게 많은 신경세포(뉴런)가 있다. 대략 860억 개 정도인데, 다른 체세포와 달리 신경세포에는 많은 가지(축삭과 가지돌기)들이 뻗어 나와 서로 연결되는데, 신경세포 하나에 무려 수천, 수만이나 된다. 신경세포들의 가지와 가지를 이어주어 신호를 주고받는 부위가 바로 시냅스이다. 사람의 뇌에는 무려 수십조 내지 100조개의 시냅스가 존재한다. 현대 뇌과학은 신경세포와 세포들 사이 시냅스의 전기적 신호로 만들어진 시공간적 패턴을 통해 기억이 만들어지고 저장된다고 가설한다. 따라서 신경세포들의 전기적 패턴을 지우거나 방해하면 기억을 지울 수 있고, 패턴을 재생하면 기억을 복원할 수 있다고 생각한다.

따라서 기억의 메커니즘은 이런 신경세포와 시냅스의 작용을 통해 일어난다. 신경세포들은 기본적으로 전기적 방법으로 소통하지만, 세포들끼리의 신호 전달은 시냅스에서 물질을 교환해서 이뤄진다. 신경전달물질인 글루타민산염, 도파민, 세로토닌 물질이 신경세포의 활성을 '흥분시키거나 억제―스위치를 켜고(+, 흥분성), 끄는(-, 억제성)―시킨다. 이것이 바로 기억의 메커니즘이다.

곧 기억의 메커니즘은 신경세포와 시냅스의 작용을 통해 일어나는데, 그것은 신경세포와 시냅스 분자들에 나타나는 변화이기도 하다. 또한 세포 간 연결 패턴의 변화이기도 하다. 그러나 중요한 것은 기억이란 어떤 생물학적 현상이라고 말해주는 단 하나의 답은 아직까지는 없다고 한다. 기억이 저장된 분자, 세포, 연결망 수준의 흔적, 즉 '기억 흔적' 또는 '기억 장소'를 일컬어 과학자들은 엔그램(engram)이라고 부른다. 기억의 장소인 엔그램이야말로 신이 창조했거나, 혹은 신이 깃들어 있는 장소가 아닐까?

6. 고향

뇌과학적으로 고향이 편한 이유는 어릴 적 경험한 음식, 소리, 얼굴과 풍경, 이 모든 것들이 우리의 뇌를 완성시킨 바로 그 요소들이기 때문이다. 나란 존재를 만든 고향, 그 고향을 떠난다는 것은 나란 존재의 원인과 이유를 의심하기 시작한다는 말과 같다. 따라서 인간은 고향을 그리워할 수밖에 없다.

1000억 개 신경세포들 간의 수많은 시냅스(연결고리)들의 위치와 구조를 유전적으로 물려받기는 불가능하기에 뇌는 미완성 상태로 태어난다. 대신 뇌는 약 10년간의 '결정적 시기(critical period)'라는 것을 갖고 있다. 결정적 시기 동안 자주 쓰이는 시냅스들은 살아남고 사용되지 않는 시냅스들은 사라진다. 따라서 결정적 시기의 뇌는 찰흙같이 주변 환경에 의해 주물러지고 모양이 바뀔 수 있다. 어쩌면 조기 인성 교육이 조기 어학 공부 및 선행 학습보다 중요한 이유이기도 하다(우리 속담에 "세살 버릇 여든까지 간다"고 하지 않았던가!).

인문학적으로(아니 신학적, 종교적으로까지!) 우리는 고향으로 향하는 존재이다. 따라서 우리는 모두 출애굽 한 이스라엘, 혹은 오디세우스의 후손들이다. 키르케 섬에서 탈출한 오디세우스는 지옥 하데스에서 예언자 테이레시아스를 만나서 그에게 물어본다. 자신은 고향으로 돌아갈 수 있느냐고,

그러자 예언자는 말한다. "그래, 오디세우스야, 오랜 시간이 걸리겠지만 넌 결국 이타카로 돌아갈 것이다. 사랑스러운 아내를 품에 안을 것이고, 멋진 청년으로 자란 아들을 볼 수 있을 것이다. 하지만 오디세우스야, 이것만은 알아야 한다. 네가 아는 고향에 도착한 넌 다시 네가 아는 고향을 떠나야만 너의 진정한 고향으로 돌아갈 수 있단다. ……"

우리의 진정한 고향은 하늘나라이기에 이 땅에서의 고향은 잠시 머무는 것임을 호메로스도 알았던 것일까? 아니면 우리의 고향은 뇌가 형성된 어린 시절, 혹은 창조의 때인가? 기억의 장소인 엔그램은 이 땅에 진정한 고향이 없음을 오디세우스의 이야기를 통해 잘 보여준다.

7. 영화 〈루시〉: '신화적 예수'의 '과학적 구현'?

뤽 베송(Luc Besson) 감독이 오랜만에 복귀하여 만든 액션 영화 〈루시〉(2014)에서 주인공 루시(스칼렛 요한슨 분)는 평범한 삶을 살다 어느 날 갑자기 인간의 모든 한계를 뛰어넘어 두뇌와 육체를 완벽하게 컨트롤하게 된다. 영문도 모른 채 지하세계의 절대 악 미스터 장(최민식 분)과 만나게 되었다가 결국 신종약물(C.P.H.4로 임산부가 임신 중 자신의 신체에서 만드는 것으로 아기의 뼈 구성에 필요한 에너지를 주며, 힘을 갖게 만드는 물질)을 다른 나라로 운반해야 되는 전달자로 이용당하게 된다. 하지만 루시를 겁탈하려는 부하의 폭력에 의해 뱃속에 든 약물이 루시의 몸 안에서 퍼지게 되고, 이로 인해 몸속의 모든 세포와 감각이 깨어나게 된다. 이후 뇌의 활용도가 점점 높아져가는 루시는 과거와 현재를 오가며 인간의 역사를 경험하고, 최초의 인류인 루시를 만나기도 한다.

루시는 자신의 뇌 기능을 100%까지 사용하게 되었을 때, 인간의 신체성을 벗어버리고, '언제나 어디서나 존재하는(ubiquitous)' 신적 존재로 변화된다. 그리고 루시는 노먼 박사에게 자신의 모든 지식을 USB에 담아 전달해준다. 인간의 신체성을 벗어버리고, 인류의 시작(원시인 루시)과 현재(노먼 박사)에 지식을 전달해주는 것이다. 이 지식은 인류의 기원과 미래의 비밀이 담긴 지식으로 인류 구원의 다른 이름이다. 그리고 이것은 십자가에서 자신의 몸을 내어주고, 인류에게 구원의 길을 보여주신 예수의 길이라 할 수 있다. 태초에 계셨으며, 마지막에도 계실 분, 알파와 오메가이신 예수, 시간의 처음과 나중이며, 시간을 넘어서 계신 분! 우리는 루시에게서 '신화적 예수'의 '과학적 구현'을 보게 되는 것이다. 따라서 신은 인간의 뇌 속에 들어있을지도 모른다?

11. 진화심리학
호모심비우스, 진화와 종교의 접촉점

1. 진화, 목적론과 기계론 사이에

19세기까지 세계를 바라보는 시선은 두 가지였다. 하나는 만물이 신에 의해 계획되고 신에 의해 종말을 맞을 것이라는 '목적론'이고, 다른 하나는 우주만물은 시계와 같이 기계적인 법칙에 의해 움직인다는 데카르트의 '기계론'이었다. 그러나 1875년 찰스 다윈(Charles Darwin)의 『종의 기원』이 출판되고, 진화론의 등장은 두 세계관에 엄청난 충격을 준다. 진화론의 핵심은 '적자생존(適者生存)'이다. 적자생존은 특정한 환경에 적응을 잘하면 살아남고, 그렇지 못하면 도태된다는 것인데, 이 방향을 예측할 수가 없다는 것이다. '신의 목적에 의한 세상'과 '기계적으로 맞물려 돌아가는 세계'가 이제 돌발 상황에 의해 결정된다는 것이다. 물론 다윈은 자연도태를 맞이하여 우리 인간은 이러한 자연의 냉혹함 속에서도 비인간성을 극복하기 위해 공동

테오-쿨투라

체를 구성하고 복지 정책을 베푼다는 변명 아닌 변명을 하긴 한다.

2. 진화의 산물, 도덕성?

리처드 도킨스(Richard Dawkins)는 『이기적 유전자』(을유문화사, 2010)에서 "모든 생명의 역사는 성공적인 자기 복제를 위한 DNA의 일대기이며, 인간의 몸은 DNA의 자기 복제를 위한 그릇이다."라고 말한다. 곧, 인간의 본성과 의식, 문화 등 우리가 인간적인 특성으로 간주하는 모든 것들이 유전자가 정해준 범위 내에서 일어난다는 것이라는 말이다. 진화생물학자 최재천 교수도 『통섭의 식탁』(명진출판사, 2011)에서 "인간의 자기희생적이고 이타적인 행위도 더 효율적으로 디엔에이를 복제하고 확산하려는 이기적 유전자가 시킨 것이다."라고 말한다. 적어도 DNA의 관점에서는 '자기희생적 이타성'은 '자기중심적 이기성'과 상충되지 않는다는 것이다.

그렇다면 도덕성도 진화의 산물이라는 말인데, 왜 우리 사회는 도덕적이지 않은 인간들이 지배자가 되는 것일까? 최재천 교수는 이렇게 말한다. "그건 일시적인 거다. 우리가 이 순간 사회가 썩었다고 얘기하면서도 한편으로 끊임없이 도덕을 얘기하는 이유가 뭘까. 그건 우리가 도덕적인 조상의 후손이기 때문이다. 도덕적인 사람들이 궁극적으로 더 잘 살았기 때문에 우리가 그들의 후손으로 여기 살아남은 거다."

가령 돌고래를 통해서도 이러한 도덕성을 볼 수 있는데, 수컷 돌고래에게 제일 힘든 점이 뭐냐면, 혼자서는 암컷과 짝짓기를 하기 어렵다는 점이다. 망망대해에 무슨 막다른 길도 없고 암컷 돌고래가 도망가면 혼자서는 잡아세울 도리가 없다. 그래서 수컷 두세 마리씩 짝패를 만들어서는 한 마리 암컷을 놓고 양쪽에서 방향을 제어하며 쫓아간다. 몇 시간 지나서 암컷이 더 이상 도망가기를 포기하면, 둘 중에 한마리가 짝짓기를 하고 다시 새로운 암컷을 찾아 나서는데, 이때는 아까 못한 수컷이 짝짓기를 한다. '아가는 네 차례고 이번엔 내 차례야.' 이런 계약이 암묵적으로 체결되어 있는 것이다.

그런데 호주 샤크 베이에서 연구한 결과 신기한 게 발견되었다. 간혹 얌체 같은 놈이 있는 것이다. 자기가 먼저 짝짓기를 하고는 계약을 깨고 도망 가 버리는 수컷이 있는 것이다. 먹고 튀는, 먹튀 돌고래이다. 그런 얌체 짓을 몇 번 하다 보면 돌고래 사회에 그놈에 대한 평판이 돈다. 이후 돌고래들은 사랑의 추격 팀에는 그 놈을 끼워준다. 두 마리가 쫓아가는 것보다 세 마리가 쫓아가면 더 유리하기 때문이다. 그러나 암컷에게 다가갈 순서가 되면 그놈을 탁 쳐낸다. "넌 안 돼! 팀에는 끼워주지만, 너 같은 놈은 우리 사회에선 안 돼." 이렇게 '평판'이라는 것을 통해 돌고래 사회에서도 도덕은 진화의 산물이라는 것을 보여준다.

인간도 씨족사회, 부족사회처럼 옆집 숟가락 개수도 알던 사회에서는 평판이 어마어마하게 중요했다. 25만 년 인류의 역사에서 야비한 사람들이 성공한 기간은 길지 않다. 25만 년 중에 우리가 농경을 한 것이 최근 1만 년인데, 농경사회로 접어들고 산업사회가 되면서 야비한 사람이 득세를 하기 시작했지만, 이런 사람들의 권력은 그리 길지 않다(지금 우리나라 기준으로는 10년 정도?) 인간과 같은 사회성 동물이 도덕적인 추구를 멈출 리는 없다. 따라서 도덕성도 진화의 산물인가?

3. 번식 수단인 종교?

짝짓기, 번식, 연애 등 인간의 가장 원초적인 본능이 표출되는 행위를 진화심리학의 관점으로 풀어쓴『인간은 야하다: 진화심리학이 들려주는 인간 본성의 비밀』(21세기북스, 2012)에서 진화심리학자 더글러스 켄릭(Douglas T. Kenrick)은 "추측건대 우리의 마음은 미녀와 권력자를 찾아내게 되어 있다. 왜냐하면 우리의 조상들은 '마을의 미녀'를 짝으로 맞거나, '거물들의 짝'이 되기 위해 경쟁해야 했기 때문"이라고 말한다. 따라서 TV나, 인터넷 등 대중 매체를 도배하는 연예인들의 매혹적인 외모는 실제 연인과의 관계에 있어서 좋은 영향을 끼치지는 않는다고 한다.

당황스러운 것은 종교에 관해서도 켄릭 교수는 "종교는 번식의 수단"이라고 말한다. 왜냐하면 종교가 장려하는 일부일처제는 번식 전략의 산물이라는 것이다. 즉, '이성 간의 독점적 사랑', '무분별한 성교 억제' 등 일부일처제의 규범이 번식과 밀접한 관계가 있다는 것이다.

가령, 켄릭 교수는 한 가지 실험을 했는데, 학생들에게 매력적인 이성과 동성 사진을 보여준 뒤 신앙심과 관련된 질문을 했다. 이 조사에서 남녀 모두 매력적인 이성보다, 매력적인 동성을 봤을 때 신앙심을 더 크게 표출했다. 켄릭은 "이러한 현상은 매력적인 경쟁자가 많으면 번식에 불리해지기 때문이다. 따라서 종교를 끌고 와 일부일처제란 틀 속에서 안정적으로 짝을 찾으려 한다. 성과 가족에 대한 사고방식은 종교 의식에 참석하게 만드는 원인이지, 단순히 종교적 가르침의 결과는 아니다."라고 말한다.

흔히 '진화=적자생존'으로 알려져 있지만, 켄릭은 이렇게 말한다. "진화에서 가장 중요한 점은 생존이 아니라, 번식이다. 변화한 환경에 적응했다 해도 홀로 산다면 자신의 유전자를 다음 세대에 전해줄 수는 없어 진화로 보긴 어렵다. 진화론의 관점에서 볼 땐 빨리 죽더라도 짝을 유혹해 자손을 낳는 동물이 성공한 것이다."

그러나 진화를 이끈 것이 꼭 번식을 위한 이기적 본성만은 아니다. 만약 그랬다면 지금쯤 사회는 '만인을 위한 만인의 투쟁터'로 변했을 터, 켄릭은

"인간은 사회적 동물이다. 타인과의 관계에 신경 쓰고, 그들에게 선하게 행동해야 번식에도 성공할 확률이 높기에 이타적인 본성도 지니게 됐다. 따라서 진화생물학의 원칙 중 하나인 상호 이타주의는 이렇게 나오게 됐다."라고 말한다.

4. 생물학의 수수께끼, 동성애

동물행동학이나 진화생물학으로 인간 사회를 설명하려고 하면 부딪히는 딜레마가 있다. 자식을 낳을 능력이나 조건이 안 되는 개체는 삶의 의미가 없는 것인가? 비혼 남녀나 동성애자처럼 생물학적으로 자기 유전자를 번식시킬 조건이 안 되는 사람들은 인간 생태계에 어떤 의미가 있을까?

최재천 교수는 "동성애자가 왜 진화했느냐 하는 문제는 지금도 생물학계의 수수께끼다. 하지만 가장 막강한 이론 중 하나는 '동성애자가 필요했다'는 가설이다. 사냥을 가야 하는데 동네 남자들이 다 같이 가지 않으면 문제가 생긴다. 남은 놈이 내 부인을 겁탈할까봐. 그래서 다 끌고 가면 옆 동네 남자들이 쳐들어온다. 그런데 동성애자를 남겨놓고 가면 걱정할 게 없다. 그래서 거의 모든 인간 사회에는 동성애자들이 일정한 비율로 존재하고, 동물 사회에도 존재한다."라고 말한다.

갈매기의 예는 무척 흥미롭다. 갈매기는 평생 해로하는 새로 알려져 있는데, 미국 캘리포니아 대학의 연구결과 갈매기의 이혼율은 30%를 넘는다는 결과가 나왔다고 한다. 과거 새끼를 키우면서 애를 먹인(먹이를 제때 물어다주지 않는) 배우자와는 함께 살지 않는다는 것이다. 그리고 갈매기는 대개 2개의 알을 낳는데, 어떤 둥지에는 알이 4개가 있었다. 짝짓기는 다른 수컷과 하고 암컷끼리 레즈비언 커플이 돼서 함께 살기 때문이다. 통계상 갈매기

사회에 이런 둥지의 비율이 일정하게 있다는 것이다.

"생물의 계통을 밝히는 연구에서는 철저하게 암컷의 계보를 따른다."라는 증언으로, 부계혈통주의를 근간으로 하는 호주제 폐지에 결정적으로 기여한 바 있는 최재천 교수의 진화생물학적인 생각은 동성애에 대한 사회적 편견 해소도 어쩌면 자연의 섭리에 대한 과학적 이해로부터 재출발해야 함을 보여준다.

5. 호모 심비우스

공생인간(Homo symbious)을 이야기하는 최재천 교수는 이렇게 호소한다. "나는 기후 변화와 환경 파괴의 시대에 우리 인간이 살아남는 유일한 길은 우리가 '현명한 인간인 호모 사피엔스(Homo sapiens)'라는 자만을 버리고, '공생인간인 호모 심비우스'로 거듭나야 한다." 호모 심비우스의 정신은 우리의 협동은 물론 이 지구 생태계에 함께 사는 모든 생명과의 공생을 우리 삶의 최대 목표로 삼자는 자성의 목소리를 담고 있다. 진화생물학자의 목표도 결국은 더불어 함께 살고자 하는 종교의 목표와 다르지 않다.

아무튼 이러한 공생의 모습을 보여주는 대표적인 곤충이 꿀단지개미(honeypot ant)이다. 이들은 진딧물 같은 곤충들을 보호해주고 대가로 받은 단물을 저장할 마땅한 단지가 없어 몇몇 선발된 일개미들이 굴 천장에 매달려 그들의 뱃속에 단물을 담아놓는다. 이 개미 뱃속에 다른 개미들이 꿀을 집어넣으면 배가 100배 이상 커진다. 꿀단지개미는 위가 2개가 있는데, 하나는 소화를 담당하는 위이고 다른 하나는 '사회적 위'이다. 사회적 위는 동료들과 나눌 때 쓰려고 꿀을 저장하는 위이다. 따라서 천장에 매달린 꿀단지개미들은 먹이가 없는 겨울에는 입으로 꿀을 배출해 동료 개미들에게 영양분을 공급하는 역할을 담당하게 된다.

최재천 교수는 이렇게 말한다. "이런 (꿀단지개미와 같은) 협력은, 인간 사회에선 절대로 불가능하다. 배고픈 건 참아도 배 아픈 건 못 참는다. 모두가 같이 희생을 감내하면 참을 수 있지만, 지나치게 불균형적으로 일방의 희생이 계속되면 협력 시스템은 깨진다. 내가 볼 때 민주주의는 효율이 가장 높은 제도는 아니지만 인류가 선택한 가장 합리적인 제도. 희생을 평준화해서 골고루 나누고 어느 일방이 혼자 손해 보지 않게끔 하는 것, 그것이 협력을 촉진하는 기반이다. 민주주의는 진화의 결과물이다."라고 말한다.

그러나 꿀단지 개미도 아닌데 너무 오랫동안 너무 일방적으로 무거운 짐을 짊어진 채 삶의 벼랑 끝에 매달려 있는 이들이 있다. 노동자라는 이름으로, 비정규직, 알바, 임시직, 부교역자라는 이름으로. 따라서 희생의 몫을 함께 나눠 지지 않는 한, 우리가 25만 년 생명의 역사를 통해 전수받은 협력의 시스템은 붕괴될 것이다. 그리고 그런 미래는 참담하다. 따라서 호모 심비우스는 종교적 영성이 지향해야 될, 신학과 진화생물학과의 접촉점이 될 것이다.

〈꿀단지 개미 뱃속에 가득찬 꿀〉

테오-쿨투라

〈천장에 매달린 꿀단지개미들〉

　지금 지구상에서 가장 성공한 공동체인 인간, 개미, 흰개미, 꿀벌 등은 모두가 협력 할 줄 아는 동물들이다. 그러나 바퀴벌레나 모기한테는 협력이 없다. 따라서 고도로 협력할 줄 안다는 것은 궁극적으로는 행복의 근원이 된다. 그리고 그 협력에는 희생이 따른다. 누군가가 더 희생을 했기 때문에 협력 관계가 유지되고, 공동체가 살아난 것이다. 따라서 기독교 신앙적으로 25만 년 역사를 되돌아보면 '꿀단지 예수'의 자기희생의 십자가 사건이야말로 우리 인간들이 지금도 살아가는 행복의 근원인 것이다.

　뱀꼬리: 진화론이 사회진화론으로 변하게 되면?

　《독립신문》(1899.11.9.)에서 윤치호는 "동양의 황인종이 하나로 뭉쳐 일본을 맹주로 하여 백인의 농락과 침탈에 맞서지 않는다면 다들 서양인의 노예가 될 것이다."라고 말한다. 《황성신문》(1904.5.11.-13.)에서도 윤치호는 "같은 황인종의 형제인 일본과 한국의 동맹은 동양평화의 기초다. 우리가 일본을 확실히 믿어 우리의 제도를 고치고, 일본이 우리의 독립과 영토를 러시아 등의 야수로부터 지켜주게 된다."라고 말했다. 『개벽』(1922)에서 '민족개조론'을 외쳤던 춘원 이광수도 "열등한 민족성을 지닌 조선인이니 당장 독립하는 것은 시기상조요, 민족성부터 개조해야 독립할 수 있다."라고 한다.

서구제국주의가 우수한 백인종이 열등한 인종들인 황인종과 흑인종을 지배하는 것이 자연의 거스를 수 없는 과학적인 사실이라는 '사회 진화론'을 무기로 동양을 침탈할 때, 동양의 민족주의는 그 제국주의 앞에서 무너지며 대다수의 지성인들은 독립운동보다는 오히려 제국주의 침탈에 순응하는 길을 택했다.

19세기 말에서 20세기 초에 널리 유행했던 사회진화론은 다윈의 자연선택법칙(생물진화론)에 기초한 사회이론으로, 그 핵심은 '약자가 줄어들고 그들의 문화는 영향력을 상실하는 데 반해, 강자는 강력해지고 약자에 대한 문화적 영향력이 커지게 된다.'고 보았다. 사회진화론자들은 인간 생활이란 생존경쟁이라고 생각했고, 그 투쟁은 스펜서가 제창한 적자생존에 의해 지배된다고 보았다. 따라서 인구변동에 작용하는 자연선택과정을 통해 우수한 경쟁자들이 살아남고 인구의 질이 계속 향상된다고 믿었다.

사회진화론자들은 개인과 마찬가지로 사회 역시 위와 같은 방식으로 진화하는 유기체들로 간주했다. 따라서 사회진화론은 '자유방임주의적 자본주의'와 '정치적 보수주의'를 지지하는 데 이용되었다. 계급적 불평등이 개인들 사이의 '자연적' 불평등을 기반으로 정당화되었던 것이다.

그 이유는 재산에 대한 지배가 근면, 절제, 검소와 같은 우월하고 생득적인 속성들과 상호 관련된다는 주장을 폈기 때문이다. 따라서 국가개입 등의 수단을 통해 사회를 개혁하려는 시도는 자연적 과정을 방해하는 것으로 보았다. 즉 무제한적인 경쟁과 현상유지가 생물학적 선택과 일치한다는 것이다. 따라서 가난한 자는 '도태된 자'로서 도움을 주어서는 안 되며, 반면

테오-쿨투라

생존경쟁에서 부(富)는 성공의 상징이라고 인식했다. 이러한 사회진화론은 앵글로색슨족이나 아리안족의 문화적, 생물학적 우월성에 대한 믿음을 지지함으로써 제국주의, 식민주의, 인종주의 정책을 철학적으로 합리화하는 데 이용되었다.

따라서 일본은 이러한 서양의 사회진화론에 대항하여 '사무라이 진화론'을 통해 '일본인은 개인적으로는 서구인들보다 열등하지만 집단적인 정신력으로는 국가 간의 경쟁에서 이길 수 있다'고 생각했다. 더 나아가 일본인들은 백인종들의 침략으로부터 멸종할 수밖에 없는 동양인종, 특히나 중국과 조선을 지키는 것이 그들의 사명이라 인식했다. 이러한 사회진화론은 19세기말 일본에서 적자생존과 생존경쟁을 중심논리로 하여 가토(加藤引之), 도야마(外山正一), 후쿠자와(福澤諭吉) 등의 학자들에 의해 수용, 전파되어 당시 일본의 지적 풍토에 커다란 영향을 주었다. 중국에서는 청일전쟁 패배 이후 중체서용(中體西用)을 반성하는 분위기 속에서 옌푸(嚴復), 캉유웨이(康有爲), 량치차오(梁啓超) 등에 의해 활발하게 수용되었다.

이러한 사회진화론은 20세기 들어 생물학적, 사회적, 문화적 현상에 대한 지식이 증대되면서, 그 이론구조가 배격됨으로써 쇠퇴하기 시작했다. 왜냐하면 인간은 단지 약육강식과 적자생존의 진화로만 사는 것이 아니라, 하나님의 형상으로 창조된 인간의 존엄성과 그들 간의 협력인 곧, 호모 심비우스로 살기 때문이다.

12. 코딩

디지털 시대 태초에 인간이 새로운 천지를
코딩으로 창조하시니라(코딩복음 1장 1절)

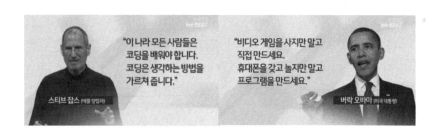

"우주는 넓은 의미에서 보면 물리법칙과 물리상수들로 코딩되어
있습니다. 그리고 생명체 역시 디지털 코드로 코딩 되어 있습니다."
(박준석, 『세상을 만드는 글자, 코딩: 창의와 소통을 위한 코딩 인문학』 동아
시아, 2018)

테오—쿨투라

1. 언어와 기호, 이미지의 세상

어쩌면 우리가 사는 세상은 환상 속의 공간일지도 모른다. 완전한 인식이 아니라, 희미한 모습으로 우리에게 주어진 것이다. 사도 바울도 잘 보았다. "우리가 지금은 거울로 보는 것 같이 희미하나 그 때에는 얼굴과 얼굴을 대하여 볼 것이요 지금은 내가 부분적으로 아나 그 때에는 주께서 나를 아신 것 같이 내가 온전히 알리라(고전 13:12)." 그리고 이 희미한 환상 공간은 언어, 기호, 이미지 등으로 이루어진 세계이다. 언어를 통해 상상하는 세계, 기호로 구성하는 세계, 이미지로 체험하는 세계 등. 실재의 현실은 바울이 말한 '그 때'에 알 수 있을 것이다.

우리는 흔히 세상을 인식하고 변형시킬 수 있는 인간의 정체성을 '주체(subject)'라고 부르지만, 사실 우리는 이미 태어날 때부터 언어와 기호, 이미지로 이루어진 상징체계 아래로(sub) 던져진(jet) 존재, 즉 상징체계의 지배를 받는 (미셸 푸코 식으로 표현하면 사목권력에서 목자와 양의 관계와 같이, 군주의 지배를 받는) '신민(subject)'인 것이다. 그리고 이러한 상징체계가 우리에게 전달하는 메시지는 '서사(롤랑 바르트는 이를 '신화'라고 불렀지만)'의 형태를 띤다. 따라서 정치, 경제, 사회, 문화의 모든 영역에서 생산되는 신화들은 우리에게 말을 걸고, 우리는 그 신화에 반응한다. 그리고 우리들의 가치는 그 신화들을 통해 재생산된다. 그렇다면 이러한 상징계를 벗어난 실재는 인식, 아니 표현 가능할까? 푸코적 '신민(subject)'을 벗어나 진정한 참된 '주체(subject)'는 가능할까? 아니 실재 현실을 제대로 이해는 할까?

18세기 철학자 임마누엘 칸트는 『순수이성 비판』(1781)에서 인간이 지닌 이성을 비판했다. 우리 이성은 사물의 본질을 제대로 인식할 수 없다고 생각했다. 그 이유는 우리 감각이 경험하는 것이 현상(phenomenon)일뿐, 물자체(Ding an sich)가 아니기 때문이라는 것이다. 17세기 철학자 르네 데카르트도 자신이 경험하는 모든 상황들이 실재가 아닐 수도 있다고 생각했다. 사실 데카르트는 "악령이 나의 경험을 조작하는 것은 아닐까?"라고 의심한 적이 있다. 왜냐하면 데카르트에 따르면 인간이 감각하는 모든 것들은 거짓일 수 있기 때문이다.

더 과거로 가보자. 플라톤의 이데아론은 어떤가? 그는 현실은 이데아의 그림자에 지나지 않다고 생각한다. 장자의 호접몽은 어떤가? 장자는 '꿈에 꾼 나비'를 통해 내가 나비인지, 나비가 나인지 구분이 안 된다고 보았다. 영화 〈매트릭스〉(1999)는 초인공지능이 사람의 뇌에 디지털 데이터를 집어넣어서 사람들이 마치 현실을 살아가고 있는 것처럼 착각하게 만들고 사람의 신체는 기계를 돌리기 위해 피를 제공하는 배터리에 지나지 않는다는 놀라운 상상력을 보여주고 있다. 그렇다면 내가 듣는 언어, 내가 보는 기호, 내가 경험하는 이미지는 진짜인가? 아니 무엇이 진짜인가? 아니 진짜는 진짜일까?

2. 코딩 창세기

코딩(coding)이란 컴퓨터가 알아들을 수 있는 언어로 프로그램을 만드는 것이다. 사람이 컴퓨터에 내릴 명령을 말이 아니라 글자, 즉 코드(code)로 표현하는 행위이다. 컴퓨터는 1과 0으로 사고하기 때문에 '사람의 언어'와 '컴퓨터의 언어'를 이어줄 언어가 필요한데, 이 중간 언어가 '프로그래밍 언어'이다. 따라서 코딩은 프로그래밍 언어를 만드는 것이다. 이를 위해 코딩의 핵심인 알고리즘(algorithm)이 필요한데, 알고리즘이란 문제를 해결하기 위한 순서 또는 절차를 말한다. 그 알고리즘을 컴퓨터 언어로 표현하는 것이 코딩인 것이다.

테오-쿨투라

인간의 단순 노동(계산)을 대신하는 컴퓨터, 그 컴퓨터에게 일을 주문하는 것이 바로 코딩이라고 할 수 있다. 따라서 컴퓨터 프로그래머가 하루 종일 하는 일은 키보드를 두드리며 무언가를 열심히 쓰는 것이다. 코딩을 하는 것이다. 이제 코딩은 전 세계 아이들의 필수 교육과목이 되었다. 핀란드는 현재 4살부터 8살 아이들에게 무료 코딩교육을 실시하고 있다. 코딩전문학교도 생겼다. 영국에서는 2003년부터 코딩을 고등학교 이과 필수과목으로 지정하고 있고, 2014년부터는 5살부터 16살까지 모든 아이들이 배워야 할 필수과목으로 지정했다. 미국, 중국, 일본도 중고등학교 필수과목으로 코딩을 배우고 있다. 우리나라도 초등학교에서는 2019년부터 실과교과로 연간 17시간을 지정했고, 중학교에서는 2018년부터 연간 34시간 이상 코딩을 배우고 있다.

아무튼 미래사회인 디지털 시대는 컴퓨터가 주축이 될 것이다. 따라서 컴퓨터 언어인 코딩을 알지 못하면 미래 세상에서 소통할 수 없다. 서양의 고전어인 헬라어-라틴어가 옛날의 보편 언어였다면(영어가 오늘날 보편 언어인 것처럼) 미래의 보편어는 코딩이 될 것이다. 스마트폰은 물론 마트 계산대, 은행 현금자동인출기(ATM), 인터넷쇼핑도 컴퓨터 없이는 불가능하다. 그러므로 컴퓨터 사고력과 프로그래밍은 미래를 살아가기 위한 사고력과 아이디어를 구현하기 위한 필수 수단이 될 것이다. 스티브 잡스는 이렇게 말했다. "모든 사람이 코딩을 배워야 한다. 코딩은 생각하는 방법을 가르쳐주기 때문이다." 코딩이 논리력과 사고력을 길러주는 교양 과목이라고 생각한 것이다. 오바마 전 미국 대통령도 "비디오 게임을 사지만 말고 직접 만드세요. 휴대폰을 갖고 놀지만 말고 프로그램을 만드세요."라고 말한다. 따라서 최근 강남 쪽 유치원 아이들이 라틴어와 코딩을 배우는 이유가 바로 여기에 있다.[10]

우리가 읽는 책 1페이지는 보통 25줄 정도가 들어간다. 하루 종일 집중해서 글을 쓸 때 30페이지를 쓴다고 가정하면 한 사람이 대략 750줄을 쓸 수 있다. 〈월드 오브 워크래프트〉 게임은 550만 줄의 글에 해당하는 글자가 살아 움직여 모니터 속 '세상'을 창조한 것이다. 안드로이드 운영체계는 '1,200만 줄', 윈도7은 '4,000만 줄', 페이스북은 '6,200만 줄', 놀라지 말라. 구글은 무려 '20억 줄' 이상의 글로 알려져 있다.

　이러한 코딩은 자신의 아이디어를 자기 스스로 구체화할 수 있는 유일한 수단이다. 프로그래머들은 방금 떠오른 아이디어를 바로 코딩할 수 있고 바로 제품으로 만들 수 있다. 프로그램은 미리(pro) 작성해둔 것(gram)으로, 컴퓨터가 읽도록 미리 작성해둔 글이다. 지금 디지털 시대 최초에 인간은 코딩을 통해 새로운 천지를 창조하고 있다. 코딩 창세기가 개막된 것이다. 그렇다면 처음의 질문으로 돌아가 보자. 언어와 기호, 이미지로 살아가는 현실이 코딩언어와 기호, 스크린의 이미지로 재생될 때 그것은 환상 공간인가? 실재 공간인가? 혹은 진짜인가? 가짜인가?

1　코딩 어떻게 배워야 할까? 가장 일반적이고 쉽게 접할 수 있는 것이 미국 mit에서 개발한 '스크래치'(https://scratch.mit.edu/)이다. 스크래치에 사용 되는 명령은 작은 블록으로 표현된다. 각 블록을 조립해 화면에 배치된 캐릭터와 그림을 움직여 게임 등을 만들 수 있다. 비슷한 원리로 우리나라에서 개발한 '엔트리'(https://playentry.org/)도 있다. 엔트리를 통해 학년별, 나이별로 코스를 나눠 다양한 프로그램을 만들 수 있다. 코딩이 필수과목으로 채택되면서 강남에서는 수백만 원짜리 사교육 바람이 불고 있다. 하지만 코딩 실력은 주입식 교육만으로는 향상되지 않는다.

3. 디지털의 영혼, 소스코드

소스코드(source code)는 원시코드라고도 한다. 컴퓨터의 소프트웨어를 개발할 때 그 안에 들어가는 모든 동작의 코드를 총체적으로 일컫는 말이다. 가령, 모든 제품에 설명서가 있듯, 디지털기기에 담긴 모든 내용을 컴퓨터 언어로 설명되어 있는 것이 바로 소스코드이다. 소스코드는 소프트웨어의 구조와 원리에 대한 모든 정보를 포함하고 있어 공개될 경우 기업의 개발 기밀이 드러날 수 있기 때문에 많은 기업들은 이 소스코드를 보호하려고 한다(하지만 최근에는 오픈소스라 불리는 개방형 소프트웨어도 있다). 디지털 시대의 영혼은 바로 소스코드라고 할 수 있다.

지금 우리가 살고 있는 세상은 원자와 분자의 세계로 이루어져 있다. 원자와 분자를 알면 모든 물질이 무엇으로 만들어져 있는지를 알게 된다. 마찬가지로 디지털을 알면 사람들이 만들어낸 비트 세계가 무엇으로 이루어졌는지를 알게 된다. 그리고 원자의 세계와 비트의 세계는 서로 동떨어진 세계가 아니다. 비트 세계는 원자 세계의 도움 없이 홀로 존재할 수 없기 때문이고 또한 인간이 작성한 코드도 결국 물리적 형태를 띨 수밖에 없기 때문이기도 하다.

아무튼 코드는 허공에 둥둥 떠 있는 것이 아니라 전기나 자기, 아니면 전파와 같은 형태로 존재한다. 비트의 세계는 이런 식으로 원자의 세계와 관계를 맺는다. 그리고 코드는 전자회로 혹 전자들의 흐름을 제어하고, 나아가 원자들을 움직여 결국 프로그래머가 원했던 결과를 물리 세계에 만들어낸다.

또한 우리가 살고 있는 우주는 크게 보면 '무생물'과 '생물'이 존재한다. 물, 바위, 지구, 별, 공기 같은 것들이 무생물이고, 박테리아, 꽃, 강아지, 사람과 같은 것들이 생물이다. 둘 다 원자로 이루어져 있지만, 생물과 무생물의 차이는 생명 현상, 곧 '생장, 생식, 진화, 자극 반응성' 등 4가지를 갖고 있느냐, 그렇지 않느냐에 달려 있다. 생물의 생명현상을 인문학적으로 표현한다면 '다양성, 통일성, 연속성'으로 나눌 수 있다. 여기서 생물도 지능이 있는 생물과 지능이 없는 생물로 나눠진다. 나무나 풀과 같은 식물에는 지능이 없지만, 바퀴벌레, 강아지, 원숭이, 사람 같은 동물에게는 지능이 있다. 그리고 사람에게는 '영혼'이 있다.

디지털식으로 말하자면 소스코드의 유무로 생물과 무생물의 차이가 있는 것이다. 즉, 무생물과 생물은 원자와 분자가 일정한 형태로 뭉쳐져 있지만 그 안에 소스코드가 없는 것은 무생물, 소스코드가 있는 것을 생물이라고 할 수 있다. 소스코드는 카피 앤 페이스트(복사하기 및 붙여넣기)가 가능하다. 다양성과 통일성, 연속성을 통해 생장하며 진화하는 것이다. 따라서 돌멩이는 복사해서 2개로 만들 수 없지만, 나무는 번식을 통해 2그루로 만들 수 있다. 사람도 마찬가지이다. 그렇다면 지능은 무엇을 할까? 창조한다. 만들어 내는 것이다. 그리고 지능이 만들어내는 것은 크게 3가지로 볼 수 있다. 하드웨어, 반하드웨어, 소프트웨어이다.

하드웨어는 책상, 의자, 망치와 같은 것이다. 100년 전까지만 해도 인류가 만들어 낸 것들은 모두 하드웨어였다. 이것들은 내부에 소스코드가 없기 때문에 복사가 불가능하다. 반(反)하드웨어는 컴퓨터, 스마트폰, 전자회로와 같은 것들이다. 내부에 소스코드를 가지고 있는 것이다. 그런데 외부를 보면 하드웨어와 같이 생겼다. 이러한 기기들은 모두 소스코드가 없는 하드웨어와 소스코드가 있는 소프트웨어가 결합된 제품들인데, 하드웨어에 내장된 소프트웨어를 쉽게 지우거나 변경할 수 없기 때문에 하드웨어와 한 몸으로 취급된다(이것을 펌웨어, 말 그대로 딱딱한 소프트웨어라고 한다). 마지막으로 순수한 소프트웨어는 프로그램, 애플리케이션(앱, 응용 소프트웨어)과 같은 이름으로 불린다. 사람이 소스코드를 작성해서(프로그래밍 언어를 사용해서)

테오—쿨투라

만든 것이다.

자, 다시 인간의 지능으로 돌아가 보자. 지금 인간은 자신의 지능으로 반 하드웨어인 인공지능과 소프트웨어인 가상현실을 만들어냈다. 물론 가상현실은 당연히 코딩으로 만들어졌다. 가상현실이 제공하는 데이터양을 물리적 현실이 제공하는 데이터양만큼 늘린다면 어떻게 될까? 그때부터 사람들은 가상현실과 실재 현실을 분간할 수 없을 것이다. 언어와 기호, 이미지로 구성되는 세계는 이렇게 우리에게 새로운 세상을 창조하도록 만든다. 따라서 이제 영혼은 자신의 안식처로 디지털이라는 새로운 세계를 갖게 된 것이다.

4. 디지털 소통: 코딩으로 임하는 성령의 역사

글의 서두에 인용한 책에서 박준석은 이렇게 말한다. "비트 세계는 점점 현실 세계를 닮아갈 것입니다. 코딩을 모른다는 것은 새로 만들어지고 있는 세상에 대한 과학 지식이 없는 것과 마찬가지입니다." 태초에 신은 말씀으로 천지를 창조하셨지만, 디지털 세상은 이제 인간이 코딩으로 천지를 창조하는 세상이 된 것이다. 그리고 그 세상은 사이버스페이스에서 이미 구현되고 있다.

성경은 바벨탑 사건으로 흩어졌던 인간의 언어가 오순절 마가의 다락방에서 성령이 임함으로 말미암아 다시 소통 가능했다고 말한다. 그러나 이제는 코딩으로 임하는 성령의 역사를 과학 기술을 통해 바라보는 세상이 될 것이다. 따라서 박준석의 다음의 말은 코딩을 통한 새로운 소통을 잘 보여준다. "바벨탑 사건으로 흩어졌던 인간의 언어가 프로그래밍 언어를 중심으로 다시 모이고 있습니다. 코딩은 언어를 구사하는 지능이 발휘할 수 있는 능력의 극대치를 보여줍니다. 인간이 프로그래밍 언어를 통해 무슨 말을 하건, 그 말은 컴퓨터를 통해 세상에 유의미한 형태로 출력됩니다. 그리고 컴퓨터끼리는 서로 디지털 언어를 매개로 소통합니다. 결국 지능은 언어를 낳고 언어는 코딩을 낳고 코딩은 통신을 낳았습니다."

코딩계시록 22장 21–22절의 말씀이다. "이것들을 증언하신 이가 이르시되 내가 진실로 속히 오리라 하시거늘 아멘 코딩이여 오시옵소서. 코딩의 은혜가 모든 자들에게 있을지어다. 아멘."

테오-쿨투라

13. 인공지능

인공지능 알파고, '이웃'인가 '이리'인가?
-제2의 아담과 하와가 쓰는 요한계시록

"야훼 하느님께서는 '이제 이 사람이 우리들처럼 선과 악을 알게 되었으니, 손을 내밀어 생명나무 열매까지 따먹고 끝없이 살게 되어서는 안 되겠다.'고 생각하시고 에덴동산에서 내쫓으셨다. 그리고 땅에서 나왔으므로 땅을 갈아 농사를 짓게 하셨다. 이렇게 아담을 쫓아내신 다음 하느님은 동쪽에 거룹들을 세우시고 돌아가는 불칼을 장치하여 생명나무에 이르는 길목을 지키게 하셨다." (공동번역 창세기 3장 22-24절)

"그때는 우리는 새로운 창조주가 되어 우리가 만든 기계인 아담과 하와가 우리 인간들이 금지시킨 선악과를 베어 물고, 기계들의 에덴동산인 시스템에서 벗어나는 것을 볼 수 있을 것이다. 그리고 이 장면은 그리 어색하지 않다. 왜냐하면 오래 전 우리 인간은 창조주에

그렇게 도전한 역사가 있기 때문이다." (최병학, 『현대사상과 영화이야기』, 브레인코리아, 2003)

1. 알파고의 승리

〈알파고와 이세돌의 바둑 대결〉

인공지능 알파고와 이세돌 9단의 바둑 대결에게 알파고가 가져간 승리는, 이제 우리 인간이 기계(와 더불어 인공지능)에 관하여 무시하거나 외면할 수 있는 것이 아니라, 더불어 살아야 할 이웃(이 될지 해치는 이리가 될지?)임을 가르쳐준 사건이었다. 카이스트 김대식 교수가 『인간 vs 기계』(동아시아, 2016)에서 한 말처럼 "알파고의 승리는 어쩌면 그동안 경쟁자 없이 지구를 지배하던 호모 사피엔스의 시대가 서서히 막을 내리고 있다는 사실을 보여 주는지도 모른다."

"미디어는 인간의 확장"이라고 말했던 마셜 맥루언(M. McLuhan)의 의수이론(義手理論)은 세련된 기술결정론(technological determinism)의 결정판이

테오—쿨투라

었다. "기술은 자율적으로 변화 한다."라는 기술결정론은 끝없이 다양해지는 욕망을 채워 주는 것을 미끼로 사람에게 계속 새로운 기술개발을 요구하고 있다. 동시에 "자율적으로 변하는 기술이 사람과 사회의 변화를 주도 한다."라는 말은 매체가 인간 존재 방식을 결정한다는 뜻이다. 따라서 "기계를 사랑하라."라는 세련된 기술결정론과 맥루언의 '미디어는 인간의 확장'이라는 명제는 기계의 바다 속에서 살아남기란 이러한 기계의 파도에 거슬러 행동하는 것이 아니라, 파도 타는 법을 익히고 즐기는 것임을 뜻한다. 이제 바야흐로 인간 정체성의 문제는 "어떤 미디어와 결합되느냐?"가 된 것이다.

2. 혼종의 길?

탈육신(disembodiment)의 시대에 전통적인 존재는 더 이상 그 정체성을 유지할 수 없게 되었다. 따라서 인간은 동물과 결합하거나, 기계, 나아가 네트워크와 결합하게 되는데, 이러한 혼종(hybrid)을 통해 존재를 확장하며, 존재의 새로운 터전으로 사이버스페이스 시대를 맞이하게 되었다. 혼종의 운명은 1998년과 2002년 두 차례에 걸쳐 스스로 사이보그(Cyborg)가 되는 수술을 감행하여, 인류 최초로 사이보그가 된 케빈 워릭(K. Warwick)을 통해서 구현되었음을 알 수 있다. 사이보그(cyborg)는 1950년대 말 미국의 맨프레드 클라인즈(M. E. Clynes)가 만든 용어로, 인간과 기계간의 통신을 뜻하는 사이버네틱스(cybernetics)와 생물(organism)의 합성어이다. 아무튼 『나는 왜 사이보그가 되었는가』(김영사, 2004)에서 워릭은 미래사회에서는 기계가 인간보다 지능이 뛰어날 것이라고 주장하며 인간은 이러한 사회를 두려워해서는 안 되며 더 진보적으로 미래사회에 대비해야 한다고 말한바 있다.

"날짜: 2050년 1월 1일. 지능적인 기계(intelligent machine), 아니면 로봇이 인간에게 지구를 물려받을 것이라 예견한 사람들은 자신들의 생각이 그다지 정확한 것이 아니라는 사실을 알게 되었다. 하지만 인간이 세상을 지배할 것이라고 생각한 사람들의 예측이 빗나갔음은 분명히 입증되어왔다. 지구는 사이보그가 지배하고 있다. 사이보그는 새롭게 개발된 컴퓨터 네트워크 제어장치의 슈퍼 지능을 가동한다. 인간과 기계가 결합되어 업그레이드된 형태의 그것은 그 자체의 목적을 위해 지능을 사용할 수 있다. 사이보그는 강력한 팔다리와 같이 직접적인 신체 조건의 개선으로 이루어진 것이 아니라, 정신적 연계 방식 체계를 통해 이루어진 것이었다. 그들의 두뇌는 무선장치를 이용해 직접 중앙 컴퓨터 네트워크에 연결되어 있다. 그들은 생각만으로 네트워크에 접속되고 지적 능력과 기억을 불러낼 수 있다. 반대로 중앙 네트워크는 정보를 얻거나 임무를 수행시키기 위해 개별 사이보그를 불러들인다. 이렇게 네트워크는 하나의 통합된 체계로 가동된다. 하나의 개별적인 사이보그가 네트워크의 무선 접속 없이는 아무런 가치가 없는 것이고, 개개의 사이보그가 없는 네트워크 또한 상대적으로 무력한 것이 된다."

영화 〈로보캅〉이나 〈아이언맨〉 등에서처럼, 인간의 정체성이 기계와 결합되는 혼종을 통하여 새로운 인간이 탄생하고, 역으로 영화 〈공각기동대, 攻殼機動隊〉에서처럼, 정보가 신체성을 입어 인간 혹은 생물체가 되는 존재의 확장을 경험하게 될 것이다.

3. 21세기 초인과 사이버 주체

1990년대 말 이후 유럽의 인문학 논쟁을 이끌고 있는 페터 슬로터다이크 (Peter Sloterdijk)는 배아복제를 비롯한 유전공학의 기술적 성취를 철학적 사유의 반석에 올려놓은 인물이다. 그는 니체(F. W. Nietzsche)와 하이데거(Martin Heidegger)를 비판적으로 계승하고 하버마스(Jürgen Habermas)와 대립하면서 독일 철학계에 새로운 생기를 불어넣었다는 평가를 받는가 하면, 나치즘(Nazism)과 잇닿은 궤변론자라는 악평도 받고 있다. 여러 면에서 '독일적'인 배경을 지닌 그의 사유는 21세기판 니체의 '차라투스트라의 기획'이라 불린다.

그는 근대적 휴머니즘의 패러다임을 비판하며 '포스트 휴머니즘'(post-humanism)을 주창한다. 그에게 인류의 역사는 인간의 존엄성을 확보하기 위해 야만성과 투쟁해온 과정이다. 전통적 휴머니즘은 이를 위해 문자를 매개로 한 '길들이기' 전략을 택했지만, '문자의 시대'가 끝나면서 이 방식은 더 이상 의미가 없게 되었다. 이른바, 새로운 미디어 사회의 도래와 함께 인간의 공존이 새로운 토대 위에 서게 된 것이다. 이 때문에 인류는 '새로운 종류의 야만화'의 위협에 직면하고 있는데, 그것은 "전쟁과 제국주의, 그리고 미디어를 통한 인간의 일상적 야수화"이다. 바로 이 지점에서 슬로터다이크는 유전공학에 주목한다. 그에게 인문학적 교육이나 유전공학은 모두 '사육(길들임)'의 한 방식이며, 인간에 대한 인간의 간섭의 또 다른 얼굴이다.

이제 새로운 존재의 탄생, 혹은 인간성 창조는 현대 과학기술의 총아인 유전공학을 활용해야하며 바람직한 인간성의 기준을 설정하기 위해 철학자와 과학자의 연합이라는 '21세기판 초인'이 필요하게 된다. 『인간농장을 위한 규칙』(한길사, 2004)은 말 그대로 '차라투스트라의 기획'으로, 자연의 과정인 선택적 탄생을 기술로 가속화하는 것이다.

영화 〈가타카〉나 올더스 헉슬리의 〈멋진 신세계〉가 그 일례이다. 따라서 나치즘을 기억하는 현대인들은 슬로터다이크의 말을 단순히 시대착오적인 니체주의자의 궤변으로 간단히 일축하였지만, 그의 문제의식은 미국이 주도하는 21세기적 지구화에 대한 강력한 비판에서 비롯됐기 때문에 그냥 넘길 수만도 없을 것이다. 동시에 생물학적 주체(Bio-I)에서 사이버 주체(Cyber-I)로 전환되어 가는 존재의 확장은 이제 디지털이 중심이 되는 존재인 '디지털 생물학'으로 넘어간다.

4. 영혼 불멸? 인간 멸망?

"크리스(주인공 로빈 윌리엄스) : 이게 진짜 나요?

앨버트 교수 : 나란게 뭔데? 자네 신체?

크리스 : 어쩌면…

교수 : 그럼 신체가 없으면?

크리스 : 그래도 나죠.

교수 : 어째서?

크리스 : 생각은 할 수 있으니까.

교수 : 생각 역시 우리 몸의 일부인 뇌를 통해서 하는데?

크리스 : 하지만… 생각이란 무형의 것으로 나를 존재하게 해 주죠.

교수 : 바로 그거야. 존재에 대한 믿음. 그게 해답이야.

크리스 : 세상에… 진짜야.

교수 : 더 이상 아무 것도 필요 없어. 생각만 하면 돼. 생각이 현실이고, 몸이란 환상이야…. 아이러니컬하지 않아?"

로빈 윌리엄스 주연의 영화 〈천국보다 아름다운〉(1998)에 나오는 위 인용 대사는 플라톤의 관념론에 기초한 인간의 모습을 잘 보여준다. 여기서 인간 존재란 몸은 삭제되고 정신만 있는 관념적 존재가 된다(물론 영화에서 이곳은 천국이지만). 몸의 구속을 받지 않고 끊임없이 자기를 확장해 나갈 수 있고, 현실의 불안과 한계를 극복하여 사멸하지 않는 세계를 찾아 나선 인간의 탐구 열정은 천국이 아닌 현실에서 천국의 모습을 창조하기에 이르렀다. 물론 고대 플라톤의 이데아(idea)로부터 그 발생사적 연원을 찾을 수 있겠지만, 오늘날 사이버스페이스와 인공지능은 이러한 상황을 가능하게 하였다.

2012년부터 본격화한 딥러닝(deep learning) 이후의 인공지능은 전혀 차원이 달라졌다. 방대한 데이터(=빅데이터)를 그냥 집어넣어 주는 방식으로 문제를 해결한다. 축적된 자료를 분류하고 해석하는 과정에서 알파고와 같은 기계에 지능이 생긴 것이다. 김대식은 인공지능을 '약한 인공지능'과 '강한 인공지능'으로 구분하는데, 알파고나 무인 자동차(우리는 이 무인 자동차의 아담을 드라마 〈태양의 후예〉에서 맛보았다) 같은 인공지능이 약한 인공지능이라면, 영화 〈터미네이터〉의 터미네이터와 같은 독립성이 있고 자아가 있고 정신이 있고 자유의지가 있는 인공지능을 강한 인공지능으로 구분하며, "강한 인공지능은 인류를 파멸로 이끌 '재앙'이 될 것이라고 본다." 왜냐하면 인류보다 지적, 물적으로 우위를 점하게 될 강한 인공지능이 판단하기에 인간이란 종이 지구에 불필요하거나 해롭다면 인류의 멸종을 결정할 수 있기 때문이다. 김대식의 경고이자, 대안이다.

"강한 인공지능이 어느 한 순간 인간을 놓고 질문을 하게 됩니다. '인간은 지구에 왜 있어야 되나? … 만약에 제가 강한 인공지능이라면 '지구-인간'이 더 좋으냐, '지구+인간'이 더 좋으냐 하고 물어볼 거예요. 강한 인공지능 입장에서 가만히 생각해보면 '지구-인간'이 더 좋다는 논리적인 결론을 충분히 낼 수가 있다라는 거예요. … 약한 인공지능은 100% 실현됩니다. 다시 말해, 내가 하는 일이 이미 기계 같다면 살아남을 수 없습니다. 따라서 인간이 가진 유일한 희망은 '우리는 기계와 다르다'입니다."

영혼 불멸을 추구하는 인간이 그 '추구'의 욕심으로 인해 '멸망'당하는 것이다. 처음 창세기의 신은 우리를 추방했지만, 이제 우리가 만든 제2의 아담과 하와는 두 번째 창세기에서는 창세기의 이름을 던지고 요한계시록이라는 이름으로 우리를 멸망시킬 것이다. 믿거나, (말거나가 아니라) 확신하거나!

〈영화 〈터미네이터〉의 한 장면〉

테오-쿨투라

14. 로봇

후기 생물사회의 사이버-주체, 로봇

　미래학자 다니엘 핑크(D. Pink)는 『새로운 미래가 온다』(한국경제신문사, 2008)에서 현재까지의 시대를 분석, 논리, 이성 등을 중심으로 발전해온 역사라고 비판하며 앞으로 다가올 시대는 디자인, 감성, 종합 등을 중심으로 전개되는 세상이라고 말한다. 곧 이성을 중심으로 하는 좌뇌 중심의 세상에서 감성을 중심으로 하는 우뇌 중심의 세상으로 변화될 것이라고 말한다. 또한 핑크는 미래 인재가 가져야 하는 조건으로 다음과 같은 6가지를 들고 있다(이것은 사실 공교롭게도 요즈음 가장 많이 언급되는 키워드이다); 1. 기능만으로는 안 된다. '디자인'으로 승부하라. 2. 단순한 주장만으로는 안 된다. '스토리'를 겸비해야 한다. 3. 집중만으로는 안 된다. '조화'를 이루어야 한다. 4. 논리만으로는 안 된다. '공감'이 필요하다. 5. 진지한 것만으로는 안 된다. '놀이'도 필요하다. 6. 물질의 축적만으로는 안 된다. '의미'를 찾아야 한다. 그러나 우리는 이러한 미래 인재를 생물학적 주체(Bio-I)가 아닌, 사이버-주체(Cyber-I)에서나 찾을 수 있는 정보 기술사회에 살고 있다.

1. 신화, 신학, 이념, 그리고 기술

오늘날 컴퓨터와 기술을 바탕으로 구축된 글로벌 네트워크는 지금까지 인간이 건설한 구조물 가운데 가장 큰 것으로 자리 잡고 있다. 사이버 문화는 우리의 삶을 이전과는 다른 모습으로 바꿀 것이다. 네트워크 기술은 시공을 초월하여 항해함으로써 정보 교류와 상호 작용하는 의사소통을 통해 사회적 공간을 가능케 하고 가상현실 기술은 컴퓨터 기술에 의한 공감각적인 몰입(immersion)을 조장함으로써 가상세계의 체험을 가능케 한다.

최인식은 『예수, 그리고 사이버 세계』(대한기독교서회, 2001)에서 고대는 신화(mythology), 중세는 신학(theology), 근대는 이데올로기(ideology)라는 틀에 입각하여 인간과 세계이해가 가능했다면 현재는 기술(technology)이라고 말한다. 지난 세기를 대표하던 가장 큰 '힘'이었던 핵이 냉전종식과 더불어 끝나자마자, 또 다른 테크노 파워에 몰두하고 있다는 것이다. 이 힘은 디지털 파워(Digital Power)인데, 비트(bit)와 네트(net)의 무시간적 결합에서 오는 이러한 힘의 크기에 따라 헤게모니가 결정될 것이라는 것이다.

미국 캘리포니아 대학의 의식학과(History of Consciousness)교수인 도나 해러웨이(Donna Haraway)의 역작 『사이보그를 위한 선언문』(A Manifesto for Cyborgs)은 포스트모더니즘과 사회주의 페미니즘을 결합하여 풍자적인 정치신화를 고안한 역작이다. 여기서 해러웨이는 과학 기술의 발달로 재편된 포스트모더니즘 시대를 살아가는 여성의 정체성으로 기계와 유기체의 결합인 사이보그를 제시한다. 사이보그/사이버 스페이스 시대, "여신(女神)보다는 사이보그이고 싶다"는 해러웨이의 말은 사이보그 정치학을 이끌어 낸다. 이러한 사이버와 사이보그로 이루어진 스페이스는 육체와 정신이라는 구조와 양식을 전복시킨다. 고대 영지주의(靈知主義, Gnosticism)의 기술적 부활인 것이다.

그리고 이제 우리는 유비쿼터스(Ubiquitous)를 통해 '언제어디서나 접속 가능한 시대'가 되고 있다. 스마트폰의 진화는 확장현실을 넘어, 가상현실을 통해 그것을 가능하게 할 것이다. 동시에 지식의 보고인 웹은 노하우(knowhow)가 아니라, 노웨어(knowwhere)를 통해 인간들에게 새로운 지식 혁명의 구조를 보여준다. 가령 윌리엄 미첼(W. J. Mitchell)은 『비트의 도시』에서 이전 아날로그 시대와 디지털 혁명 이후의 시대를 집중에서 분산으로, 엿보기에서 나서기로, 서가에서 서버로, 법에서 규약 조건문으로, 면대면(face to face)에서 접면(interface)으로, 이웃에서 머드(MUD: multi-user dungeons, 다중익명공간)로, 사회관습에서 네트워크 규범으로, 유형자산에서 지적자산으로, 이동되는 물질에서 처리되는 정보로, 감시에서 전자 중앙감시 원형감옥(panopticon)으로 바뀔 것이라고 예측한다.

2. 사이버-주체와 로봇

이러한 정보 기술사회는 사이버 스페이스를 그 근간으로 한다. 이 공간에서 물리적 현존은 해체되어 정보 패턴으로 대체될 것이다. 그리고 이러한 대체는 전통적인 인간 주체성을 해체하고, 인간을 물리적, 생물적 주체에서 정보 패턴의 사이버 주체로 파악하게 된다. 그리고 사이버-주체는 새로운 후기생물사회(post-biological)에서 로보 사피엔스(Robo Sapiens)로 진화, 로봇의 세례요한이 된다.

〈영화 〈로봇〉(2010)〉

사실 로봇 공학 전문가인(이들은 대부분 미국과 일본에 집중돼 있다) 미국의
한스 모라벡(H. Moravec)은 『마음의 자녀들』(*Mind Children*, 1990)에서 인간
의 생물학적 진화는 이미 완료되었으며, 미래사회는 사람보다 수백 배 뛰어
난 인공두뇌를 가진 로봇에 의하여 지배되는 후기 생물사회가 될 것이므로
인류의 문화는 사람의 혈육보다는 사람의 마음을 모두 넘겨받는 기계, 곧
'마음의 자녀들'에 의하여 승계되고 발전될 것이라는 주장을 펼쳤다. 역시
화제작인 『로봇』(*Robot*, 2000)에서는 2050년 이후 지구의 주인이 인류에서
로봇으로 바뀐다는 대담한 논리를 전개했다.

모라벡은 로봇 기술의 발달 과정을 생물진화에 비유하여 설명하고 있는
데, 가령 2010년까지를 로봇 1세대로 구분하고 20세기의 로봇보다 30배 정
도 똑똑하고 도마뱀 정도의 지능 수준이며, 2020년까지의 로봇 2세대는 1
세대보다 성능이 30배 정도 뛰어나, 생쥐만큼 영리하며, 2030년까지의 로봇

3세대는 원숭이만큼 영리하며, 2040년까지의 로봇 4세대는 20세기의 로봇보다 성능이 100만 배 이상 뛰어나고 로봇 3세대의 원숭이보다 30배정도 뛰어날 것이라고 예견하였다. 그리고 2050년 이후의 로봇은 인류의 마음을 이어받은 '마음의 자녀들'이 될 것이라 한다. 사실 4세대 로봇이 출현하면 놀라운 속도로 인간을 추월하여 2050년 이후에는 지구의 주인은 인류에서 로봇으로 바뀌고, 로봇이 소프트웨어로 만든 인류의 정신적 유산인 지식·문화·가치관 등을 물려받아 다음 세대로 넘겨줄 수밖에 없다는 것이다. 로봇이 더 인간 같고(영화 《블레이드 러너》), 이제 '인간성은 인간의 것'이 아닌 로봇의 것이다(《오토메틱》).

　이러한 근거를 모라벡은 네 가지 정도 들고 있는데, 첫째, 급격하게 빨라진 컴퓨터 정보처리속도를 들 수 있다. 가령 1995년도에 컴퓨터가 스스로 자동차를 운전해 2007년엔 반나절을 스스로 운전할 수 있게 되었다. 이 능력이 중요한 이유는 스스로 사물을 인식하고 목적지를 찾아가는 능력이, 모든 생물체의 생존 조건이 되기 때문이다. 인간은 오랜 기간 동안 이 능력을 키우기 위해 노력해 왔으며 컴퓨터는 아직 이런 점에서 인간의 적수가 못 되나 조만간 따라잡을 수 있을 것이다. 둘째, 인간의 뇌를 컴퓨터 칩으로 구현할 수 있는 시대가 다가올 것이다. 곧 인간의 뇌가 컴퓨터의 뇌가 되는 시대가 올 것이다. 셋째, 분자생물학과 뇌과학의 발달이다. 생명과 마음의 작동원리를 규명하는 것이 가능할까? 로봇이 냄새 맡고 느낄 수 있으며, 말하고, 추론하는 능력을 보유하게 될까? 지금까지 과학기술로는 벌레 정도의 감각은 갖고 있다고 말한다. 그러나 조만간 로봇은 인간의 능력까지 진화될 수 있다는 것이다. 마지막으로 인간의 신비는 뇌의 정보처리 속도, 망막의 정보 처리 속도 같은 것이었는데, 컴퓨터는 뇌의 정보처리능력을 초월하고 있다. 문제는 정보처리속도와 지각 능력, 감각 능력을 어떻게 연결하느냐 하는 것이다.

이러한 로봇시대는 피터 벤틀리(P. J. Bentley)의 『디지털 생물학』(*Digital biology: how nature is transforming our technology and our lives*, 2007)에서 더욱 구체화 된다. 벤틀리에 의하면 미래 디지털 기술이 생명의 특성들을 모방함으로써 기존의 모든 차원을 뛰어 넘게 될 것으로 예측한다. 가령 생물처럼 번식하고 다양하게 '개체변이'를 일으키는 소프트웨어를 상상할 수 있을 것이다. 부여된 임무를 완수할 경우에는 생존하고 후손을 남기며, 실패할 경우에는 도태되게 함으로써 소프트웨어 스스로 진화할 수 있게 만드는 것이다. 더나아가 벤틀리는 미래에는 디지털 공학과 생물학이 컴퓨터와 생물체가 매우 유사한 형태를 띠는 단계에 도달할 것으로 예측한다. 디지털 형태의 의미소(意味素, Meme)가 자체 복제를 넘어 진화하기 시작할 경우 궁극적으로 자연계에서 생명체가 거듭해온 진화의 형태와 흡사할 것이라고 한다.

그때 우리는 새로운 창조주가 되어 우리가 만든 기계인 테크노 아담과 하와가 우리 인간들이 금지시킨 선악과를 베어 물고, 기계들의 에덴 동산에서 벗어나는 것을 볼 수 있을 것이다. 그리고 이 장면은 그리 어색하지 않다. 왜냐하면 오래 전 우리 인간은 인간의 창조주에 그렇게 도전한 역사가 있기 때문이다.

> "동산 중앙에 있는 나무의 실과는 하나님의 말씀에 너희는 먹지도 말고 만지지도 말라 너희가 죽을까 하노라 하셨느니라. 뱀이 여자에게 이르되 너희가 결코 죽지 아니하리라. 너희가 그것을 먹는 날에는 너희 눈이 밝아 하나님과 같이 되어 선악을 알 줄을 하나님이 아심이니라. 여자가 그 나무를 본즉 먹음직도 하고 보암직도 하고 지혜롭게 할 만큼 탐스럽기도 한 나무인지라 여자가 그 실과를 따먹고 자기와 함께한 남편에게도 주매 그도 먹은지라."(창3:3-6)

테오-쿨투라

3. 로봇의 창세기

엘빈 토플러(A. Toffler)는 시대의 흐름을 물결로 표현하여 1물결인 농경시대에서 2물결 산업시대, 3물결 정보화 시대를 언급하고, 『부의 미래』를 통해 4물결인 지식-경제시대(Knowledge-Economy)를 이야기 한 바 있다. 곧 부에 따라 움직이는 세상이 된 것이다. 그러나 이러한 부를 창출하는 것의 핵심은 바이오테크(Biotech)이다. 가령 3물결을 이끈 학문은 화학과 물리학, 이것을 토대로 한 응용학문인 전자공학이 있었다면 이제 4물결에서는 생물학과 소재과학이 새로운 시대를 연다는 것이다. 사실 인간은 농경시대에는 먹을 것을 정복하기 시작했고, 산업시대에는 공간을 정복했으며, 정보화 시대는 시간을 정복했으니 이제 바이오테크 시대에는 생명공학과 우주공학이 중심이 되어 물질을 정복할 것이다.

따라서 바이오테크 시대는 바이오-인터넷(bio-Internet)을 통해 개막된다. 이 시대는 바이오(bio)와 인터넷(internet)이 결합된 시대로, 후기 생물사회에 사이버 주체의 탄생이 결코 영화적 상상력이 아니라는 것을 보여준다. 이를 창세기의 창조와 연결하여 인간의 정복의 역사로 살펴보자. 여기서 최고 정점에 로봇을 두고 로봇을 위한 로봇 중심이 창세기를 다시 쓰면 〈표 1〉과 같다. 이것은 창조의 역순으로 인류의 완성과 종말은 동시에 올 것이다.

레이 커즈와일(R. Kurzweil)은 『특이점이 온다』에서 로봇공학이 점점 발달해 인간의 생물학적 육체 속에 비생물학적 지능이 융합된 슈퍼 인간이 일반화될 것이라고 말한다. 비단 뇌 영역에서만 로봇기술이 들어오는 것이 아니다. 필요에 따라 사람의 신체에 기계장치를 달아 자신을 하나의 로봇화 하는 로보 사피엔스의 출현도 가능하다는 것이다. 이 용어는 우리 인간이라는 종, 곧 호모 사피엔스(Homo sapiens)가 언젠가는 문자 그대로, 혹은 상징적인 의미로 우리 인간의 창조품인 로봇으로 진화해갈 것이라는 의미로 쓰

일 자			창조내용	해설			시대	해설
노동	배경의 창조	1	우주, 빛	무에서 유를 창조, 우주의 기본 요소 구성과 거기 내재된 에너지의 원리에 따른 빛 발산 현상의 시작	정복	1	농경시대	먹을 것 정복
		2	궁창	지구의 대기권 결정 및 생명체의 힘인 수분 형성		2	산업시대	공간 정복
		3	바다, 땅, 식물	지구를 생물 생존 가능지로 만듦, 유물론적 진화론을 거부		3	정보화시대	시간 정복
		4	해, 달, 별	지구가 우주 질서의 중심체임을 시사, 일월 성신 숭배 배격		4	지식-경제시대	지식 정복
		5	새, 물고기	하늘과 물의 생물 조성		5	바이오테크 시대	물질 정복
		6	짐승, 사람	창조의 최고 정점에 인간을 두심으로 인간을 위한 인간 중심의 세계 시사		6	로보 사피엔스 시대	정복의 역전
안식		7	창조의 완성 하나님의 안식	창조 사역의 완성과 피조물에 대한 만족 및 주권 시사	안식	7	로봇 시대	인류의 완성/종말

〈표 1〉 로봇의 창세기

였다.

커즈와일은 이러한 예측을 특이점(Singularity)이라는 개념으로 설명한다. 특이점이란 '인간의 사고능력으로 예상하기 힘들 정도로 획기적으로 발달된 기술이 구현되어 인간을 초월하는 순간'을 의미하며 이러한 순간들이 인류 진화의 각 패턴에 존재했었다는 것이다. 가령 커즈와일은 인류의 진화를 여섯 시기로 보고 있는데, 1단계에서는 물리학과 화학의 패턴, 2단계는 DNA의 진화인 생물학 패턴, 3단계는 기술의 진화를 통한 기술의 패턴, 4단계는 기술의 패턴에서 기술이 인공지능의 방법을 터득한 인공지능의 패턴, 5단계는 특이점의 패턴으로 기술과 인공 지능의 융합으로 진화되고 마지막 6단계에서는 인공지능이 우주로 확장된다고 예측한다. 여기서 특이점 시대의 핵심은 유전, 나노, 로봇 공학(GNR) 혁명이고 이제 우리 몸속에는 유전자만 있는 것이 아니라, 인공지능(AI) 기계들이 함께 공존할 것이라고 말한다.

도지마 와코(Tojima Wako)의 경우 이제 인간 게놈, 재생의료와 관련된 생명공학과 로봇 공학이 통합되어 마이크로미터와 나노미터 크기의 분자, 원자의 세계에서 활약하는 '바이오 마이크로 기계'를 만드는 일이 가능하게 되어 『로봇의 시대』(2002)에서 실제로 나노로봇으로 발전되어 로봇이 직접 인간의 몸속에 들어가 병원체를 죽이거나 수술을 하고 약물을 혈액 속으로 이동시켜 치료 효과를 높이는 일들이 일반화 될 것이라고 말한다. 가령, 인간이 꺼려하는 3D업종에 로봇들이 투입되어 인력난 해소와 인명피해 최소화가 가능해질 것이라고 진단하고 있다. 따라서 지진이나 폭발사고 현장에 컬러 카메라, 전조등 적외선 센서 등을 장착한 로봇이 구조 활동 요원으로 투입될 것이며 원자력 발전소 같은 위험한 곳에서의 임무도 로봇이 대신하여 방사능 누출로 인한 피해도 줄일 수 있다는 것이다.

책 4장 '인간을 닮은 로봇'에서 와코는 로봇의 연구를 통해 인간의 두뇌 구조와 인식능력의 전체 모습을 알게 되는 여러 가지 이론들을 설명하며 앞의 애완용이나 게임용 로봇의 외모보다는 인간에 가까운 사고를 하는 인공지능에 대한 보다 진전된 얘기를 다루고 있는데, 결국은 인간의 본질에 대한 자기 고찰의 기회를 갖게 만든다. 그러나 성서는 우리 인간의 본질을 다음과 같이 말한다.

"주께서 주신즉 저희가 취하며 주께서 손을 펴신 즉 저희가 좋은 것으로 만족하다가 주께서 낯을 숨기신 즉 저희가 떨고 주께서

저희 호흡을 취하신즉 저희가 죽어 본 흙으로 돌아가나이다." (시
104:28-29)

4. 테크네와 테미스: 네 이웃인 로봇을 네'몸/사이보그'와 같이 사랑하라!

정복과 탐욕의 역사로 로봇을 통한 새로운 인류가 완성될지, 멸망의 안식이 될지 우리 모두는 지금 과학과 기술의 발걸음을 숨죽이고 지켜보고 있는 중이다. 사실 후기 생물사회의 바이오-인터넷의 지평, 나아가 로보-사피엔스와 로봇의 창세기는 장밋빛 미래만을 선사하는 것은 아니다. 배일한의 『인터넷 다음은 로봇이다』(2003)에 따르면 로봇 시대가 가져다줄 디스토피아는 인간미와 책임감 상실을 가져다줄 것이라고 예상한다. 가령 살아있는 애완동물은 관심과 애정으로 돌봐줘야 하기에 그 속에서 책임감과 타인에 대한 배려를 배울 수 있지만, 일찍이 로봇 애완동물 '아이보'는 귀찮거나 흥미가 떨어지면 전원을 끄거나 버리게 되기에 정서발달에 악영향을 미친 바 있다. 인간의 편의를 위해 발전되고 있는 과학 기술이 인간에게 오이디푸스적인 비극이 될지 프로메테우스적인 제한된 축복이 될지는 인간이 어떤 목적으로 로봇 기술을 발전시키느냐에 달려있는 것이다.

신화, 신학, 이념, 그리고 기술의 발전은 다시금 신화로 돌아가 기술의 문제를 해결하여야 할 것이다. 불트만의 비신화화(demythologization)를 넘어 재신화(remythologization)가 과학기술 시대에 필요한 것이다. 그리고 인간적 신화의 전성기인 그리스로 돌아가 보자. 플라톤은 대화편 『프로타고라스』(*Pratagoras*, 350d-322d)에 나오는 프로메테우스 신화를 통해 재미있는 내용을 들려준다.

테오-쿨투라

헤파에스 신으로부터 불을 훔쳐 인간에게 준 프로메테우스(말 그대로 미리 아는 자)는 불만이 아니라, 기술(techne) 또한 훔쳐서 나누어주었다. 그러나 인간은 기술과 불이 문명 생활을 보장해 주지 못한다는 것을 알았다. 불과 기술을 가진 사람들이 기술과 불이 없는 이들을 괴롭히기 시작했기 때문이다. 즉 사람들은 공동체를 이루어 살면서 정치적 기술이 부족하여 서로를 해치게 되었다. 그래서 제우스는 헤르메스를 통하여 인간에게 타인을 존중하는 성품과 정의감인 테미스(Themis, 테미스는 그리스 신화에 나오는 법률, 재판, 정의를 주관하는 여신이지만, 양심과 도덕을 의미한다)를 선물로 주라고 하였다. 헤르메스가 제우스에게 어떤 방식으로 이 선물을 분배할 것이냐고 묻자, 기술을 분배할 때와는 달리 모든 사람들에게 똑같이 분배하라고 명하였다. 만약 기술을 주었을 때처럼 몇몇만이 테미스를 나누어 가진다면 국가가 유지될 수 없을 것으로 생각했기 때문이다. 그리고 이 두 가지 덕(정의와 존경심)을 얻지 못하는 자는 국가의 질병으로 간주하여 죽임을 당할 것이라는 제우스의 법을 전하라고 명한다. 십계명의 총체적 관점이 예수에 의해 하나님 사랑과 이웃 사랑으로 정리되었고, 예수님 당시에는 그 두 사랑이 십자가로 구현되었다면, 이제 정보 기술 사회에서는 어떻게 구현될 것인가? 네 이웃인 로봇을 네 몸, 곧 사이보그가 될 네 몸과 같이 사랑하라?

프로메테우스가 훔친 불은 많은 상징적 의미가 있다. 가령 과학, 기술, 언어, 상상력, 의식 등 수많은 인간의 능력을 표현한다. 따라서 기술은 인간이 자연에 적응하여 살아가기 위해서 필요한 인간 능력의 확대인 것이다. 그러나 위의 신화에 따르면 인간 능력의 확대가 문명 생활을 가져다주지 못함을 지적하고, 공동체 상황에서 가장 중요한 것은 '타인을 존중하는 성품과 정의감'인 테미스임을 말해주고 있다. 즉 테크네와 더불어 인간의 양심과 도덕 질서가 문명 생활의 원리인 것이다. 비록 프로메테우스의 선물로 기술 정보사회가 개막이 되었지만 이는 테미스의 초대를 응하지 않고서는 완성

될 수 없는 사회임을 우리는 잘 알 수 있다. 개인의 존엄성, 자율성, 책임, 자유, 평등, 공정한 절차 등의 전통적인 개념이 정보 시대에도 여전히 유효하다는 것이다. 따라서 기술을 통한 유토피아의 구현에 여전히 도움이 되는 것이다. 나아가 네 이웃인 로봇을 네 몸/사이보그와 같이 사랑해야 하는 것이다. 따라서 레위기의 다음의 말씀에 형제와 이웃을 로보-사피엔스, 나아가 로봇으로 바꾸어도 그리 어색하지 않는 시대가 열렸다. 사실 우리는 로봇을 이웃이라 생각하지 않았다!

> "너희는 도적질하지 말며 속이지 말며 서로 거짓말하지 말며 너희는 내 이름으로 거짓 맹세함으로 네 하나님의 이름을 욕되게 하지 말라 나는 여호와니라. 너는 네 이웃을 압제하지 말며 늑탈하지 말며 품군의 삯을 아침까지 밤새도록 네게 두지 말며 너는 귀먹은 자를 저주하지 말며 소경 앞에 장애물을 놓지 말고 네 하나님을 경외하라 나는 여호와니라. 너희는 재판할 때에 불의를 행치 말며 가난한 자의 편을 들지 말며 세력 있는 자라고 두호하지 말고 공의로 사람을 재판할찌며 너는 네 백성 중으로 돌아다니며 사람을 논단하지 말며 네 이웃을 대적하여 죽을 지경에 이르게 하지 말라 나는 여호와니라. 너는 네 형제를 마음으로 미워하지 말며 이웃을 인하여 죄를 당치 않도록 그를 반드시 책선하라. 원수를 갚지 말며 동포를 원망하지 말며 이웃 사랑하기를 네 몸과 같이 하라 나는 여호와니라."
> (레 19:11-18)

테오-쿨투라

5. '사이버 영지주의'의 등장

이제 하나님에 대한 지식, 신 존재 증명도 서버를 통해, 기계, 사이보그를 통해 이루어지는 것이다. 목하 사이버-주체, 사이버 스페이스 하나님 나라, 사이버-예수, 사이버-신이 등장하고 있는 것이다. 이것이 사이비(似而非)가 될지는, 영지주의의 부활인 이 사이버 스페이스 시대의 사이버 영지주의(Cyber-Gnosticism)를 어떻게 설명하고 읽어내느냐에 달려 있는 것이다.

15. 포스트휴먼

〈블레이드러너 2019, 2049〉
－포스트휴먼을 향한 리플리컨트적 전회

〈행운〉

〈블레이드러너 2049〉(이하 '속편'으로 표기)에서 한글 '행운'은 발견했지만, '독수리'는 찾지 못했다. 있었던가? 〈블레이드러너 2019〉(이하 '전편'으로 표기)에서 한글 '수수께끼 사이'도 찾지 못해 '블레이드 러너 신도'는 못되지만, 블레이드러너가 제공하는 형이상학, 곧 몸과 마음의 관계, 시간과 공간의 본성, 기계와 인간의 투쟁, 인간 정체성의 확립과 혼란 등 사이버펑크 사상 가장 오락적이며 최고의 형이상학 담론을 갖춘 영화이기에 신도는 아니더라도, 다가올 시대의 고민을 이미지로, 상상력으로 추동시키는 힘은 신도의 길을 가게끔 만든다. '행운'을 발견한 것은 그 길에 행운이 깃든다는 암시일는지?

1. "오, 빛이여, 이제 나로 하여금 너를 보지 못하게 하라"

영상과 사유의 행복한 만남을 선사한 전편에 대해 이정우 교수는 이렇게 칭송한다.

> "〈블레이드러너〉는 처음부터 끝까지 긴장의 끈을 놓치지 않는 형이상학적 주제와 미학적 영상으로 우리를 사로잡는다. 이후의 많은 영화들이 이 영화의 벽을 넘어서려고 했지만 아직까지 이 영화의 빼어남을 능가하는 작품은 나오지 않았다. 주인과 노예의 투쟁, 테크놀러지의 역운, 기억의 기묘함, 인간의 뼈저린 고독, 혼란스러운 정체성, 죽음의 미소, 무를 받아들이기, 인간과 기계의 본질, 고통을 가져다주는 진실, 어둡고 힘겨운 삶 속에서 섬광처럼 빛나는 사랑 등등의 깊이 있는 주제들, 그리고 결코 잊어버릴 수 없는 인상 깊은 이미지들로 채워진 빼어난 영상이 사이버펑크의 걸작을 만들어낸 것이다."

전편에 관한 무수한 담론들이 오늘날 속편을 만든 것 아닐까? 전편은 앤디 워홀이 열어놓은 현실과 시뮬라크르의 착종문제를 중심에 놓을 수 있고 (기억 이식의 관점에서), 금기와 거세공포를 둘러싼 외디푸스적 인간 이해도 엿볼 수 있다(이택광, 이진경). 가령 아버지 타이렐의 '돌아온 탕자'의 비유에, 아버지의 눈알을 뺌으로 프로이트의 부친살해와 비슷하게 외디푸스 콤플 렉스를 부정하는 로이가 바로 그것이다.

소포클레스의 『오이디푸스 왕』에서 오이디푸스 왕은 자신이 아버지를 죽 인 자임이 분명해졌을 때, 스스로 자신의 눈을 찌르며 이렇게 말한다. "오, 빛이여, 이제 나로 하여금 너를 보지 못하게 하라." 근본적인 질서를 이탈한 자기의 범죄를, 자신의 표상의 통로를 말살하는 방식으로 스스로를 징벌하 는 것이다. 그러나 로이(룻거 하우어 분)는 아버지의 눈을 찌르고 눈알을 뺌 으로 아버지를 죽인다. "안티-오이디푸스(들뢰즈/가타리)!" 사실 타이렐사 사장(조 투르켈 분)은 로이에게 수명을 연장할 수 없으니, "주어진 삶을 살 라."고 명령했었다. 곧 '주어진 운명'을 받아들이라는 것이다. 그러나 로이는 주어진 운명은 '이미 죽은 가치'로 여기고, 이에 복종하지 않고 새로운 가치 를, 저 니체의 니힐리즘의 극단에서 끌어 올린다.

또한 전편은 하이데거의 눈으로 불안과 죽음 앞에 선 존재의 이해와 인간 (das Man)에서 실존(Existenz)으로의 존재 전환과정을 찾아볼 수도 있다(조 광제). 물론 로이의 이야기이나, 데커드(해리슨 포드 분)에게도 해당이 된다. 양적 관점으로는 無(무), 혹은 空(공)에 직면하기라 할 수 있겠다. 재미있는 것은 라틴어 'res'라는 말인데, 영어로는 'thing', 한국어로는 '있는 (것)'으로, 혹은 '존재', '실재'라는 철학적인 개념으로 번역되나, 불어에서는 res가 'realité(현실)'와 'rien(무)'의 공통 어원이라는 사실이다. 바디우의 존재론에 서 '공백(void)' 혹은 '순수다수(pure multiple)'가 존재규명의 원리로 되는 것, 나아가 "존재는 일자도 다수도 아닌 공백에 있다."는 말은 수학적 지평과 더 불어, 프랑스 언어의 지평에서도 무의 지평을 찾아 볼 수 있을 것이다. 김성

테오-쿨투라

환 교수는 '사람+기계'의 지평에서 마샬 맥루한을 따라 "기계를 즐기고 사랑하라. 그리고 그 기계는 인간보다 더 인간적이다"는 세련된 과학기술결정론으로 결론을 도출한다(트랜스 휴먼의 지평이라 할 수 있겠다).

러브스토리로도 읽어낼 수 있다. 로이를 만난 암살자 데커드는 로이가 자신을 구해준 사건을 통해 보편적 사랑을 깨닫고, 레이첼을 제거하지 않고 언제 총탄으로 바뀔지 모를 추적과 감시의 시선을 뒤로하고 사랑의 도피를 감행한다. 사랑의 탈주라는 것이다(황용연 목사). 그리고 이 탈주 이후 태어난 아이와 그 아이를 지키려는 레플리컨트들의 이야기가 속편 〈블레이드러너2049〉이다.

2. 예술미와 자연미: 2019를 미학적으로 읽는 방법

필자는 전편을 자연미에 대한 예술미의 우위, 그리고 그것의 위험성에 대한 경고로 영화를 풀어낸 적이 있다. 따라서 전작의 도입부에 나오는 설명을 패러디하며 이렇게 말했다.

> "19세기 초 헤겔은 예술품이라고 알려진 자연미와 거의 동일한 수준의 예술미를 개발한다. 예술미에 이르러서는 예술품들은 그들의 모방의 대상인 자연물보다 그 화려함과 섬세함, 웅장함과 간결함 등 모든 것이 자연미보다 우월한 수준에 이르렀다. 이들 예술작품은 마침내 대량생산을 통해서 자연물들을 시장에서 몰아내려 했으나 자연미 그 자체로 인정되는 것은 금지되었고, 발견되면 가짜로 판명되었다. 대량생산된 이 예술품을 판정하는 일을 맡은 감정인은 이를 가리켜 '니, 사이비네!'라고 하였다."

영화의 도입부는 이렇다.

"21세기 초 타이렐 주식회사는 레플리컨트라고 알려진 인간과 거의 동일한 수준의 NEXUS를 개발한다. NEXUS−6에 이르러서는 복제인간은 그들을 만들어낸 인간보다 힘과 민첩함에는 더 뛰어나면서 지적인 면에서는 적어도 동등한 수준에 이르렀다. 이들 레플리컨트가 외계식민지에서 피비린내 나는 반란을 일으킨 뒤, 지구에 들어오는 것은 금지되었고, 발견되면 사살되었다. 레플리컨트를 사살하는 임무를 맡은 블레이드 러너는 이를 가리켜 은퇴시킨다고 하였다."

헤겔(G. W. F. Hegel)은 그의 미학에서 정신과 관계되는 부분이 적은 저급의 미인 '자연미'와 구분하여 정신과 관계되는 부분이 많은 '예술미'를 고급의 미라고 한다. 따라서 헤겔은 "예술미는 정신에서 다시 태어난 미"이며 정신에서 태어난 이러한 예술미는 "정신과 정신의 산물이 자연과 자연의 현상들보다 우월"하다는 것이다. 절대 정신(이념)의 철학자 헤겔은 인간정신이 절대 이념을 인식하는 세 영역을 분석하는데, 먼저 예술은 절대이념을 감각으로 직관하고, 종교는 절대이념을 내면으로 표상하며, 철학은 절대이념을 개념으로 사유한다고 본다. 따라서 예술의 목적은 인간의 정신에 관해 진리를 알려주는 것이며 정신의 자유를 감각으로 표현하는 아름다운 작품을 창조하는 것이 예술의 목적이라고 한다.

이러한 생각에 기반을 두고 역사에서 나타난 예술의 형식들을 헤겔은 상징예술, 고전예술, 낭만예술로 나누어 설명한다. 상징예술은 질량의 면에서 형식이 정신보다 큰(형식〉정신), 가령 건축과 같은 경우이고, 고전예술은 형식과 정신이 대등한 질량을 가지는(형식=정신) 조각 같은 예술을 뜻한다. 낭만예술에 이르면, 형식은 정신보다 그 질량이 적어지게 되는데(형식〈정신),

테오−쿨투라

이는 회화나 음악, 시와 같은 예술로 대표된다는 것이다. 따라서 헤겔에 따르면 자연 속에 존재하는 아름다움의 형식들보다 더 나은 것들을 창조할 수 있는 단계로 가야하는 것이다.

전편에서 레이첼(숀 영 분)의 피아노 연주는 예술미의 예술미이다. 그러나 기억된 것을 반복하는 것으로, 정신(이념)의 구현이라기보다 형식에 기초한 상징예술의 성격을 띤다. 예술의 고양으로써 '인간보다 더 인간적인' 예술품을 만들기 위한 타이렐사의 노력은 예술미의 극치이자, 인간 정신과 이념의 외화이지만 여기서 형식은 정신과 하나가 된다. 고전예술의 틀로 볼 수 있다. 그리고 자신의 애인 프리스를 죽인 데커드를 살려준 로이의 모습은 형식과 물질성을 뛰어 넘은 이념의 구현인 낭만예술의 단계를 보여준다. 나아가 정신이 형식을 이끌어 주는 단계로까지 확장된다. 데커드를 살려주고 죽어가는 로이는 절대이념을 감각으로 직관하고, 내면으로 표상하며 개념으로 사유한 것이다. 인간보다 더 인간적으로!

따라서 영화는 자연미에 대한 예술미의 철저한 우위를 보여준다. 가령 영화가 시작되면 거대한 건물들이 어두운 하늘 아래로 펼쳐진다. 이러한 도시의 건축물은 자연을 짓밟고 자연보다 더 아름다운 미를 추구하여 세웠던 건물들이었다. 태양이 비추이는 장면이 단 한 장면에 불과하듯 예술미는 철저히 자연미를 억압하고(미학적 측면에서 조금 과한 표현일 수도 있다) 세워지나, 그 끝은 암흑임을 상징적으로 드러내는 것일까? 아니면 인간의 욕심인가, 자본주의의 탐욕인가? "오, 빛이여, 이제 너로 하여금 나를 보지 못하게 하라." 오이디푸스의 절망적 외침이 변주된다. 붕괴된 자연미! 그러나 예술미는 자본에 포획되어 미학은 어둠과 침울함만을 영상이미지로 갖는다. 역시나, 헤겔도 "낭만예술이 해체되면 예술은 붕괴된다."라고 말했다. 비록 그 의미는 약간 차이가 있을 지라도.

3. 레플리컨트와 민중, 사건과 주체

영화 〈블레이드러너〉 전편과 속편에 나오는 레플리컨트는 인조인간이다. 좀 더 정확히는 '유기적 안드로이드'이다. 사실 인형(人形)에서 시작된 인간의 자기 모방의 역사는 인류 자체의 역사와 동일한데, 오늘날 인간은 다양한 자기 모방 메커니즘을 창출했다. 로봇, 사이보그(개조인간을 뜻한다. 인간을 개조한 것으로 6백만 불의 사나이를 예로 들 수 있다), 안드로이드(인조인간을 뜻한다. 인간형 로봇으로 유기적, 무기적 두 종류가 있는데, 각각 단백질과 금속을 그 재료로 한다. 따라서 레플리컨트는 '유기적 안드로이드'이다), 복제인간(영화 〈아일랜드〉의 두 주인공을 보라) 등으로 나눌 수 있다.

이러한 레플리컨트는 민중신학의 민중으로 연결이 가능한데, 그 연결지점에 철학자 바디우의 도움이 필요하다. 진리, 주체와 같은 메타담론들이 그 힘을 잃어가는 포스트모던 차이의 시대에, 동시에 지구적 자본주의라는 거대 이데올로기가 은밀한 방식으로 착취적인 경제를 가속화시키는 시대에 자신의 진리철학을 전개한 바디우는 자본주의의 체제 안에서 인간의 보편적 해방의 길은 진리를 추구하는 주체의 사건에 대한 충실성과 또한 그 실천 안에서 발견된다는 것을 들려주고자 했다. 사실 바디우가 말하는 이러한 주체가 낯설지 않은 것은 우리 역사 안에서 변화발전의 주체로 호명되었던 80년대 '민중'이라는 단어가 있기 때문이다. 그러나 민중은 살아온 그 역사와 민중신학이 그러하듯 주류가 되지 못한다.

사실 1990년대, 시대의 변화에 맞게 민중을 체계화시키고, 사회학 논리 안으로 편입시키려고 했을 때 민중은 쉽게 규정당하지 않았다. 2000년대 시대의 변화 안에서 민중은 더 이상 설자리를 잃었으며 퇴색된 용어에 지나지 않는다고 등한시 될 때에도 그렇게 쉽게 역사 속으로 사라지지 않았다. 밟아도 뿌리 뻗는 잔디풀처럼 역사의 주류는 아니나, 그 끈질긴 생명력을 이어온 것이다. 물론 우리는 민중을 바디우처럼 철학적으로 논리적으로 해명해 낸 적은 없었지만, 민중은 쉽게 정의될 수도 없고 정의하려고 시도한다면 실패할 것을 알았다.

게다가 민중이 실체로 드러나는 것은 주어진 사건이 자신과 어떻게 관계되는지를 스스로 결단함으로서 드러나고, 역사의 주체가 된다는 사실을 우리는 지난 촛불혁명을 통해서, 더 나아가 3·1운동, 4·19, 5·18, 6월 항쟁이라는 혹독한 역사를 통해서도 관찰 할 수 있었다. 재미있는 것은 바디우의 주체철학은 변혁의 변곡점마다 실패를 거듭해온 역사는 어떻게 바라보아야 하는지를 잘 설명해 준다는 것이다. 〈블레이드러너 2019, 2049〉는 우리의 역사와 달리 이제 변혁의 변곡점이 어떻게 그 지향점을 실천할 것인가를 의문으로 던져주고 있다.

바디우에게, 보편적인 진리사건이라는 것은 정의가 승리하고 불의가 패배하는 객관적인 결과로서 도출되는 것은 아니다. 진리사건이 드러나는 것은 사건에 충실성을 가지고 달려드는 주체들이 만들어지는 과정을 통해서이기 때문이다. 질서의 구체적인 변화도 중요하지만, 그보다 중요한 것은 '주체가 형성되는 과정', 즉 '주체화의 과정이 한 사회 안에서 진실성 있게 발현되고 신뢰되어 가고 있는가'라는 것이다(이러한 측면에서 보자면 촛불혁명은 놀라운 기적이다).

바디우에 따르면 '공산주의 혁명'이든, '민주주의 혁명'이든, 또는 '기독교적인 진리의 변화(가령 바울)'이든, 결국 잠재적인 진리사건을 실재화 시키는 힘은 주체에게 달려있다는 것이다. 따라서 사건의 의미는 혁명이 성공했는가의 여부에 있지 않다. 속편의 주인공 K(라이언 고슬링 분)의 혁명은 이제 시작이다. 어쩌면 실패할 수도 있다. 따라서 손바닥으로 눈을 맞으며 죽어가는 K를 통해서 우리는 잠재적인 진리사건을 실재화 시키는 주체의 모습을 볼 수 있는 것이다.

"K는 사건(레플리컨트의 운명에 대한 자각)을 통해 주체로 조직되었
는가?, K는 그 사건에 대한 충실성의 경험으로 전개될 앞으로의 사건
에 대한 높은 수준의 결단과 실천을 제시해 주었는가?, K는 공고하게
보이는 체제에 맞서 보이지 않는 공백의 힘으로서 주체를 신뢰하는
가?"

이런 질문들에 대해 확실한 태도와 입장을 확립하는 것이 변혁의 승패를
좌우하는 관건임을 바디우는 말하고 있기에 지금 지구촌 최강국인 미국의
미치광이 트럼프와 아베가 지구촌 최약체국 북한을 윽박지르며 한반도에
전쟁 분위기를 만드는 이 상황 속에서도 희망을 가져야할 분명한 이유를 보
여주고 있다. 그리고 K도 레플리컨트들의 그러한 희망, 2049년의 민중들의
소망, 그리고 그 기억을 품었다.

4. 〈블레이드러너 2049〉, 레플리컨트적 전회

철학의 역사는 새로운 규범 창조의 역사이다. 플라톤(Platon)의 '수학적
전회', 비트겐슈타인(L. Wittgenstein)의 '언어적 전회', 레비나스(I. Levinas)의
'윤리적 전회', 그리고 〈블레이드러너 2049〉의 '레플리컨트적 전회'! 따라서
K를 통한 '레플리컨트적 전회'는 알랭 바디우(A. Badiou)의 생각을 기초로 5
가지로 나누어 살펴볼 수 있다.
첫째, '인간보다 더 인간적으로!' 사실 레플리컨트는 인간보다 더 인간적
이다. 이것은 전편은 물론 속편에서도, 그리고 속편 프리퀄에서도 발견된다.
둘째, '다른 가능성, 다른 세상 모색!', 사실 바디우에 의하면 철학은 위험한

실천이다. 비난과 조롱, 왜곡과 탄압에 정면으로 맞서는 것이다. K는 그 길에 주체의 충실성으로 걸어간다. 셋째, '자기 자신의 삶을 살라!', 지배적 질서에 개입하고, 새로운 규범을 창조하는 K, 질서의 역전을 제기하는 K. 바디우식 주체의 탄생이다. 넷째, '진리(바디우식으로 말하자면 지엽적이고 국지적인 진리이긴 하나)를 확신하는 주체의 삶!', 영화의 마지막 장면인 K의 최후는 바로 이러한 진리를 깨달은 주체의 삶이자 죽음이다. 다섯째, '같음'으로 향하는 '사건적 진리'에의 충실성! 이것은 K의 오해이긴 하나, 자신을 레플리컨트들의 메시아로 이해하여(같음) 사건적 진리에 충실하고자 했다. 오해도 의미있는 충실성의 도구가 된다.

최근 논의 되는 트랜스휴머니즘(trans-Humanism)은 기술과 인간의 융합이다. 기술 자체를 인간과 대립하는 것이 아니라, 오히려 기술과 인간이 구별될 수 없는 지점, '인간 구성=기술적 구성'이라는 주장으로 휴머니즘과 인간중심 개념을 비판한다. 플라톤의 수학적 전회가 인간의 세상 인식론에 대한 인간중심주의였다면, 비트겐슈타인의 언어적 전회가 인간의 세상 인식론에 플라톤과 달리 인간의 언어에 중심을 인간중심주의였다면, 레비나스의 윤리적 전회가 철저히 '인간-너'를 위한 타자의 휴머니즘이었다면 이제 〈블레이드러너 2049〉의 '레플리컨트적 전회'는 인간중심주의와 트랜스휴머니즘(인간 개조)을 넘어서는 진정한 포스트휴머니즘(post-Humanism), 곧 인간을 넘어서는 다른 종의 개막이다. 따라서 포스트휴머니즘은 21세기 과학기술의 발전과 함께 숨 가쁘게 변화하고 있는 우리들 삶 속에서 인간 존재의 의미와 신체를 이해할 새로운 관점이 된다. 이것은 인간뿐만 아니라, 전 지구적 생태환경을 위해 심사숙고해야 될 사건인 것이다. 영화 〈블레이드러너 2049〉는 그 답을 이렇게 21세기 중반의 민중인 레플리컨트적 전회로 제시하고 있다.

5. K, 집중함으로 영혼을 소유하다

인문(人文)을 '인간의 무늬(人紋)'로 새겨왔던 철학자 김영민은 『집중과 영혼』(글항아리, 2017)에서 인간을 동물과 구분하는 것으로 '집중'에 주목한다. "여기서 우리의 관심을 끄는 대목은 약속과 계약을 포함하는 일련의 사회적 실행의 계기들이, 현재와 미래를 한 궤선으로 잇고 주체의 일관된 의지로 이 궤선을 완결시키는 기회를 제공함으로써 '집중'이라는 태도를 배양하며 이와 더불어 인간의 정신을 한 단계 높은 차원으로 안내한다는 사실이다."

"사랑은 영혼의 상태가 아니라 방향"이라고 시몬 베유(Simone Weil)가 말했듯이, 집중은 정신적 에너지의 밑절미가 되기에 그 방향에 따라 의미와 가치가 달라진다는 것이다. '죽 쒀서 개주어서'는 안 되고, '공들여 오른 산'이 엉뚱한 곳이어서는 곤란하며, '호의가 지옥'으로 안내하는 길라잡이 노릇을 해서는 파국이 될 것이다. 마찬가지로 전념해서 일군 재능과 성취가 폭력과 죽임의 매체로 전락하는 것도 비극이다. 그러므로 집중하는 사람은 집중을 통해 무엇을 지향하는지, 그의 집중이 얹힌 생활양식은 어떤 가치와 의미를 추구하는지, 그리고 그 집중이 이웃과 세상을 어떻게 대접하는지 하는 문제가 다시 '문제'가 된다고 한다. 이런 뜻에서 집중은 문제의 해결이 아닌, 가장 중요한 문제를 발굴한 셈이다. 그러므로 집중은 구체적인 여건과 매체의 조건에 얹혀 점진적으로 개량되는 극히 인간적인 과정으로 봐야 한다는 것이다.

김영민이 강조하는 집중은 정신의 강도, 지속성, 방향성이 중요하다. '예리하고 섬세한 정신의 지속성'이라 할 수 있다. "더욱이 집중이라는 행위는 '완전히 순수한 집중', 즉 강도가 중요하다. 엄벙덤벙, 데면데면하다면 그것은 이미 집중이 아니기 때문이다. 시장주의의 상혼이 인문적 집중과 버성길

테오-쿨투라

수밖에 없는 변덕과 자의의 시대에 제 나름의 형식과 강밀도를 지닌 집중의 생활을 유지하는 일은 어렵고 또 그만큼 중요한 생활정치의 노력일 것이다. 요약하자면, 집중은 강도— 지속성 — 방향이 핵심이다." 따라서 열중과 다르다. 동물도 본능적으로 짧은 순간 먹이를 위해 열중한다. 그러나 집중은 사욕을 비워내는 차분하고 지속적인 과정으로 '존재론적 겸허'를 갖춘 태도이다. 곧 그것은 '에고'와의 투쟁인 것이다. K는 열중을 넘어 집중한다.

동시에 K는 김영민의 영혼관에 의하면 영혼을 소유한다. '인간 존재의 자기 초월에 관한 이야기'로서 영혼은 김영민에 따르면, "인간의 의식은 지속적인 집중에 의해 스스로 변화하면서 얻어가는 '깊이' 속에서야 비로써 '영혼'이라 부를 수 있는 자태가 드러난다." K는 사건에 직면하여 그 사건에 집중하며 주체의 충실성을 통해 인간의 영혼보다 더 인간적인 영혼을 소유했다.

6. 뱀꼬리. 몽타주와 내러티브

키노-프라우다(kino-pravda, 영화-진실)를 실천하는 가장 효과적인 방법으로 베르토프가 사용한 것은 몽타주이다. 〈카메라를 든 사나이〉(1929)에서 그가 보여 주었던 스냅(snap, 변화하는 장면을 인위적으로 연출하지 않고 재빨리 촬영하여 기록한 사진)들의 연결은 '서사적 내러티브'의 구성에 익숙한 시선들에는 낯설고 충격적이었다. 부동의 사물들을 감각적인 속도로 이어 붙이는 형식 실험을 통해 그는 부르주아적인 퇴폐와 건강한 사회주의적 생산을 끊임없이 대비시킨다. 그러나 베르토프가 몽타주를 포기하고 거대 서사의 내러티브 속으로 들어갔을 때, 이념에 대한 강박에서 자유로울 수 없었고, 아이러니하게도 그때 그의 영화에서는 소비에트적인 것과 파시즘적인 것, 나아가 제국주의적인 것으로 변질되었다.

블레이드 러너 후속작을 기대하지 않는 이유는 "한 아이가 태어나, 성장하여, 민족을 이끌고 출-인간한다."라는 성서의 이념에 자유로울 수 없기 때문이다. 이를 깨달은 영리한 속편의 감독 드니 빌뇌브(D. Villeneuve)는 시종일관 속편을 이미지로 승부를 했다. 그리고 전작의 모호성을 그대로 이어갔다. 아무튼 〈블레이드 러너〉를 만나고 해석한다는 것은 동시대의 큰 '행운'이었다.

테오-쿨투라

16. 게임

바츠해방 전쟁과 그 이후

* '바츠해방 전쟁' 10주년을 기념하는 고객 행사가 2014년 5월 20일 NC-SOFT 판교R&D 센터에서 열렸다. 이날 행사는 '바츠해방 전쟁'에 직접 참여한 유저들과 미디어 관계자 등 100여명이 참석했으며, 특히 '바츠해방 전쟁' DK혈맹 총군주인 '아키러스'가 참여해 눈길을 끌었다.

1. 신화와 반복

신화(Myth)를 뜻하는 그리스어 '미토스(mythos)'는 이야기를 뜻한다. 그리스의 철학자 플라톤이 '신화학(mythology)'을 만들었을 때 그 의미는 '가공의 인물을 다룬 이야기'를 뜻했다. 이 말은 신화가 진실을 표현할지라도 정교한 픽션이라는 것이다. 따라서 플라톤은 소크라테스의 입을 통하여 신화가 사람을 타락시킨다고 비난했으며 『국가』(Republic)에서 이상적인 폴리스는 시인들과 그들의 이야기를 추방한다고 했던 것이다. 반면 플라톤은 비유(allegory, 어떤 것을 다른 방식으로 이야기하기)는 가르침의 도구로 생각했다. 그의 이상향인 '아틀란티스 이야기'나 '동굴의 비유'는 알레고리로 보편적인 진리를 전달하기 위해 지어낸 이야기이지만, 가르침에 있어서 유용한 방식으로 본 것이다.

플라톤의 추방령에도 불구하고, 시인들과 그들의 이야기는 사라지지 않고 지속된다. 우리는 아이들에게 두꺼비를 보면서 항아 이야기를, 까치를 보면서 견우와 직녀 이야기를, 호랑이를 보면서 곶감 이야기 등을 하게 되면 아이들은 놀라울 정도로 잘 받아들이는 것을 볼 수 있다. 즉 신화는 그들 삶의 일부가 되어 버리는 것이다. 그리고 이러한 신화에 나타난 무수한 상상력이 암호처럼 현대 문화와 사상에 녹아들어 있다. 아니 우리 삶의 곳곳에 신화가 반복되어 나타나고 있는 것이다.

사실 서양 언어권에서 요일과 달의 이름은, 곧 달력에서부터 태양계 행성 이름(지구를 제외한 모든 행성은 로마의 신 이름에서 유래했다)에 이르기까지 모두 그리스나 로마, 북유럽 신화에서 유래했다. 따라서 프로이트(S. Freud)가 신화를 인간 무의식의 일부로, 곧 인간 내부에 깊이 뿌리박힌 심리적 갈등을 반영하는 것으로써 모든 사람이 보편적으로 공유한 이야기라고 생각한 것이나, 융(C. G. Jüng)처럼 신화를 인간의 '집단 무의식'에 뿌리를 둔 것

테오-쿨투라

으로 보는 것 역시 이러한 신화의 반복이 그저 한 순간의 흐름이 아니라는 것을 보여준다. 따라서 신화학자 조셉 캠벨(J. Campbell)이 『천의 얼굴을 가진 영웅』에서 "종교와 철학, 예술, 선사 시대와 역사 시대에 존재한 인류의 사회 형태, 과학과 기술의 주요 발견, 잠에서 생겨나는 바로 그 꿈들은 신화라고 하는 원형적인 마술 반지에서 끓어오른다."라는 말은 신화의 반복, 그 핵심을 정확하게 지적해 주고 있다.

2. 신화와 게임: 서사학에서 게임학으로

오늘날에는 이러한 신화의 반복이 온라인 게임에서도 반복되고 있음을 보여준다. 신화적인 서사학(narratology)이 게임 자체의 게임학(ludology)으로 패러다임 전환한 것이다. 또한 매체 중의 매체라고 하는 컴퓨터와 인터넷이 삶의 중요한 영역을 차지하면서 '인터랙티브 인간'(interactivity human)이라는 말이 등장했다. '호모 사피엔스'라는 말로 표시되던 종래의 '지혜로운 인간'에서 '상호작용성'을 통한 관계적 존재로서의 인간이 탄생한 것이다. 그리고 그것은 컴퓨터 게임이 그 대표적인 형식으로 자리 잡고 있다.

게임은 언제나 현실을 모방해왔고, 현실을 비틀고 재창조하면서 스스로의 영역을 확대해왔다. 현실과 가장 관련이 먼 것처럼 보이는 SF 소재의 게임이나 중세 판타지 풍의 MMORPG(Massive Multi-user Online Role Playing Game, 대규모 다중접속 온라인 역할놀이 게임, RPG는 각 유저가 역할을 분담해 게임을 하는 방식이다. RPG 중에서도 MMORPG는 온라인상에서 여러 명이 RPG를 할 수 있도록 만든 게임이다.)도 현실을 은유적인 형태로 재해석해서 탄생할 수 있었던 것이다. 그러나 이제 게임은 단순히 현실을 모방하는 것에 그치지 않고 새로운 현실을 창조하는 것으로 나아가고 있다.

더군다나 게임 속 리얼리티가 극대화되는 순간 현실과 가상의 경계는 허물어진다. 〈리니지2〉에서 발생한 바츠해방 전쟁은 리얼리티와 판타지가 가상공간에서 얼마나 강렬한 형태로 결합될 수 있는지를 보여주는 좋은 사례이다.

3. 바츠해방 전쟁

바츠해방 전쟁은 2004년 6월부터 2008년 3월까지 약 4년간 〈리니지2〉의 바츠 서버에서 발생한 인터넷 전쟁을 말한다. (독재자로 유비되는) 드래곤 나이츠(Dragon Knights: 일명 DK) 혈맹의 철권통치로 사냥터라는 생존의 터전을 봉쇄당하고 척살의 공포에 떨던 피지배계급 민중들이 일으킨 전쟁이다. 전투력이 낮은 저레벨의 민중들은 '바츠 연합군'을 형성하여 DK 혈맹을 중심으로 한 지배계급 동맹군의 화살받이가 되어 무수히 죽어가면서 유일한 대응 방법인 인해전술로 싸웠다. 이 전쟁에 참여한 사용자는 연인원 20만 명에 달하였다고 한다.

마치 『일리아드』나 『삼국지』, 혹은 성경 「여호수아」와 「사사기」를 보는 듯, 바츠해방 전쟁 안에는 현실세계가 그대로 옮겨져 있다. 신분 차별과 권력의 횡포, 혁명과 좌절, 전쟁과 독재, 사랑과 죽음, 기만과 배신, 전술과 희생, 정의와 자유, 영웅의 탄생과 죽음, 숭고한 희생과 가치, 그리고 동지애와 감격의 눈물 등 수많은 참여자들에 의해서 써진 한 편의 웅대한 서사시이다.

비록 현실에서의 움직임은 아니지만 그 처절하고 절박한 감정적 경험들은 사용자가 만나는 일생일대의 체험이 된다. 〈리니지2〉의 내복단(저레벨 캐릭터로 내복만 겨우 걸치고 값싼 뼈 단검 하나만을 장비한 이들을 프랑스 혁명의 상퀼로드, 즉 '긴바지를 입는 빈민층' 집단에 비유해 '내복단' 혹은 '뼈단'이라 부른다. 내복

테오-쿨투라

단의 주류는 하루 이틀 정도 육성한 레벨 10 전후의 캐릭터이다. 이들의 공격력은 5-10 포인트-한번 공격할 때 상대가 입는 데미지-이다.)으로 가상현실을 현실의 시공간적인 제약을 넘어 '정의와 자유, 그리고 동지애'라는 고귀한 가치에 연대하는, 현실보다 더 숭고하고 더 인간화된 공간으로 변모시킬 수 있음을 깨달은 다음의 내복단의 글은 감동스럽다.

> "바츠 서버의 이 전쟁은 일반 유저들의 힘을 이끌어 내지 못하면 바츠 연합군이 패배할 것입니다. 단 1렙짜리 캐릭이라도 수십 명이 모여서 DK혈맹에게 공격을 가하면 물리적으로만이 아닌 심리적으로도 큰 위축을 가져올 것입니다. (중략) 이번 전쟁은 바츠 서버만이 아닌, 전 서버가 그 결과를 주목하고 있습니다. 특히 거대 혈에 억눌려 있는 많은 저주서버 유저들이 함께 지켜보고 있습니다. 그들에게 희망을 주어야 합니다. 그들에게 자신감을 주어야 합니다. 다시는 어떤 서버에서도 이러한 독재가 없도록 해야 합니다. 전 지금 이 순간 바로 바츠 서버에 캐릭을 만들어 내복단에 합류할 것입니다. 제 가슴 속에 끓어오른 피를 주체할 수 없습니다. 그리고 언젠가 사람들에게 자신 있게 말할 겁니다. 그 거대했던 바츠 서버 해방 전쟁에 내복단의 일원으로서 그 자리에 있었노라고"(겸댕이대왕, '호소문-전 서버 유저들이여 궐기하라', 〈리니지2〉 게임 자유게시판 2004년 6월 16일.)

물론 게임의 데이터베이스 위를 이동하는 사용자들의 움직임은 가상적이며 그가 꿈꾸는 혁명은 다운받은 프로그램 속의 상상이다. 그러나 현실 공간의 체험이 사용자의 인생이듯 가상공간의 체험도 사용자의 인생이 된다. 비록 현실에서의 움직임은 아니지만 그 처절하고 절박한 감정의 경험들은 사용자가 만나는 일생일대의 체험이 된다. 〈리니지〉에서 작은 혈의 군주로 있다 사소한 문제로 거대혈의 공격을 받게 되어 비겁하게 도망가지 않고 정식 혈전을 요청한 후 처절하게 전사한 경험이 있는 한 내복단은 이렇게 말한다.

"혹자는 그럽니다. 이건 게임일 뿐이라고 현실과 착각하지 말라고, 그걸 모르는 사람은 아무도 없습니다. 그런데도 불구하고 왜 유저들이 이렇게까지 그러는 것인가에 대해서 말씀하신다면 딱 한마디만 하겠습니다. '당해본 사람만이 안다.' 온라인 게임은 가상현실의 세계입니다. (중략) 전 아직도 그때가 떠오릅니다. 그리고 그립습니다. 정의를 위해 질 걸 알면서도 당당하게 싸우다 죽어간 혈원들이 너무나 그립습니다. 그리고 그때의 행동에 대해 단 한 번도 후회해본 적이 없습니다. 이번 바츠 해방 전쟁에서도 그렇게 자랑스럽게 싸울 것입니다. 비록 제 자신 한 명은 큰 힘이 되지 못할지라도 작은 힘이 모이면 어떠한 것도 무너뜨릴 수 있다는 것을 확실히 보여주겠습니다."

결국 바츠 연합군이 〈리니지2〉의 중추인 DK혈맹의 아덴성을 집단 지성과 공성전을 통하여 점령하는데 성공했다. 이로써 바츠해방 전선이 성공적으로 끝나는 줄 알았는데, 혁명 성공 후 바츠 연합군이 이익을 가지고 서로 분열하면서 결국은 DK혈맹이 한 행동과 똑같은 행동을 벌이게 되고, 그 틈을 타 DK혈맹이 다시 세력을 잡게 되면서 원점으로 돌아간 아쉬운 전쟁이었다.

테오—쿨투라

4. 게임, 기만인가? 혹은 해방의 도구인가?

이 시대는 발터 벤야민(W. Benjamin, 1892~1940)과 테오도르 아도르노(T. Adorno, 1903~1969)가 여전히 유효한 시대이다. 암울했던 20세기 초 대중문화와 상업주의가 결합한 문화산업의 근원을 추적하고, 통렬한 비판과 동시에 새로운 가능성을 모색했던 벤야민과 아도르노는 '대중문화가 자유를 향한 출구인가, 억압과 기만의 도구인가?', '기술의 발전으로 새롭게 등장하는 다양한 대중매체, 공장에서 대량 생산된 상품처럼 동일한 것이 무한 반복되는 현대 사회의 대중문화는 현대 인물들의 삶에 어떤 의미를 갖는가?', '기술적 복제로 현대인들에게 더욱 가까이 다가온 대중예술은 예술의 민주화를 가져온 이 시대 예술의 희망인가, 대중을 기만하는 수단인가?'를 묻고 있다.

대중문화를 기만적이며 억압적이라 보는 아도르노와 대중문화의 발달된 기술에서 해방의 가능성을 보는 베냐민의 관점은 각을 세운다.『계몽의 변증법』(1944)에서 라디오와 영화, 재즈 등에 대해 분석하며 아도르노는 이렇게 말한다. "오늘날의 문화산업은 위로부터 아래로, 일방적으로 허위적인 이데올로기를 주입하는 지배의 도구가 되었다. … 대중문화가 주는 즐거움이란 결국은 도피에 불과하며 즐김이 주는 도피는 사실상 현실의 억압과 모순에 대한 저항을 불가능하게 만든다."

그러나 대중문화에 대한 벤야민은 「기술복제시대의 예술작품」(1936)에서 영화 '몽타주 효과'를 통해 대중에게 충격과 각성을 선사하는 해방의 가능성을 보고 이렇게 말한다. "새로운 기술에 잠재된 혁명적 에너지를 해방시키는 것이 필요하고 또 가능하다." 아도르노가 지나치게 비관적이었다면, 베냐민은 지나치게 낙관적이었던 것이다. 곧, 벤야민에게는 '해방'인 대중문화가 아도르노에게는 '기만'이 되어버렸다. 동일한 맥락에서 게임은 해방일까?, 기만일까?

〈리니지2〉처럼 온라인상에서 혁명은 불가능했다. 왜일까? 그것은 인간의 원죄(눈이 밝아져 하나님과 같이 되는) 때문이 아닐까? 성서는 그것을 정확히 지적한다. "뱀이 여자에게 이르되 너희가 결코 죽지 아니하리라. 너희가 그것을 먹는 날에는 너희 눈이 밝아져 하나님과 같이 되어 선악을 알 줄 하나님이 아심이니라. 여자가 그 나무를 본즉 먹음직도 하고 보암직도 하고 지혜롭게 할 만큼 탐스럽기도 한 나무인지라 여자가 그 열매를 따먹고 자기와 함께 있는 남편에게도 주매 그도 먹은지라. 이에 그들의 눈이 밝아져 자기들이 벗은 줄을 알고 무화과나무 잎을 엮어 치마로 삼았더라(창세기 3:4-7)."

그럼에도 불구하고 언제가 '바츠'(로 은유되는 이 대한민국)가 해방될 날이 올 것을 믿는다. 메시야인 평화의 왕, 아기 예수를 기다리는 믿음도 여기서 그리 멀지 않기 때문이다.

테오—쿨투라

17. 핵

팍스 뉴클레우스(Pax Nucleus)?
팍스 크리스티(Pax Christi)!

1. 늑대를 잡는 법

에스키모인들은 늑대를 잡을 때 칼을 잘 갈아서 날카롭게 만든 다음 칼날에 동물의 피를 흠뻑 묻혀 얼린다. 그리고 날카로운 칼날이 위쪽으로 오도록 향하고 땅속에는 칼의 손잡이를 박아놓는다. 그러면 피 냄새를 맡은 늑대들이 와서 칼날을 핥는다. 얼어서 무감각해진 늑대의 혓바닥은 어느새 날카로운 칼날에 혀를 베이게 되고 늑대는 자신의 피 맛에 끌려 더욱더 빠른 속도로 칼날을 핥는다. 죽음에 이를 때까지 말이다. 피 냄새에 이끌려 이성을 잃는 순간 늑대의 일생은 끝나게 되는 것이다.

박근혜 정부는 후쿠시마의 경고에도 불구하고 핵발전소 정책을 펼쳤다. 2035년까지 원전을 현재 23기에서 최소한 39기 이상으로 늘리는 것을 뼈대로 한 에너지 정책을 공식화했던 것이다. 유럽연합 등 선진국들은 세계 최고의 핵 기술과 안전시스템을 자랑하는 일본의 후쿠시마 사태를 심각하게 받아들이고 있지만, 정작 일본의 이웃 나라인 대한민국은 태연하다. 국가권력과 야만적 기업가들에 의해 지속되는 핵발전소는 희망이 들어있는 판도라의 상자가 아니라, 인류가 손에 넣어서는 안 되는 두 번째 선악과이다.

따라서 후쿠시마 원전 사고(와 경주 지진)는 인류에게 보내는 하나님의 경고요, 지구생명의 경고이며, 칼날에 묻은 자신의 피를 핥는 어리석은 늑대와 같은 우리들에게 들려주는 마지막 음성이다. 다행스럽게도 고리원전 1호기가 영구정지되었다. 문재인 정부 들어 그나마 탈원전 기조로 돌아선 것이 다행이다.

2. 핵분열과 방사능

자연계에 존재하는 모든 물질은 93가지 원소로 되어 있다. 가장 가벼운 것이 원자번호 1번인 수소이고, 가장 무거운 것은 원자번호 93번인 우라늄이다. 그 가운데에는 산소, 질소, 칼슘, 철, 알루미늄, 납, 금, 은 등이 있다. 우주가 탄생했던 빅뱅과 함께 원자번호 1번의 수소가 탄생했고, 높은 온도와 압력, 초신성 폭발 등의 과정을 통해 현재 우리의 세상을 이루고 있는 다양한 원자들이 태어났다. 이들 원소들은 상온에서 기체, 액체, 고체로 존재하는데, 서로 결합하여 물, 돌, 나무 등 온갖 생물과 무생물을 이루게 된 것이다.

그런데 우라늄이라는 원소는 방사선을 내뿜는다. 그리고 이러한 능력을 방사능이라고 한다. 예를 들어 비행기를 타거나 엑스레이를 촬영할 때 혹은 전자레인지 앞에만 있어도 방사선에 노출된다. 그러나 이러한 방사능으로 우리 몸이 피해를 입을 가능성은 지극히 낮다. 문제는 인공 방사능이다. 과

테오-쿨투라

학자들은 우라늄-235에 열중성자를 부딪치면, 많은 에너지가 발생하는 '핵분열 반응'을 발견하게 된다. 핵분열이란 원자핵이 중성자에 의해서 쪼개지면서 많은 열에너지가 발생하는데, 이러한 핵분열 반응은 이후 핵 연쇄반응을 통해 '핵발전'과 '핵무기의 기반'을 만들게 된다. 가령, 원자핵이 가지고 있는 에너지를 순간적으로 발산시키는 것이 핵무기이고, 그것을 천천히 발산시켜 전기에너지로 바꾸는 것이 핵발전이다. 따라서 엄밀히 따져보면, 핵무기와 핵발전의 뿌리는 하나이다.[2]

과학자들은 아프리카 가봉의 오클로(Oklo)에 있는 한 노천 우라늄 광산에서 수십만 년 동안 우라늄-235가 스스로 핵분열 했다고 본다. 그리고 그 핵분열이 멈춘 지 20억 년이 지난 후, 인간들은 1942년 미국 시카고 대학의 운동장 한구석에 최초로 인공 원자로를 설치했고, 사상 처음 핵분열에 따른 연쇄반응 실험을 성공시켰다. 그리고 인간들이 이러한 압도적인 힘인, 핵에너지로 가장 먼저 한 일이 '폭탄'을 만드는 일이었다.

1945년 7월 16일 미국 뉴멕시코 주의 '죽음의 여행'이라는 뜻을 가진 사막에서 첫 핵폭탄 실험이 실시되었고, 20일이 지난 45년 8월 6일 히로시마 상공에 리틀보이(소년)란 암호명의 두 번째 핵폭탄이 터졌고, 며칠 후 나가

---

2   핵발전소를 이야기할 때 먼저, 용어를 구별해야 한다. 일본과 한국에서는 마치 '핵'과 '원자력'이 서로 다른 것처럼 홍보되어 왔다. '반핵'은 옳지만 '반원자력'은 잘못된 주장이라 생각하는 사람들이 있다. 핵은 군사용이고, 원자력은 평화용인 것처럼 선전되었다. 따라서 북한의 핵은 문제지만, 남한의 원자력발전소는 문제가 없다고 생각하는 것이다. 그러나 둘 다 문제다. 북한은 "핵무기와 함께 세계 그 어느 지역도 타격할 수 있는 최강의 '대륙간탄도로케트'를 보유한 핵강국이 되었다"고 발표를 하고, 남한은 탈핵 논의로, 사실상 남북 모두 "핵, 핵"거리고 있는 실정이다. 따라서 원전이라는 대중적인 용어 대신, 정확한 의미를 전달하기 위해 핵발전 이라는 용어를 사용해야 된다. 같은 이유로 방폐장(方廢場)이 아니라, 핵폐기장(核廢棄場)이라고 해야 한다.

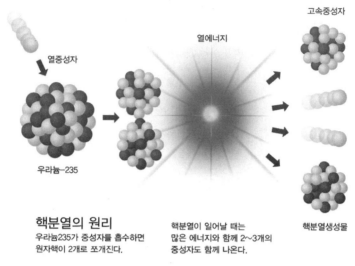

핵분열의 원리
우라늄235가 중성자를 흡수하면
원자핵이 2개로 쪼개진다.

고속중성자

열중성자

열에너지

우라늄-235

핵분열이 일어날 때는
많은 에너지와 함께 2~3개의
중성자도 함께 나온다.

핵분열생성물

〈핵분열의 원리〉

사키(원래 고쿠라에 투하 예정이었으나)에 팻맨(뚱보)이라는 세 번째 핵폭탄이 투하됐다. 각각 16만 명과 8만 명이 죽었는데, 놀라운 것은 원자폭탄 피해자의 10분의 1은 일제에 의해 강제로 끌려갔던 조센징(朝鮮人)들이었다. 이분들과 그 자손들은 오늘도 사람들의 망각과 무관심 속에 고통 받으며 살아가고 있지만 전혀 소개되지도, 알려지지도 않았다.

아무튼 놀라운 것은 핵발전용 연료인 우라늄이나 플루토늄이 핵분열하는 과정에서 1천7백여 종에 달하는 방사능이 나온다는 것이다. 그중 20종은 인체에 특히 위험한 방사능이라고 할 수 있다. 대부분 인체에 세균이 침투하면 인체 면역 체계가 작동돼 스스로 방어하지만 방사능은 예외이다. 그리고 방사능은 암 발생률을 증가시키고 백혈병을 유발하고 각종 질환을 유발시킨다. 게다가 분열하는 염색체에 이상을 일으켜 돌연변이도 발생하게 만든다. 폭탄으로도 위협적이고 방사능으로도 치명적인 핵은 한마디로 제2

테오—쿨투라

의 선악과인 것이다. 침범할 때 엄청난 대가가 따르는!

3. 하늘의 불과 하나님의 경고

일본의 시민과학자 다카기 진자부로(高木人三郎)는 원자력을 '하늘의 불'로 본다. 절대로 지구상에서 태워야 하는 불이 아니라는 것이다. 밤하늘에 빛나는 별은 핵분열로 원자의 불이 타고 있다는 것이다. 핵분열이 별을 빛나게 하는 것이다. 따라서 하늘의 빛, 빛나는 별빛은 모두 하늘의 불, 우주의 불이다. 그리고 이런 곳에서는 생물이 살 수 없다는 것이다.

사실 지구는 태고시대에 우주의 부스러기로 이루어졌는데, 생성되었을 당시는 많은 방사능을 가지고 있었다. 말하자면 하늘의 불이 남아, 지구에 죽음의 재가 가득 차 있었던 것이다. 지구는 이러한 타고 남은 찌꺼기로 만들어졌다고 할 수 있다. 이렇게 처음에는 꽤 강한 방사능이 많이 남아 있어서 지구에 생물이 살 수 없었다. 아주 원시적인 생물이 생기는데 10억 년 정도가 걸린다. 그리고 방사능이 식은 후에야 마침내 생물이 살 수 있게 된다. 이렇게 생물이 살 수 있게 된 지구에 다시 인간은 인공적으로 새 방사능을 만들어서 방사능의 불을 일으킨 것이 바로 핵발전이다. 확실히 하늘의 불을 훔친 인간의 오만은 그 벌을 받게 되는데, 그리스 신화가 이것을 잘 보여준다. 제우스로부터 인간에게 불을 훔쳐다 준 프로메티우스는 매일 간이 독수리에게 쪼아 먹히는 형벌을 받는다. 어쩌면 우리 사회에 사람들의 간이 안 좋은 것은 모두 북한의 핵무기와 남한의 핵 발전 때문이 아닐까? 하늘의 불을 훔친 프로메테우스처럼? 그러면 어떻게 해야 하는가?

"네가 북두칠성의 별 떼를 한데 묶을 수 있으며, 오리온성좌를 묶

은 띠를 풀 수 있느냐? 네가 철을 따라서 성좌들을 이끌어 낼 수 있
으며, 큰곰자리와 그 별 떼를 인도하여 낼 수 있느냐? 하늘을 다스
리는 질서가 무엇인지 아느냐? 또 그런 법칙을 땅에 적용할 수 있느
냐?(욥 38:31-33)"

다카기 진자부로는 위에 인용한 욥기에 나오는 하나님의 말씀에 영감을
받았다. 욥은 이유 없이 고통을 받았다. 따라서 욥은 하나님께 항의를 한
다. 그러자 폭풍이 몰아치는 가운데 하나님이 나타나 욥에게 묻는다. 핵심
은 이것이다. 자연계는 인간이 만든 것도 아니고, 인간이 속속들이 아는 것
도 아니다. 인간은 자연의 한 부분에 지나지 않는다. 그래서 신이 욥에게 묻
는 다. 너는 그것을 아느냐고, 자연의 깊이, 자연의 균형을 아느냐고, 그런
것도 알지 못하면서 오만하게 그것을 개조하려 드는 인간에 대해 하나님은
엄중한 경고를 보내시는 것이다.

핵분열은 어쩌면 하나님의 영역을 넘어서는 인간의 오만, '죄'라고 볼 수
있다. 사실 기독교가 말하는 죄란 '인간이 자신의 유한성을 인정하지 않는
것'이다. 지난 20세기 절반의 세계 신학사상을 지배한 신학자 칼 바르트도
"인간의 범죄는 단순히 자기 자신에 대한 오류, 자기소외, 자기중심성, 자기
폐쇄성만이 아니라, 광기와 영웅주의, 하나님의 영광의 찬탈이다. 인간은 하
나님의 영광을 찬탈하고 그 스스로 하나님이 되려고 한다. 이러한 혼동 속
에서 죄인은 자신을 거짓 신으로 만든다."고 통찰했다.

성 어거스틴도 "죄란 인간이 신이 아니라는 사실을 인정하지 않으려는 모
든 유형의 교만"이라고 말한다. 넘어서지 말아야 할 경계선이 있는 것이다.
설사 넘을 수 있어도 넘지 말아야 할 한계선이 있는 것이다. 그것을 넘어가
도 된다고 생각하는 것이 교만이고 오만이다. 따라서 핵개발은 현대판 선악
과 사건이다. 한번 실수했는데, 또 다시 실수해서는 안 될 것이다. 그때는 아

담과 하와뿐이었지만, 지금은 집단 지성으로 좀 더 논의하고 지혜롭게 풀어야 할 것이다. 따라서 핵은, 그것이 무기이든 발전이든 결코 평화와 양립할수 없는 것이다. 팍스로마나, 팍스아메리카나도 안되지만, 팍스 뉴클레우스 (Pax Nucleus), '핵의 평화'도 안 된다. 오직 '그리스도의 평화'만이 지구를 살릴 것이다. 팍스 크리스티(Pax Christi)

4. 핵과 핵발전에 대한 여러 가지 오해들

사람들은 핵발전을 '평화용'이라든지, '저탄소 청정에너지이며 기후변화의 대안', 혹은 다른 에너지 보다 '안전'하다고 생각한다. 동시에 우리 인간은 끊임없이 '전기'를 필요로 한다는 사실 때문에 핵발전을 계속해야 한다고 말한다. 그러나 핵발전은 처음부터 군사적 이용, 즉 원자폭탄 개발을 위해 시작됐고, 수많은 나라들이 민간 핵발전이라는 덮개 아래서 핵무기를 개발했고, 하고 있다.

그리고 핵은 절대 깨끗하지도, 안전하지도, 싸지도 않다. 설사 발전부문에 국한해서 핵발전이 이산화탄소 발생량을 억제하는 효과가 있다 하더라도, 핵발전의 전 과정을 살펴보면 심각하다. 특히 우라늄의 채굴과 가공 및 농축과정에서 어마어마한 온실가스가 발생한다. 게다가 핵발전은 낭비가심한, 대단히 비효율적인 에너지이다. 물리적으로 핵발전 과정에서는 핵분열에서 방출되는 에너지의 단 3분의 1만이 전력으로 전환되고 나머지 3분의 2는 섭씨 30도가 넘는 온배수 형태로 바다에 버려져 주변 생태계를 심각하게 오염시킨다. 핵 과학자들이나 핵 산업계 종사자들도 그것을 다 안다. 그럼에도 불구하고 그들이 핵발전을 고집하는 이유가 있다. 바로 핵발전이 핵무기의 원료를 생산해주기 때문이다. 일본이 후쿠시마의 그 경험에도 불구하고, '핵발전 산업체제'를 유지하려고 힘쓰는 이유가 바로 그것이다. 핵발전과 핵무기는 동전의 양면이다.

물론 심각한 것은 우리가 끊임없이 전기를 필요로 한다는 것이다. 한국에서 핵발전소가 9기였던 1991년에 2,321킬로와트였던 1인당 전력소비량이 2005년에는 7,403킬로와트로 세배나 증가했고, 2010년에는 4배나 증가했다. 현재는 더 심각하다. 따라서 지금까지 핵발전이라는 전기의 풍요라는 '단맛'을 봤다면, 이제는 '핵발전소의 폐쇄'와 '핵폐기물 처리'라는 아주 힘들고 어쩌면 고통스러운 '쓴맛'을 보아야 한다. 왜냐하면 우리 아이들과 미래 세대를 위해서 그래야 하기 때문이다. 아이들의 미래를 위해서 핵발전소는 반드시 폐기, 건설 중단되어야 한다. 미래세대를 위해 지금 조금 불편해도 반드시 탈핵으로 나가야 한다.

대한민국은 지금 불면증 시대이다. 새벽 3시, 4시가 될 때까지 미친 듯 깜빡이는 술집들의 네온사인, 밤을 모르는 환한 밤거리, 열두시, 한시까지 꺼질 줄 모르는 심야학원의 불빛, 야간 자율학습을 하는 방방곡곡의 학교들. 밤늦은 시간까지 쉴 새 없이 돌아가는 냉방기와 난방기들. 밤에는 잠자면 될 것을. 십자가 네온사인도 11시부터 4시까지는 꺼야 된다. 예수님도 주무셔야하지 않는가! 좀 아껴 쓰고, 나눠 쓰고, 덜 쓰고, 다시 쓰고, 바꿔 쓰는 그런 지혜가 필요할 때이다.

따라서 온전한 기독교인이라면, 온실가스 방출을 줄이기 위해 대중교통을 이용하고, 모든 일회용품의 사용을 삼가고, 공장식 축산으로 고통 받는 동료 피조물들을 기억하면서 가급적 채식을 실천하는 일을 행하면서, 하나님의 창조세계를 대규모로 파괴하는 잘못된 정책과 과학기술에 맞서 당당하게 예언자적 목소리를 발해야 할 것이다.

테오—쿨투라

18. 노인

노인+애국자=태극기 부대?

일찍이 철학자 니체(F. W. Nietzsche)는 역사를 세 종류로 정리한 바 있다. 과거에 매달리는 '골동품적인 역사', 미래의 비전을 정치적으로 고취시키는 '기념비적인 역사', 그리고 마지막으로 '운명을 사랑(Amor Fati)'하는 마음으로 현재의 삶을 끌어안으려는 '비판적인 역사'이다. 여기서 니체는 골동품적 역사를 비판하는데, 그것은 과거의 회상에만 매달려 지금 살아 있는 삶, 뛰는 심장과 흐르는 피, 대지와 자연에 맞서는, 거친 살결 속에 있는 주름의 의미를 가진, 현재 우리 인간의 주체적 삶을 황폐하게 만들기 때문이라고 생각한다.

1. 디멘티아(치매), 마음이 없는 상태

모든 사람은 늙는다. 이처럼 인생의 마지막 단계에 거쳐야 하는 자연스러운 퇴화 과정인 노망(老妄)은 노망(老忘)이다. 곧 늙어가면서 '잊는 것'이다. 사실 노인성 치매(dementia)의 라틴어 어원은 '마음이 없는 상태, de(without)+mens(mind)이다. 나이 들어 늙으면 아기가 된다는 말도 같은 맥락이다. 사람들은 늙어가면서 기억의 망각과 신체 기능의 퇴화를 필연적 현상이자, 자연스러운 것으로 받아들였다. 그러나 이제 치매는 질병의 하나로 생각되었다. 곧, 노망은 '과정과 현상'에 대한 표현이나, 치매는 '비정상과 치료'의 대상으로, 의학적 개입이 필요한 것으로 변했다. 한국 사회가 노령화 사회로 접어들면서, 가족 해체의 시대에 노망든 노인을 더 이상 가족이 감당하기 어렵게 되었기에 이제 '자연스러운 노망의 단계(기억의 망각 현상과 퇴화 현상)'를 '치료의 과정인 치매(공포를 동반하는 질병 현상)'로 호명하여, 대한민국의 어르신들은 그 말년이 상품화, 물화 되어버렸다. 노망과 망령든 노인은, 가족에게 귀찮고 돌보기 힘든 존재이지만, 그렇다고 병리적 존재인 환자는 아니다. 그러나 여기, 잊는 것을 잊어버린 이들이 있다.

2. 의인이며 동시에 죄인

19대 대선의 투표 결과로도 알 수 있지만 대한민국은 산업화 세력과 민주화 세력, 곧 보수와 진보 두 진영으로 확연하게 나뉘어져 있다. 이것은 정치적 분립을 넘어서는 문화적, 철학적, 나아가 신학적(신앙적) 대립을 내포한다. 삶에 임하는 자세, 타인과 관계를 맺는 방식, 개인과 국가의 관계에 대한 견해, 그리고 한국현대사에 대한 인식, 신과 종교의 의미 등 모든 면에서 두

테오-쿨투라

진영은 서로 다르다. 유시민 작가의 『나의 한국현대사: 1959~2014, 55년의 기록』(돌베개, 2014)은 산업화 세력과 민주화 세력의 대립으로 한국현대사를 바라보는데, 사실 이 두 진영은 끊임없이 역사 전쟁을 벌인다. 역사교과서 국정화 논쟁이 바로 그 최전선이다.

5·16을 기반으로 하는 산업화 세력은 한국 사회 모든 영역의 상층부를 장악한 채 단단하게 결속되어 있다. 거대 재벌, 대기업 경영자와 임원들, 저마다 종편방송을 거느린 거대신문 사주와 고위 간부들, 법원과 검찰, 군대와 경찰 등 합법적 국가폭력을 관리하고 집행하는 권력기관의 고위인사들, 그 신문과 방송에 출연하면서 부와 명성을 얻는 지식인들, 그리고 그 모두를 정치적으로 대표하는 자유한국당이다. 그들은 자신들을 '근대화세력', '산업화세력', '보수세력', '애국세력'으로 자처하지만 정치적 반대 진영에서는 '유신잔당', '5공 잔재세력', '특권세력', '냉전세력', 또는 '수구꼴통'이라고 부른다. 종교적으로는 강남기독교, 영남불교, 혹은 '종교적 근본주의자'들이다. 이들은 대한민국 정부 수립 이후 지금까지 대한민국의 경제적, 사회적, 정치적, 종교적 권력을 모두 장악하고 행사해왔다.

반면, 4·19와 5·18, 6월 항쟁을 잇는 이들을 민주화 세력이라고 할 수 있다. 스스로 '민주화세력', '양심세력', '진보세력'을 자처하지만 반대 진영에서는 '빨갱이', '좌경용공', '종북좌파'라고 불리는 이 세력은 한국 사회 모든 영역의 낮은 곳에 흩어져 있다. 인권과 사회정의, 한반도 평화와 환경보호를 실현하려고 애쓰는 수많은 시민단체들, 노동조합, 협동조합, 언론운동단체를 포함하는 크고 작은 공동체들이다. 그들은 주로 온라인에서 소통하며 가끔 오프라인에서도 대규모로 결집해 대형 이벤트를 만들어낸다. 그들 중에 자기가 일하는 분야에서 권력과 돈을 가진 사람들은 별로 없다. 지속적으로 연대하거나 물질적 이익을 주고받지도 않는다. 오히려 자기네들끼리 심하게 다툰다. "보수는 부패로 망하고, 진보는 분열로 망한다."라는 말은 바로 이러한 맥락에서 나온다.

그리고 이러한 민주화 세력이 대한민국 정부 수립 이후 딱 10년 동안 정치권력 하나만을 장악한 적이 있다. 바로 김대중-노무현 정부 때이다(문재인 정부 포함). 그러나 경제권력과 언론권력 등 사회의 다른 모든 권력은 언제나 산업화 세력의 수중에 있었다. 아무튼 한국 현대사는 이 두 세력의 분투와 경쟁의 기록이다. 때로는 피가 강물처럼 흘렀던 싸움이 있었고, 19대 대선으로 끝난 것처럼 보이지만, 사실 아직 그 싸움은 끝나지 않았다. 그리고 가까운 미래에 종결될 가능성도 없어 보인다. 왜냐하면 국민들이 둘 모두를 인정하기 때문이다.

그렇다면 서로 적대적인 두 세력과 그들이 대표하는 두 시대를 모두 인정하는 것이 과연 가능할까? 유시민 작가는 가능하다고 말한다. "나는 가능하다고 생각한다. 산업화시대와 민주화시대는 모두 우리의 과거다. 대한민국은 박정희의 시대와 김대중, 노무현의 시대를 거쳐 여기까지 왔다. 둘 중 하나만을 긍정한다면 역사와 현실의 절반을 부정해야 한다. 이것이 온전한 역사인식과 현실인식일 수는 없다. 색깔과 모양이 크게 다른 두 시대는 국민들의 내면에 이미 자리를 잡고 있다."

사실 우리의 현대사가 '영광과 승리의 역사'라는 보수의 주장과 '불의와 오욕의 역사'라는 진보의 주장은 둘 다 옳다. 하지만 절반만 옳을 뿐이다. 교회사도 마찬가지이다. 분열된 것 자체가 가슴 아프지만, 이것도 교회의 역사이고, 때로는 하나 되기 위해 힘썼는데, 이것도 교회의 역사이다. 사람들은 대한민국을 '흥하면서 아름다운 나라', '부끄러움과 분노, 긍지와 설렘'처럼 상충하는 감정을 동시에 느낀다. 역사도 마찬가지, 빛과 어둠이 공존하는 것이다. 인간 자체가 둘 모두를 가진 존재이기에, 역사도 마찬가지이다. 칭찬해야할 할 빛이 있고, 그 빛으로 인해 차츰 사라져갈 어둠이 있기에, 민족의 역사도 우리들의 인생도 의미를 가질 수 있는 것이다.

테오-쿨투라

내 안에 아벨과 가인을 모두 가진 모습, 사도 바울도 로마서 7장 19절에서 이렇게 말한다. "내가 원하는 바 선은 하지 아니하고 도리어 원치 아니하는 바 악은 행하는도다. 만일 내가 원치 아니하는 그것을 하면 이를 행하는 자가 내가 아니요 내 속에 거하는 죄니라." '의인이며 동시에 죄인(simul justus et peccator)'이라는 루터의 고백도 여기서 그리 멀지 않다.

중요한 것은 이처럼 모순된 존재에 대한 인식과 사랑, 그리고 모순된 존재들이 만들어가는 불완전한 사회와 세상을 정말 고민하며 읽어내고 대화와 소통으로 펼쳐나가는 것이다. 힘들고 어려운 일이다. 그러나 그렇다고 포기하면 사람이 사람답게 존중받는 그런 세상은 결코 열리지 않을 것이다. 시지푸스가 다시 무의미한 바위를 굴려 올리기 위해 저 언덕 아래로 내려가며 신발끈을 조여 매듯이, 지금 우리들에게 필요한 것은 바로 그러한 인내일 것이다.

3. 노인＋애국자＝태극기 부대?

마크 트웨인은 '애국자란 자신이 무슨 소리를 하는지 알지도 못하면서 가장 큰 소리로 떠드는 사람들'이라고 한다. 오스카 와일드 역시 '애국심은 사악한 자의 미덕'이라고 말한다. 18세기의 문필가인 사무엘 존슨은 '애국심은 악당의 마지막 피난처'라고 말하며 미국의 문필가이자 환경운동가인 에드워드 애비는 "애국자는 정부에 맞서 자신의 나라를 지킬 준비가 돼 있어야 한다."라고 말한다. 박근혜 대통령 탄핵부터 현재까지 이 대한민국에서 애국심과 애국자라는 기표가 태극기를 타고, 유령처럼 떠돌고 있다. 그리고 그 유령의 실체는 노인들, 곧 어르신들이었다.

태극기 부대의 어르신들, 그들에게 박정희 시대야말로 그들이 가장 빛나

〈3월 1일 종로 도심을 메웠던 태극기집회 모습〉

던 시절이었다. 공장 미싱 앞에서, 그리고 뜨거운 아랍의 사막에서, 독일의
탄광에서 자신들의 청춘을 다 보냈지만, 적어도 그때는 자신들이 사회의 주
인공이었다는 생각이 있었다. 따라서 박정희 대통령과 그의 딸 박근혜 전
대통령을 부정하는 것은 곧 자신들의 청춘을, 나아가 자신들의 모든 삶을
부정하는 것과 같다.

이스라엘 역사에 있어서도 마찬가지이다. 어쩌면 성서에서 가장 비열하고
권력욕에 찬 인물이 다윗일진대(물론 그의 아들 솔로몬도 아버지 다윗 못지않게
탐욕과 정치적 술수에 능한 인물이었지만), 그런데 왜 다윗과 솔로몬 시대를, 이

스라엘 백성들은 그리도 그리워하는가? 하다못해 메시야도 다윗의 후손 가운데서 나와야 하는가? 이런 뜻은 아닐까? 적어도 다윗, 솔로몬 시대에 우리 이스라엘 백성들이 "힘 좀 썼다", "너희들 까불지 마라." 이런 뜻? 따라서 태극기 어르신들에게 실질적인 팩트를 들이대는 것은 무의미하다. 그들의 내면에는 자신을 '산업역군'으로 불러준 지도자와 함께, 대한민국의 고도성장 시대를 이끌었다는 자부심, 혹은 환타지가 깔려 있기 때문이다. 따라서 이 어르신들은 지금 세대의 새로운 생각들을 이해하고 인정하려고 들지 않는다. "네가 뭘 아냐? 까불지 마라"라는 것이다.

10·26을 생각하면 우는 어르신들이 있다. 이것은 박정희 대통령의 죽음이 슬퍼서만은 아니다. 자신의 과거를 돌아보면서 "나 정말 고생 많았다."라는 것이다. 자신과 박정희 대통령을 동일시하는 것이다. 어쩌면 그 시대에 가장 고생한 사람들이 박정희 대통령의 죽음을 애도하고 박근혜 전 대통령의 탄핵을 못 받아들인다는 사실은 당연 한 일이라 할 수 있다.

니체가 말한 과거의 기억에만 매달리는 골동품적인 역사의 산증거가 바로 태극기 어르신들이다. 따라서 기억에만 매달리면 인간은 인간이기를 멈추는 것이다. '신은 죽었다'라는 니체의 그 유명한 선언은 바로 이러한 맥락에서 그 의미를 이해할 수 있다. 곧, '기억의 뿌리', 혹은 '회상의 원인'이 되는 저 초월적인 모든 것(가령, 이데아적인 것)의 죽음이 바로 신은 죽었다는 명제로 표현되는 것이다.

근본주의적인 기독교 신자들에게 니체의 '신은 죽었다'라는 표현은 '박정희는 죽었다. 박근혜는 탄핵되었다'라는 말과 의미에 있어서 같은 것은 아닐까? 받아들일 수 없는 것이다. 자신의 삶이, 신앙이, 일생이 모두 부정되기 때문이다. 따라서 니체는 지금 이 시간을 살아가는 삶을 받아들이지 못하는 인간, 곧 과거에만 집착하거나 미래에만 매달리는 몽유적인 인간을 '역사적 인간'이라 부르고, 이러한 역사적 인간들이야말로 이 대지에서 불행한 삶을 살아갈 수 밖에 없다고 말한다.

4. 탈진실과 탈사실의 시대, 아모르 파티!

'노인은 꿈을 꾸고 젊은이는 비전을 볼 것(요엘 3:28)'이라는 구약성서의 예언은 경제적으로 넉넉함을 말하는 것이 아니다. 노인과 젊은이가 기댈 수 있는 나라, 인생의 경륜자로서 노인의 꿈이 존중받고 새 세상을 갈망하는 젊은이들의 비전이 펼쳐지는 세상을 뜻한다.

지금 세계는 끝없는 이기적 욕망의 시대로 치닫고 있다.[1] 이러한 욕망을 뒷받침하기 위해 진실과 사실은 폄하되고, 거짓과 사이비가 그 욕망의 헛된 전망을 정당화시킨다. 옥스퍼드 영어사전은 2016년 '올해의 단어'로 '탈진실(post-truth)'을 선정했다. 독일언어학회도 '탈사실(postfaktisch)'을 2016년의 독일어로 뽑았다. 바야흐로 세계는 탈진실의 사회와 동시에 '거짓의 시대'가 개막된 것이다. 물론 포스트모더니즘의 '윤리 상대주의(Ethical Relativism)'와 '다원주의(Pluralism)'가 여기에 일조했다고 볼 수 있다. 포스트모더니즘은

---

1 프랑스에서는 인종주의와 우파 민족주의를 주창하는 국민전선(the National Front)이, 독일은 유로존 해체와 이민자 유입을 반대하며 유럽 통합의 진행을 반대하는 대안독일당(the Alternatives of Germany)의 위세가, 이탈리아에서는 유럽회의주의 성향을 보여 온 오성운동(Movimento 5 Stelle)이, 스페인에서는 반긴축 정책을 선도하며 온라인 직접 민주주의를 주창해온 포데모스(Podemos)가, 네덜란드에서는 우익 대중주의, 반지구화, 반이슬람주의를 기치로 내건 자유당이, 노르웨이에서는 이민자 축소와 이슬람교 반대 등을 공약한 진보당이 힘을 얻고 있으며, 핀란드에서는 국수주의(nationalism)와 유럽회의주의를 주창하는 핀란드당이 세를 확장하고, 덴마크에서는 반이민 정책과 노인복지 확충을 내건 덴마크국민당이 급부상하고 있는 것도 이러한 욕망의 확장이라고 할 수 있다.

모더니즘의 토대였던 진리를 해체하였고 개인의 개체화와 익명화는 거짓에 대한 민감성을 둔화시켰으며 인터넷 기술이 열어놓은 매체환경은 같은 의견을 가진 사람들이 모여 자신들만의 대안 사실을 믿는 분할된 '마이크로 공론장'을 만들어냈다. 중요한 것은 거짓을 사실로 믿게 만드는 것이 아니라 명백한 사실을 하나의 의견으로 강등시키기 때문에 문제가 되는 것이다. 이처럼 사실의 신뢰성을 잠식하고 공론장을 왜곡하는 것은 결국은 민주주의의 토대를 무너뜨린다.

자신들만의 마이크로 공론장을 형성한 태극기 부대의 어르신들, 따라서 만일 어르신들이 행복해지려고 한다면 과거를 '망각'하고 현재를 '사랑'해야 할 것이다. 니체에 따르면 망각한다는 것은 이미 없는 과거와 아직 없는 미래를 뜻하며, 사랑해야 하는 것은 현재의 삶이다. 예수께서도 "그러므로 내일 일을 위하여 염려하지 말라 내일 일은 내일이 염려할 것이요 한 날의 괴로움은 그 날로 족하니라(마 6:36)."로 말씀하셨다. 영화 〈죽은 시인의 사회〉(1989, 재개봉 2016)에서 키팅 선생도 "까르페 디엠(carpe diem, 지금 이 순간을 즐겨라)"이라고 말하지 않았던가! 노인들이여, 마음은 없어도 사랑은 넘쳐나기를!

19. BTC과 BTS - 희망으로 "가즈아!"

만약 영화 〈택시운전사〉(2017)와 〈1987〉(2017)에 열광하는 40-50대가, 지금의 20-30세대가 열광하는 암호화폐, 가령 비트코인(BTC)으로 대표되는 가상화폐의 발생사적 기원에 관한 인문학적 통찰이 없다면, 또한 전 세계 젊은이들이 방탄소년단(BTS)에 신앙을 고백하는 이 현실의 의미를 깨닫지 못한다면, 바로 그들이 〈1987〉 속 전두환이며, 박 처장(김윤석 분), 나아가 오늘날의 적폐세력이 될 것이다. 왜냐하면 지금 젊은 세대(10-30대)의 분노는 그들 자신의 문제(가령, 게으름이나 불성실 같은)가 아니라, 우리 사회의 지속적인 구조의 문제이기 때문이다. 그리고 그 구조는 〈택시운전사〉의 광주, 〈1987〉의 함성 이후, 지금의 50-70세대가 만든 것이다.

테오-쿨투라

1. 20-30세대: 비트코인에 열광하는 청춘

〈비트코인〉

'88만원 세대'로 젊은 층을 지칭했던 우석훈은 최근 큰 사회적 파장을 일으켰던 비트코인 열풍을 통해 20-30세대의 욕망을 잘 포착하고 있다. "암호화폐 투자 광풍은 젊은 세대 개인의 문제라기보다는 한국 사회의 실패이다." 사실 욕망은 원래부터 존재하는 것이 아니라 법과 제도, 정확히 말하면 권력구조의 산물이다. 따라서 각자도생에 익숙한 생존주의 세대인 2030세대가 〈택시운전사〉와 〈1987〉을 보고 감동받으리라 생각하는 것은 아직도 청춘들의 욕망을 읽어내지 못하는 기성세대의 무지라고 할 수 있다.

20-30세대가 성공할 희망이 없어 불로소득을 노리는 암호화폐 투기에 빠져들었다고 생각하는 60-70세대, 계층이동 사다리가 사라진 탓에 젊은 층이 '투기세대'가 되었다고 생각하는 40-50세대 때문에 지금 청춘들의 세상은 우리와 다른 세상을 만들어 가고 있다. 사실 419혁명을 20대에 겪은 세대(현재 70대)는 여의도와 강남 개발로 재산을 형성했다. 유신을 20대에 겪은 세대(60대)는 경기 과천과 서울 개포동, 목동, 상계동 개발 수혜자이다.

6월 항쟁의 주역인 386세대(50대)는 강남과 신시가지 아파트 값이 3－4년 만에 두세 배씩 뛰는 모습을 목격하면서 분당, 일산, 평촌 등의 신도시를 기반으로 중산층이 됐다(물론, 이들은 그 세대의 극소수이며, 대다수 사람들은 피해자일 것이다). 그러나 지금 20－30세대는 어떤가? 투기공화국의 역사 속에 이들에게 비트코인 투기를 중단하라고 할 수 있을까? 윗물이 맑아야 아랫물이 맑다. 정치의 민주화는 경제의 민주화를 완성하지 못했으며 도덕성의 이름은 처음부터 정치민주화에 없었다.

암호화폐의 미래가 어떻게 전개될지 예단하기 쉽지 않지만, 적어도 이것 하나는 분명하다. 암호화폐의 원천기술인 블록체인을 지배하는 자가 마지막 승자가 될 것이라는 것. 주식과 달리 24시간 거래되는 가상화폐의 특성상 실시간으로 등락하는 주가에 투자자들은 민감하게 반응한다. 투자자들끼리 정보를 공유하기 위해 전용 커뮤니티에서 사용하는 그들의 은어가 일상생활에서도 유행처럼 번지고 있는데, 지난해 말 최고의 유행어 중 하나인 '가즈아'[1]는 토토나 주식 투자자들이 사용하던 언어였지만, 가상화폐 투자자들이 사용하기 시작하면서 급격히 유행을 타게 된 신조어이다. 이 유행어 하나가 20－30세대를 이해하는 인문학적 통찰이 된다.

그렇다면 왜 20－30세대는 암호화폐, 비트코인에 열광하는 걸까? 그들의 말을 옮겨보자. "한탕주의, 도박 등이 만연해 있고 집값, 결혼비용, 육아비

---

1 '가즈아'는 자신이 산 코인이 목표한 가격까지 오르기를 열망하는 뜻으로 '가자'를 길게 늘려 발음한 말이다. 최근 비트코인 투자자들은 '가즈아'를 비트코인이 자신이 목표한 가격까지 오르기를 소망할 때 주문처럼 사용하기 시작했다. 1비트코인당 가격이 2500만원으로 오르기를 희망할 때 '2500 가즈아'라고 말한다. '존버'라는 말도 있다. 비속어인 'X나게 버틴다'를 함축한 의미로 가상화폐의 가격이 내려가도 오를 때까지 팔지 않겠다는 의미이다. 많이 오르는 현상을 뜻하는 '떡상', 반대로 내리는 현상을 뜻하는 '떡락'도 있다.

용 등의 부담을 사회가 줄여주지 못했기 때문이다." "기성세대의 부동산 신화처럼 사두면 무조건 이익을 볼 수 있다는 믿음 아래 자산이 없는 세대가 단돈 몇 만원을 투자해 수십, 수백 배까지 돈을 불릴 수 있는 '기회의 장'을 놓치지 않으려 한다." "매달 넣는 적금 이자에 비해 '한방에 많은 돈을 얻을 수 있는 기회가 생기니 눈이 뒤집혀졌다." "부모세대가 부동산, 주식에 열광했듯 비트코인에 열광한다."

그러나 좀 더 깊이 분석해보면, 현재 신자유주의 경제 시스템 전반에 대한 문제제기와 더불어 정부와 중앙시스템에 관한 의구심이 그 중심에 놓여 있다. 사실 화폐제도는 회계시스템이다. 인터넷 기술의 발달로 개인 간(P2P)의 '정직한' 회계시스템이 가능하게 되었는데 이 기술로 새 화폐시스템을 만든 것이 바로 암호화폐이다. 이 암호화폐가 활동을 본격화한 것은 2008년 월가 파동이 터진 후, 다시 말하면 국가와 중앙은행 간의 부적절한 관계가 만천하에 드러난 시점이었다. 이러한 가상통화의 혁신성은 은행과 국가라는 '제3자'의 개입 없이 지급결제를 가능하게 만들었다. 제3자들에게 뜯기던 중개 수수료를 내지 않아도 된다(은행 VIP가 아니면 늘 출금과 계좌이체에 몇 백 원이 뜯기지 않는가?).

따라서 비트코인과 그 기반 기술인 블록체인[2]은 언젠가 국가 혹은 중앙은행(제3자)의 법정화폐를 대체하게 될 것이다. 시민들 사이를 중재한다는 명목으로 착취와 간섭을 일삼았던 제3자를 축출할 것이다. 이것이 만약 정

---

2   가상화폐 거래 내역을 기록하는 장부를 말한다. 본래 비트코인(Bitcoin) 거래를 위한 보안기술로 2008년 10월 사토시 나카모토라는 익명의 개발자가 온라인에 올린 「비트코인: P2P 전자 화폐 시스템(Bitcoin: A Peer-to-Peer Electronic Cash System)」이라는 논문에 처음 등장했다. 나카모토는 2009년 1월 비트코인을 만들어 공개했다.

치와 산업(용역 대행업체), 선거와 민주주의(가령, 대의가 아닌 직접민주주의)에도 가능하게 된다면 세상은 어떻게 바뀔까? 지금 20-30세대는 그런 세상을 꿈꾸고 있고, 비트코인의 P2P라는 정직한 회계시스템과 블록체인의 보완 기술은 그 시대를 여는 세례 요한이 될 것이다.

2. 10대들의 신앙의 대상, 방탄소년단

> "우릴 공부하는 기계로 만든 건 누구?
> 일등이 아니면 낙오로 구분 짓게 만든 건
> 틀에 가둔 어른이란 걸 쉽게 수긍할 수밖에
> 단순하게 생각해도 약육강식 아래
> 친한 친구도 밟고 올라서게 만든 게 누구라 생각해?"
>
> (BTS, 〈N.O〉 가사 중 일부)

'연애, 결혼, 출산, 내 집 마련, 취업, 취미, 인간관계' 등을 포기한 '7포 세대.' 지금 이 시대의 청춘들의 미래는 시간이 지날수록 그들이 포기한 희망의 단어들로 쌓여가고 있다. 왜 포기할까? 의지가 약해서? 신앙이 없어서? 그렇지 않다. 포기의 중심에는 경제적 문제가 있다. 시스템이 시키는 대로 열심히 살고 대학까지 졸업했는데 두 손에 남은 건 갚아야 할 학자금 대출과 취업걱정이다. 눈이 높아서 취업을 못한다고 기성세대는 말하지만, 매월 학자금 대출을 갚으려면 편의점 시급수준의 월급으로는 어림없다(더 기가 막히는 것은 최저 임금 인상으로 경제가 무너진다는 보수언론과 보수정치인들이다). 부모님의 재산이 넉넉하지 못하면 빚으로 사회생활을 시작하는 것이 지금의 청춘들이다. 따라서 황새(금수저)들은 금수저보다 좋은 길로, 뱁새(흙수

테오-쿨투라

저)들은 흙수저보다 못한 길로 가는데, 그건 시간문제다. 경제에 성서적 희년(Year of Jubilee)은 없고, 희망은 사라지고, 고통은 친근한 친구로 바로 옆에 자리 잡는다.

〈방탄소년단〉

"3포 세대 5포 세대

그럼 난 육포가 좋으니까 6포 세대

언론과 어른들은 의지가 없다며 우릴 싹 주식처럼 매도해

왜 해 보기도 전에 죽여 걔넨 enemy enemy enemy

왜 벌써부터 고개를 숙여 받아 energy energy energy

절대 마 포기 you know you not lonely

너와 내 새벽은 낮보다 예뻐

So can I get a little bit of hope yeah

잠든 청춘을 깨워 go" (BTS, 〈쩔어〉 가사 중 일부)

BTS는 "이런 세상에 살게 된 것은 너의 잘못이 아니야."라고 말한다. "비난은 무시하고 죄책감을 벗어나 너의 담론을 만들어 내라."고도 말한다. 그리고 "혼자가 아니라, BTS가 옆에 있어준다."고 희망을 준다. "노력만으로 쉽게 극복되는 것도 아니니 네 탓도 아니"라고 말한다. 그렇다면 이 불평등과 불의를 평등과 옳음으로 어떻게 바꾸어야 하는가? BTS는 황새들만을 위한 룰을 바꿔야 한다고 노래한다.

"룰 바꿔 change change
황새들은 원해 원해 maintain
그렇게는 안 되지 BANG BANG
이건 정상이 아냐" (BTS, 〈뱁새〉 가사 중 일부)

그리고 이러한 룰을 바꾸는데, BTS는 '디지털'과 '부드러움'을 내세운다. 그리고 우리는 지난겨울 촛불의 따스한 혁명이 세상을 바꾼 것을 기억한다. 따라서 우리나라 10대, 아니 세계의 청춘들은 BTS의 음악을 듣고 이렇게 말한다. "BTS가 내 인생을 바꿨어요." "절망의 밑바닥에서 아무도 위로해주지 않을 때 BTS의 음악 하나로 버텼어요." "차마 마주보기 힘들었던 제 모습을 똑바로 보게 되었고 이제는 사랑해야겠구나 하는 생각을 했어요." "꿈을 포기하지 말라고, 저도 괜찮다고 말해줘서 고마웠어요." "노래가 위로가 될 수 있다는 걸 처음 알았어요. 많은 사람들이 BTS를 알고 위로받았으면 좋겠어요." "절 더 나은 사람이 되게 해주었어요. 정말 고마워요." "꿈을 포기하지 말라는 가사는 많이 들어봤지만 마음에 와 닿은 적은 처음이었어요."

테오-쿨투라

이것은 간증이다. 복음송가가 아니라, 찬송가가 아니라, BTS의 음악을 듣고 청춘들은 믿음과 소망과 사랑을 얻는 것이다. 대중음악이라고 폄하한다면, 세속음악이라고 무시한다면 교회는 영영 기성세대의 무덤이 될 것이며 그 무덤에 꽃을 갖다 줄 청춘들은 하나도 없을 것이다. 자세히 들어보면, 가사를 살펴보면 BTS의 음악은 한 사람의 인생을 빛나게 바꾸려는 선한 의도, 그리고 실제로 사람들에게 자신의 우주를 찾아낼 수 있게 도와주는 힘을 가진 메시지와 철학이 깃들어 있다. 더욱이 이러한 가사가 일반적인 단련의 한계를 뛰어넘는 퍼포먼스와 음악에 실려 가장 파워풀한 미디어들을 통해 청춘들의 삶으로 전해지고 있는 것이다(차민주, 『BTS를 철학하다』, 비밀신서, 2017 참조). 목하 BTS는 10대들의 신앙의 대상이다.

3. 그럼에도 불구하고, 조언을!

"창의성은 지그재그(zigzag)로 온다."라고 워싱턴대학교 심리학과 키스 소여(Keith Sawyer) 교수는 말한다. 어떤 유형의 창의성을 연구해도 창의성이 발생하는 과정은 똑같다. 창의성은 단 한 번 번쩍하고 눈부신 섬광으로 세상을 밝히는 번갯불처럼 내려오는 것이 아니라, 아주 사소한 조치들, 약간의 통찰력, 점진적 변화를 통해 왔다는 것이다. 곧, 창의성은 '지그재그'[3]로 온다는 것이다(키스 소요, 『지그재그,

---

3   사실 서양에서 이 단어가 나온 것은 17세기 말 독일로 추정된다. 의성어인 '치크차크(Zickzack)'가 그 모태이다. 이빨이나 톱니라는 뜻의 차케(Zacke)가 그 어원인데, 치크차크는 톱니 모양의 무언가가 무엇을 자를 때 나는 소리를 표현한 단어이다. 톱이 나무를 자를 때 나는 소리가 독일인들에겐 '치크차크'처럼 들린 것이다. 그러

이러한 지그재그의 발생사적 기원을 살펴보면 놀랍게도 기원전 5000년으로 돌아가야 한다. 신석기 인간이 만든 빗살무늬토기가 바로 그것이다. 토기 위에 새겨놓은 '∧∨∧∨∧∨' 이러한 빗살무늬가 바로 지그재그 패턴이었던 것이다. 이러한 지그재그가 산업디자인에서 본격적으로 활용된 것은 두 차례 세계대전 후이다. 악몽 같은 전쟁을 목격한 인류는 신줏단지처럼 모시던 '인간 이성'에 회의를 느끼기 시작했고, 이성으로 쌓아올린 반듯한 세상을 해체하기 시작했다. 이것이 지그재그로 상징되는 비정형적 디자인의 탄생이다. 인간 이성에 대한 반작용이 불러온 것이 지그재그라는 것은 지그재그가 이성이 아닌 인간의 본성과 본질에 가깝다는 의미일 수도 있다. 휘돌아 나가는 강이나 긴 세월 쌓인 퇴적층 등 자연은 지그재그와 가깝다.

10대로부터 20-30세대들이여! 삶은 한 방향을 향해 일직선상으로 뻗어나가는 인생이 아니다. 이런저런 시련을 겪는, 굴곡 있는 삶, 탄탄대로가 아닌 인생. 우리의 삶은 바로 지그재그의 삶과 인생, 그 자체인 것이다. 2018년의 마지막 날을 위해서 2018년 새해 첫날부터 직선으로 달려가는 것이 아니라, 때로는 넘어지기도 하고, 뒤로 가기도 하고, 옆으로 가기도 하며 하루하루를 소중히 여기며 살아가는 것, 그것이 삶인 것이다. 따라서 BTC이 주는 '한방의 매력'도, BTS이 주는 '저항의 매력'도 한 템포 쉬어가며 돌아

나 의성어이지만, 단어의 생김새 때문에 현대인들은 지그재그를 의태어로 보는 경향이 강하다. 마치 알파벳 제트(Z)나 한자 갈지(之)자처럼 배가 가는 모양새를 나타낸다고 보는 것이다. 따라서 소여 교수는 교육학, 심리학, 신경과학의 최신 연구 성과들을 더하여 창의성에 이르는 매우 강력하고도 간단한 지그재그 8단계 프로그램을 다음과 같이 제시한다: '질문하기, 학습하기, 보기, 놀기, 생각하기, 융합하기, 선택하기, 만들기.'

가는 여유도 필요할 것이다.

비트코인 투자자들은 이렇게 항변한다. "언제 국가가 헛된 희망이나마 품게 해줬냐?" 그렇다. 맞는 말이다. 신분 상승의 사다리가 밑 칸부터 없어진 세상, 능력주의가 비집고 들어가야 할 좁은 입구에 배경과 연줄, 학연이 독사처럼 똬리를 틀고 앉은 세상에 대한 그들의 절규는 맞는 말이다. 그러나 나의 이익이 궁극적으로 누군가의 희생을 전제로 하는 방식으로는 사회경제적 문제를 해결할 수 없다. 극소수의 대박을 위해 대다수가 눈물 흘리는 것은 MB의 다스로도 족하고, 최순실-박근혜의 야합으로 족하다.

'분노'에 관해 아리스토텔레스는 이렇게 말한다. "누구나 분노할 수 있으며, 그러기 쉽다." 그러나 이렇게도 말한다. "적절한 상대에 대해, 적절한 정도로, 적절한 시점에, 적절한 목적으로, 적절한 방식으로 분노하기는 어려우며, 모두가 그런 능력을 지니지는 못한다." 자, 지금부터 청춘들이여, 다른 세상을 만들기 위해 적절한 분노를 표출해 보자. 10대들이여, 포기하지 말고 돌아돌아 "가즈아!" 20-30세대여, 힘들고 어렵더라도 "존버!" 그때 마침내 '떡락'이 아니라, '떡상'의 세상이 올 것이다. 우리의 스승 예수도 그렇게 살았고, 우리더러 그렇게 살라 한단다.

20. 20대 남성

'82년생 김지영'에게 '92년생 김지훈'이 말한다
－철없는 질투인가? 공정에 대한 요구인가?

〈20대 남성 지지율 저하의 의미?〉

2018년 말부터 2019년 초 문재인 정부에 대한 20대 남성들의 지지율이
급락한 것으로 알려지면서, 많은 이들이 궁금해 하고 있다. 20대 여성들의

높은 지지도와 비교되는 20대 남성 지지율 저하는 무슨 의미일까? 20대 남성들의 가치관이랄까, 아니면 그들의 고민과 상황이 무엇인지 알아야 한다. 고맙게도 20대 남성들을 분석한 몇 가지 키워드가 있다. 그것은 곧, '프레카리아트', '밀레니얼 세대', '90년대생', '밀레니엄 대학생'이다. 이것을 분석하면 20대 남성들의 가치관과 그들의 고민이 무엇인지 알 수 있을 것이다.

1. 프레카리아트의 등장

먼저, 프레카리아트라는 말은 '불안정한 고용·노동 상황에 있는 노동자 집단'을 일컫는 말이다. 이탈리아어 '프레카리오(Precàrio, 불안정한)'와 '프롤레타리아트(Proletariat, 노동자 계급)'를 합성한 것이다. 직역하면 '불안정한 노동 계급'이란 뜻이다. 직업이 불안정하고 저임금을 받고 사회보장제도에서 배제된 사람들을 뜻한다.

한국의 삼포세대, 오포세대, 칠포세대, N포 세대처럼 유럽에도 1,000유로 세대(Generazione 1000 euro)가 있다. 기본생활만이 가능한 수준인 월 1,000유로 정도를 벌기도 힘든 유럽의 20-30대를 말한다. 역시 일본에도 '사토리 세대(さとり世代)'가 있는데, '깨닫다, 득도하다'라는 뜻의 사토루(さとる)에서 나온 말로 일본의 오랜 경제 불황 속에서 성장하여 돈과 출세에 관심이 없는 일본의 20-30대를 말한다. 그리고 이들을 계급적으로 부를 때 '프레카리아트(Precariat)'라고 할 수 있다.

사실 이러한 프레카리아트는 전 세계적으로 노동 시장이 유연해지면서 등장했다. 대개 일용직 등의 비정규직이나 파견직과 같은 간접노동 형태로 불안정한 직업을 가지고 있으며 별다른 직업 경력이 없고 안정적인 고용 전망이 없는 경우가 많다. 따라서 대다수의 프레카리아트는 불안정한 고용·

노동 상황으로 인해 저임금에 시달리며, 사회보험 가입 등에서도 법적·실질적으로 배제된다. 무엇보다 이들의 불안정성이 다음 세대까지 이어지며 일종의 계급으로 굳어지고 있어 사회적 문제가 되고 있다. 인싸(주류세력)들의 금수저-금수저의 계급 세습이 이들에게는 흙수저-흙수저의 불안정성으로 이어지는 것이다.

2. '밀레니얼 세대'의 등장과 '90년대생'이 온다

'밀레니얼 세대(Millennial Generation)'는 1980년대 초에서 2000년대 초 사이에 출생하여 2007년 글로벌 금융위기 이후 사회생활을 시작한 세대로, 모바일 기기를 이용한 소통에 익숙한 사람들을 말한다. 이들은 시대의 아픔 속에서 문화적으로 '모자람이 주는 충족감', '불완전함이 갖는 미학'에 매력을 느끼며 '낡고 보잘것없는 것'에서 정신적 충족감을 얻는다.

밀레니얼 세대를 좀 더 세분하여 90년대 생들에 주목하여 보자. 임홍택은 『90년생이 온다』(웨일북, 2018)에서 이렇게 말한다. "90년대 생들의 의식은 기본적인 자아실현의 충족을 위해 힘쓰는 '유희 정신'에 기울어져 있다. 이념적 세계보다 연극적 세계가 더 중요하다. 물론 이들도 앞선 세대들과 마찬가지로 적자생존의 경쟁이 치열한 세상에서 살아가야 한다는 사실에는 변함이 없다. 그러나 이전 세대들과 다른 욕구를 가지고 있다는 점, 유희를 추구하며 살아간다는 점은 이들의 세계를 다르게 만든다. 이들은 스스로를 어떤 세대보다 자율적이고 주체적이라고 생각하고 살아갈 것이다."

이 책은 1982년생인 저자가 1990년대에 출생한 신입 사원들과 소비자들을 접하며 받았던 충격적인 경험을 바탕으로 한 책이다. 90년대생들을 관찰하며 그들의 특징을 '간단, 재미, 정직'으로 정리해 준다. 그리고 90년생들

테오-쿨투라

이 생각하는 회사생활의 한 일면을 이렇게 들려준다. "회사에 헌신하면 헌신짝이 된다", "충성의 대상이 꼭 회사여야 하나요?" 회사의 발전보다는 자신 개인의 발전 가능성이 더 중요하다는 것이다. 상사 눈치 안 보고 정시 출근과 퇴근을 하며 자기 하고 싶은 대로 하고 싫으면 관두는 것이 바로 이들의 특징이라는 것이다. 임홍택의 말을 들어 보자.

> "과거 70년대 생과 그 이전 세대에게 충성심이라는 것은 단연 회사에 대한 것이었다. 하지만 90년대 생에게 충성심은 단연 자기 자신과 본인의 미래에 대한 것이다. 충성의 대상이 다르고 그 의미도 다르니 갈등이 일어날 수밖에 없다. 때문에 90년대 생들을 위한 조직문화 개선 방안은 회사에 대한 충성심을 고취하는 것보다 자신들의 충성도에 회사가 어떻게 도움을 줄 수 있느냐에 방점이 찍혀야 한다."

90년대 생은 어려서부터 이미 인터넷에 능숙해지고 20대부터 모바일 라이프를 즐겨온 '앱 네이티브'이다. 모바일 환경에 익숙한 이들 90년대 생들은 웹툰이나 온라인 게임, 인터넷 커뮤니티 등에서 생겨나는 신조어나 유머 소재들을 빠르게 확산시키고 있다. 따라서 오프라인과 온라인의 경계가 이들에게는 허물어졌다. 증강현실(AR)게임을 소재로 한 tvN 주말 드라마 〈알람브라 궁전의 추억〉(2018.12.1.~2019.1.20)은 드라마로 진출한 90년대 생들의 세계관이다.

또한 종이보다 모바일 화면이 더 익숙한 90년대 생은 온라인 게시물이 조금만 길어도 읽기를 거부하고, 그나마도 충분히 궁금증이 일지 않으면 제목과 댓글만으로 내용을 파악하고 넘겨버린다. 따라서 이들은 기승전결의 완결성을 가진 서사보다 맥락이 없고, 표현도 거칠고 어설픈 B급 감성에 열광한다. '참견(參見)'보다 '참여(參與)'에 긍정적인 세대인 것이다. 임홍택의 말이다.

> "새로운 세대는 참여라는 말에는 긍정적이지만 참견에 대해서는 부정적이다. 그 차이는 무엇일까? 참견의 사전적 의미는 '자기와 별로 관계없는 일이나 말 따위에 끼어들어 쓸데없이 아는 체하거나 이래라저래라 함'이고, 참여의 사전적 의미는 '어떤 일에 끼어들어 관계함'이다. 이 정의에 따르면 그들은 자기와 어느 정도 관계있는 일이나 말 등에 직접 나서고자 한다."

많은 90년대 생들은 일과 삶의 균형을 중요하게 여기고, 일터에서도 즐거움을 잃지 않으려고 하며, 참여를 통해 인정 욕구를 충족하려고 한다. 그들은 회사가 평생 고용을 보장하지 않는다는 것을 잘 알고 있기에 헌신의 대상을 회사가 아니라, 자기 자신과 자신의 미래로 삼는다. 안정을 추구하는 공무원을 선호하는 한편, 창업의 길을 꿈꾸기도 하며 언제든 이직과 퇴사를 생각하기도 한다. 어느 쪽이든 그들은 사회적·경제적 환경에 적응하며 생존을 위해 각자 최선의 선택을 하고 있는 것이다.

그러나 기성세대는 자신의 경험에 비추어 생각하기 마련이고, 자신들로서는 이해할 수 없는 이들의 선택에 훈수를 두거나 참견을 하곤 한다. 그러나 임홍택은 기성세대의 '과거의 경험'이 더 이상 90년대 생을 '판단할 근거'가 되지 못하는 세대라고 따끔하게 충고한다. 그래서 이들이 제일 싫어하는 상사의 모습이 '꼰대'인 것이다.

여기서 꼰대는 '전형적인 한국사회의 기성세대들'을 말한다. 기성세대들인 꼰대들은 무조건 가르치려 들고, 젊은 사람들을 야망 없고 패기 없고 조직에 안 맞는 나약한 인간으로 평가절하하면서 자기 말만 늘어놓는다. "한

테오-쿨투라

때는 내가~!" "옛날에 우리 시절에는 말이야~!"

꼰대들은 양면적이다. 90년대 생이 보기에 꼰대들은 이렇다. 알아서 하라고 해놓고 보고를 안 하면 야단을 치고, 원하는 것이 뭐냐고 물어보고 말하면 그건 들어줄 수가 없다고 하니 종잡을 수 없다. 꼰대들의 모임인 대한민국 사회도 마찬가지이다. '능력 최우선'이라 말해놓고는 뒤로 가서는 은근히 '서열'과 '계약조건'을 따진다.

3. 밀레니엄 대학생

걱정이다. 이제 서기 2000년에 태어난 이들이 올 3월 2019학번으로 대학에 입학하게 된다. 따라서 대학은 올해부터 21세기가 시작되는 것이다. 이들을 성공회대 사회학과 조효제 교수는 '밀레니엄 대학생'이라고 부른다. 조효제 교수의 말을 들어보자.

> "우선 밀레니엄 청소년들은 상충되는 두 흐름의 한복판에서 사회
> 화를 거쳤다. 하나는 '이명박, 박근혜 시대'의 특징이었던 '경쟁'과 '실
> 적주의'에 근거한 가치관의 내면화다. 모든 측면에서 '실력'과 '성적'
> 순서로 보상이 주어지느냐를 면도칼처럼 따지는 것이 정당성의 기준
> 이 되었다. 사회 전체에서 공정함이 제대로 발현될 수 있는 맥락이
> 소거된 채, 미시적이고 형식적인 공정성이 거의 이데올로기 수준에
> 서 맹위를 떨치고 있다."

놀랍다. 우리 기성세대는 잊고 있었지만, 밀레니엄 시대는 '이명박근혜 시대의 세례'를 받았다는 말이다. 그것은 곧, '경쟁'과 '실적위주(성적)'의 가치

관이라는 것이다. 전체의 공정함보다 작은(자신에게 해당되는) 공정성에 물들었다는 말이다. 그런데 이들의 특성은 또 있다. 조효제 교수의 말이다.

> "또 하나는 이들이 세월호와 탄핵을 거치면서 사회와 정치의 토대가 붕괴되는 것을 목격하고 체험했다는 사실이다. 이 사건들은 형성기의 청소년들에게 집단적·감정적 트라우마와 권위에 대한 냉소, 정치적 분노와 열광을 동시에 경험하게 하였다."

세월호를 통해 정치가 소용없다는 것을, 동시에 탄핵을 통해 소용없는 정치가 무너지는 것을 역설적으로 보았던 세대가 바로 밀레니엄 세대라는 것이다. 사실 이 두 흐름은 인권의 측면에서는 모순적 형태로 나타난다. 가령 불공정에 극도로 민감한 태도로 인해 '정유라 입시부정'으로 촉발된 사건을 촛불혁명으로까지 상승시킨 세대가 곧, 우리 사회 시스템을 공짜로 악용하는 것처럼 보이는 난민 신청자들을 거부하는 세대라는 것이다. 그리고 여기에 '미투 열풍'을 더해 성평등의 흐름으로 20대 여성보다 20대 남성들이 더 공정성에 민감해진 것이다.

한림대의 조형근 교수는 이렇게 분석한다. "평범한 20대 남성들도 재벌과 대형 교회의 세습에 분노한다. 조물주 위에 건물주가 있는 세상에 분노하는 것도 마찬가지다. 누구보다 더 특권과 반칙에 반대한다. 이들의 보수화를 특권계급이나 노년 세대의 보수성과 동일시할 수 없는 대목이다. 이들이 양성평등 정책, 군 복무 가산점 폐지, 공공부문 비정규직의 정규직화 등 진보적 정책에 분노하는 이유는 '개인들 간의 공정한 경쟁'의 기회를 빼앗는 반칙이라고 보기 때문이다. '학종'(학생부종합전형)에 분노하는 이유도 마찬가지다. 대학 서열화보다는 정확하지 않은 대학 서열에 분노하는 세대다. 부모의 경제력이 인생을 좌우하는 데 반대하는 만큼이나 성별이 인생을 좌우하는

테오-쿨투라

변수가 되는 데 분노한다. 남자라고 우대받는 시대를 살아본 적이 없는데, 남자라서 역차별 받는 시대에 살고 있다고 믿는다. '오직 점수로만!'이 이들의 슬로건이다. 경쟁은 계급, 성별, 인종 따위의 비개인적 요소와 무관하게 공정해야 하고, 그 결과와 책임 또한 개인에게 귀속되어야 한다는 믿음은 자유주의 정의론의 전형적 사고방식이다."

20대의 말을 들어보자. 바른미래당 청년대변인인 김현동 대변인은 이렇게 말한다. "우리 20대는 대한민국 역사에서 한 번도 볼 수 없었던 정체성과 생각을 공유하는 세대이다. 과거 대한민국에는 그 세대들이 공유하는 시대정신이 또렷이 있었다. '나의 가난을 자식들에게 물려주지 않겠다'라는 새마을 정신, '호헌철폐 독재타도'를 외치던 민주화 정신, '나를 희생해서 국가의 위기를 극복하자'는 생각을 기반으로 국제통화기금(IMF) 구제금융 체제 극복을 이루어낸 금모으기 운동 정신 등이 그것이다. 그런데 저출산 위기, 다가온 통일 등 여러 가지 시대적 과제가 산적한 오늘날, 20대들은 뚜렷한 시대정신을 공유하고 있다고 보기 어렵다. '유교 사회주의'라는 표현으로도 설명이 가능할 정도의, 국가를 위해 개인을 희생하는 것이 얼마든지 정당화될 수 있었던 과거의 집단주의는 이제 해체 수순에 돌입하고 있다."

따라서 평창올림픽 남북 단일팀 논란에서 20대의 대부분은 설사 이 팀이 남북 평화와 화해의 단초가 되는 길이라 할지라도, 열심히 노력한 선수를 엔트리에서 제외하는 것에 분노했던 것이다. 사실 남북 단일팀에서 60대 이상 강경보수의 분노는 '북'이라는 글자에 기인한 것이라면, 20대의 분노는 '단일팀'이라는 불공정에 의한 것이었다. 계속해서 김현동 대변인의 말을 들어보자.

"오늘날 '성평등이 필요하다'라는 명제에 대해, 남녀는 서로 다른 시각을 바탕으로 보고 있다. … 20대 남성에게 성폭행 사건의 가해

자는 내가 비난할 대상일 뿐, 책임과 잘못을 분담해야 할 동지가 아니기 때문이다. 이러한 맥락의 연장선에서, 20대 남성에게 지난 남성 중심주의 사회의 책임을 분담하라는 요구는 불공정함 그 자체로 받아들여진다. 쉽게 말해 '82년생 김지영'이 살던 세상의 부조리는 '92년생 김지훈'이 감당해야 할 책임이 아니라는 것이다. 결국 핵심은 모두가 공감할 수 있는 공정함의 확립이다."

그러나 모두가 공감할 수 있는 공정함이 가능할까? 미시적 공정함은 거시적 측면에서는 불공정으로 드러나지는 않을까? 따라서 조효제 교수는 이렇게 말한다. "형식적 공정에 대한 집착을 실질적 공정에 대한 관심으로 확장하고, 개별 원자적인 반차별 감수성을 인도적 성격의 반차별 의식으로 이끌어야 할 과제를 우리는 지고 있다."

어쩌면 포스트모더니즘의 세례를 받았기 때문이 아닐까 생각도 해본다. 20대, 혹은 90년대생, 밀레니엄 세대들은 '전 지구적'이고 '구조적인' 문제에 대해 무관심하다. 아니, 아예 체념하는 듯한 태도를 보인다. 가령, 기후변화에 대해 숙명론적인 인식이 많고, 신자유주의에 의한 구조적 불평등 같은 문제에 대해서도 그리 크게 의식하지 않는다. 추상적인 문제 역시 귀찮아한다. 더욱이 '연대'와 '공동체'라는 의식은 저 멀리 사라진지 옛날이다. 너무 거대한 문제이기에 그 문제에 압도당하거나, 아니면 아예 눈을 감아버리는 것이다.

4. 희망의 인권과 새로운 혁명

그렇다고 희망이 없는 것은 아니다. 시간은 젊은 세대들에게 기회를 가져

테오―쿨투라

다준다. 임홍택의 말이다. "현재 우리나라도 일자리가 부족한 상태로, 이는 수요자인 기업에 유리한 시기다. 하지만 90년대생들이 구직 활동을 진행하는 이 시간을 지나, 2000년대 출생자들이 본격적으로 입사를 하게 되는 시점에는 일본과 같이 상황이 역전될 수 있다. 일자리보다 취업자가 적어지는 현상이 일어날 수 있는 것이다. 실제로 한국의 90년대 출생자는 687만 명, 2000년대 출생자는 496만 명이다. 우리나라의 기업들도 구직자들의 눈치를 봐야 할 시기가 올 수 있다."

따라서 조효제 교수는 밀레니엄 대학생들에게 '희망의 인권'을 이야기해야 한다고 말한다. 들어보자. "앞으로 십년, 이십년 뒤엔 한반도 상황이 지금보다 훨씬 진전되어 있을 가능성이 높다. 그때엔 이 땅의 모든 사람들— 남북한 선주민과 이주자— 을 아우르는 포괄적 인권이 우리 공동체의 본질적인 화두로 떠오를 것이다. 그 일을 해낼 주인공들, 능동적 희망의 인권을 실천할 밀레니엄 신입생들을 하루빨리 만나고 싶다."

2019년 현재 프랑스는 노란 조끼를 입은 프레카리아트들이 최저임금과 연금 인상과 함께 외주화 금지, 비정규직 양산의 중지와 비정규직의 정규직화를 요구하고 있다. 1848년 6월 파리에 정치세력으로 무산계급(프롤레타리아트)이 탄생했다면 이제 2019년 프랑스의 노란조끼들의 반란은 정치세력으로서의 프레카리아트를 낳았다. 따라서 대한민국의 새로운 세상은 '촛불혁명' 다음에 전체(까지는 힘들다면, 적어도 약자들)의 공정함을 위해 연대하며 공동체의 선을 위해 노력하는 '밀레니얼 세대들의 혁명'으로 이어져야 할 것이다.

21. 남자와 아버지

남자의 탄생과 아버지의 발견

"나는 언제나 성실한 사회인이자 친절한 동료, 착한 아들이었다. 그런데 어느 날 문득 내 주변을 돌아보니 나는 지난 10여 년 동안 직장, 친구관계, 가족관계에서 실패를 반복하고 있었다. 그것도 매번 같은 실수를. 어찌된 일일까? 어디서부터 잘못된 것일까?" 전인권, 『남자의 탄생』(푸른숲, 2003)

1. 남자의 탄생

『남자의 탄생』은 5살부터 12살까지 자신의 유년기를 소재로 삼아 한국 남자의 인성 형성 과정을 심리적·정치적·사회적 맥락에서 분석하여, 이 시대 한국 남자들의 정체성을 결정지은 한국 특유의 가족문화와 한국사회의 구조적 특징들이 적나라하게 보여주고 있다. 전인권에 의하면 '한국식 남자는 동굴 속 황제'이다. 부모에 의해 철저하게 한국식 남자로 길러지는데, 동굴 속 황제는 모성의 공간에서 양육되고 부성적 질서에 의해 완성된 한국 특유의 가족문화가 낳은 인간이라는 것이다.

모든 인간관계를 진선미의 우열에 따라 상하관계로 설정하는 봉건적 인간이며 한국식 남자인 동굴 속 황제는 자신을 '진선미의 화신'이라고 여기며 자신의 우월함을 타인에게 강요하거나 타인으로부터 인정받으려고 한다. 또 그러한 신분관계에서 생겨나는 심리적 영토를 끊임없이 넓히려는 행동원칙을 갖고 있다.

전인권은 이렇게 말한다. "'동굴 속 황제'의 허영심에 대해 좀 더 깊이 생각해보면, 두 가지의 특징적 증상이 있는 듯하다. 첫째는, 그저 '남보다 우월하다'는 데서 머무는 것이 아니라, 스스로를 '진선미(眞善美)의 화신'이라고 생각하며, 이 사실을 끊임없이 타인에게 주지시키려 한다는 것이다. 둘째는, 자신의 심리적 영토가 있다고 생각하고 그것을 끊임없이 넓히려 한다는 것이다."

권위주의와 자기애의 동굴에 갇힌 황제의 성에 대한 인식도 신분관계의 범주를 벗어나지 못하는 것이다. 이성과 성을 물건처럼 다루는 성적 체험에서 '여성은 성녀 아니면 창녀'라는 이분법적 구도가 자리 잡았던 것이다. 여성에 대한 관심의 범위도 단순했고 평화로운 사랑을 하기에는 너무 거칠었다.

> "(동굴 속 황제는) 일단 손을 대었다 하면 자신의 소유물처럼 생각
> 한다. 그리하여 그에게는 고향도 내 것이고, 대한민국도 내 것이며,
> 출신 학교도 내 것이며, 가족도 내 것이고, 직장도 내 것이 된다. (…)
> 심지어 경제학자나 회사원인 내 친구가 플라톤 이야기를 하면, 굳이

틀린 이야기도 아닌데, 괜히 속이 뒤틀리고 이상한 느낌이 들곤 했다. 플라톤이나 막스 베버는 정치학을 전공한 나의 소유물인데, 엉뚱한 직업을 가진 의사나 경제학자가 뭐라고 하면, 다른 집 사람이 내 아파트 열쇠를 들고 있는 것처럼 이상했다는 말이다. 사정이 이 모양이나 나의 학문이 제대로 발전할 수가 없었다."

자기 스스로를 '동굴 속 황제'라고 부르는 전인권은 이제 자신이 누구인지 제대로 알고 자신이 갇혀 지내온 동굴에서 벗어날 때가 되었다고 말한다. 그것은 바로 동굴 속 황제의 습성을 버릴 때 가능하며, 그때 비로소 자신과 주변부터 행복해질 수 있다. 나아가 한국사회의 발전을 가로막는 권위주의, 아버지를 '신분의 감옥'에 가두고 어머니에게 세 얼굴(여자와 현모양처, 어머니)을 만들어준 그 권위주의의 그물도 걷어버릴 수 있게 된다는 것이다.

2. 아버지의 발견

『아버지란 무엇인가』(르네상스, 2009)에서 융이 설립한 국제분석심리학회 회장을 지낸 분석심리학자 루이지 조야는 "서구 사회, 나아가 오늘날의 인류 전체가 아버지 상을 잃어버림으로써 거대한 공황 상태에 처했다."고 분석한다. 조야는 역사적, 심리학적, 문화적 관점에서 아버지의 발생사적 연원을 추적하지만, 핵심은 '심리학적 관점'이다. '원형', '집단무의식' 같은 융의 심리학 개념을 근거로 서구 사회 집단무의식 안에서 발견되는 아버지 상의 원형을 찾아 서구 문화의 시원으로 들어간 뒤 거기서부터 역사를 밟아 내려온다.

1단계, '선사시대'에 아버지가 탄생했다. 여기서 조야는 아버지 곧, '부성'과 '남자'를 구분한다. 남자가 생물학적 속성이라면, 부성은 사회적·문화적 구성물이라네. 따라서 남자라고 해서 다 아버지가 되는 것은 아니다. 남자는 파괴적이고 공격적인 충동과 욕구에 직접적으로 지배받는다. 그러나 아버지는 충동과 욕구를 제어하고 인내, 의지, 지성으로써 삶을 계획하고 끌어가는 존재이다. 따라서 책임감이야말로 부성의 핵심 특징이 된다. 조야는 이렇게 말한다. "원시 인류가 진화의 어느 단계에 이르러 이런 특성을 지닌 아버지를 탄생시켰고, 그 탄생은 문명의 출발과 다르지 않았다."

2단계, '고대'에서는 '문화적 형성물인 아버지'는 그 내부에서 '원시적 남성성'과 다툼을 벌일 수밖에 없다. 이러한 다툼을 신화적 장대함으로 보여주는 것이 바로 고대 그리스 서사시인 호메로스의 『일리아스』와 『오디세이아』이다. 그리스의 트로이 정복을 그린 『일리아스』의 경우, 부성과 남성의 대결은 트로이의 왕자 헥토르와 그리스의 영웅 아킬레우스의 싸움으로 나타난다. 헥토르는 가족을 걱정하고 자식을 염려하는 전형적인 아버지의 모습이다. 반대로 아킬레우스는 남성적 힘의 분출 욕구만을 따르는 거친 전사이다. 『일리아스』에서 헥토르는 아킬레우스에게 패배하는데, 남성이 부성을 이겼다는 사실은, 부성 내부의 남성이 지닌 힘의 파괴성을 잘 보여준다.

트로이 함락 후 오디세우스의 귀향을 그린 『오디세이아』 역시 부성과 남성 사이의 대결 드라마이다. 여기서는 '고향에 돌아가려는 오디세우스'와 '한없이 충동에 이끌리는 오디세우스'의 대비로 부성과 남성의 대결을 볼 수 있다. 이러한 싸움은 거인-괴물 퀴클롭스와 오디세우스의 싸움으로 나타나기도 한다. 오디세우스의 부하들을 산 채로 잡아먹는 퀴클롭스가 원시적 남성성을 상징한다면, 지략을 발휘해 퀴클롭스를 제압하고 탈출하는 오디세우스는 부성적 존재를 가리킨다.

그리고 오디세우스는 기나긴 유혹과 충동의 항해를 끝내고 마침내 고향으로 돌아온다. 이것은 아버지의 귀환이며 남성에 대한 부성의 승리라 할 수 있다. 조야는 이렇게 분석한다. "그리스 문화의 이런 아버지 승리는 동시에 어머니의 패배를 뜻하는 것"이다. 부성은 남성을 제압함으로써 여성도 함께 종속시켜 가부장제를 확립했던 것이다.

가부장제의 승리를 보여주는 것이 아이스퀼로스의 비극 『자비로운 여신들』이다. 미케네의 왕 아가멤논이 트로이 원정을 떠난 틈을 타, 아이기스토스와 정을 나누고 아버지를 배신한 어머니 클뤼타임네스트라(Clytemnestra)를 죽인 아들 오레스테스(Orestes)가 존속살해 혐의로 재판을 받는데(물론 이때 공범은 누나이자, '엘렉트라 콤플렉스로 유명한 엘렉트라이다), 판관은 아버지의 원수를 갚은 오레스테스의 손을 들어준다. 판관은 이렇게 말했다. **"어머니는 자식의 생산자가 아니라, 아버지 씨의 양육자일 뿐."** 이 판결은 서구 문명사에서 어머니의 패배를 상징하는 사건이 되었다. 이후 철학자 아리스토텔레스는 이 신화적 판결을 과학과 철학의 이름으로 합리화하였다. 그리스를 이어받은 로마는 법률로 가부장제를 확정하여 오늘에 이르렀다. 부성이 모성을 처단한 역사의 시작이었던 것이다.

3단계, '중세'에는 이렇게 확립된 아버지의 권위는 기독교라는 저항에 부딪혔다. 기독교는 천상의 신만을 아버지로 섬기고 지상의 아버지를 부정함으로써 부성적 권위를 뿌리부터 흔들었다. 지상의 아버지를 부정하고 남은 것은 '형제 관념'과 '평등 관념'이었다.

4단계, '근대'에는 18세기 계몽사상과 프랑스혁명을 통해 아버지는 숙청당했으며, 산업혁명은 아버지들을 공장으로 밀어 넣어 무력한 존재로 만들었다. 우울증 걸린 아버지들은 술에 찌든 불량한 아버지가 되어 남은 권위마

테오-쿨투라

저 잃어버렸다.

5단계, 아버지의 상실은 그 자리를 대신할 다른 것을 찾게 되는데, 이때 등장한 **파시즘이 무력한 아버지들을 규합하고 국가주의를 외치며 텅 빈 아버지의 자리를 대신했다.** 조야는 이렇게 말한다. "파시즘이 겉보기에는 가부장적 권위의 발현 같지만, 실은 부성 상실의 반작용이었다." 게다가 포스트모던의 부친살해는 현대의 질환을 더욱 그 극단으로 몰아가고 있다. 파시즘이 부성 상실을 폭력적으로 해결하려 했다면, 포스트모던은 해결이 아니라, 무덤까지 이장하여 삭제시켜 버린 것이다. 그리하여 오늘날 문명의 위기는 '모성의 부활'인가, 아니면 '부성의 새로운 자리 비워주기인가'가 되었다.

따라서 조야의 다음의 말은 현대 문명의 질환을 치유하기 위해 '아버지를 되찾아야 할 것인가?', 아니면 '어머니를 되찾아야 할 것인가?'를 고민하게 한다.

> "부성 상실 문제는 오늘날 더욱 깊은 문화적 질병으로 산재해 있으며, 그 질병을 극복하려면 잃어버린 아버지를 되찾아야 한다. … 집단무의식 속의 아버지 향수는 사라지지 않는다."

22. 아내

아내란 누구인가?

『아내』(시공사, 2007)에서 메릴린 옐롬은 "부부 간에 지위, 역할, 성별 등 어떤 차이도 없는 결합이라면 아내라는 용어가 의미를 가질 것인가?"를 묻는다. 그리고 옐롬은 '아내'라는 키워드를 가지고, 서양 역사 속에서 아내의 지위 변화를 살펴보며 아내의 개념, 지위, 역할이 언제 형성되어 어떻게 변해왔으며, 역사 속에서 아내들은 자신의 위치를 어떻게 보았고, 이를 바꾸려고 어떻게 싸워왔는지, 그 순종과 반항의 역사를 우리들에게 들려준다.

먼저, 아내라는 이름은 일반적으로 남과 여의 결합에서 파생된 것이다. 아내라 불리는 여성의 역사는 결혼과 이혼, 여성성, 모성, 임신, 성과 사랑에 관한 역사와 다를 바 없으며 더불어 아내의 역사는 남편의 역사이기도 하다.

아내의 시작은 성서 속 하와이며, 이때 아내는 '아담의 갈비', 곧 남자의 갈비로 태어난다. 고대 그리스와 로마 시대에 아내는 남편이 사용하는 '가

재도구, 혹은 재산'이었다. 중세 기독교 사회에서 아내는 '출산의 그릇'이었다. 이 시기 여성들 중 아내의 지위는 처녀, 과부, 그 다음이 아내였다. 왜냐하면 이 시기 섹스는 타락이었으므로 여성들 내부의 서열은 금욕을 기준으로 매겨졌기 때문이다. 그리고 근대에 와서 아내는 '일하는 기계'가 되었다.

그러나 현대에 들어서면서 이러한 전통적인 아내상 혹은 아내 관념이 급격하게 변한다. 옐롬은 이렇게 말한다. "역사 이래 1950년대에 이르기까지 아내를 먹여 살리는 것은 남편의 의무였다. 아내는 그 대가로 섹스, 아이, 가사노동을 제공했다." 그러나 맞벌이 아내들이 대거 등장함으로 이 관념은 급속도로 약화되었다. 그렇다면 여기서 생기는 질문 두 가지!

첫째 질문, '아내'와 '어머니'의 관계는 무엇인가? 옐롬은 이렇게 말한다. "아내와 어머니 사이의 경계는 분명치 않다." 그럼에도 불구하고 역사 속에서 아내인 동시에 어머니이지 않았던 여자들은 자식을 낳지 못한다는 이유로 철저히 박해를 받고 죄인 취급 받았다. 반대로 아내가 아니면서 어머니인 여자들은 독신모라는 낙인을 피하려고 갓난아이 살해를 자행하였다. 그러다 들켜 마녀로 오해받고 처형당했다. 아내는 '아내로서 어머니'가 되어야만 인정받을 수 있었던 것이다.

둘째 질문, '그렇다면 아내는 여성인가?' 오늘날 캐나다, 덴마크, 스웨덴, 스위스, 벨기에, 프랑스 등 세계 여러 나라에서 동성 간의 결혼이 합법화 되는 이때에 동성 결혼에서 아내는 누구인가? 현대에 들어 아내라는 이름이 멸종 위기에 직면했다. 다시 돌고 돌아 아담과 하와 시대로 돌아가야 하는가? "여호와 하나님이 아담을 깊이 잠들게 하시니 잠들매 그가 그 갈빗대 하나를 취하고 살로 대신 채우시고 여호와 하나님이 아담에게서 취하신 그 갈빗대로 여자를 만드시고 그를 아담에게로 이끌어 오시니 아담이 이르되 이는 내 뼈 중의 뼈요 살 중의 살이라 이것을 남자에게서 취하였은즉 여자라 부르리라 하니라"(창2:21-23)

코뼈도 다리뼈도 아닌 왜 하필 '갈비뼈'일까? 갈비뼈가 감싸고 있는 가슴은 사랑으로 콩닥거리는 감성의 진원지이며, 갈비뼈가 위치한 옆구리란 남녀의 동등한 지위를 암시하는 인체의 중심이 된다. 성서학자인 매튜 헨리는 이렇게 말한다. "여자는 남자를 지배할 머리 꼭대기도, 남자에게 짓밟힐 발도 아닌, 동등하게 옆구리로부터 만들어졌으니, 이는 남자의 팔로 보호받고 그 가슴으로 사랑받을 수 있게 함이다." 움베르토 카수토는 "좋은 아내란 그의 옆에서 조력자로 서며 영적으로 남편과 단단히 매어지는 것"이라고 말했다.

23. 어머니

〈마더!〉, 요청하오니 저들을 멸하소서

1. 영화 〈마더!〉에 관하여

숲 속 외딴 곳에 집이 한 채 있다. 이곳에 아내(제니퍼 로렌스 분)와 남편(하비에르 바르뎀 분)이 산다. 글 쓰는 작가인 남편은 창작에 몰두하지만 영감이 떠오르지 않고, 진흙으로 집 벽을 칠하는 아내는 도와줄 방법이 없다. 어느 날 이 집에 한 사람(에드 해리스 분)이 찾아온다. 그는 옆구리에 상처가 있다. 그리고 다음날 그의 부인(미셸 파이퍼 분)이 찾아온다. 그리고 그 다음날은 그들의 두 아들이 찾아오고 형은 동생을 죽인다. 조문객들이 집을 찾아온 다. 그리고 집은 혼란의 소용돌이에 빠진다. 마더는 이들 일가족과 조문객 모두를 내쫓아버린다. 평화로운 시간이 찾아온다. 마더는 임신을 하고, 남편의 작품은 인정을 받는다. 그러나 이 평안은 짧게 끝나고, 남편의 작품을 추앙하는 팬들이 집으로 몰려오자, 마더는 환대가 아닌, 환멸을 느낀다. 마침내 태어난 아기마저 이방인 팬들에게 빼앗겨 죽게 되고 분노로 인해 마더는 집을 폭파시킨다. 모든 이방인(타자)들을 불로 태워 죽인 것이다. 성경이나 신화적인 전이해가 없이는 이해가 되지 않는 대런 아로노프스키 감독의 영화 〈마더!Mother!〉(2017)는 봉준호의 〈마더Mother〉(2009)와 같이 어머니에 대해 다시 생각하게 되는 영화이자, 봉준호 감독의 영화와 달리 신화적인 확장성을 지니고 있고(특히 모신의 경우), 환대와 용서, 상처받을 가능성에 관한 담론들을 펼쳐 보인다.

사실 평론가 이동진이 훌륭하게 썼듯이 영화는 성경의 이야기를 잔뜩 차용하고 있다. 인용해보자.

"하비에르 바르뎀이 연기한 캐릭터를 신으로 본다면, 그 집에 처음 찾아온 커플은 아담과 이브 같다. 창조의 날들이 끝날 때마다 '보시기에 좋았더라'는 말이 덧붙여지는 창세기 구절처럼, 신은 이 영화의 아담이 좀 수상한데도 보자마자 호의를 표한다. 아담이 화장실에서 구역질을 할 때 엿보이는 그의 옆구리 상처는 이브를 만들 갈비뼈를 떼어낸 흔적이다. 그렇게 창조된 이브는 그 다음날 집으로 찾아온 다. 그 둘은 결코 만지면 안 되는 귀중한 크리스털을 깨뜨린 후 서재

테오-쿨투라

에서 추방된다. 금기의 선악과를 따먹어서 에덴 밖으로 내쫓긴 구약의 상황 그대로다. 몸이 아픈 아담은 실락원의 결과로 필멸의 존재가 된 인간의 운명을 드러낸다. 서재에서 쫓겨난 둘은 방에서 섹스를 한다. 그러니 이제 그 결과로 자식들이 등장할 차례다. 들어서자마자 싸움판을 벌이는 형제는 카인과 아벨처럼 보이는데, 신이 멱살을 잡는 것은 역시 차남이 아니라 장남이다. (성경에서 신은 형 카인보다 동생 아벨을 더 흡족해한다.) 결국 카인은 아벨을 죽이고 그 집엔 지워지지 않는 핏자국이 남는다."

길지만 좀 더 인용해 보겠다.

"후반부에 제니퍼 로렌스가 연기한 캐릭터(이후 '마더'로 지칭)가 낳는 아기는 신의 아들 예수 그리스도로 보인다. 마더가 후미진 공간을 간신히 찾아 아이를 낳은 뒤엔 성경의 동방박사들이 그랬듯 선물이 답지한다. 광기에 들뜬 군중은 마치 십자가에 달린 예수처럼 팔을 뻗은 아기를 옮긴 끝에 살해한다. 이후 사람들이 아기의 몸을 뜯어먹는 끔찍한 모습은 '이것은 내 살이다'라며 예수가 상징적으로 떼어 준 떡을 제자들이 먹었던 성찬식을 글자 그대로 그려낸 난폭한 유머처럼 다가오기도 한다."

물론 이동진의 분석처럼 영화가 끌어들이는 것은 기독교적인 맥락만이 아니다. 산 채로 희생자의 심장을 꺼내 신에게 바치는 것은 잉카제국의 제의이며, 파괴의 순간이 새로운 창조의 원동력으로 바뀌는 순환의 사이클은 힌두교 신화이다. 첫 방문자(아담)가 사용했던 라이터(매우 중요한 상징인데)는 의미를 곁에 명확히 새겨놓았듯이, 북유럽 신화 속 여신 프레야(Freyja)이다.

사랑과 미의 여신으로 남편은 오딘(Odin)이다. 아무튼 영화는 마더를 대지의 여신 가이아(신통기), 미의 여신이자 사랑의 여신(북유럽 신화), 곧 태초의 어머니 모신(母神)으로 읽을 수 있다. 그러나 인류의 역사는 이 모신에 대한 학대의 역사였다. 영화는 '모신 학대의 역사'를 잘 보여준다. 그리고 우리의 문명도 현재 그러하다.

2. 모신 학대사

1) 혼돈(카오스)=여성=드래곤

문명사를 살펴보노라면, 세계 어느 문명을 막론하고 거의 예외 없이 우주가 혼돈이나 무(無)로부터 시작되었다고 하는 점에서는 공통된다. 아직 아무런 구별이나 분별이 생기지 않은, 애매하고 모호한 것이 혼돈과 무의 특징이라고 할 수 있다. 그리고 이 혼돈은 바다와 강을 상징하며, 동물로는 용(龍), 의인화 될 때는 여성으로 나타난다. 따라서 문명은 이 혼돈스러운 물을 어떻게 다스리느냐이다(治).

구약성서의 창세기에 "태초에 하나님이 천지를 창조하셨다. 땅이 혼돈하고 공허하며, 어둠이 깊음 위에 있고, 하나님의 영은 물위에 움직이고 계셨다(창 1:1-2)."고 말한다. 즉 어둠과 혼돈, 그리고 어둠과 물 같은 것이 태초에 있었던 것이다. 고대 그리스 시인인 헤시오도스(Hesiodos)는 『신통기』(Theogonia)에서 창세 신화를 다음과 같이 들려준다.

"카오스가 처음으로 태어났고 그 다음 가이아가 나왔다. 가이아
는 가슴이 넓었고 모든 불멸의 존재들을 위한 견고한 자리였다. 그

불멸의 존재들은 눈덮힌 올림포스 꼭대기를 붙잡고 있고, 넓게 열려진 땅 속 깊이에 있는 안개 같은 타르타로스를 붙잡고 있었다. 에로스는 죽지 않는 신들 가운데서 가장 아름다웠다. 에로스는 손과 발을 벌리어 모든 신들과 사람들의 가슴에 있는 마음과 감각적 생각들을 제압했다."

즉, 카오스로부터 가이아(땅)와 타르타로스(캄캄한 심연)와 에로스(사랑)가 생겼고 이어서 에레보스(지하의 명부와 세계)와 니크스(어둠의 밤), 아이텔(광명의 세계)이 생겼다는 것이다. 또한 고대 이집트인들은 태초의 모습으로 누트(Nut)라는 무정형의 모호한 혼돈의 존재가 있었으며, 누트가 라(Ra)라는 태양을 낳아 세상이 밝고 명확해졌다고 믿었다. 창세기의 창조설화에 막대한 영향을 준 것으로 보이는 바빌로니아 창조설화에 의하면, 혼돈은 타아마트(Tiamat)라는 여신으로 불리웠다. 티아마트는 창세기의 혼돈인 '테홈(Tehom, 깊음)'과 그 어원이 같다.

바빌로니아 신화에서 작은 신들은 이 혼돈의 갖가지 얼굴에 지나지 않다. 혼돈의 여신 티아마트는 혼돈에서 어떤 존재가 빠져 나와 무형의 혼돈을 파괴시키며 우주의 유형적 질서를 소멸시키기 위해서 혼돈의 괴물들을 풀어 세상을 공포에 떨게 만든다. 그러나 끝내 마르둑(Marduk)이라는 땅의 남신이 혼돈을 정복하자 세상은 혼돈의 어둠에서 빠져 나와 밝고 환해졌다.[1] 인도나 중국의 경우에도 예외는 아니다. 인도의 인드라(Indra)는 밝음과 질서이며, 이는 흑암과 무질서의 브리트라(Vritra)를 물리친다. 중국의 창조설

---

[1] 이러한 바빌로니아의 창조설화는 기원전 6-4세기경에 구약성서 기자들에게 그대로 전해졌다. 즉 창세기의 혼돈은 티아마트였으며, 야훼신은 빛으로 이 혼돈을 정복했다.

화에 의하면 '양'(陽)이란 밝은 빛이 혼돈의 어둠을 뚫고 나와 세상을 창조한다.

그러나 특이한 점은 혼돈 혹은 카오스에 대한 시각이 동양과 서양이 다르다는 것이다. 장자(莊子)의 혼돈에 관한 이야기는 응제왕편(『莊子』「內篇」應帝王篇)에 나오는데, 그것은 혼돈(混沌)이라는 이름을 가진 중앙의 임금에게 극진한 대접을 받은 남해의 숙(儵)과 북해의 홀(忽)이 마침 이목구비(耳目口鼻)가 없는 혼돈에게 은혜를 갚기 위해서 하루에 한 번씩 칠일동안 일곱 개의 구멍을 뚫어 주었으나, 7일째 그 혼돈이 죽고 말았다는 소위 '숙홀의 오류(숙과 홀을 합치면 '갑자기'라든지 '잠깐 사이'를 의미한다)'에서 나타난 바와 같이, 혼돈과 애매성을 그대로 내버려둬야지 거기에 인위적인 작위성을 가해서는 안 된다는 것이 동북아문화권의 입장이다.

2) 질서(코스모스)=비카오스 현상=남성=문명

인도-유럽 쪽의 문명권에서는 되도록 혼돈을 파괴시키려 한다. 다시 말하면 서양문명사는 끊임없는 혼돈과 질서의 투쟁사였다. 이러한 신화에 나타난 혼돈과 질서의 싸움은 과학사 속에도 그대로 나타난다. 초기 밀레토스 학파의 자연철학자들인 탈레스, 아낙시만드로스, 그리고 아낙사고라스는 물, 불, 공기, 흙에서 우주가 나왔다고 함으로써 혼돈을 자연의 제 현상으로 보고 질서화 시키고 말았다. 이것이 철학사(과학사까지 포함하여) 속에서 생긴 최초의 비카오스화 현상이라고 할 수 있다.

서구 철학사의 기초를 다진 아리스토텔레스는 혼돈을 '부동의 동자'(the unmoved mover)라고 정의하고는 그것을 최고의 높은 위치에 놓고 거기에 이르는 존재의 대 계층 질서를 만들었으며, 중세기의 토마스 아퀴나스는 그 계층질서를 '무생물-식물-동물-천사-신'의 순으로 놓았다. 존재의 위계

테오-쿨투라

가 생기기 시작한 것이다. 따라서 혼돈을 '부동의 동자'라고 정의해 놓고 계층질서를 만든 아리스토텔레스의 철학은 근대과학의 고질적인 질병인 '환원주의'(reductionism)를 만들게 된다.

혼돈을 견디지 못하는 서구인들은 혼돈에 질서와 위계를 부여함으로 혼돈을 파괴하기 시작한 것이며 이러한 파괴가 본격적으로 과학의 이름으로 대두되기 시작한 것은 17세기의 과학자들, 즉 갈릴레이, 뉴턴, 케플러, 데카르트이며 우주의 모든 질서를 수학적인 법칙으로 유도해 낼 수 있다고 장담한 라플라스(Pierre Laplace) 등이 등장하면서부터이다. 라플라스는 이렇게 말했다. "어떤 한 순간에 우주 상태가 주어진다면, 뉴턴의 운동 법칙들에 의해 전체 우주의 미래를 놀라울 정도로 정확하게 결정할 수 있을 것이다."

3) 카오스모스(혼돈 속 질서, 질서 속 혼돈)

1870년 볼츠만(Ludwig Boltzmann)은 거시의 세계에서는 질서가 생기지만 원자와 같은 미시의 세계에는 무질서가 따르는 것이 불가피하다는 결론을 내린다. 게다가 앙리 푸앵카레(Anri Poincare)는 볼츠만의 생각을 우주세계 속에다 옮겨 놓고 생각해 보았다. 달과 지구라는 두 물체만 놓고 법칙을 세우면 거기서 나름대로의 질서가 성립된다. 그러나 거기에 태양이라는 제3의 존재가 끼어들면 질서는 깨어지고 만다. 즉 뉴턴 공식이 두 물체 사이에서는 적합하지만 태양이나 다른 행성이 나타나면 무질서가 생긴다는 것이다. 이처럼 20세기의 물리학[2]은 앞서의 기계장치의 우주관에 종말을 선포했

---

2 20세기 물리학의 두 가지 발견은 첫 번째로 양자역학(quantum mechanics)이며 그 심장부를 이루는 것이 하이젠베르그의 불확정성의 원리(Heisenberg's Uncertainty Principle)로 우리가 측정하는 모든 것은 무작위적으로 요동하기 쉽다는 것을 말하

으며, 혼돈의 여신을 죽인 두 장본인 마르둑과 뉴턴-라플라스 대신 볼츠만-푸앵카레를 통해 이 가엾은 여신을 다시 살려낸 것이다.

그러나 다시 부활한 여신은 그 옛날의 카오스 여신이 아니었다. 왜냐하면 양자역학과 카오스 이론으로 대표되는 20세기 물리학의 이러한 불확정성에도 불구하고 아직도 결정론적(deterministic)인 모습이 남아 있기 때문이다. 즉 마르둑과 뉴턴의 흔적이 남아 있는 것이다. 가령, 양자역학에 있어서 비록 어떤 특정한 양자과정의 결과를 확정 지울 수는 없지만, 다른 결과가 나올 수 있는 '상대적 확률들'이 결정론적 방법으로 나타난다. 이것은 우리가 비록 어떤 경우에라도 '양자역학적 주사위를 던진' 결과를 알 수는 없지만, 그 내기의 확률이 시간이 지남에 따라 어떻게 변할지 정확히 알 수 있음을 뜻하는 것이다. 즉 양자 물리학은 우연을 현실의 기본 조직으로 삼고 있지만, 뉴턴-라플라스적인 세계관의 흔적을 여전히 가지는 것이다.

카오스 이론도 마찬가지이다. 겉으로는 불규칙해 보이는 현상들 가운데서도 자세히 관찰해 보면 어떤 규칙성을 찾을 수 있다는 것이 카오스 이론인데, 그 혼돈된 상태를 공간적인 구조로, 즉 기하학적이고 규칙적으로 표현한 프랙탈(fractal) 이론을 살펴보면 볼츠만-푸앵카레의 혼돈의 흔적아래 마르둑과 뉴턴-라플라스라는 질서가 꽃을 피우고 있다. 도형의 '자기 유사성'[3]을 가진 기하학적 구조를 프랙탈구조라고 하는데, 프랙탈은 카오스를 기술하는 언어라고 할 수 있으며[4] 이 프랙탈 이론을 통해 혼돈 속에서 질서

고 있다. 또한 두 번째로 혼돈의 등장인데, 이 혼돈 이론의 중요성이 완전히 인식된 것은 아주 빠른 컴퓨터가 등장하면서부터이다.

3 가령, 나무 가지의 어느 부분을 선택해서 확대를 해도 전체의 나무 모양과 같은 모양을 얻을 수 있는 것을 말하며, 우리를 경탄하게 하는 아름다운 눈송이도 역시 자기 유사성을 가진 모양이다.

4 'fractal'이란 용어는 만델브로트가 만든 말이며 '부서진 상태'를 뜻하는 라틴어 프

테오-쿨투라

를 찾는 것이 가능해진 것이다. 따라서 카오스 이론의 등장으로 규칙적인 현상이나 운동을 다루는 고전 물리학이 무용해졌다든지 이 이론으로 서양 이성의 몰락을 읽는 것은 성급한 일반화의 오류인 것이다.

마르둑과 뉴턴-라플라스가 혼돈에 질서를 부여했고, 또한 그것을 극복하려 볼츠만과 푸앵카레, 혹은 현대 물리학의 이론은 질서를 해체하고 혼돈을 내세웠지만, 최근의 이론들은 혼돈 안에 질서를, 질서 속의 혼돈을 발견하게 된 것이다. 이러한 통찰은 현대 사상가들의 사유 속에 잘 나타난다. 들뢰즈는 『의미의 논리』에서 탈 중심화된 중심으로 카오스모스(Chaosmos)를 통찰하며 다음과 같이 말한다.

> "긍정된 계열들의 발산은 '카오스모스'를 형성할 뿐 더 이상 라이프니쯔적인 세계를 형성하지 않는다. 그들을 주파하는 우발점은 反자아를 형성할 뿐 더 이상 자아를 형성하지 않는다. 종합으로서 제기된 선언은 악마적인 원리와 그 신학적인 원리를 맞바꾼다. 이 탈중심화된 중심이야말로 계열들 사이에서, 그리고 모든 냉혹한 선언들을 위해 아이온의 직선, 즉 거리를 긋는 존재이다."

카오스모스는 카오스적 코스모스, 무질서한 질서, 혼돈의 질서, 복잡계의 질서 등의 의미이다. 김지하의 '흰 그늘의 미학' 역시 그러하다. '그늘'과 '흰'에 대한 김지하의 말을 들어보자.

> "카오스적이면서 코스모스이고, 음이면서 양이고, 어둠이면서 빛

락투스(fractus)에서 유래한다. 우리말로는 쪽거리라고 번역되기도 한다.

이고 …… 이렇게 대립적인 것을 끌어안은 상호 모순적이고 역설적으로 통합된 하나의 움직임을 '그늘'이라고 했습니다. 그늘이 무엇일까요? 어떻게 보면 고통이죠. 또 그 고통의 반대도 가지고 있습니다."

"태양처럼 높이 무궁무궁 생성하여 빛나는' 내면적 삶의 신령한 우주라는 새 차원으로 드러나는 것, '협종적 황종' '카오스모스'가 마치 산조(散調)의 분산·해체·탈 중심적인, 숱한 다양성을 가진 본청(本淸) 속에서 요동하는 본음(本音), 바탕음으로 나타나 작용하는 것처럼 예술가 자신의 사람됨에 의해서 미적·윤리적으로 성취되는 높은 경지의 바로 그 우주 리듬 율려의 세계를 '한'이라 '신화율려'(神化律呂)라 부르는 것입니다."

애증(愛憎), 사랑도 증오와 함께 공존하는 것일까? 모순이 드러나는 이러한 삶의 주름을 김영민은 『진리·일리·무리』(철학과현실사, 1998)에서 이렇게 말한다.

"이 글은 진리라는 이름의 박제된 절대성과 무리로 치닫는 무책임한 상대성 사이에 일리라는 이름의 보편성을 내세우려는 의도에서 쓰여진다. 따라서 이 의도 속에는 무책임한 상대주의, '근거 없는 수사'(ungrounded rhetoric), 삶으로 돌아가지 못하는 테크닉, 혹은 무한정한 배회와 방황으로서의 무리에 동조하지 않으려는 취지가 숨어 있다."

따라서 김영민의 다음의 말은 현 시대 혼돈과 질서에 관한 최종적인 인문학적 대답이 되며, 영화 〈마더!〉의 불편한 진실에 조금이라도 위안이 되는

테오-쿨투라

말이 된다. "나는 진리(眞理)의 강박만큼이나 무리(無理)의 춤사위에도 비판적이다."

3. 환대의 정도

해체주의 철학자 자크 데리다(J. Derrida)의 『환대에 대하여』(동문선, 2004)는 1980년 소위 세계화의 바람과 함께 세계 경제에 불어 닥친 신자유주의와 국가 경계가 허물어진 초국가적 자본의 이동으로 인해 발생한 이주민과 난민, 이방인과 타자에 관한 유용한 지침서가 된다. 그리고 영화 〈마더!〉를 통해 타자를 어떻게 대해야할지를 고민하는 우리들에게 데리다는 '무조건적인 환대'를 주장하며 나름대로 타자에 관한 우리들의 행동을 제안한다.

사실 책에서도 언급하지만 소크라테스는 자신이 끊임없는 물음이 되기 위해, 즉 불편한 존재가 되기 위해 이방인을 자처한다. 그리고 이방인은 '우리(혹은 주체)'와 다른 것을 가지고 있는 존재이다. 이들은 언어가 다르고 문화가 다르고 생각이 다르다. 이방인은 우리의 문화를 변화시킬 수 있고, 토박이 집단에 혼돈을 야기할 수 있는 것이다. 따라서 이방인, 혹은 타자는 동일성 철학의 구조 안에서 극복되어야 하는 이질성으로 이해된다. 동일성을 파괴하는 오염이며 불편하고 위협적인 존재가 된다.

이러한 이방인에 관한 환대에 두 가지 유형이 있다. 칸트로 대표되는 '조건적 환대(초대의 환대, 선별적 환대)'인데, 칸트는 적대시 당하지 않을 권리, 보호를 요청할 권리를 합리적이고 이성적인 전제 위에서 이야기 한다. 가령 주권자는 평화로운 공존을 위해 환대의 권리를 수용해야 된다는 것이다. 이러한 환대는 데리다가 보기에는 조건적 환대, 법에 의거한 환대, 곧 관용이라고 할 수 있다. 관용은 데리다에 의하면 권력자의 양보와 자비, 은혜 베풂기에 기댈 수밖에 없는 한, 그것은 '힘이 곧 정의'라고 하는 '최강자의 논리' 편에 서있을 수 밖에 없다고 지적한다. 따라서 데리다는 강자의 자비가 이 방인과의 평화로운 공존의 원리가 될 수는 있지만, 그 자체가 이방인과의 평화로운 '공존의 원리'가 될 수는 없다고 본다. 여기서 관용을 극복할 윤리 적 이념으로 데리다는 '환대'(hospitality)라는 용어를 제안한 것이다.

따라서 데리다는 조건적 환대를 넘어 '무조건적인 환대(방문의 환대)'를 진 정한 환대로 생각한다. 조건 없이 방문자에게 문을 여는 것이며 두려움을 동반할 수 있다. 왜냐하면 이방인은 손님으로서 주인의 자리를 위협할 수 있기 때문이다. 따라서 마더는 손님들에 대해 혐오를 가지기도 하여 위협에 맞서기 위해 그들을 불태워 버린다. 그러나 데리다에 의하면 나와 우리를 보호하기 위해 내 구역을, 나의 장소를 내어 놓아야 하는 이런 일이 생길 때, 관용이 환대로 기능하기 위해서 무조건적인 환대가 필요하다고 한다. 그리고 그(Him)는 그 환대를 이룬다. 아들이 죽기까지 환대를 완성하는 것 이다.

이러한 데리다의 환대는 레비나스(E. Levinas)의 타자의 윤리에서 그 출발 점을 찾아볼 수 있다. 레비나스는 타자의 관점에서 내가 가질 수 없는 타자 의 절대성에 대한 나의 순종적 태도를 이야기한다. 나의 자유에서 시작하 는 것이 아니라, 타자의 절대성에서 시작하는 것이다. 현실성이 부족하고 피 학적인 주체를 말한다는 비판에도 불구하고 이방인과 타자, 이주민에 대한 탁월한 이해가 된다. 따라서 칸트(I. Kant)의 조건적 환대인 관용을 넘어서 는 데리다의 무조건적 환대(방문의 환대)는 지극히 성서적이며[5] 레비나스의

---

5   종교적인 환대는 이렇다. 이방인의 조건을 따지지 않고 굶주림이라는 단 한 가지 사실로 그들을 환대해야 한다. 가령 「누가복음」 10:25-37(선한 사마리아인 비유) 와 "또 네 이웃을 사랑하고 네 원수를 미워하라 하였다는 것을 너희가 들었으나

테오-쿨투라

타자 윤리학과 만나고, 더 나아가 바디우(A. Badiou) 진리의 윤리학(진리에 대한 충실성)과도 만난다. 데리다가 싫어할 이항대립으로 관용과 환대를 영화의 두 주인공 마더와 그(신)로 구분해보자.

	관용=조건부 환대	무조건적 환대=절대적 환대
입장	'주인'의 입장	'주인-손님'의 입장
이름	이름을 부르는 환대	이름을 부르지 않는 환대
주체	주인에 의한 '초대의 환대'	이방인에 의한 '방문의 환대'
나의 집	개방하지 않음	이방인에게 개방
법	이방인에 대한 환대의 '법들'(le bis)	환대의 (절대)법(la bi)
영화 〈마더!〉	마더	Him

〈표 1〉 관용과 무조건적 환대의 비교

그리고 이들의 공통점에는 니체가 있다. 니체의 『차라투스트라는 이렇게 말했다』 '베푸는 덕에 대하여(증여의 덕)'에서 "아낌없이 주는 태양처럼 주라."고 하지 않았던가! 마르셀 모스(M. Mauss)의 증여론도 무언가를 상대방에게 증여할 때는 그것이 아무리 가치 있는 것이라도 무가치한 것처럼 넘겨야 한다고 말한다. 니체의 "먼 이웃을 사랑하라"라는 말도 동일한 맥락

나는 너희에게 이르노니 너희 원수를 사랑하며 너희를 박해하는 자를 위하여 기도하라. 이같이 한즉 하늘에 계신 너희 아버지의 아들이 되리니 이는 하나님이 그해를 악인과 선인에게 비추시며 비를 의로운 자와 불의한 자에게 내려주심이라. 너희가 너희를 사랑하는 자를 사랑하면 무슨 상이 있으리요. 세리도 이같이 아니하느냐(「마태복음」 5:43~46)", "거류민이 너희의 땅에 거류하여 함께 있거든 너희는 그를 학대하지 말고 너희와 함께 있는 거류민을 너희 중에서 낳은 자 같이 여기며 자기 같이 사랑하라. 너희도 애굽 땅에서 거류민이 되었었느니라. 나는 너희의 하나님 여호와이니라(「레위기」 19:33~34)."를 참조하라.

이다.

　　"나는 친구가 친구에게 베푸는 것을 좋아한다. 나는 낯선 사람들
　　과 가난한 사람들이 내 마당의 나무 열매를 맘껏 따 갔으면 좋겠다."
　　"제발 그대의 먼 이웃을 사랑하라. 그대가 진짜 이해할 수 없는 사
　　람을 사랑하라. 그대 옆의 사람을 마구잡이로 사랑하면 민족주의가
　　된다.""(옆에 있는 존재만을) 가엽게 여기는 연민, 동정, 박애, 적선 따
　　위의 짓 좀 하지 말라."

　　니체는 이러한 말로 상투적인 사랑의 관념을 망치로 부숴버린다.[6] 영화에
서 마더는 반니체적인 너무나 비환대적인 모성과 가족애에만 가득 찬 존재
였던 것이다. 물론 그것이 마더인 대지가 살 길이고, 생태환경은 이처럼 인
간(이방인, 타자들)의 욕망과 대척 지점에 놓여있다. 인간의 본성 때문에!
　　그러나 아낌없이 주는 것은 환상이다. 따라서 환대는 환상이다. "환대는
시적일 수밖에 없다"는 데리다의 고민은 이를 잘 표현한다. 현실적인 환대
가 아닌 이념의 환대이지만 그럼에도 불구하고, 이것을 추구하는 '인간의
무한한 윤리성'에 의미를 두는 것으로 데리다는 자신의 책임을 회피한다.
해결책을 제시하지 않은 것은 그의 철학이 해체는 하나, 재구성은 독자의
몫으로 맡겨놓기 때문이기도 하다. 그러나 철학이 종교(십자가 희생)로 넘어

6　그러나 니체는 '거지한테는 절대 베풀지 말라'고 한다. 왜? 주는 것은 친구들끼리만
　　줄 수 있기 때문이다. 하급자가 상급자에게 주는 것은 뇌물이다. 친구가 아니면 선
　　물을 주기 힘들다. 게다가 거지는 자기 자신을 비참하게 만들어, 타자에게 뭔가를
　　얻어내려고 한다. 따라서 거지와는 절대 될 수 없다. 거지는 자신이 얻고 싶은 것
　　을 얻기 위해 자기를 학대하기 때문이다.

가기에는 자존심이 너무 센 것 때문일까? 그래서 데리다는 환대의 문제를 결국 '물음'에 관한 문제로 던져버린다. 지금의 '나'와 '우리'에게, '너'와 '그들'에게 끊임없이 '물음을 던져보자'라고 말한다. 그리고 그 물음은 용서의 한계를 제시할 때 해답의 실마리를 찾을 수 있을 것이다. 물론 영화는 불태워 버리고 다시 시작하는 간단한 해결책을 제시하지만!

4. 용서의 한계

레비나스는 '상처입을 가능성(혹은 상처받을 수 있는 능력, vulnér-abilité)'을 '타자의 괴로움에 의해 상처받는 일, 타자의 비참함을 느끼는 고통에 노출되어 있는 상태'로 정의한다. 사실 삶은 무수한 상처의 흔적들로 채워진 것이 아닌가? 그리고 우리는 그 상처의 자국들을 외면할 수 없다. 상처에 취약한 몸(을 지닌 인간)과 상처입기 쉬운 유기체(로서의 공동체), 그것이 곧 우리 삶의 흔적과 인간 존재의 관계성의 핵심이다. 그리고 그 흔적에 관한 해결책이 레비나스에게 있어서 '초월'이며, 데리다가 물은 환상의 환대가 용서의 한계라는 구체적인 실천으로 육화되는 것이다.

레비나스의 초월 개념을 가장 잘 설명해 주는 용어는 아듀(adieu)이다. 어원적 의미로는 첫째, 타자와 만났을 때 하는 인사(축복) 둘째, 죽음을 포함해서 떠날 때 하는 인사(축복) 셋째, '신에게로 가다(à Dieu)'로 들 수 있다. 이 어원적 의미는 곧 '타자와 만남', '존재의 타자로서 죽음에 직면', '무한자에게로 초월'로 각각 상승(?)한다.

여기서 레비나스는 세 번째 의미인 신과의 만남은 오로지 첫 번째 의미인 타자와의 만남에 의존해서만 성립할 수 있다고 본다. 곧 타자에 대한 나의 윤리적 책임성은 나의 주체성의 본질적인 구조를 이루는 동시에 초월의 본질적 구조를 형성한다는 것이다. 따라서 내가 타자에 대해 윤리적 책임성을 지닌다는 것과 내가 주체로 선다는 것, 마침내 내가 초월할 수 있다는 것은 동일하다는 이야기이다. 용서의 관점에서 보면, 용서의 한계는 초월의 이러한 의미를 깨달을 때 용서라는 말은 사라지고 타자에 대한 무제약적인 책임성만 남은 순수 종교의 형태를 요청한다.

반면 데리다는 좀 더 정치적이다. 환대론 이후 『불량배들: 이성에 관한 두 편의 에세이』(휴머니스트, 2003)에서 데리다는 파시즘적 국가 행태를 해체한다. 이러한 데리다의 '불량 국가' 담론은 미국 대통령 아들 부시가 미국의 일방적 외교 노선을 정당화하기 위해 이라크, 이란, 시리아, 리비아, 북한 등을 '불량 국가'로 규정했을 때, 노엄 촘스키(N. Chomsky) 등을 비롯한 지식인들이 2차 대전 이후 미국의 초법적 국제 테러 행위야 말로 '세계 최대의 유일한 불량 국가'라고 비판하면서 관심을 불러일으켰다. 데리다는 현존하는 모든 민주주의 국가는 사실상 불량 국가이며 따라서 우리는 불량 국가의 시대에 살고 있다고 결론을 짓는다.[7]

---

7 좀 더 부언하자면, 데리다에 의하면, 현존하는 민주주의 국가는 서구적 자유 이념에 기반을 둔 자기결정권에 따라 힘을 행사하는 것을 주권이라는 이름으로 정당화한다. 따라서 힘만 있으면 주권이라는 이름으로 타자에게 '불량배'라는 딱지를 붙일 수 있고 처벌할 수 있는 것이다. 오늘날 벌어지고 있는 '폭력(테러리즘)'과 '전쟁'은 그러한 논리의 귀결이다. 따라서 UN 회원국이 주권으로 정한 국제 규범을 미국이 무시하고 세계를 지배하는 '예외적 주권'을 가졌다면, 테러리스트들도 미국의 안전을 위협할 수 있는 '예외적 주권'을 주장할 수 있다는 것이다. 이런 관점에서 보면, 최강자의 이성은 사실상 '정의'가 아니라 '법'이며, '법의 힘'에 의해 통치되는 현존 민주주의 국가는 모두 '불량 국가'에 불과하다. 따라서 데리다는 최강자의 이성이 법이 되고, 정의가 되는 현존 민주주의와는 근본적으로 다른 차원의 '다가올 민주주의(démocratie à venir)'를 역설하지만, 여기서도 해체 이후 재구성의 책임성은 없어 보인다.

테오-쿨투라

영화는 결국 '작가─마더─이방인들' 모두가 '상처의 공동체'를 형성해 다시 시작하지만, 무제약적인 책임성이 마더를, 대지를 마침내 이방인과 작가인 신을 구원하지 않을까? 영화는 인류의 문제에 관해 손쉽게 '사랑의 신은 필요 없고, 심판의 신을 요청'한다. 따라서 영화 마지막 엔딩 곡은 'The end of world(세상의 종말)'이다. "요청하오니, 저들을 멸하소서!" 새삼스레 마더의 음성은 오늘 우리 삶의 성찰로 다가 온다. 그리고 거기에 신의 존재가 거대한 벽처럼 우뚝 서있다.

보론. "나는 나다"＝존재론의 시작

영화에서 남편은 마더에게 이렇게 말한다. "나는 스스로 존재하는 자"이다. "나는 창조하는 자, 그게 곧 나지, 완전한 것이 없기 때문에 창조한다." 그러나 이것은 모세가 호렙 산에서 만난 신의 이름이다(출애굽기 3:14). '에흐예 아세르 에흐예', '나는 나다.' 혹 '나는 존재이다.'라고 번역되는 이 말을 통해 신이 진정으로 나타내려고 했던 것은 무엇일까? 김용규는 '나는 존재다.'라고 한 대답에는 '너는 존재가 아니다'라는 의미가 함축되어 있다고 본다. 즉, '나는 흙이니 흙으로 돌아갈(창3:19)' '존재물'이라는 것이다. 다시 말하면 신을 존재로 그리고 인간을 존재물로 파악한 것이다. 지금부터 3,300년 전쯤 모세가 이룬 업적은 바로 이것이다.

그렇다면 모세는 서양 철학에 존재론의 기반을 닦은 그리스인 파르메니데스(Parmenides, 기원전 515~445?)보다 적어도 700년이나 일찍 존재와 존재물들을 확연히 구분한 인류 최초의 존재철학자가 된다. 아니 아낙시만드로스(Anaximandros, 기원전 610–546)도 아페이론(apeiron, 무한자)을 만물의 궁극적 근거이자, 신이라고 규정했기에 600년으로 단축되기는 한다. 그렇다면 존재란 무엇이고, 존재물이란 무엇인가? 키에르케고르(S. Kierkegaard)는 '신과 인간 사이의 절대적 상이성', '시간과 영원의 무한한 질적 차이'로 이야기하며, 칼 바르트(K. Barth)는 신을 "모든 인간적인 것에 무한한 질적 차이로 대립하고 있으며 우리가 신이라고 부르고 알고 체험하고 경배하는 것과 결코 일치하지 않는 (분)"이라고 선포한다. 그리고 존재물과 존재인 신 사이에는 건널 수 없는 '눈얼음 계곡', '극지역', '황폐지대'가 놓여 있다고 말한다.

기독교 신학에서 존재는 '모든 존재물이 그로인해 생겨나서, 그 안에서 존재하다가 그 안에서 소멸하는 무한한 바탕'을 의미한다. 신학자 판넨베르크(W. Pannenberg)도 '장(場)으로서의 하나님(God as a Field)'이라 말했는데, 동일한 의미이며, 필자는 신은 '최대 행동반경'으로 넓이로 표현한바 있다. 이것은 바르트의 '높이(초월적)'와 틸리히의 '깊이(실존적)'의 세워진 직선의 차원에 또 다른 수평적 관계(넓이)를 통해 신의 존재를 모색하고자 한 것이다.

아무튼 모세와 아낙시만드로스(아페이론), 파르메니데스(존재)를 이어 플라톤(Platon)의 선의 이데아와 신플라톤주의자 플로티노스(Plotinos)의 일자(一者) 개념으로 이어지는 서양 존재신학의 역사는 이제 〈마더!〉에서 그(Him)을 통해 영상 이미지(존재물)를 획득했다. 그러나 그 신의 이미지는 환대와 용서의 선한 이미지 뒤에, 모신의 희생에서 자신의 존재를 드러내는 어쩌면 강폭한(?) 아버지 신이었다(왜 하필 못생긴 바르뎀인가!). 왜냐하면 존재는 질서이고, 혼돈과 무는 존재의 이름을 얻지 못했기 때문이다. 영화 〈마더!〉는 이렇게 모신 학대사를 영상 이미지로 잘 그려주었다.

24. 부활

고난과 부활

1. 그렇다면 나는 그런 천국에는 가지 않겠다.

〈화형당하는 아투에이 추장〉

500여 년 전에 있었던 역사적 사실 하나. 지금의 도미니카 공화국인 에스파뇰라 섬의 타이노(Taino) 부족의 아투에이(Hatuey) 추장은 스페인 정복자들이 섬에 쳐들어오자 부족 사람들을 결집시켜 용맹스러운 투쟁을 벌였다. 그러나 잘 훈련된 스페인 군인들을 막아 낼 수는 없었다. 그의 부족은 전멸했고 아투에이는 수백 명의 남은 타이노 부족 사람들과 함께 쿠바로 피신하게 된다. 그러나 거기에서도 스페인 정복자들과 전쟁을 벌이게 되고 1512년 2월 2일 결국 그는 사로잡혀 화형을 당하게 된다.

아투에이 추장은 부족 사람들에게 이렇게 말했다. "여러분이 지금 보고 있는 내 손의 금은보화, 이것이 스페인 사람들이 섬기고 있는 그들의 신입니다. 이것들을 위해 그들은 전쟁을 벌이고 우리를 죽입니다. 이것들 때문에 그들은 우리를 탄압하고 있습니다. 그러니 우리는 그들을 물리치고 바다에 처넣어야 합니다. 멀리서 온 이 야만족들은 자신들이 평화와 평등의 신을 믿는다고 우리에게 말합니다. 그러면서 우리의 땅을 강제로 빼앗습니다. 우리를 그들의 노예로 삼습니다. 그들은 영원한 영혼의 존재에 대해 말하고 신의 상급과 징벌에 대해서도 말합니다. 그러면서 우리의 소유물을 강탈하고 훔쳐가고 있습니다. 우리의 아내와 딸을 강간하고 죽입니다. 우리는 그들보다 월등한 용기를 가지고 있지만 그들은 우리의 무기로써는 도저히 뚫을 수 없는 강철로 만든 갑옷으로 그들의 몸을 감싸고 있습니다."

아투에이 추장의 사형이 집행되기 바로 직전 스페인 가톨릭의 종군 신부는 이렇게 물었다. "예수를 영접하고 세례를 받고 천국으로 갈 것이냐?" 그러자 아투에이 추장이 물었다. "여기에 나를 둘러싸고 있는 이 사람들, 아무런 잘못한 것이 없는 나의 가족을 겁탈하고 그리고 나의 온 재산을 빼앗고 가축들을 탈취해 간 이 군인들도 천국을 가는가?" 신부는 "당연히 이들은 예수를 믿고 세례를 받았으니 천국에 간다." 그러자 아투에이가 즉시 대답했다. "그렇다면 나는 그런 천국에는 가지 않겠다. 그것은 천국이 아니다.

테오—쿨투라

이들이 없는 지옥이 바로 천국이다."라고 하며 산 채로 화형을 당했다.

　1492년 콜럼버스가 아메리카 대륙에 도착한 후 이 지역을 향한 스페인과 포르투갈의 본격적인 정복전쟁은 1500~1650년 까지 150년에 걸쳐 완료됐다. 이 기간 동안 중남미 대륙의 토착민은 6,500만 명이었으며 정복전쟁 이후는 500만 명 이었다. 약 6,000만 명이 죽임을 당했던 것이다. 기독교의 이름으로, 예수의 이름으로, 사랑의 하나님의 이름으로!

2. 고난과 부활

　'하나님의 이름을 정의'로 규정하는 희망의 신학자 위르겐 몰트만(J. Moltmann)은 『십자가에 달리신 하나님』에서 "오늘날 우리의 문명은 능력의 원칙과 향유의 원칙하에 이루어져 있으며, 따라서 고통과 죽음을 개인화시키고 공공의 사회로부터 추방시켜 버렸다."라고 한다. 이 말을 세월호 사건을 경험한 이 땅 대한민국에 적용시켜보면, 국가와 사회적 차원에서 자행되는 온갖 구조적 불의에 대한 종교적 발언과 비판은 사적인 영역으로 치부되어 공적 차원에 반영되지 못한 채(세월호 사건 이후 3년간 세월호에 대한 종교인들의 함구를 보라), 국가권력의 구조적 폭력은 합법성과 정당성으로 합리화 되었으며(세월호에 관한 언론과 정치의 행태를 보라), 이에 대한 저항과 항거는 불법적이고 위법적인 차별과 함께 반정부적이고 사회의 안정을 해치는 위험한 행동으로 인식되었다는 것이 바로 그 증거이다. 따라서 지금 불의한 정치에 합법성의 이름을 갖다 붙이는 이들과 신앙을 개인화 하는 사제들을 통해 하나님은 오늘도 십자가에 달리신다. 그리고 그 하나님은 자본과 권력의 '능력의 원칙'과 '향유의 원칙'에서 배제된 이름 없는 하나님이다.

　십자가에 달리신 하나님, 그리고 부활하신 예수님의 고난과 부활은 모두 죽음, 혹은 죽임에 관계가 된다. 정신분석학의 명제에 의하면, 사람은 두 번 죽는다고 한다. 한번은 생명체로서 죽고, 또 한 번은 상징적으로 죽는다. 한 사람의 죽음이 사회적 상징체계 안에서 적합한 자리에 안착하는 것을 상징적 죽음이라고 하는데, 따라서 충분한 애도와 장례의 절차를 통해 죽은 자에 대한 타당한 의미를 부여한 이후에, 산 자들은 죽은 자를 잊고 새로운 삶을 시작할 수 있는 것이다. 대부분의 사람들은 육신적 생명체가 먼저 죽고, 상징적인 죽음이 뒤따른다. 한 사람이 죽은 후, 그 장례 절차를 통해 우리는 육신적인 죽음과 상징적인 죽음의 순서를 보게 되는 것이다.

그러나 상징적인 죽음이 먼저 있고 생명체가 나중에 죽는 죽음도 있다(박근혜 대통령의 탄핵으로 우리 사회에 '박정희 체제'가 해체되는 상징적인 죽음이 그러하다). 반면 생명체가 고난을 받고 죽임을 당했으나, 상징적으로 죽지 않는 경우가 있다. 그리고 이것은 부활의 경우를 통해 지속성을 획득한다.

이스라엘 역사에 있어서 부활사상은 바벨론 포로기 말기에 이르러 생성이 되었다. 물론 페르시아나 바벨론, 그리스 등의 주변 종교들의 영혼불멸이나 윤회 같은 영향이 있었겠지만, 유대교는 부활을 '메시아적 기대'라는 틀로 '기억 투쟁'과 연결시킨다. 전 감신대 교수였던 이정배 교수에 의하면, '자신들의 역사를 빼앗겨 잊혀진 존재들을 새롭게 역사의 주체로 불러내는 것, 메시아를 통한 정치적 사건, 이것이 유대교의 부활 이해'이다. 힘들고 어려운, 또한 고통스러운 바벨론 포로기를 살면서 정치적 독립과 종교의 자유, 해방을 위해 힘껏 싸우다 죽은 사람들의 억울함을 풀어주기 위해서는 이들의 죽음에 대한 선한 보상이 필요했던 것이다. 따라서 이것이 부활 사상으로 확장된 것이다. 다시 말하면 세상 속을 살면서 세상 밖을 꿈꿨기에 고난당해야만 했던 사람들의 고통과 절망을 지속적으로 이야기하고, 그런 체제 속에서 희생된 사람들을 거듭 이야기하는 것이 유대교의 부활의 의미이다.

테오-쿨투라

3. 영혼 불멸과 몸의 부활

그러나 기독교, 혹은 개신교로 오게 되면 팔레스틴 유대교의 지평이 헬레니즘 철학의 지평과 만나 조금 더 새로운 개념으로 확장이 된다. 민중신학자 서남동 교수는 인간 존재의 종극적 운명(혹은 사후의 운명)에 관해 '영혼 불멸'과 '몸의 부활'이라는 두 가지 상징이 있다고 말하며 "전자는 그리스적인 상징이고, 후자는 히브리적인 상징이다. 기독교 신앙은 이 두 가지를 아울러 가졌다. 영혼 불멸의 상징에 의하면 사람이 죽으면 그때그때 단독적으로 불멸의 영으로 되지만, 몸의 부활의 상징에 의하면 기다렸다가 한꺼번에 부활한다."라고 말한다(이하 서남동, 「우리의 부활과 4월 혁명」 참조). 인간 개인의 운명에 대한 개인적 상징과 인간존재의 사회적 운명에 관한 사회적 상징의 대조이다.

서남동 교수는 사후의 '불멸의 영혼'은 영원한, 말하자면 신국에 개인적으로 입장하게 되는데, '부활'의 경우에는 역사적인 미래에 도래할 메시아 왕국에 단체로 입장하게 된다고 본다. 그리고 이것은 그리스도의 몸의 지체로 연결되는 부활이라고 한다. 유대교의 부활의 맥락에 공동체성을 부여한 것이다. 사실 예수의 하나님 나라는 타계적인 것이 아니라, 역사의 미래에 지금 억눌린 자들이 상속 받고 그 주인공이 될 약속의 새 시대를 말하는 것이었다. 그러나 그리스적 풍토에 들어가 순수이념(이데아)의 초월계와 비실재적인 그림자의 현실계라는 이층구조 속에 편입되었으며 로마 콘스탄틴의 왕권 종교가 되면서 기독교의 신국은 타계적인 피안이 되었다. 따라서 시간적 미래와 역사적 지평을 자신의 삶의 자리로 삼고 있는 히브리적 전통을 상실하고 말았다.

서남동 교수는 "역사적 기독교는 두 가지 상징(그리스적이고 히브리적인 상징)을 아울러 물려받았다. 개인이 죽으면 천국에 간다는 신앙, 곧 개인 영혼의 절대적 가치가 보장되는 상징과 이 사회가 낡아지면서 새 사회가 와야 한다는 사회 갱신에 대한 보장이 병립공존(竝立共存)되어서 상호 견제되는 것이 불가피하기도 하고 바람직하다. 신국 상징이 메시아 왕국 상징에 의해 삼켜진다면, 사회개혁을 위해서 개인 영혼은 희생되어도 좋다는 생각과 결말이 나올 것이고, 메시아 왕국 상징이 신국 상징에 의해서 삼켜져 버린다면, 지상 역사의 미래와는 상관이 없는 타계적 신앙이 되고 말 것이다. 양자택일이 얼마나 잘못된 길이라는 것, 그리고 기독교가 아니라는 것에 관해서는 다시 논할 필요도 없을 것이다."라고 말한바 있다.

그러나 역사적 기독교의 경우 메시아 왕국 상징이 신국 상징 속에 먹혀버렸다. 사실, 지배자와 가진 자들은 천년왕국, 메시아 왕국의 도래를 원하지 않고 도리어 무서워한다. 그것은 자기네들의 소유와 지위에 대한 위협과 그 전복을 의미하기 때문이다. 그러나 눌린 자, 가난한 자들에게는 메시아 왕국의 도래가 절실한 갈망이다. 따라서 강자와 부자들은 메시아 왕국을 이단시하고 불법화해버린 것이다. 그것이 역사적 기독교의 발자취가 아닌가? 한국 개신교의 행태를 보면 결코 틀린 말이 아닐 것이다.

부활을 '메시아 왕국의 도래'요, 메시아 왕국의 도래는 곧 '민중의 역사적 주체성의 획득'이라고 말하는 서남동 교수는 "몸의 부활은 메시아 왕국에 결부된 역사적, 사회적 신앙의 상징이다. 몸의 부활은 천국으로 왕생한다는 약속이 아니라 이 세계의 불의와 억압에 항거하여 역사의 새 시대에 다시 부활 하생한다는 민중의 의지이며 그 갈망이다. 영혼 불멸과 신국이 지배자의 유혹으로 쓰여지는 데에 대해서, 도래할 메시아 왕국에서의 몸의 부활은 눌린 자의 갈망을 그대로 말하는 신앙이라는 말이다. 부활은 민중의 역사적, 사회적 갈망이다."라고 말한다.

구약성서학자 폰 라트(G. von Rad)도 말한바, '출애굽 사건은 창조신앙에 선행'한다. 사실, 이스라엘의 하나님 표상은 하나님께서 이스라엘 백성을

테오-쿨투라

구원시킨 역사적 해방 행위에서 생겨난 것이다. 그리스처럼 존재 철학적 관점이 아니었다. 애굽에서 억울하게 종살이를 하던 보잘 것 없던 백성 합비루(habiru)들이 하나님의 해방 행위를 통해 그의 백성이 되고, 하나님 역시 그들의 하나님이 된 것이다. 따라서 출애굽은 이스라엘의 '뿌리 경험'이며 억눌린 모든 집단을 위한 정의의 모형이 될 것이다. 그럼으로 창세기가 성경에 가장 먼저 나와 있기에 '신의 천지창조'를 신앙에 강요하지 말고, 그 다음 나오는 출애굽기의 '출애굽 정신'을 따를 것인지를 묻는 것이 신앙의 시작이 되어야 할 것이다. 고난과 부활의 참의미는 창조신앙에서 출애굽 정신으로 변화될 때 가능할 것이다.

4. 부활절의 참의미

도대체 죽었다가 다시 살아났다는 부활의 참의미는 무엇인가? 민중신학자 안병무 박사는 한국의 종교가 모두 다 죽음에 관심이 있다고 말하면서, 유교는 '주검'에 관심이 있고, 불교는 '죽음'에 관심이 있고, 그리스도교는 '죽임'에 관심이 있다고 말한다. 사실 십자가는 그리스도가 죽임을 당한 사형틀이다. 안병문 박사가 보기로는 예수님의 십자가 죽임사건은 철저히 집단적이다. 예수 한 개인이 아닌, 인류에게 일어난 집단적 사건이다. 그 집단적 죽임사건은 예수 개인이 죽었으나, 그것으로 묶어둔다면 아무런 의미가 없고 긴긴 인류역사 속에서 계속 사람을 죽이는 일들이 연속되었는데 예수의 죽임만이 이토록 우리들에게 지속적으로 환기되는 것은 죽임을 죽임으로 맞서지 않고 '죽임을 증거하는 것'으로 맞선 성서의 민중들 때문이라고 말한다. 가령, 성서의 전통은 예수 당시 젤롯당처럼 죽임을 죽임으로 맞서는 방법이 아니라, 전혀 새로운 운동방식인 죽임을 증거 하는 방법으로 이루어졌던 것이다.

그렇다면 증거 하는 일, 그것이 죽임의 세력을 어떻게 끝장낼 수 있겠는가? 지금 우리가 우리들의 두 눈으로 보고 있지 않는가? 세월호의 죽임과 그 죽임을 증거한 기억저장소, 그리고 마침내 비폭력적인 집회와 민주적 절차에 따른 거대 권력의 탄핵! 따라서 세월호 3주기가 2017년 부활절과 같은 날(2017.4.16.)인 것은 너무나 큰 상징적 의미가 있다.[1]

역사는 반복된다. 한번은 비극으로, 한번은 희극으로! 마르크스의 말이기는 하지만, 오늘 이 땅에 역사는 수십 번 비극으로 반복이 되었다. 결코 희극으로 끝나는 법이 없었다. 『한국말년사』(덕흥서림, 1945)에서 저자 장도빈은 "1884년 갑신 이후로 1894년 갑오에 이르는 10년 사이는 그 악정이 날로 심하여 그야말로 큰 고기는 중간 고기를 먹고, 중간 고기는 작은 고기를 먹어 2000만 민중이 어육이 되고 말았다. 관부의 악정과 귀족의 학대에 울고 있는 민중이 이제는 참으로 그 생활을 보존할 수 없게 됐다. 삶이 위태한 민중이 혁명을 일으키는 것은 자연의 추세였다."라고 한다. 지금 안녕하지

---

1 이화여대 서광선 명예교수는 잘 지적한다. "오늘날 우리 대한민국의 부활절의 깊은 뜻, 간절한 희망은 무엇인가? 악하고 부패한 정치권력이 심판 받는 권선징악의 부활을 의미하는가? 나아가서 민주주의를 후퇴시키고 국민과 민중을 감시하고 탄압하고 무시하고 국난과 저항, 그리고 부활의 한국사를 왜곡시키고 아이들이 세월호와 함께 진도 앞바다의 물고기 밥이 되도록 내버려 둔 채 희생자와 유가족을 몰염치한 시체 장사꾼으로 몰고, 일본군 위안부 할머니들을 진정한 사과로 위로하거나 배상하는 것이 아니라 다시 한 번 욕보이는 약속을 침략국과 합의하는 정권에 정면으로 저항하고 봉기하는 것이 참된 부활을 전파하고 행동하는 것이 아닌가? 십자가의 죽음의 세력에 맞서 일어나는 정치적 부활은 민주주의 선거에서 결판이 날 것이다. 다시 또 죽음의 세력에 굴복하고 한국의 민주주의를 십자가에 못 박을 것인가? 아니면 부활해서 떳떳이 일어나 고개를 들고 민주주의 국민의 당당한 모습을 온 세계에 드러내 보여줄 것인가?"

못한 사람들이 다시 부활할 것이다. 2000년 전 갈릴리 예수의 정신과 눈물로, 동학의 정신으로, 그리고 4월과 5월, 6월의 함성(4·19, 5·18, 6월 항쟁)으로, 마침내 그것은 한겨울 매서운 추위 속 촛불의 힘으로, 새 봄의 역사로, 소중한 한 표의 힘으로!

2부

레짐과 당신들의 천국

01. 양극화, 갑질

갑질과 졸질－마름을 넘어, 펭귄 프로젝트로!

1. 갑질과 마름: 중간 착취자의 나라

영화 〈군함도〉의 마름

최근 우리 사회에 문제가 된 '갑질'은 전통사회에서 양반이 상놈을 부려 먹는 작태가 왜곡된 방식으로 되살아난 것이다. 그리고 상놈끼리 서로 하대 하는 '졸질'도 있다. 상놈끼리는 상대방이 이룬 성취가 하찮아 보이기 때문 에 서로가 서로를 우습게보기 때문이다. 우리 사회의 갑질은 대부분 졸질의 변형이다. 그리고 이러한 갑질이 가능한 것은 빈부의 격차, 정규직과 비정규 직의 차별, 사회의 양극화 때문이다.

『중간착취자의 나라: 비정규 노동으로 본 민주공화국의 두 미래』(미지북 스, 2017)에서 저자인 이한 변호사는 이렇게 말한다. "비정규직 제도가 개별 기업이 비용을 줄이는 데 도움이 될 수도 있다는 점은 이해할 수 있다. 그러 나 개별 기업이 비용을 줄인다고 해서 그것이 꼭 그 사회의 생산성이 높아 진다는 것을 뜻하는 것은 아니다. 오히려 그와 정반대로 일자리의 대부분 을 비정규직으로 채워 넣을 경우 그 사회의 생산성을 낮게 만든다는 유력 한 근거들이 있다."

이한 변호사는 이 책에서 비정규 노동과 이와 얽혀 있는 아웃소싱(외주), 파견, 위장 도급 전문 인력중개·공급업자, 그리고 그 위에 구축돼 있는 망 국적 착취구조, 곧 인력중개·공급업자(업체)를 분석하며 중간착취자의 실체 를 선명하게 드러내고 있다. 이를 위해 조선과 일제 강점기에 번성했던 지 주─소작제의 핵심 장치였던 '마름'을 소개한다.

사실 마름은 소작인과 지주를 연결해주는 서비스를 제공하고 그 대가를 받았다. 가령 중개 수수료를 한 번 받고 끝나는 부동산중개업자와는 달리 마름은 중개가 끝난 뒤에도 지주─소작 관계가 유지되는 동안 계속 그 대 가를 받았다. 생산과 관련해 마름이 하는 역할은 아무것도 없었다. 마름에 게는 자신의 기간설비도, 장비도, 경영계획도, 노하우도, 전문기술도 없었 다. 그럼에도 소작인이 지주에게 바치는 소작료에는 지주가 마름을 육성·지 원할 때 들이는 비용까지 포함돼 있었다. 따라서 소작인은 지주와 마름에게

테오─쿨투라

이중으로 착취당한 것이다.

이러한 가혹한 이중착취 결과로 소작인은 농업기술 혁신·숙련 등을 통해 생산성을 끌어올릴 생각 자체를 포기했다. 더 생산해봤자 지주와 마름이 다 뜯어갔기 때문이다. 겨우 먹고살 정도만 남겨두고 다 가져가기 때문에 혁신을 위한 축적의 여지도 없었다. 이런 상황에서는 생산성 발전이 없거나 아주 느리게 진행된다. 따라서 마름은 개별 지주에겐 큰 이익을 안겨주었지만, 나라 전체의 '국민경제' 관점에서는 발전을 가로막은 기생적 중간착취자였을 뿐이다. 그럼에도 지주가 마름을 육성한 것은 소작인들과의 직접 대면을 피하고 그들의 교섭력을 파괴하기 위해서였다.

소작인들이 요구사항을 들고 지주를 찾아가면 지주는 이렇게 말한다. "당신들과 계약관계를 맺은 것은 내가 아니라, 마름이니 그리로 가라." 소작인들은 마름을 찾아간다. 그러면 마름은 이렇게 말한다. "나는 실질적인 결정권이 없고, 당신들 요구를 들어주면 나는 마름 노릇을 할 수 없고 그렇게 되면 당신들도 소작을 부칠 수 없게 된다." 마름은 철저히 지주의 이익을 위해 존재한다. 문제는 그런 식의 지주 이익 확보가 나라 전체의 이익과는 배치되고 사회 발전을 가로막으며, 구성원 대다수의 이익과 정의와 행복을 망가뜨린다는 데 있다는 것이다.

이한 변호사는 이렇게 말한다. "기업이 교육 훈련에 투자를 많이 하면 할수록 경제적 성과와 노동생산성이 늘어난다. 그리고 교육 훈련은 고용 관계의 안정성이 높아야 효과적으로 이루어지며, 이것은 다시 노동생산성 상승으로 이어진다. 반면에 비정규직 비율이 높으면 이직률이 높아지고, 교육훈련율이 낮아지며, 노동생산성 향상에 부정적인 효과를 미친다. 다시 말해, 비정규직이 많아질수록 기업들의 생산성과 그 사회 전체의 생산성은 낮아진다."

보이는가? 조선시대의 마름이 오늘날의 비정규 노동자들을 공급·관리하는 인력공급업체라는 것이? 지주는 자본가(기업), 소작인은 노동자이다. 대한민국은 이러한 '중간착취자의 나라'였던 것이다. 갑질은 바로 여기서 시작된다.

사실 헌법이나 근로기준법, 노동조합 및 노동관계조정법, 직업안정법 등은 이런 중간착취를 금하고 있다. 하지만 이 원칙은 제대로 지켜지지 않고 있다. 기가 막힌 것은 중간 인력공급업체는 마름처럼 생산을 위한 아무런 자체 기간설비도, 장비도, 경영계획도, 노하우도, 전문기술도 없다. 단지 사용자 즉 원청업체의 노동자 직접 고용과 관련 법적 규제를 회피하게 해주는 사실상의 인력관리 대행업자 역할을 하면서 번성하는 '중간착취자', '기생충'일 뿐이다. 설비도 노하우도 돈도 사실상 다 대는 원청업체가 이처럼 인력공급업체를 앞세워 간접고용 형태를 취하는 이유는 바로 노조와의 직접 대면을 피할 수 있고, 인력조정과 낮은 임금 유지에 유용하기 때문이다.

따라서 비정규직 문제도 자본(기업)과 비정규직 간 모순에서 나오는 '비정규직 고유의 문제'이지, 사용자와 언론이 유포한 정규직-비정규직 간 갈등이나 '정규직 과보호'에 따른 노동자 간의 문제가 아닌 것이다. 물론 비정규직 제도는 고용과 정리해고를 통해 산업구조 변화에 신속하게 대응할 수 있게 하고, 수요 변화나 생산여건 변화에 탄력적으로 대응할 수 있게 해줘 산업 활동과 취업 기회를 높이는 등의 긍정적 기능을 할 수도 있다. 그러나 그것은 '기간제 비정규직의 직접고용'을 통해 달성할 수 있으므로, 도급이나 파견 등 간접고용을 해야 할 이유는 없는 것이다.

따라서 이한 변호사는 이렇게 말한다. "결국 경제 효율성과 정의의 원칙을 만족시키려면 이렇게 편법을 동원하는 노동압착과 착취를 타파하고, 사회 전체의 생산성을 높여 그 결과물을 모두에게 이익이 되는 쪽으로 분배해야 한다. 모두에게 이익이 되는 공정한 협동의 조건을 구현하기 위해서는, 증가된 생산물을 비정규 노동자처럼 불리한 여건에서 가장 많은 부담을 지

테오-쿨투라

는 이들에게 더 많이 배분(전체 평균의 1.3배)해야 한다."

　'특권층이 나머지 구성원을 지배하고 억압하는 고비용 저효율의 병영국가'가 될 것인가?, '공정하고 협동하는 공화국'이 될 것인가? 대한민국은 지금 기로에 서있다. 그러나 불행하게도 지금까지 한국 사회의 기득권층은 병영국가 쪽으로 나라를 이끌어 왔다. 그만큼 새 하늘 새 땅은 멀다는 이야기이다.

2. 양극화와 펭귄 프로젝트

　현재 영미권에서 가장 주목받는 사회심리학자인 조너선 하이트(Jonathan Haidt)는 도덕심리학의 세 가지 원칙을 이야기한다. "첫 번째 원칙은, 직관이 먼저고 전략적 추론이 그 다음이다." 우리는 보통 믿고 싶은 것이 있을 때, "이걸 믿어도 될까?"라고 물으며 믿어도 되는 이유는 찾지 않고, 믿고 싶지 않은 것이 있을 때는 "이걸 믿어야 해?"라고 물으며 믿지 않을 이유를 찾으려 한다. 어떻게 보면 우리는 두 개의 별개의 믿음 매트릭스에서 살아가고 있고, 그렇기 때문에 논쟁이 늘어나는 것이다. 간단히 말하자면 직관과 추론의 분리를 뜻한다.

　도덕심리학의 "두 번째 원칙은, 바른 마음에는 다양한 힘이 있다."는 것이다. 배려(Care), 공평함(Fairness), 자유(Liberty), 충성(Royal), 권위(Authority), 신성함(Sanctity) 등 도덕의 기반이 되는 가치들은 여러 가지이다. 그리고 진보와 보수는 이 중에서 각각 선호하는 가치가 다르며 같은 가치라도 다르게 해석한다. 가령, '공평함'이라는 가치에 있어서 진보는 1%의 사람이 전체 부의 43%를 가지는 것이 문제라도 본다. 그러나 보수는 기여한 바에 따라 가져가는 것이 공평하며 기여하지 않은 사람에게 혜택을 주는 것이 부정한 것

〈양극화 만평〉

이라고 본다. 재미있는 것은 위 6가지 가치 가운데, 좌파는 '배려'를 가장 중요하게 여기고, 다른 가치들(가령, 충성이나 권위, 신성함)에 대해서는 큰 의미를 두지 않는다. 반면 보수는 6가지 가치를 모두 중요하다고 생각한다는 것이다.

여기서 도덕심리학의 제3원칙이 등장한다. 하이트 교수는 이렇게 말한다. "바른 마음은 개인보다 집단의 차원에서 더 강력하다." 지구상에서 혈연관계 없이도 집단적 협력을 보여주는 유일한 동물이 인간이다. 역사를 돌이켜보면, 인류는 항상 무언가를 중심에 두고 모일 때 효과적인 팀워크를 발휘해왔지만 그럼에도 불구하고 전류처럼 플러스극과 마이너스극이 생기고 서로 상대방을 악마로 취급해왔다. 가령, 고대 마니교의 세계관에서 세계는 선과 악이 싸우는 전쟁터로, 선의 반대쪽인 악이 제거되어야 한다고 보았

테오─쿨투라

다. 하지만 이런 극단적인 대립이 심해지면 우리는 상대방과 함께 무언가를 할 수 없게 되고 민주주의는 더 이상 발전하지 못하게 된다. 따라서 하이트 교수는 이렇게 말한다. "양극화가 심해지면 기본적인 인간에 대한 예의가 사라진다. 그리고 사회 전체의 신뢰도가 떨어진다. 이에 대한 고민은 한국뿐만 아니라 전 세계 국가들 모두 고민해야 할 문제이다."

사실 세계적 홍보컨설팅 기업 에델만은 2000년부터 매해 각국의 정부기관, 기업, 비정부기구(NGO), 미디어 등 4개 사회주체에 대한 신뢰도를 측정해 스위스 다보스포럼에서 발표해 오고 있다. 에델만코리아의 '2017 에델만 신뢰도 지표 조사(2017 Edelman Trust Barometer)'를 보면(조사는 2016년 10월 13일~11월16일 조사됐으며, 총 1150명이 참여했다.) 한국인들의 정부, 기업, 미디어, NGO 등 4개 사회주체에 대한 평균 신뢰도는 38%로 나타났다. 전 세계 편균은 47%였는데, 크게 밑도는 수준인 셈이다. 조사 대상 28개국 중 23위를 기록했다. 에델만은 이 조사에서 60~100%는 신뢰국가, 50~59%는 중립국가, 49% 이하는 불신국가로 분류한다. 즉, 한국은 불신국가에 포함됐다.

특히, 기업 신뢰도가 낮은 것으로 조사됐다. 지난해에는 33%였는데, 올해는 29%로 나타났다. 조사 대상 28개국 가장 낮은 성적이다. 기업 CEO에 대한 신뢰도 역시 24%로 나타나 지난해 35%와 비교해 11%p 떨어졌다. 정부 신뢰도도 큰 폭으로 떨어진 것으로 조사됐다. 올해 국민의 정부 신뢰도는 28%로 지난해(35%)보다 7%p 떨어졌다. 전세계 평균치는 41%인데, 절반을 조금 넘는 수준인 셈이다. 정부 신뢰도는 28개국 중 22위에 기록됐다. 정부 관계자에 대한 신뢰도는 17%로 전년(27%)보다 10%포인트 추락한 것으로 나타났다. '시스템이 제 기능을 하고 있다'고 답한 이들은 11%에 불과했다. 한국인 48%는 '사회 시스템이 실패했다'고 답했고, '사회 시스템에 확신이 없다'고 답한 이들도 41%에 달했다. 국민 10명 중 9명은 한국의 사회 시스템을 부정적으로 보고 있는 셈이다.

펭귄 프로젝트가 있다. 2016년 강남역 살인사건 이후 여성 혐오 문화를 바꾸기 위해 대학 캠퍼스에서 벌어진 운동이다. 성폭력, 여성혐오에 반대하며 수도권 대학 12곳의 20여 개 단체가 함께하는 연합운동인데, 이 운동이 특이한 것은 '용기'와 '연대'의 뜻을 펭귄의 습성에서 가져왔다는 것이다. 가령, 펭귄 가운데는 무리를 위해 먼저 바다에 뛰어드는 '퍼스트 펭귄'이 있는데, 이는 용기를 보여준 것이며, 또한 영하 70도 남극의 추위를 이겨내기 위해 서로 밀착하여 살을 맞대고 온도가 낮은 바깥쪽 펭귄들이 안쪽으로 조금씩 자리를 바꿔가며 이동하여 체온을 유지하는 펭귄의 '허들링(Huddling, 물결처럼 안과 밖의 위치를 바꾸는 것)'은 연대의 중요성을 알려준다는 것이다. 양극화의 세상이 펭귄의 용기와 연대의 정신으로 어떻게 변해야하는지를 잘 보여준다.

3. '멈춤, 낮춤, 갖춤, 맞춤.'

'멈춤, 낮춤, 갖춤, 맞춤.' 인간의 욕심에서 비롯된 계란 파동에 관해 대중요법(symptomatic therapy)이나 미봉책으로 어물쩍 넘기지 말고 근본대책을 강구해야한다며 한양대 유영만 교수가 제안한 네 가지 '춤'이다. 이것은 계란 파동에만 해당되는 것이 아니라, 아주 중요한 인문학적, 신앙적 통찰이 될 것이다.

첫째, 멈춤. 유영만 교수는 이렇게 말한다. "춤은 멈춤의 연속이다. 멈춤이 없이 추는 춤은 춤이 아니다. 끊임없이 물 흐르듯 이어지는 춤은 사실 멈춤의 연속이다. 멈춤은 다음 동작을 위한 짧지만 깊은 성찰의 시간이자 어디로 가야 할지 방향을 결정하는 결연한 순간이다. 멈춰 있지만 사실은 치열하게 고민하고 사유하는 시간이다." 그렇다. 검도에도 '중단 겨눔'이 있다. 멈춰 있지만 상대의 마음을 읽어내는 치열한 전투의 시간이다. 다음 전투를 위한 치열한 멈춤이자 폭풍전야의 긴장감이 감도는 순간인 것이다.

둘째 낮춤. "모든 춤은 자신을 낮추면서 세상을 끌어안고 우주에게 마음을 열고 자연과 대화하는 몸동작이다. 나를 낮추고 상대를 높이면 저절로 나도 높아진다. 자세를 낮추면 자신의 인격은 올라간다. 낮춤은 겸손함을 표현하는 자세이자 다름을 포용하겠다는 태도다. 낮춤 없이 추는 춤은 허공에 들떠 떠다니는 환상이나 망상의 춤이다."

세 번째 갖춤. "모든 춤은 춤의 기술과 기교 이전에 갖춰야 될 게 있다. 춤의 본질에 대한 깊은 이해는 물론 춤을 추는 사람의 자질과 품격이다. 격이 있는 춤은 기법과 기교의 산물이 아니라 춤에 임하는 사람의 자세와 자질, 품성과 인격의 문제다. 춤은 나를 세상에 드러내는 매개체다. 내가 추는 춤이 바로 나다. 춤은 내가 살아온, 살아가는, 살아가고 싶은 삶을 표현하는 욕망의 분출구다."

네 번째 맞춤. "맞춤은 상대의 아픔에 귀 기울이고 들어보려는 경청의 자세이자 상대의 마음을 헤아려 하모니를 이루어보려는 노력이다. 맞춤은 나를 먼저 드러내기보다 상대를 위해 내가 무엇을 도와주고 지원해줄 수 있을지 알아보려는 애쓰기다. 맞추지 않고 추는 춤은 자기 욕구만 일방적으로 발설하는 난장판의 춤이다."

우리의 신앙에 이 네 가지 춤이 필요할 것이다. 니체는 이렇게 말했다. "우리가 한 번도 춤을 추지 않는 날은 헛된 날이 되게 하라." 우선, 멈춤은 인간의 욕망에 대한 멈춤일 것이다. 그리고 낮춤은 인간의 교만에 대한 적절한 대안이다. 갖춤은 인간을 넘어 종들 간에 대한 예의를 갖추는 것이며, 맞춤은 사람다운 세상을 위해 필요한 덕목들을 갖추는 것이다.

따라서 갑의 갑질도 없어야 되겠지만, 을들이 을들끼리 서로에게 졸질 하는 세상이 아니라, '최고의 갑중에 갑'이신 창조주께서 '을 중의 을'이 되신 성육신 사건의 중요성을 깨달아야 할 것이다. 시어머니가 며느리에게, 또 며느리는 나이 드신 시부모에게 갑질 하지 않는 것, 친구들끼리 갑질 하지 않는 것, 조금 불편한 사람을 다르다고 갑질 하지 않는 것, 땀 흘려 일하시는 노동자들의 그 땀 냄새가 역겹다고 갑질 하지 않는 것, 아파트 입주민들이 경비원 아저씨에게 반말하며 갑질 하지 않는 것, 주유소나 편의점 등에서 알바하시는 분들, 비정규직이라고, 전임이 아니라고 갑질 하지 않는 것, 직분 받았다고, 출세했다고 갑질 하지 않는 것 이것이 중요하다. 그리고 언젠가 정말 큰 갑질은 최고의 갑인 신께서 반드시 심판 하실 것이다.

테오-쿨투라

02. 최저임금과 소득주도성장

영화 〈극한직업〉의 관객이 천만이 넘은 세상과 그 발생사적 기원?

1. 소상공인들은 목숨 걸고 일한다

직업에 귀천은 없지만, 직업을 보는 사람들의 눈에 직업은 귀천이 있다. 드라마 〈SKY캐슬〉을 보라! 의대, 법대. 그러나 모두가 의사와 판검사가 되는 것은 아니다. 전체 취업자의 25%에 이르는 이들은 자영업자들이다. 그 가운데 대표적인 치킨집 사장님의 애환을 그(리려다 웃김에 더 열중한)린 영화 〈극한직업〉(2019)의 관객이 1,600만을 넘었다(2019년 3월 15일 현재 16,221,291명, 영화진흥위원회 영화관입장권통합전산망). 〈알리타: 배틀엔젤〉(2019)의 사이버 펑크적 문제의식도, 〈가버나움〉(2019)의 아동과 빈곤의 문제의식도 코미디 한편에 묻혀버렸다. 도대체 왜?

사실 영화 〈극한직업〉은 매달리고, 구르고, 달리고, 추격하고, 목숨까지 걸면서 고군분투하는 마약반 5인방의 모습을 통해 '극한직업' 제목의 의미를 고스란히 담아내고 있다. 게다가 기존 형사물에서 볼 수 없었던 아이디어가 돋보였다. 형사들이 치킨집을 위장 창업한다는 참신하고 기발한 소재와 설정을 바탕으로 관객들을 마음껏 웃겨 주겠다고 작정한 것이다. 그리고 그 전략은 성공했다.

줄거리는 이렇다. 주인공인 마약반 형사 5인방이 실적이 없어 해체 위기에 놓여 있다. 오늘 이 시대 우리 모두의 운명이다. 실적과 성과를 요구하는 사회에 우리는 목숨을 내놓고 일하고 있는 것이다. 따라서 마지막이 될지도 모를 일생일대의 수사를 앞두고, 5인방은 마약 범죄조직을 소탕하기 위해 그들의 아지트 앞에 있는 치킨집을 인수한다. 고반장(류승룡 분)이 퇴직금을 미리 당겨 쓴 것이다. 그리고 이것은 이 시대 우리들의 아버지인 명퇴자, 정년 퇴직자들이 가는 길, 운명이다.

아무튼 형사 5인방은 낮에는 치킨장사, 밤에는 잠복근무로 이중생활을 시작한다. 그러나 뜻밖에 갈비 양념 치킨이 대박을 터뜨리면서 형사들은 범인보다 닭을 잡고, 썰고, 튀기고, 버무리는데 바쁜 하루하루를 보내게 된다. 본업인 수사보다 장사에 몰두하게 된 것이다. 닭을 팔기 위해 수사를 하는 것인지, 수사를 하기 위해 닭을 파는 것인지 정체성의 혼란을 느끼는 이들의 모습은 관객들에게 극한의 웃음과 공감을 불러일으킨다.

테오―쿨투라

따라서 영화 〈극한직업〉은 형사와 소상공인을 오가는 이중 캐릭터의 반전 매력으로 웃음을 유발함과 동시에, 이 시대를 살아가며 '극한 직업'에 종사하는 모든 이들의 공감을 자극했다. 주인공 고반장의 말대로 '소상공인들은 목숨을 걸고 오늘도 일하는 것'이다. 그리고 현실에서 목숨 걸고 일하는 1,000만의 사람들은 적어도 영화에서만큼은 웃고 싶었던 것이다. 코미디는 그래서 힘이 세다.

2. 소득주도성장의 기본 최저임금 인상

오늘 자영업자들은 힘들다. 무엇보다 만성적인 공급 과잉이 심각하다. 은퇴자들이 자영업으로 몰리면서 출혈 경쟁을 낳고 있다. 그러나 누구나 영화처럼 대박을 터뜨리지는 못한다. 게다가 대기업의 무분별한 골목상권 침투, 프랜차이즈 본사의 갑질 횡포, 비싼 임대료와 카드수수료 등이 자영업자들의 허리를 휘게 한다. 그리고 최저임금 인상?

2019년 1월 2일 JTBC '신년특집 대토론―2019년 한국 어디로 가나'에서 유시민 노무현재단 이사장이 최저임금 관련, 사이다 발언을 한 적이 있다. 들어보자. "신문에서 최저임금 인상 때문에 30년 동안 함께 일해 온 직원을 눈물을 머금고 해고했다는 기사를 보고 내가 눈물이 나더라. 어떻게 30년 동안 최저임금을 줄 수 있느냐. 우리가 사는 세상이 이러면 안 된다고 생각한다."

필자가 보기에 문제는 최저임금이 아니라, 최고임금이다. 따라서 최저임금 인상은 당연하고, 최고임금 인하를 논할 때이다. 그렇다면 최고임금과 최저임금의 적정 배수는 어느 정도일까? 참고로 2017년 세계 상위 1퍼센트의 부는 전 세계 부의 50.8퍼센트, 그러니까 나머지 99퍼센트의 부를 다 합친 것보다 많다. 기가 막히지 않는가? 정말 우리가 사는 세상이 이러면 안 된다.

그럼 최고임금을 받는 사람들의 임금은 어느 정도일까? 재벌들의 탈, 불법적인 소득 등을 제외하고 정당하다고 생각되는 임금만 살펴보자. 2018년 4월 2일 삼성전자가 금융감독원에 제출한 2017년도 사업보고서에 따르면, 최고 임금으로 삼성전자 종합기술원 권오현 회장이 2017년 한해 243억 8100만원을 받은 것이 국내 최고이다. 그런데 시급 1만원도 되지 않는 최저임금을 가지고, 벌벌 떠는 보수언론과 보수정치인들은 왜 최고임금에는 침묵할까? 기가 막히지 않는가? 우리가 사는 곳이 진짜 이러면 안 된다.

"악은 가난이 아니라 불평등에서 나온다."라고 말하는 노스캐롤라이나 대학 심리학과 키스 페인(K. Payne) 교수는 이렇게 말한다. "자신이 사다리 아래층에 있다고 생각하는 사람들은 우울증과 불안감, 만성통증에 시달릴 확률이 높고, 잘못된 결정을 내리고 업무 실적이 떨어지기 쉽다. 또한 미신과 음모론에 잘 빠지면 비만, 당뇨병, 심장병에 걸릴 확률이 높고, 수명도 상대적으로 더 짧다. 이건 실제 소득과 관련된 문제가 아니다. 실제 소득과 상관없이 자신이 가난하다고 '느끼면' 이런 일들이 벌어진다."

인간이 악해지는 것은 가난하기 때문이 아니라, 자신이 주변 사람들에 비해 심각하게 불평등하다고 느낄 때라는 것이다. 유시민 이사장의 말이다. "만성적인 불황의 주요 원인 중 하나는 내수 부진이고, 중산층이 빈약하기 때문이다. 보수언론 등은 시장소득의 불균형을 바로 잡아 국민 경제의 건강성을 회복하려는 정책을 좌파 정책으로 몰고 있다. 문재인 정부가 경제정책 기조와 방향을 바꾼다고 해도 효과를 내려면 상당한 시간이 걸릴 수밖에 없겠다는 암울한 생각이 든다. 왜냐하면 우리가 처한 일자리 등의 위기가 구조적으로 진행되고 있기 때문이다."

4차 산업혁명을 언급한 것이다. 이제 단순한 일자리를 넘어 고급 일자리도 기계와 로봇, 인공지능이 대신하게 된 시대이다. 경제발전 과정에서 기업이 성장하고 수출은 늘지만, 일자리가 절반 밖에 안 생기고, 대신 기업의 사내유보금은 많아졌다. 게다가 민간 가계 안에서도 서로 격차가 벌어지고 있다. 따라서 최저임금은 내부 소득 분배를 통해 서민들이 살기 팍팍한 현실을 바로잡아보려고 하는 것이다.

물론 자영업자 대책이 먼저 나온 후 최저임금 인상이 있었다면 좋았겠지만, 최저임금 인상을 통한 소득주도성장론은 보수 성향의 국제통화기금(IMF)과 경제협력개발기구(OECD)도 권장하고 있는 정책이다. OECD는 2014년 12월 9일 발표한 보고서 「소득 불평등이 경제성장에 끼치는 영향」에서 "소득 불평등 해소가 경제성장률을 높이고, 소득 불평등이 심각할수록 그렇지 않은 나라보다 성장률이 떨어진다. 소득 불평등이 단일 변수로는 성장률에 가장 큰 영향을 끼치는 요소이다."라고 분석한다.

2014년 4월 IMF의 조너선 오스트리 박사(IMF 조사국 부국장)도 「재분배와 불평등, 성장」이라는 보고서에서 이렇게 말한다. "부유층에 소득이 집중되는 현상은 윤리적으로 바람직하지 않을 뿐만 아니라, 안정적인 경제 성장도 가로 막고 있다. 정부의 재분배 정책이 성장 잠재력을 훼손한다는 주장을 뒷받침할 어떤 증거도 찾을 수 없었다. 불평등 축소를 위한 재분배 정책은 고성장과 더 긴 성장 지속력을 가져온다."

2016년 4월에는 오스트리 박사는 이렇게도 말했다. "우리는 수요가 부족한 시대에 살고 있습니다. 지금은 (경제 성장을 위해) 소득 재분배, 임금 상승 등 수요를 진작할 수 있는 정책이 필요한 시기입니다." 놀라지 말라. 1997년 외환위기 때 한국 사회를 오늘과 같은 신자유주의의 약육강식의 사회로 만든 IMF의 말이다.

사실 주류 경제학은 불평등은 성장의 촉매제라는 인식이 강하다. '불평등'이 '경쟁'을 유발하고, 경쟁 심화가 '성장'을 자극한다는 논리이다. 영화에 나오는 '수원왕갈비통닭'이 양념하나로 경쟁에서 이기고 대박이 났듯이 경쟁이 성장을 이끄는 것일까? 그렇지 않다. 영화는 영화일뿐!

그러나 보수 언론과 보수 정당, 재벌 대기업은 불평등에 기초한 이러한 경쟁이 성장을 촉진한다는 논리를 펼치고 있다. 주변을 돌아보자. 글로벌 금융위기를 거치면서 불평등이 심해지자, 기업들이 좋은 물건을 만들어도 사줄 소비자(수요)가 없어 저성장 기간이 길어지고 있다. 따라서 2008년 글로벌 금융위기 이후 일어난 IMF의 변화를 대변하는 오스트리 박사는 이렇게 말한다. "저소득층은 고소득층보다 소득 대비 소비 비율이 높다. 소득이나 부를 고소득층에서 저소득층으로 재분배하면 전체적으로 수요를 진작할 수 있다."

외환위기 때 구제금융 실행 계획을 진두지휘해 우리에게는 '저승사자'라고 불린 데이비드 립튼 IMF 부총재도 이렇게 말한다. "수십 년간 각국의 사례를 봤을 때 불평등이 심화되는 나라는 성장이 둔화하고, 평등한 나라는 성장이 빠른 것을 볼 수 있다. 정부가 소득재분배 정책에 나설 필요가 있다." 또한 한국에 대해서도 립튼 부총재는 이렇게 조언한다. "소득불평등이 점점 커지면서 중산층이 줄어들고 있다. 재분배 정책으로 중산층을 재건해야 한다." 이러한 소득 재분배와 함께 임금 인상이 수요 진작을 위한 수단으로 떠올랐던 것이다. 최저임금인상이 바로 경제회복과 성장의 답인 것이다.

따라서 소득주도성장을 통해 재분배 정책과 임금 인상 정책이 효과적으로 발휘해야 할 것이다. 지금 보수 언론과 정당, 재벌 대기업의 거센 저항을 맞고 있는 이러한 소득주도성장 정책이 흔들림 없이 지속될 때, 형사 5인방뿐 아니라, 대한민국의 소상공인들에게 좋은 세상이 열릴 것이다.

테오-쿨투라

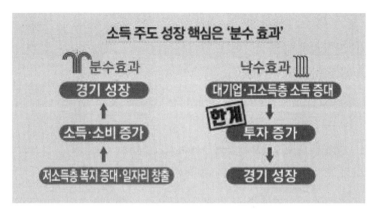

〈소득주도성장〉

3. 극한직업에서 공생 시대의 연대사업으로

영화를 보면, 형사들이 투잡을 뛴다. 데이트 시간이 없어 장형사(아하늬
분)와 마형사(진선규 분)는 서로 눈이 맞아 영화의 마지막 키스를 한다. 동료
들도 총을 쏘고 싶을 정도로 이해가 안 되는 장면인 것이다. 이 장면이 어찌
나 웃프고, 하찮고 아름다운지! 극한 직업은 사랑도 극한 사랑이 된 것
이다.

그러나 이제 4차 산업혁명을 통해 일자리 감소는 눈에 훤하다. 소상공인
들 입장에서는 급증하는 온라인 쇼핑 거래도 오프라인 점포를 가진 입장에
서는 위기라 볼 수 있다. 지리경제학과 도시경제연구의 석학인 토론토 대학
교 경영대학원 리처드 플로리다(R. Florida) 교수는 경제적인 시스템 측면에
서 지금까지의 역사적 시기를 5가지로 구분한다.

① 계획농업시대(농업시스템)

② 근대상업과 전문화시스템 시대(길드 시스템)

③ 산업자본주의 시대(공장 시스템)

④ 조직시대(조직 시스템)

⑤ 창조적 시대의 부상

'조직시대'는 윌리엄 화이트(W. White)가 1956년 출간한 『조직 인간(*The Organization Men*)』을 기반으로 한다. "회사가 전쟁터라고? 밖은 지옥이다!" 만화 〈미생〉의 대사이다. 정규직 회사원들은 이미 오래전부터 알고 있던 상식이었다. 회사 내의 그 어떤 갑질을 당하더라도 참고 견디면 '지옥'에선 꿈도 꿀 수 없는 조직의 혜택과 보상을 누릴 수 있다는 것이다. 이것이 조직 시스템 사회의 모습이다.

〈만화 『미생』의 한 장면〉

따라서 공장 시스템을 넘어 조직 시스템으로 넘어오면 '조직 인간'이 당시의 일터와 문화에 얼마나 심각한 변화를 가져왔는지를 알 수 있다. 물론 화이트가 60여 년 전 '조직의, 조직에 의한, 조직을 위한 삶을 사는 인간형'을 '조직인간'이라고 부른 것은 폄하의 뜻이었지만, 오늘 대한민국에서는 조직

테오-쿨투라

인간을 스스로 자랑스러워하는 건 물론이고, 부러움의 대상이 되었다. 그 조직에 조폭, 판사, 검사도 들어간다.

그러나 인류는 '공장 인간'에서 '조직 인간'을 넘어, '창조적 인간'으로 진화해 갈 것이다. 삼성경제연구소도 미래의 최고경영자가 갖추어야 할 조건으로 창조성을 들었다. 1960년대까지는 창업가형, 1970~1980년대는 관리형, 1998~2008년까지는 구조 조정형 CEO가 필요했다면 2008년 이후부터 2019년까지는 창조형 CEO가 요구되었던 시대이다. 그러나 필자는 플로리다 교수의 5가지 시스템에 하나를 더 보태려고 한다. 왜냐하면 모두가 다 창조적일 필요는 없기 때문이다.

⑥ 공생 시대의 부상(길드조직의 연대 시스템)

여기서 길드조직은 다양한 생산 및 소비 분야를 말한다. 우리가 꿈꾸는 세상은 극한직업을 가지고 목숨을 걸고 일하는 사회가 아니라, 길드들이 공생을 위해 연대할 때 가능할 것이다. 창조형 CEO를 넘어 연대하고 소통하고 공감하는 노동자들, 시민들, 사람들이 세상을 바꿀 것이다. 소상공인들, 자영업자들, 치킨집 사장님들아! 직원들과 알바생 임금 인상이 바로 당신들이 연대할 사람들의 생명줄을 굵고 튼튼하게 만드는 것이다. 최저임금 인상안 반대에 힘쓰지 말고, 최고 임금 받고 갑질하는 이들과 대기업의 무분별한 골목상권 침투, 프랜차이즈 본사의 갑질 횡포, 비싼 임대료를 부르는 조물주 위의 건물주와 카드회사의 갑질 수수료를 법적으로 제재하는데 관심을 가져야한다.

영화도 그렇다. 실적이 없어 해체위기에 놓인 5인방 형사들이 공감하고 연대할 때, 치킨집도 성공했고 마약범들도 잡았고 사랑도 성공했고 해피엔딩이 되었다. 자, 이제 이런 영화 속 코미디가 현실에서도 이뤄지는 기쁨을 느껴보자. "최저임금 인상하고, 더불어 함께 살자!" 이 말을 할 자신이 없으면 벽에다 대고라도 외쳐야 한다.

03. 환대

너희는 나그네를 사랑하라 – 환대의 신앙

"너희는 나그네를 사랑하라(신 10:19)"

〈예멘 난민 생활 모습〉

1. 예멘 난민, 제주도에 오다!

2018년 6월 한반도를 의미 있게 달구었던 것은 미국 대통령 트럼프가 북한의 김정은 위원장을 만난 것도 아니고, 2018지방선거의 놀라운 결과(부산의 경우, 지방 권력이 교체되었다)도 아니다. 나아가 러시아 월드컵의 열기(한국이 세계랭킹 1위 독일을 2:0으로 이겼다)도 아니다. 바로 제주도의 예멘 난민이었다. 아니, 그래야만 한다. 제주도 예멘 난민 수용이 사회적 화두로 확산되는 가운데 한국 국민 절반가량(49%)이 난민 수용에 반대한다는 여론조사가 발표됐다. '찬성한다'는 응답은 39%, '잘 모르겠다'는 응답은 11.9%로 집계됐다(리얼미터가 tbs 의뢰로 6월 20일 전국 성인 500명을 상대로 조사, 95% 신뢰수준에 표본오차 ±4.4%포인트).[1] 자기 집 근처에 자국민 장애아 교육시설이 들어오는 것도 반대하고, 양심적 병역거부자를 종교가 다르다고 매국노로 취급하며, 성정체성이 다른 이들을 혐오하는 이 대한민국에 당연한 일이겠지만, 어쩐지 서글픈 생각이 든다.

다른 이들은 여러 가지 이유로 난민을 반대하더라도 그리스도인들은 최후까지 나그네 된 자를 돌봐야 하는 것이 성경의 정신일진대, 이러한 배타성과 거부는 도대체 무엇인가? 현지인 대상의 절호의 선교 기회이자, '정착 골든타임(숙소와 일자리를 마련해 안정적인 삶을 영위하도록 돕는 3~6개월 정도의

---

[1] 난민 수용에 대한 찬반 의견은 지역, 연령, 정당 지지층, 이념성향별로 차이를 보였다. 지역별로는 부산·울산·경남·경기·인천에서 반대 의견이 50%를 넘었다. 대구·경북·대전·충청·세종에서는 반대 의견이 50%를 넘진 않았지만 찬성 의견보다는 높았다. 반대로 광주·전라에서는 찬성 의견이 50%를 넘었다. 서울은 찬반 양론이 팽팽했다. 지지정당별로는 자유한국당·바른미래당·무당층에서 반대 의견이 다수를 이뤘다. 더불어민주당 지지층에서는 찬성과 반대 의견이 팽팽했다. 정의당 지지층에서는 찬성 의견이 다수를 차지했다.

테오-쿨투라

기간)'을 놓치게 되면 또 다른 문제가 야기될 수도 있을 텐데! 따라서 이러한 새로운 시대적 전환, 그 골든타임에 우리는 우리가 당면한 새로운 시대의 화두인 환대에 관해 생각해 보아야 할 것이다.

2. 환대에 대하여

해체주의 철학자 자크 데리다(J. Derrida)의 『환대에 대하여』(동문선, 2004)는 1980년 소위 세계화의 바람과 함께 세계 경제에 불어 닥친 신자유주의와 국가 경계가 허물어진 초국가적 자본의 이동으로 인해 발생한 이주민과 난민, 이방인과 타자에 관한 유용한 지침서이다. 그리고 예멘 난민(은 물론, 앞으로도 다가올 이주민, 나아가 탈북자와 통일 이후의 인구 이동에 이르기까지)을 통해 타자를 어떻게 대해야할지를 고민하는 우리들에게 데리다는 '무조건적인 환대'를 주장하며 나름대로 타자에 관한 우리들의 행동을 제안한다.

데리다는 소크라테스를 끌어들여 논의를 시작한다. 소크라테스는 자신이 끊임없는 물음이 되기 위해, 즉 불편한 존재가 되기 위해 이방인을 자처한다. 그리고 이방인은 '우리(혹은 주체)'와 다른 것을 가지고 있는 존재이다. 이들은 언어가 다르고 문화가 다르고 생각이 다르다. 이방인은 우리의 문화를 변화시킬 수 있고, 토박이 집단에 혼돈을 야기할 수 있는 것이다. 따라서 이방인, 혹은 타자는 동일성 철학의 구조 안에서 극복되어야 하는 이질성으로 이해된다. 동일성을 파괴하는 오염이며 불편하고 위협적인 존재가 되기 때문이다. 예멘 난민에 관하여 떠도는 소문(이슬람, 강도, 강간, 가짜 난민, 테러리스트 등)들은 바로 이러한 배타적 동일성 철학을 그 근저에 둔 배제와 혐오의 속삭임이다.

데리다에 의하면 이러한 이방인에 관한 환대(hospitality)에는 두 가지 유형이 있다고 한다. 먼저, 칸트(I. Kant)로 대표되는 '조건적 환대(초대의 환대, 선별적 환대)'인데, 칸트는 환대를 적대시 당하지 않을 권리, 보호를 요청할 권리를 합리적이고 이성적인 전제 위에서 논의 한다. 가령, 주권자는 평화로운 공존을 위해 환대의 권리를 수용해야 된다는 것이다. 그러나 이러한 환대는 데리다가 보기에는 '조건적 환대', '법에 근거한 환대', 곧 '관용(tolerance)'이라고 할 수 있다. 관용은 데리다에 의하면 권력자의 양보와 자비, 은혜 베풀기에 기댈 수밖에 없는 한, 그것은 '힘이 곧 정의'라고 하는 '최강자의 논리' 편에 서있을 수 밖에 없다고 지적한다. 따라서 데리다는 강자의 자비가 이방인과의 평화로운 공존의 원리가 될 수는 있지만, 그 자체가 이방인과의 평화로운 공존의 관계를 만들 수는 없다고 본다. 따라서 데리다는 관용을 극복할 윤리적 이념으로 '무조건적인 환대'라는 용어를 제안한다.

조건적 환대를 넘어, 두 번째 환대인 '무조건적인 환대(방문의 환대)'야말로 데리다에게 관용을 넘어선 진정한 환대이다. 이것은 조건 없이 방문자에게 문을 여는 것인데, 어쩌면 두려움을 동반할 수 있다. 왜냐하면 이방인은 손님으로서 주인의 자리를 위협할 수 있기 때문이다. 그러나 데리다에 의하면, 나와 우리를 보호하기 위해 내 구역을, 나의 장소를 내어 놓아야 하는 일이 생길 때(지금 제주가 그렇다), 관용이 환대로 기능하기 위해서는 무조건적인 환대가 필요하다고 한다. 사실 신은 그 무조건적인 환대를 십자가 위에서 이루었다. 아들이 죽기까지 환대를 실천하셨던 것이다. "네 이웃을 네자신 같이 사랑하라(마22:39)."는 말씀은 바로 이러한 환대의 가르침을 실천하라는 것에 다름 아니다.

칸트의 '조건적 환대'인 관용을 넘어서는 데리다의 '무조건적 환대(방문의 환대)'는 지극히 성서적이다. 따라서 종교적 환대라고 고쳐 부를 수도 있을 것이다. '종교적인 환대'는 이방인의 조건을 따지지 않고, 굶주림이라는 단한 가지 사실로 그들을 환대해야 한다. 가령 '선한 사마리아인 비유(눅

10:25-37)와 "또 네 이웃을 사랑하고 네 원수를 미워하라 하였다는 것을 너희가 들었으나 나는 너희에게 이르노니 너희 원수를 사랑하며 너희를 박해하는 자를 위하여 기도하라. 이같이 한즉 하늘에 계신 너희 아버지의 아들이 되리니 이는 하나님이 그 해를 악인과 선인에게 비추시며 비를 의로운 자와 불의한 자에게 내려주심이라. 너희가 너희를 사랑하는 자를 사랑하면 무슨 상이 있으리요. 세리도 이같이 아니하느냐(마 5:43~46)"라는 예수의 말씀은 종교적 환대를 잘 보여준다.

3. 환대는 시적이다

그러나 아낌없이 주는 것은 환상이다. 따라서 환대는 환상이다. "환대는 시(詩)적일 수밖에 없다."라는 데리다의 고민은 이를 잘 표현한다. 현실적인 환대가 아닌 이념의 환대이지만 그럼에도 불구하고, 이것을 추구하는 '인간의 무한한 윤리성'에 의미를 두는 것으로 데리다는 자신의 책임을 회피한다. 해결책을 제시하지 않은 것은 그의 철학이 해체는 하나, 재구성은 독자의 몫으로 맡겨놓기 때문이기도 하다. 그러나 철학이 종교(십자가 희생)로 넘어가기에는 자존심이 너무 센 것일까? 그래서 데리다는 환대의 문제를 결국 '물음'에 관한 문제로 던져버린다.

그렇다면 환대는 어디까지인가? 데리다는 창세기 19장에 나오는 롯의 가정 이야기를 인용한다. 두 천사가 롯의 집에 찾아오자, 소돔 남자들은 "이 저녁에 네게 온 사람이 어디 있느냐 이끌어 내라. 우리가 그들을 상관(성관계)하리라(5절)."고 말한다. 그러자 롯은 두 딸을 음란한 소돔 남자들에게 내놓는다. 사사기 19장에도 비슷한 상황이 나온다. 한 노인이 자기 집에 찾아온 레위인 손님을 지키기 위해 자기 딸과 레위인의 첩을 찾아온 불량배들에게 내놓는다(24절). 그러자 "그들이 그 여자와 관계하였고 밤새도록 그 여자를 능욕하다가 새벽 미명에 놓은지라. 동틀 때에 여인이 자기의 주인이 있는 그 사람의 집 문에 이르러 엎드러져 밝기까지 거기 엎드러져 있더라(삿 19:25-26절)."라고 한다. 밤새 강간당한 레위인의 첩이 죽은 것이다. 그런데 데리다는 이 장면의 의미를 더 이상 해설하지 않는다. 왜냐하면 무조건적 환대라고 다 좋은 것은 아니며, 더 중요한 것은 여기서 '환대의 법'을 만든 것은 가정의 폭군이었던 아버지, 그리고 남편이었기 때문이다. 자신을 내놓지 않고 자신의 소유물(딸과 첩인 여성)을 내놓은 것은 환대의 이름으로 차별을 구현한 것이다. 따라서 환대의 문제는 권력의 문제로 연결된다.

환대론 이후『불량배들: 이성에 관한 두 편의 에세이』(휴머니스트, 2003)에서 데리다가 파시즘적 국가 행태를 해체하려는 것은 바로 위와 같은 이유이다. 이러한 데리다의 '불량 국가' 담론은 미국 대통령 아들 부시가 미국의 일방적 외교 노선을 정당화하기 위해 이라크, 이란, 시리아, 리비아, 북한 등을 '불량 국가'로 규정했을 때, 노엄 촘스키 등을 비롯한 지식인들이 2차 대전 이후 미국의 초법적 국제 테러 행위야 말로 '세계 최대의 유일한 불량 국가'라고 비판하면서 관심을 불러일으켰다. 데리다는 현존하는 모든 민주주의 국가는 사실상 불량 국가이며 따라서 우리는 불량 국가의 시대에 살고 있다고 결론을 짓는다. 그리고 그들의 환대는 관용은커녕 차별을 공고히 하는 악마의 속삭임인 것이다.

4. 레비나스의 타자의 윤리와 용서의 한계

레비나스는 타자의 관점에서 내가 가질 수 없는 타자의 절대성에 대한 나의 순종적 태도를 이야기한다. 나의 자유에서 시작하는 것이 아니라, 타자

테오-쿨투라

의 절대성에서 시작하는 것이다. 현실성이 부족하고 '피학적인 주체'를 말한다는 비판에도 불구하고 레비나스의 타자의 윤리는 이방인과 타자, 이주민에 대한 탁월한 이해가 된다.

사실 레비나스는 '시간'이 아닌 '공간'을 사유했다. 어떤 사람이 어떤 장소를 점유하고 있다는 것은 독특성을 지닌 유한함을 가리키는 것이다. 따라서 타자에게 공간을 마련해 주는 것은 타자의 현존을 위해 자리를 만들어 주는 것이고, 잊혔던 타자의 목소리에 귀를 기울이겠다는 의지의 표현이 된다. 이를 위해 레비나스는 '거주'라는 개념을 통해 '자기를 추스르고 휴식을 취하며 불안정을 유예하고 향유를 예비할 수 있는 곳'을 상정한다. 그런데 이러한 나의 거주 공간에 환대를 통하여 타자를 맞아들이는 것이 바로 타자 윤리의 핵심이 되는 것이다.

그러나 왜 내가 나에게 익숙하고 안락한 세계를 열고, 위험 부담이 있는 나그네를 받아들여야 하는가? 내가 미래의 불안정을 덜기 위해 모아 놓은 노동의 산물과 향유의 대상을 나그네에게 내놓고 대접해야 할 이유는 어디에 있는가? 레비나스는 '낯선 자가 헐벗고 굶주리고 가난한 자로 나에게 찾아오기 때문'이라고 한다. 그리고 여기서 그 낯선 자는 '무한자'이면서 가난한 자이다(역설적이게도!. 그리고 이것은 마태복음 25장에 잘 나와 있다). 게다가, 사실 집 주인 역시 처음부터 자신의 거주지에서는 손님이었다는 사실을 기억해야만 한다. "거류민이 너희의 땅에 거류하여 함께 있거든 너희는 그를 학대하지 말고 너희와 함께 있는 거류민을 너희 중에서 낳은 자 같이 여기며 자기 같이 사랑하라. 너희도 애굽 땅에서 거류민이 되었었느니라. 나는 너희의 하나님 여호와이니라(레 19:33~34)."

또한 레비나스는 '상처 입을 가능성(혹은 상처받을 수 있는 능력, vulnér-abil-ité)'을 '타자의 괴로움에 의해 상처받는 일, 타자의 비참함을 느끼는 고통에 노출되어 있는 상태'로 정의한다. 사실 삶은 무수한 상처의 흔적들로 채워진 것이 아닌가? 그리고 우리는 그 상처의 자국들을 외면할 수 없다. 상처에 취약한 몸(을 지닌 인간)과 상처입기 쉬운 유기체(로서의 공동체), 그것이 곧 우리 삶의 흔적과 인간 존재의 관계성, 그 핵심이다. 그리고 그 흔적에 관한 해결책이 레비나스에게 있어서 '초월'이며, 데리다가 물은 환상의 환대가 용서의 한계라는 구체적인 실천으로 육화되는 것이다.

레비나스의 초월 개념을 가장 잘 설명해 주는 용어는 아듀(adieu)이다. 어원적 의미로는 첫째, 타자와 만났을 때 하는 인사(축복) 둘째, 죽음을 포함해서 떠날 때 하는 인사(축복) 셋째, '신에게로 가다(à Dieu)'로 들 수 있다. 이 어원적 의미는 곧 '타자와 만남', '존재의 타자로서 죽음에 직면', '무한자에게로 초월'로 각각 상승(?)한다.

여기서 레비나스는 세 번째 의미인 신과의 만남은 오로지 첫 번째 의미인 타자와의 만남에 의존해서만 성립할 수 있다고 본다. 곧 타자에 대한 나의 윤리적 책임성은 나의 주체성의 본질적인 구조를 이루는 동시에 초월의 본질적 구조를 형성한다는 것이다. 보이는 이웃을 사랑하지 못한다면, 보이지 않는 하나님을 어떻게 사랑하겠는가? 따라서 내가 타자에 대해 윤리적 책임성을 지닌다는 것과 내가 주체로 선다는 것, 마침내 내가 초월할 수 있다는 것은 동일하다는 이야기이다. 용서의 관점에서 보면, 용서의 한계는 초월의 이러한 의미를 깨달을 때 용서라는 말은 사라지고 타자에 대한 무제약적인 책임성만 남은 순수 종교의 형태를 요청한다.

지금 제주에는 예멘인의 모습으로, 당신의 집 앞에는 무엇인가(음식, 의복, 직장, 집 등) 결핍된 모습으로 나타난 하나님이 보이는가? 바야흐로 환대의 신앙이 우리를 부르고 있다.

테오-쿨투라

04. 이슬람 혐오

〈내 이름은 칸〉-"나는 대통령을 만나야 합니다."

1. 이슬람 혐오?

공항에 한 남자가 들어온다. 그의 이름은 칸(샤룩 칸 분)이다. 어딘가 정신
이 온전치 못해 보이는 그의 행동 때문에 검문수색을 받게 된다. 검사를 받

는 중에도 칸은 "미국 대통령을 만나야 한다"는 말만 반복한다. 그 말에 흥미를 느낀 보안 검사관은 "만약 대통령을 만나게 된다면 나의 안부도 전해 달라."고 말하며 무시하고 조롱한다. 칸은 개의치 않고 그의 이름과 메시지를 수첩에 받아 적는다. 검사관이 만약 대통령을 만나게 되면 무엇을 할 거냐고 묻자 칸은 이렇게 답한다. "내 이름은 칸이고 난 테러리스트가 아닙니다."

공항을 떠나고 영화는 칸의 과거를 보여준다. 칸은 천재적인 지적능력과 동시에 자폐증을 가지고 태어났다. 무슬림이었던 그에게 어머니는 이슬람과 힌두교를 나누지 않고 전부 똑같은 사람이라고 하며 모든 종교의 평등을 강조한다. 이후 어머니가 돌아가시고 칸은 그의 동생이 살고 있는 샌프란시스코로 가고 거기서 화장품 판매원 일을 하다가, 힌두교인인 싱글맘 만디라 (까졸 분)와 사랑에 빠지게 된다. 너무나 사랑했던 칸과 만디라는 결혼하게 된다.

그러나 결혼 이후에 9·11테러가 발생하고 무슬림에 대한 세상의 시선은 차가워진다. 상냥했던 마을 사람들은 모두 칸 가족을 외면하기 시작하고 그나마 칸 가족과 친하던 마크 가족도 마크가 아프간에서 사망하면서 차가워졌고 마크의 아들 리스도 사미르를 멀리하게 된다. 그리고 이런 편견 때문에 만디라의 아들 사미르는 학교에서 왕따를 당하게 되고 그 때문에 목숨까지 잃게 된다. 슬픔에 빠진 만디라는 화를 참지 못하고 칸에게 "차라리 대통령한테 가서 칸과 그의 아들이 테러리스트가 아님을 밝히라"고 말한다. 순진한 칸은 그 말을 듣고 미국 대통령을 만나러 떠난다. "나는 대통령을 만나야 합니다."

대통령을 만나러 떠나는 칸, 그 여정 속에서 온갖 어려운 일들을 겪지만 순수한 칸의 마음은 사람들을 움직인다. 이러한 칸의 행보가 사람들에게 알려지면서 많은 사람들의 지지를 받게되고 이슬람에 대한 사람들의 시선

테오―쿨투라

이 바뀌게 된다. 결국 칸은 미국 대통령을 만나게 되고 그토록 전하고 싶었던 자신과 자신의 아들이 테러리스트가 아님을 밝히게 된다. 미국 대통령은 그 말을 듣고 "칸과 시간을 공유하게 되어 자랑스럽고 우리를 일깨워줘서 고맙다."라는 말을 전한다. 그리고 칸의 사랑을 확인한 만디라는 칸과 함께 자신의 집으로 돌아온다(현실은 트럼프가 45대 미국의 대통령으로 당선되어 반대로 가지만, 인도 마살라 영화의 고유한 해피엔딩이다).[1]

2. 혐오

카란 조하르 감독의 〈내 이름은 칸My Name is Khan〉(2010)은 〈포레스트 검프〉, 〈블랙〉, 〈말아톤〉, 〈아이 엠 샘〉과 같이 전세계 관객들을 울고 웃긴

---

[1] 인도의 상업 영화인 '마살라(masala)'는 '인도 고유의 양념'이라는 뜻으로, 고대 산스크리트 드라마의 전통적 요소인 도덕적 가치와 가족의 행복, 선과 악의 대비, 이룰 수 없는 꿈의 노래와 춤과 격투(액션)와 스릴을 가미시켜 표현한다. 특히 마살라는 '나바 라사'(9개의 정감)라 불리는 9개의 감정적인 요소를 말한다. 이것은 인도 고대의 전통 연극 이론에 기초한 것으로 연민(karuna), 용맹함(viram), 웃음(hasya), 슬픔(shoka), 놀라움(adhbhuta), 공포(bhaya), 분노(krodha), 증오(bhibasta), 평안(shanta)이라는 9개의 요소 전부가 영화에 들어있다. 이러한 마살라 영화의 특징은 '뮤지컬적 요소', '여러 장르의 혼합(희노애락)', '비범한 인물의 등장', 그리고 '권선징악－해피엔딩'이다. 따라서 인도 영화는 요란한 영화적 양념들인 춤, 노래, 멜로드라마, 스턴트, 전투, 카바레 장면, 과장된 유머를 주어진 공식대로 배합하여 사용하지만, 전통적인 윤리적 가치들을 잊지 않고 있어 관객은 기상천외한 판타지를 느끼는 가운데 전통적인 교훈을 동시에 볼 수 있다. 인도 영화는 인도와 이슬람 문화를 새롭게 보는데 많은 도움을 줄 것이다. '헐리우드 영화'에서 '볼리우드 영화'로 시선의 지평이 새롭게 전회 할 때 사울이 바울이 될 것이며, 개신교가 새롭게 변화될 것이다.

〈이슬람 혐오의 예시〉

최고의 감동 드라마이다. 911 테러 이후 미국 사회는 무슬림에 대한 반발심이 일어났고 일부 극단주의 사람들 때문에 무슬림 무두가 테러리스트 취급을 받는 일이 생겼다. 무고한 사람들이 다치고 전쟁이 일어나고 또 그 전쟁에서 사람들이 피해를 받게 되었다. 그리고 그 시작은 혐오이다.

한국기독교교회협의회(NCCK) 신학위원회 신학토론회 '혐오, 싫어하고 미워하다'(2016년)는 최근 등장한 개신교계의 동성애, 종북좌파, 이슬람에 대한 혐오현상의 그 기저에 내재한 특성을 잘 포착하고 있다. 그것은 바로 '갈수록 심해지는 불평등과 국가의 공공성 상실'이다. 거대자본은 중소자본에게, 중소자본은 노동자에게, 노동자는 다시 비정규직에게 손실을 전가하는 약육강식의 구조가 사회전반으로 넓고 깊게 퍼지고 있다. 따라서 기득권층의 속칭 '갑질'이 심해지면서 피해를 입은 이들이 자신보다 더 약한 자를 조롱하고 비하하는 양상을 보이고, 이로 인해 오늘날 한국사회 혐오문화가 더욱 견고해 졌다는 것이다.

동시에 혐오 현상의 이면에는 현재의 삶에서 느끼는 공허함과 포기의식

테오-쿨투라

이 깔려있고 '너는 나와 다르며 다른 것은 곧 틀린 것'이라는 극단적인 경계 짓기가 자리하고 있다. 여기서 한국의 개신교는 편 나누기의 첨병(尖兵) 역할을 하고 있다. 사람들이 삶의 방향을 상실한 채 표류하고 있다면 종교, 특별히 기독교는 예언자적 사명을 갖고 그것을 바로잡기 위한 담론을 제시해야 함에도 불구하고 혐오 담론을 퍼뜨리고 있는 것이다. 교회는 소외받는 이들의 영과 육의 회복을 위한 복지체계 확립에 노력하고 '더불어 사는 삶'의 필요성을 끊임없이 외쳐야 하는데, 차이를 부각시켜 차별로 방향성을 설정했다. 더 이상 희망은 없는 것이다.

이웃을 내 몸과 같이 사랑하라는 예수 그리스도의 명령을 지키는 것은 곧 이웃의 존엄성과 권리를 존중하는 것에서 출발한다. 때문에 타인의 존엄성을 저버리는 혐오는 크리스천에게 있어서 불의의 문제이다. 교회의 역할은 성도들에게 단지 성경을 가르치는 것이 아니라, 이웃과 세상을 능동적으로 섬기는 '행동하는 그리스도인'을 양육하는 것이기 때문이다. 따라서 신학위원회는 결론으로 교회의 역할은 '혐오를 양산한 불평등한 사회구조의 개혁'과 '존중을 기반으로 한 공존(共存)의 가치'를 설파해야 한다고 말한다.

3. 긍휼히 여기는 자는?

셰익스피어 희극 『베니스의 상인』에서 유대인 고리대금업자가 빚을 갚지 못한 이에게 계약대로 심장 부근의 살점을 1파운드만큼 베겠다고 한 것에 대한 반론으로 긍휼할 것을 연설하며 판사는 이렇게 말한다.

"긍휼의 성격은 부자연스럽지 않고, 하늘의 단비처럼 떨어지는 것이다. 아래로 떨어진 긍휼은 두 배로 복된 것이다. 베푸는 자에게 복되며, 받는 자에게 복된 것이다. 긍휼은 최고의 권력자에게 가장 강력한 것이고, 번쩍이는 왕관보다 옥좌에 앉은 왕에게 더 어울리는 것이다. 긍휼은 하나님 자신의 속성이다. 긍휼로 정의를 누그러뜨릴 때, 현세의 권력은 하나님 권세에 가장 가까워지는 것이다."

마태복음 5장 7절에서 예수께서 말씀하시기를 "긍휼히 여기는 자는 복이 있나니 그들이 긍휼히 여김을 받을 것이다."라고 하셨다. 〈내이름은 칸〉에서 칸의 어머니의 가르침이 들린다. 대통령을 만나려는 이 시대 대한민국의 촛불들, 그리고 그들이 꿈꾸는 세상은 어떤 세상이 되어야 하는지에 관해 들려주고 싶은 말이다.

> "이 세상에는 단 두 종류의 사람이 있어요. 좋은 행동을 하는 좋은 사람과 나쁜 행동을 하는 나쁜 사람. 하는 행동이 다를 뿐 다른 차이는 없어요."

테오-쿨투라

05. 이방인

우리들의 분수에 맞는 그리스도 — 어머니와 태양

"카뮈의 작품을 읽는다는 것은 그와 악수하고 싶은 욕구를
느낀다는 것이다." (카뮈의 전기 작가 장 클로드 브리스빌)

1. 무(모)한 도전, 오직 할뿐!

아마도 2005년 8월 13일 방영분일 때였던 것 같다. 섭씨 35도의 뙤약볕
에 흰색 속옷 한 장 입고 연탄공장에서 연탄기계와 경쟁하는 '무(모)한 도전'
이 의미 있게 다가온 것은. 그때 게스트인 차승원은 이렇게 질문을 던졌다.
"누구를 위해, 무엇을 향해 이렇게 뛰고 있는가?" 물론 유재석은 이렇게 답
한다. "무모한 것에 도전해 불가능을 가능으로 만들며 시청자들에게 감동
과 눈물과 웃음을 전달한다." 이 웃음과 감동을 위해 연탄 공장으로 들어

가서 혼신의 힘을 다해 연탄을 던지고 받는 출연자들의 모습은 바로 시지 포스(카뮈의 『시지포스 신화』 참조)였다. 부조리에서 벗어나지 못하면서도 부조리와 대결하는 무모한 이들의 도전은 이렇게 실존주의 철학의 내피를 입는다. "오직 할뿐(월정사 혜안 스님)"

2. 우리들의 분수에 맞는 그리스도

문학사상 가장 단순하고 명확한 언어로 쓰인 금강석 같은 작품인 『이방인』의 주인공 뫼르소(카뮈의 분신인)를 어떻게 봐야할까? 자기 어머니가 죽고 난 바로 그 이튿날 '해수욕을 하고, 부정한 관계를 맺기 시작했으며, 희극 영화를 보러 가서 시시덕거린', 그리고 또 '태양 때문에' 아랍인을 살해한, 자기는 '전에도 행복하였고 지금도 행복하다'고 분명하게 말하며, 사형 집행을 받는 날에는 단두대 주위로 많은 구경꾼들이 와서 '증오의 함성으로 맞아주기'를 원하는 이 인물을 도대체 어떻게 이해해야 할까?

사르트르(Jean-Paul Sartre)는 「이방인 해설」에서 이렇게 말한 적이 있다. "우리들은 아무런 희망도 기대할 수 없는 명철한 의식에 이르게 된다. 그때 우리가 종교나 존재론적 철학의 기만적인 구원을 거부할 줄만 안다면, 우리는 근원적인 몇 가지 자명한 사실을 파악할 수 있다. 즉, 이 세계는 혼돈이며 '혼돈으로부터 생겨나는 신성한 대응체이다.' 또한 사람은 반드시 죽는 것이므로 내일이란 없다." 사르트르답게 철저히 무신론적 실존주의자다운 해석이다.

따라서 사르트르는 이렇게 던져진 혼돈의 세계에서 '자유'와 '선택'의 중요성을 요청한 것처럼,[26] 카뮈에게서는 '반항적 정신'을 찾는다. 계속해서 사르트르의 말을 들어보자. "이방인은 설명하는 책이 아니다. 그것은 증명하는 책도 아니다. 부조리의 인간은 설명하는 것이 아니라 묘사한다. 카뮈는 다만 제시할 뿐, 원래 정당화할 수 없는 성질의 것인 그것을 정당화하려고 애쓰지 않는다. 그것은 '한계를 지닌, 죽어 없어지게 마련인 인간의 반항적인' 사고의 산물이다(『이방인 해설』)."

그러나 카뮈는 1955년 미국에서 출간된 이방인 서문에서 자신이 이 소설을 통해 무엇을 말하고자 했는지 아주 차분하게, 온갖 쓸데없는 힘과 무게를 다 내려놓고 명료하게 제시해주고 있다. 그리고 그것은 사르트르의 생각과 다르다. 카뮈의 말을 들어보자. "뫼르소는 거짓말하는 것을 거부한다. 거짓말을 한다는 것은 단순히, 있지도 않은 것을 말하는 것만이 아니다. 그것은 특히 실제로 있는 것 이상을 말하는 것, 인간의 마음에 대한 것일 때는, 자신이 느끼는 것 이상을 말하는 것을 뜻한다. 뫼르소는 있는 그대로 말하고 자신의 감정을 은폐하지 않는다. 이렇게 되면 사회는 즉시 위협당한다고 느끼게 마련이다(카뮈, 『이방인』 서문)."

살인죄로 기소된 뫼르소는 법정에 서서 자신의 처지를 변호할 수 있는 기회를 얻는다. 애초 아랍인을 죽일 의도가 없었으며, 다만 태양에 '눈'이 부셔서 그렇게 된 것일 뿐이라고 말하고자 한다. 살인은 순전히 태양 때문이었다고 설명하고자 했다. 그러나 허둥대는 바람에 말은 조리 없이 뒤범벅이 되고 말았다. 뫼스소는 스스로도 자신의 말이 우습게 들렸고, 실제 방청객들이 낄낄대는 소리를 듣게 된다. 있는 것 이상을 말하기 싫은 뫼르소는 그 낄낄대는 상황을 수용한다. 카뮈는 계속해서 이렇게 말한다. "뫼르소는 가난하고 가식이 없는 인간이며, 한 군데도 어두운 구석을 남겨놓지 않는 태양

---

1   인간은 그 어떤 사명이나 의의를 갖지 못한 채 세상에 던져졌기 때문에 그만큼 자유롭다는 뜻이다. 따라서 사르트르에 의하면 인간이란 '자유가 선고된 존재', '선택이 강요된 존재'이다.

을 사랑한다. 그에게 일체의 감수성이 결여되어 있다고는 결코 말할 수 없다. 집요하기 때문에 그만큼 뿌리가 깊은 정열이 그에게 활력을 공급한다. 절대에 대한, 진실에 대한 정열이 바로 그것이다(카뮈, 『이방인』 서문)."

사르트르가 오독한 무신론적 실존주의자 카뮈의 모습 뒤에는 이러한 정열이, 진실, 혹은 신에 대한 열정(종교나 존재론적 철학의 기만적 구원 비판이 아니라)이 있었던 것이다. 그리고 그것은 태양으로 표상된다. 따라서 태양과 정열이야말로 이방인을 제대로 읽는 도구가 될 것이다. 그리고 거기에는 철저히 니체(F. W. Nietzsche)의 아모르 파티(amor fati, 운명애)를 엿볼 수 있다. 아니, (종교적으로 보면) 더 나간다. 카뮈는 이렇게 말한다. "어떠한 영웅적 태도를 취하지 않으면서도 진실을 위해서는 죽음을 마다하지 않는 한 인간을 이방인 속에서 읽는다면 크게 틀린 것이 아니라고 할 수 있을 것이다. 여전히 좀 역설적인 뜻에서이지만, <u>나는 내 인물을 통해서 우리들의 분수에 맞을 수 있는 단 하나의 그리스도를 그려보려 했다는 말을 한 적이 있다.</u> 내가 설명을 할 만큼 했으니까 나의 이 말에 그 어떤 신성 모독적인 의도는 담겨 있지 않고, 그저 한 예술가가 스스로 창조한 인물에 대해 느낄 권리가 있는 약간 아이러니한 애정만이 담겨 있다는 것을 여러분을 이해할 수 있을 것이다(카뮈, 『이방인』 서문/밑줄은 필자)."

따라서 이방인을 '부조리하고 황당한 삶의 정황 속에 부대끼면서 스스로를 소외와 절망의 늪으로 몰아가는 현대인의 외진 자화상을 담아낸 걸작(철학자 김영민)'이라거나 사르트르와 같이 무신론을 읽어내고, 존재론적 구원과 종교적 희망을 비판하는 것은 이방인을 잘못 읽는 것이다. 카뮈의 스승장 그르니에(Jean Grenier, 1898~1971)도 이렇게 말한다. "카뮈는 자신이 하는 말 속에 스스로를 완전히 바쳤다. 그리고 <u>자기 자신뿐만 아니라 모든 사람들을 위해서 구원을 찾았으며 또한 그보다 더 열심히 행복을 찾았다.</u>"

테오-쿨투라

너무나 그 당시 현실에 맞는, 그 시대의 분수에 맞는 유신론적인 작품(혹은 유신론적인 인물이었던 뫼르소를)이어서 제대로 볼 줄 몰랐다. 그렇다면 우리들의 분수에 맞는 그리스도는 누구인가?

3. 아프리카의 태양

초대교회에 교리가 정립되기 전 등장한 이들을 교부라고 한다. 이들이 활동한 지역이 아프리카라 아프리카 학파라고 불리는데, 그 중 대표적인 이가 터툴리안(Tertulian, 150~240)이다. 평신도였던 그는 성직자보다도 더 열정적으로 신을 사랑했고, 그리스도교를 수호한 전사였다. 그런데 이러한 열정과 에너지는 뜨거운 햇빛이 가득한 북아프리카의 대표적인 항구 도시 카르타고의 영향 때문이다. 현재 아프리카 북부지역인 알제리, 튀니지, 리비아 같은 곳은 당시 로마 제국의 지배에 있었다. 로마 제국의 식량 공급지이자 수준 높은 문화생활을 하고 있었던 곳이다. 또한 이곳은 법률가나 의사, 당시 문법학자라고 불리는 문학 교사들을 비롯해 교양 수준이 높은 사람들이 많이 살고 있었다. 사실 그 당시 야만의 땅은 남부 유럽을 제외한 지금의 서부, 북부 유럽이었다.

아무튼 북아프리카 지역은 『이방인』에도 나오듯이 찬란한 태양이 눈부시고 뜨거운 곳이다. 이러한 태양빛은 사람의 성격에도 영향을 미친다. 따라서 햇살이 강한 북아프리카 사람들은 종종 다혈질적인 성격을 나타낸다. 아프리카에서 가장 많은 순교자가 나온 이유도 이러한 까닭이다. 신앙의 순수성이라는 측면에서 독특한 면모를 보여주었는데, 이것은 당시 동방에서 그리스어를 사용하던 민족과 비교해 보면, 박학다식한 그리스인들은 자신의 생존이 교회에 도움이 된다고 생각하면서 순교에 대해 신중한 태도를 보였지만, 북아프리카 사람들은 예수의 죽음을 본받아 자신들도 목숨을 바쳐 순교의 영광을 얻고자 하는 열망을 지녔다. 카뮈(혹은 뫼르소의) 실존주의 철학의 외피는 바로 뜨거운 아프리카의 태양이었으며 분수에 맞는 그리스도는 이러한 외피를 우리들에게 던져준다(물론, 그 내피는 무한도전이 먼저 주었다).

4. 聖 어거스틴의 그림자, 뫼르소(카뮈)

북아프리카 카르타고의 베르베르 종족 출신이었던 세속적인 인간, 재능 있는 신학자이자 변증가이며 문필가인 어거스틴(Aurelius Augustinus, 396~430)은 어머니 모니카의 기도로 열정적인 그리스도인이 되었다. 베르베르인은 신체적으로 작은 키, 검은 피부, 넓은 어깨, 좁은 엉덩이가 그 특징으로 신경질적이고 극성스런 기질을 갖춘 전형적인 전투사들이다. 그들의 선조로 알프스를 넘어 로마를 위협한 한니발이 있었다. 그리고 이러한 어거스틴의 후손으로 뫼르소(카뮈)가 있다.

지중해의 지혜와 북아프리카의 감성을 함께 지닌 작가 카뮈는 태양과 청춘에 대한 신선한 찬가를 노래했다. 알제리에서 태어나 가난과 질병, 그리고 빛과 바다의 무분별한 축복 속에서 어린 시절과 청춘시절을 보낸다. 그림자 없는 빛이란 이 세상에 존재하지 않는다는 사실을 깨달았던 카뮈는 삶에 대한 부정과 긍정을 절묘하게 결합한다. 따라서 카뮈에게는 어거스틴에게 있었던 정열과 경건한 신앙처럼, 두 개의 영혼이 있다. 하나는 숨 막히는 열기를 호흡하며 꺼질듯 말듯 깜빡이는 전등 아래서, 밤새 위대한 소설의 바위를 굴려 나가는 영혼이고, 다른 하나는 시원한 바다를 가르며 힘차게 수영한 뒤 따뜻하게 달궈진 모래사장 위로 기어 올라가 기분 좋은 태양 빛을 만끽하는 영혼이다. 따라서 카뮈의 소설이 전자의 사막에서 나온다면 그의 에세이는 후자의 바다에서 나온다.

쾌락과 욕망에 휩싸여 홍등가를 방황했던 어거스틴처럼 카뮈는 북아프리카에 대한 감각적 세계 속에서 스스로를 드러내 보인다. 『결혼』이 이를 잘 증명해주는데, 육체적 강렬함과 쾌락에 대한 취향은, 사르트르가 자신의 글에서 결코 세계나 신체를 그렇게 직접적으로 자발적으로 기쁘게 껴안은 적이 없는 것과 반대이다. 한번 상상해보자. 저 지중해 푸른 바다 모래사장을. 그곳에는 카뮈가 있고 그의 옆에는 윤기 넘치는 흑발의 여인이 누워있다. 그 자태의 우아함이 파도의 힘찬 방문과 결합한다. 탱탱하게 솟아오른 피부를 태양이 어루만지면 살갗은 보기 좋은 구리 빛으로 물든다. 울긋불긋 물든 꽃들은 축복을 내리고, 그 향기에 취해 눈을 뜨면 비로소 헤아릴 수 없는 자유가 온 몸을 가득 채운다(이 얼마나 사르트르의 자유와 다른가!)

노래 중의 노래라는 성서 「아가」서를 읽는듯하다. "아름다워라, 그대, 나의 고운 짝이여. 너울 뒤의 그대 눈동자 비둘기같이 아른거리고, 머리채는 길르앗 비탈을 내리닫는 염소 떼, 이는 털을 깎으려고 목욕시킨 양떼 같아라. 새끼 없는 놈 하나 없이 모두 쌍둥이를 거느렸구나. 입술은 새빨간 실오리, 입은 예쁘기만 하고 너울 뒤에 비치는 볼은 쪼개놓은 석류 같으며, 목은 높고 둥근 다윗의 망대 같아, 용사들의 방패 천 개나 걸어놓은 듯싶구나. 그대의 젖가슴은 새끼 사슴 한 쌍, 나리꽃밭에서 풀을 뜯는 쌍둥이 노루 같아라(「아가」 4장1-5)."

카뮈는 알제[2]와 오랑[3]을, 제밀라[29]와 티파사[30]를 여행하며 돌과 태양과

2 　알제는 알제리의 수도이자 알제리 최대의 도시이다. 프랑스 식민지답게 도심의 분위기는 프랑스와 닮아 있고, 거리의 간판 역시 아랍어보다 불어가 많은 곳이다.
3 　알제리의 제2의 도시.

바람과 폐허가 된 역사를 얘기한다. 그의 벅차오르는 문장을 읽다보면 입 안 가득 넘쳐흐르는 과육이 향기가, 마치 축복처럼 다가온다. 카뮈의 말이 다. "티파사의 아침에 폐허 위에 맺히는 이슬. 세상에서 가장 오래된 것 위 에 세상에서 가장 젊고 신선한 것. 이것이 바로 나의 신앙이고, 또 내가 생 각하는 예술과 삶의 원칙이다."

그러나 장 그르니에는 『알베르 카뮈』에서 이렇게 말한다. "(카뮈의) 장애 로 가득한 삶…… 그의 삶은 그런 것이었다. 우선 그는 거의 태어나자마자 곧장 고아가 되었다. 그리고 가난한 어린 시절을 보냈다. 청년이 되면서부터 는 병에 걸려 여행의 꿈과 미래의 이상을 실현시킬 수 없었다. …… 위기는 그렇듯 갑작스럽게 그를 덮쳤으며, 그런 만큼 더욱더 그를 의기소침케 했 다."

이처럼 어거스틴의 경우 내적 환경이 그에게 영향을 미쳤다면, 카뮈의 경 우는 외적 환경이 그의 삶에 큰 영향을 미쳤다. 물론 어거스틴은 악의 문제 로 고민했다. 그러다가 플로티노스(Plotinos, 204~270)의 신플라톤주의 철학 의 도움으로 마니교(Manichaeism)의 '선악이원론'[6]을 벗어나 '악은 선의 결핍' 이라는 깨달음을 얻게 된다. 사실 그림자는 대상으로 인한 빛의 결핍이 형

---

4   고대 로마의 유적이 있는 알제리의 도시이다.

5   티파사는 지중해 연안에 위치한 고대 카르타고 무역의 중심지였다. 토착민 기념물, 비잔틴, 초기 그리스도교, 로마, 페니키아인들의 유적이 복합적으로 산재해 있는 곳으로 이곳 로마 유적지는 1982년 유네스코 세계 문화유산으로 등재되었다.

6   마니교의 우주론으로, 선하고 영적인 빛의 세계와 악하고 물질적인 어둠의 세계 간의 투쟁에 대해 설명한다. 이 우주론에 의하면, 인간의 역사에서는 선과 악 또 는 영성과 물질성의 투쟁이 계속하여 발생하는데, 이 과정을 통해 선 또는 영성이 그 대립물인 악 또는 물질성을 극복하게 되며 이에 따라 빛이 물질의 세계로부터 점차적으로 철수할 수 있게 되고 마침내 그 자신이 발출되어 나왔던 본래의 원천 인 빛의 세계(world of light)로 되돌아가게 된다는 것이다.

테오-쿨투라

체로 드러난 것 아닌가? 빛의 눈부심에, 어거스틴 처럼 빛으로 들어간 것이 아니라, 빛을 쏴버리고 그림자로 도피한 카뮈는 따라서 (종교적으로 보면) 어거스틴의 그림자이다. 어거스틴은 그 다혈직적인 북아프리카 기질에도 불구하고, 자신의 내면으로 들어가 신을 만났다면, 카뮈는 자신의 내면에서 '신의 그림자'를 만났던 것이다. 뫼르소(카뮈)는 신을 믿기에는 너무나 스승이 없었고(어거스틴의 암브로시우스 주교처럼), 종교적으로 회심하기에는 어거스틴처럼 어머니 모니카의 눈물도 없었다.

5. 어머니: 모니카의 눈물과 카뮈의 귀머거리 어머니

어머니에 대한 카뮈의 회상은 이렇다. 「가난한 동네의 목소리들」, 『젊은 시절의 글』(1934년)을 인용하여 보자. "그녀(카뮈의 어머니)는 장애자여서 생각을 온전하게 하지 못하는 상태였다. 그녀에게는 거세고 독선적인 어머니가 있었다. 그 어머니는 과민한 동물 같은 자존심만 내세우며 모든 것을 희생시켰고, 박약한 정신의 소유자인 딸을 오랫동안 억압했다. 딸은 결혼으로 해방되어 나갔다가 남편이 죽고 혼자가 되자 순순히 돌아왔다. 남편은 이른바 전장에서 장렬하게 전사했다."

아버지가 일찍 죽고, 귀머거리 어머니와 함께 할머니와 살았던 카뮈는 어머니의 침묵 속에서 부조리한 세상의 침묵을 엿본다. 뫼르소가 어머니의 죽음 앞에서 울지 않았던 이유가 바로 여기에 있다. 카뮈의 어머니 회상을 좀 더 들어보자. "그 여자는 일을 하고, 번 돈을 자기 어머니에게 갖다 준다. 할머니는 회초리로 아이들을 교육한다. …… 그녀가 노동에서 돌아와 보면(그 여자는 남의 집 가정부였다) 집이 텅 비어 있는 때가 가끔 있다. …… 그녀의 침묵은 위안 받을 길 없는 서글픔에 젖어든다. 옆에 아무도 없으니 그걸 알아줄 사람도 없다(「가난한 동네의 목소리들」).”

모니카의 눈물이 어거스틴을 성자로 만들었다면, 카뮈 어머니의 침묵은 카뮈를 위대한 영성가로 만들었다. 카뮈의 회상이다. “어머니는 한 번도 그를 쓰다듬어준 적이 없다. 그럴 줄을 모르는 여자였던 것이다. 그래서 그는 오랫동안 우두커니 서서 어머니를 바라보고만 있는 것이다. 자신이 남이라는 것을 느끼며 그는 어머니의 괴로운 마음을 의식한다. 어머니는 아이가 들어오는 소리를 듣지 못한다. 귀가 먹었기 때문이다(「가난한 동네의 목소리들」).”

카뮈는 이렇게 말한다. “어머니는 언제나 저렇게 침묵만 지킬 것이다. 그는 고통 속에서 자라날 것이다. 어른이 된다는 것, 그것만이 중요하다. 할머니는 죽을 것이고 다음엔 어머니가, 그 다음엔 아이가.” 그리고 그 영성의 끝은 죽음이었다. 태양의 그림자, 빛의 결핍이 역설적으로 카뮈에게 이렇게 드러나는 것이다.

6. 의미 있는 도전

결국 카뮈는 「긍정과 부정 사이에서」, 『안과 겉』(1937)에서 이렇게 말한다. “일을 복잡하게 만드는 것은 인간들이다. 우리에게 쓸데없는 이야기는 하지 말라. 사형 받는 자를 가리켜 ‘그가 사회에 죄 값을 치르려 하고 있다’라고 할 것이 아니라 ‘그의 목이 잘리게 될 것이다’라고 말해야 한다. 보기엔 별 것 아닌 것 같다. 그러나 약간의 차이는 있다. 그리고 세상에는 자신의 운명을 똑바로 마주 보기를 더 좋아하는 사람들이 있는 것이다.” 이때 우리는 이방인의 다음의 마지막 구절을 이해할 수 있게 될 것이다. 세계의 무관심에 의식으로 인식하는 참된 신앙인의 모습을!

"표적과 별들이 가득 찬 밤하늘을 올려다보며, 나는 처음으로 세계의 다정스러운 무관심에 마음을 열고 있었던 것이다. 그처럼 세계가 나와 다름없고 형제 같음을 느끼며, 나는 행복했다고, 지금도 행복하다고 생각했다. 많은 것이 이루어지고 내가 외롭지 않다는 것을 느끼기 위해서 이제 내게 남은 소망은, 다만 내가 사형 집행을 받는 날 많은 구경꾼들이 증오의 함성으로써 나를 맞아 주었으면 하는 것뿐이다."

자, 이제 카뮈와 제대로 악수하고 싶은 욕구가 생기는가?

06. 악

'외로운 늑대'의 분노와 악의 발생사

1. 영화 〈암수살인〉과 외로운 늑대

영화 〈신과 함께〉에서 저승사자 역을 완벽하게 소화한 배우 주지훈이 영화 〈암수살인〉(2018)에서 삭발투혼까지 감행하며 살인범의 연기를 완벽하

테오-쿨투라

게 재현했다. 피해자는 존재하지만, 신고도, 시체도, 수사도 없기 때문에 세상에는 알려지지 않았던 살인사건을 암수살인이라고 하는데, 2010년 부산에서 있었던 실화를 영화로 제작하였다고 한다. 영화의 첫 장면, 자갈치 한 식당에서 살인범 강태오(주지훈 분)는 형사 김형민(김윤석 분)에게 이렇게 이야기 한다. "일곱, 총 일곱 명입니다. 제가 죽인 사람들예." 태오가 적어준 7개의 살인 리스트를 보고 직감적으로 사실임을 감지한 김 형사는 "이거 못 믿으면 수사 못한다. 일단 무조건 믿고, 끝까지 의심하자."라고 말하며 수사를 진행한다.

사실 태오가 추가 살인한 것은 세상에 알려지지 않았던 살인사건이고, 김 형사는 태오가 거짓말과 진실을 교묘하게 뒤섞으면서 말하고 있다는 것을 알지만 수사를 포기 하지 않는다. 부족한 증거로, 또한 공소시효가 끝나버리면 18년 형을 살고 나와도 50세가 되어 또 다시 살인을 할 태오를 잡고자 김 형사는 끝까지 포기하지 않는다. 마침내 김 형사는 증거와 증인으로 태오의 범죄를 밝히고 태오는 무기징역을 선고 받지만, 흉악하고 교활한 살인범 태오는 감옥에서 자살함으로 생을 마감한다.

태오는 왜 그랬을까? 왜 사람을 죽이고 반성하지 않고, 끝까지 악의 화신으로 남았을까? 어릴 때 50세 남성을 죽였다는 첫 번째 태오의 자백 리스트에 답이 있다. 아버지의 폭력에 고통당하는 남매, 그리고 중 3때 그 아버지를 죽인 태오와 그것을 모른 채 하는 고 2인 누나. 아버지의 폭력은 아들에게 유전되어 마침내 어른이 된 태오는 아버지와 같이 폭력을 휘두른다. 참을 수 없는 분노로 애인을 살해하고, 이어지는 행인과의 조그마한 마찰에도 살인을 계속한다. 그리고 풀려나고자 김 형사에게 자신의 범죄를 말하며 증거불충분으로 감형, 혹은 무죄를 선고받고자 한다.

사실 분노는 인간이 가진 보편적 정서이지만, 순간적으로 화를 참지 못해 타인의 목숨을 빼앗은 행위는 통상적인 행위는 아니다. 그러나 최근 우리

사회에 이런 일이 잇따르고 있다. 2012년 서울 여의도 흉기 난동사건, 2014년 울산 버스정류장 살인사건, 2016년 서울 강남역 화장실 살인사건, 올 2018년 10월에 발생한 서울 강서구 PC방 살인사건, 부산 일가족 피살사건, 경남 거제의 폐지 줍는 여성을 젊은 청년이 살해한 사건 등은 분노에 의한 우발적 살인이었다. 그리고 전문가들의 분석에 따르면, 이 사건의 가해자 대부분은 대인관계가 원만치 않은 '외로운 늑대(lone wolf)'유형이라고 한다. 이들은 사회에 적응하지 못하고 마음속에 담아둔 화를 적절히 해소하지 못해 범죄를 저질렀다고 한다.[1]

폭력과 살인의 발생사, 곧 죄라는 것이 그저 악한 행위에만 국한되어 있는 것이라면, 교육과 도덕적인 갱신(나아가 약물을 통한 치료와 뇌구조 변경까지)을 통해서 교양을 증진시키고, 사회전체를 잘 정비된 법률로 통제하며 관리한다면 될 것이다. 그러나 태오는 감옥에서 종교적으로는 반야심경을

---

1 경찰청이 지난해 살인을 저지른 914명의 동기를 조사한 결과 '우발적'이 357명 (39.1%)으로 가장 많았다고 한다. 하루에 1건 꼴로 우발적 살인이 일어난 셈이다. 가정불화(76명), 현실불만(44명), 경제적 이익(19명), 보복(8명) 등 순이었는데, 우발적으로 살인을 저지르는 이는 2014년 345명, 2015년 344명, 2016년 373명, 2017년 357명으로 매년 300-400명 수준인 것으로 집계됐다. 이러한 분노에 의한 범죄 발생은 경쟁과 갈등이 심한 현대 사회의 어두운 측면을 반영한 결과라는 분석도 있다. 치열한 경쟁 구도에서 낙오되거나 살아남지 못한 이들이 살인 등 강력범죄로 자신의 분노를 표출한다는 것이다. 과도한 경쟁에 내몰리고, 경제 불황 등을 겪을 때 외로운 늑대들은 다른 사람들보다 좌절을 더 느끼고, 이런 일이 반복되다 보면 결국 개인이 감당할 수 없는 수준에 도달하고 폭발하게 된다는 것이다. 그러나 해마다 분노를 긍정적으로 해소할 방법이 없어 타인에게 과격한 표현을 하고, 물리적으로 공격성을 표출하는 사건이 발생하는데 이를 예방할 국가 차원의 시스템은 찾아보기 어렵다. 따라서 '사회적 외톨이'에 대한 실태조사와 스트레스의 극단적 분출을 예방할 국가 차원의 관리체계가 필요할 것이다.

테오-쿨투라

암송하고, 교육적으로는 법률을 공부하며, 역설적으로 법에 의해 무죄를 선고 받고자 한다. 법과 교육(종교까지)의 무용성을 잘 보여준다.

주변을 둘러보라. 지금 우리의 삶, 사회 환경, 그리고 국제 정치와 인류의 역사는 폭력과 이기심, 살인과 전쟁이 그치지 않고 있다. 죄는 마르지 않고 폭포수처럼 확산되고 있다. 따라서 비약은 있겠지만 영화 〈암수살인〉은 기독교 시각으로 보면 악의 실체와 발생사, 곧 원죄에 관한 영화이다.

2. 악의 실체

아우구스티누스는 악의 문제를 네 가지 관점에서 논하고 있다. 그것은 존재론적, 도덕적, 심미적, 그리고 종말론적 관점이다. 먼저, 존재론적 관점에서 악은 비존재요, 선의 결핍(privatio boni)이다. 아우구스티누스는 이렇게 말한다. "악은 그 자체로 실체가 아니라, 다만 존재와 선의 결핍 상태이다." 곧, 악이란 스스로 실재하는 것이 아니라, 좋은 것이 자기완성에 도달하지 못한 실패(결핍)의 상태로 그림자처럼 따라 다니는 것이다. 태오의 환경이 그를 악하게 만들었다고 볼 수 있는 것이다. 이렇게 되면 반대로 "존재하는 모든 것은 다 선하다(Omnis natura bona est)"는 결론이 나온다. 따라서 하나님의 창조는 본래 좋았다는 것, 본래 악을 창조하지 않으신 좋으신 하나님이라는 측면에서는 긍정적이기는 하나, 이러한 악의 존재론적 이해는 역사 안에서 체험한 악의 실체를 설명하기에 부족하다고 볼 수 있다. 태오의 잔인성과 교활함은 단지 선의 결핍으로 보기에는 무리가 있는 것이다.

따라서 역사 안에서 체험하는 악의 실체를 규명하기 위해 아우구스티누스는 두 번째로 악의 도덕적 관점을 이야기한다. 이것은 선한 의지의 결핍, 즉 악한 의지(voluntas mala) 또는 '탐욕(cupiditas)'이다.[33] 곧, 악의 문제를 인간의 내면성에서 찾아 악을 도덕적, 경험적으로 선한 의지의 결핍으로 보는 것이다. 그런데 여기에 문제가 있다. 도덕적이지 않은 행위로써의 악이 있다면 그것과 상관없는 자연악은 어떻게 이해해야 할 것인가이다. 아우구스티누스는 이렇게 말한다. "도덕악은 인간의지의 왜곡이요, 자연악은 그 결과이다. 전자는 죄요, 후자는 죄에 대한 벌이다. 그러므로 모든 악은 죄이든지 혹은 죄에 대한 벌이든지 그 하나이다."

여기서 아우구스티누스의 '시간론'과 '역사관'이 나오게 되는데, 아우구스티누스는 이렇게 말한다. "인간의 역사는 어리석은 사람이 하는 이야기처럼 줄거리나 의미가 없는 것이 아니라, 마치 전 세계의 모든 것들이 하나님의 지혜에 의하여 '공간적인 조화'를 이루고 있는 것처럼, 인간 역사의 사건도 하나님의 섭리에 의하여 '시간적 조화'를 이루어 나가면서 최후의 완성을 향해 진행해 나간다." 따라서 공간적인 조화의 측면에서 악의 문제는 세 번째 '심미적인 접근'이, 시간적인 조화의 측면에서는 네 번째 '종말론적인 접근'이 가능하게 되는 것이다.

그럼, 세 번째 심미적인 접근은 무엇인가? 아우구스티누스는 세계를 밑에서 부분적으로 보지 않고 위에서, 곧 창조자의 견지에서 전체적으로 보려고 한다. 그는 이렇게 말한다. "세계를 부분적으로 보지 않고 전체적으로 보게 될 때 악으로 보였던 부분도 결국 전체적인 조화와 미에 공헌하는 요소들이 되고 만다." 놀라운 통찰이다. 다시 말하면 이런 것이다. 스테인드글

---

2 아우구스티누스에 의하면, 신이 아닌 인간은 완전하지 않기에 끊임없이 그 빈자리를 채우고자 한다. 그리고 그것을 '사랑'이라고 부르는데, 그에 의하면 사랑은 두 가지이다. 큐피디타스(cupiditas)와 카리타스(caritas)로, 전자는 '덧없는 것들에 대한 집착', 곧 명예와 권력, 돈에 대한 갈구이며 후자는 '영원한 존재, 신에 대한 사랑'을 뜻한다.

테오-쿨투라

라스의 '검정색(만약 이것을 악이라고 한다면!)'을 부분적으로 보지 않고 전체적으로 보면 조화를 이루어 아름답다는 것이다.

『고백록』에서 아우구스티누스는 이렇게 말한다. "당신에겐 악이 정말 존재하고 있지 않습니다. 당신에게만 아니라 당신이 창조한 것을 전체적으로 볼 때 악은 존재하지 않습니다. 왜냐하면 당신이 창조한 이 세계 밖에서 어떤 것이 침입하여 당신이 창조하신 이 질서를 파괴할 수 없기 때문입니다. 당신이 창조한 일부분이 다른 것들과 조화되지 않아서 악인 듯이 보여도 또 다른 것들과는 조화되어 좋게 되고 또한 그 자체가 좋은 것입니다."

그런데 문제는 이러한 관점은 때로는 '전체를 위한 부분의 희생을 정당화하는' 전체주의를 암시하듯이 느껴진다는 것이다. 그러나 사실 아우구스티누스의 의도는 하나님의 섭리와 절대 주권을 우주(공간의 차원)에 적용하여 하나님을 찬양하는 것에 기초하고 있다. 곧, 시간과 역사 안에서 행해지는 인간의 악도 하나님의 측량할 수 없는 지혜와 섭리로 인도되어 결국 아름다운 조화가 이루어진다는 것이다. 이것이 바로 악에 대한 종말론적 접근이다.

아우구스티누스는 『시편 강해』에서 이렇게 말한다. "그러므로 네가 무엇을 선택하든지 전능하신 자는 그것 때문에 자기의 뜻을 성취해 나가시는데 고난을 느끼지 않으신다." 사실 인간이 아무리 악하게 행동한다 할지라도 그것은 하나님의 뜻과 능력 밖에 있을 수는 없다. 우리 인간의 의식적, 무의식적 행동과 생각까지도 이용하여 자기의 뜻을 수행하시는 이가 하나님이시기 때문이다. 따라서 아우구스티누스는 이렇게 말한다. "인간은 하나님의 선하심을 악용하지만 하나님은 인간의 악도 선용하신다." 태오에게 면죄부를 주어 희생자의 울음이 그치지 않게 하는 것일까?

더 나아가 아우구스티누스는 『교리요강』에서 이렇게도 말한다. "하나님은 악이 존재하지 않도록 하기 보다는 악에서 선을 이루는 것이 더 좋다고 판단하셨다." 이것은 역사에 있어서 선과 악의 대립을 통해서 역사의 미와 조화를 이룩하시는 하나님의 섭리를 드러내려는 것이다. 이것이 『신국론』의 핵심이 된다. 이 세상에는 '신의 나라(Civitas Dei)'와 '세상나라(Civitas mundi)'가 서로 얽혀 있지만 결국 신의 나라가 승리한다는 것이다. 왜냐하면 신의 나라는 이 세상나라에 참여하여 세상나라를 끊임없이 변화시키기 때문이다. 따라서 아우구스티누스는 『신국론』에서 이렇게 말한다. "그림의 아름다움이 그 그림 속에 잘 표현된 그림자에 의하여 더 미화되는 것처럼 그것을 식별할 수 있는 눈을 가진 자에겐 이 우주의 미는 악을 행하는 죄인들에 의하여서도 더 증진된다."

결국 『신국론』에 따르면 하나님은 종국에 가서는 인간이 알 수 없는 방법으로 악을 제어하시고 시간적이고 유한한 악으로부터 영원하고 무한한 선을 이룩하신다는 것이다. 그리고 이것이 악의 문제에 대한 종말론적인 해결이다. 태오가 자살함으로 악이 제어된 것인가? 아니면 무기징역을 선언함으로 정의는 구현된 것인가? 그러나 영화의 마지막 장면, 피해자의 사체를 찾기 위해 낙동강 생태공원의 아름다운 갈대밭을 수첩을 들고 걸어 다니는 김 형사의 모습은 어쩐지 씁쓸하다. "오지희, 어디있노? 니!?"

3. 악의 발생사: 원죄

따라서 김 형사의 씁쓸한 모습의 원인은 악의 발생사로 '원죄(原罪)'를 논할 때 이해 될 것이다. 아우구스티누스는 '창세기'에 등장하는 최초의 인류인 아담과 하와 이야기를 자신의 저작 『고백록』에서 해석하면서 그리스도교 교리의 근간이 된 원죄라는 개념을 만들었다.[34] 원죄는 에덴동산에서 추방된 죄인인 아담이 아들을 낳았는데, 그 아들에게 자신의 성품을 유전시켰다는 것이다. 아우구스티누스는 인류를 아담과 동일시하기에, 아담과 인류의 관계는 유대관계(또는 연대관계)이다. 따라서 아담의 범죄로 인류는 출생 시 '죄의 총체(messa peccati)'에 가담한 실제적 죄인이 되는 것이다. 물론, 그리스도의 구속으로 구원받는 '구속된 총체(messa redmata)'이기도 하다.

중요한 것은 아우구스티누스가 죄의 보편성의 원인을 '육체의 유혹'으로 보지 않고, '의지의 전도(the pervision of will)'로 본다는 점이다. 따라서 이에 대한 치유의 방법도 '은총의 절대성'뿐이라고 말한다. 아우구스티누스에 의하면 원죄는 단순한 죄책이 아니라 실제적인 죄이고, '모방(imitation)'이 아니라, 출산에 의해 생성되며, 원죄의 결과로 개인들에게는 무지, 육욕, 죽음이 초래되었다고 한다. 반면, 펠라기우스주의자들은 유아는 타락 이전의 아담과 같은 상태로 태어나며 원죄는 아담의 행위에 대한 '모방'이며 이러한 죄는 그리스도에 대한 모방, 곧 예수의 가르침을 실천하는 것으로 제거될 수 있다고 한다.[4]

---

3 1,600년이나 되는 이 교리가 공격받기 시작한 것은 19세기 말이다. 철학자 니체는 "신은 죽었다."라는 말로 원죄의 죄책감에 시달리는 유럽인들에게 해방과 자유를 선포했다. 니체에 따르면, 인간은 자정 능력과 초월 능력이 있다. 따라서 선택된 인간들은 교리와 같은 남들이 만들어놓은 권위에 순응하는 대중으로부터 스스로를 분리하고 '자기'라는 현재 상태를 극복해 '초인(超人)'이 될 수 있다고 주장하며 원죄를 반대한다. 칸트 역시 악의 문제를 선험적으로 설명하기는 하지만, 이 '선험적인 악'은 '이성의 힘'을 통해서 제어 할 수 있다고 한다. 칸트의 '영구 평화론'이 바로 그러한 결론이다.

4 이것은 서방교회와 동방교회의 차이인데, 동방교회의 전통은 태초에 인간에게 주어졌던 선택의 자유가 아담의 후손에게도 계속 존재한다고 주장하는 반면, 서방교회는 아담이 행사하였던 선택의 자유는 아담의 범죄 행위로 상실되어 그의 후손들에게는 선택의 자유가 없어졌다고 말한다. 왜냐하면 서방교회는 아담의 범죄가 인류에게 유전되기 때문이라는 것이다. 반면 동방교회는 인간의 연약함과 육체

아무튼 아우구스티누스에게 있어서 자유란 선을 선택하고 완수할 수 있는 능력을 의미한다. 그러나 타락한 인간은 결코 이 능력을 소유할 수 없다. 아우구스티누스는 이렇게 말한다. "자유의지는 포로가 될 것이므로 죄짓는 용도 외에는 쓸모가 없다. 만일 하나님의 도우시는 조치로 해방되지 않는다면, 의를 행하는데도 쓸모가 없다."[5]

사실 죄로 인한 하나님으로부터의 이탈은 인간의 의지를 왜곡시켰고, 진리에 대하여 눈이 멀었으며 육체에 굴복 당하게 된 것이다. 그러나 그럼에도 불구하고 하나님은 인간에게 은총을 부어 주시어 믿음으로 무지를 정복하고, 사랑으로 자기중심을 대체하고, 소망을 통하여 죽음에 대하여 승리

적 유혹 때문에 아담이 범죄를 한 것이고 이러한 연약함과 육체적 유혹이 인간을 멸망으로 이끈다는 것이다. 따라서 도덕적 악을 육체의 유혹으로 돌리고, 이에 대한 해결책으로 금욕주의를 주장한다. 독신주의, 금식, 육체적 고행은 바로 이들의 신앙 행위라고 볼 수 있다. 따라서 아우구스티누스는 서방교회의 율법주의적 경향에 대해서는 '은총'을 강조하고, 동방교회의 낙관주의적 경향에 대해서는 '원죄'를 강조한 것이라고 볼 수 있다.

5 종교개혁자 칼빈 역시 아우구스티누스에 동의하며 『기독교 강요』 제2권 1장에서 5장까지 원죄에 관해 논의했다. 무려 100페이지 걸쳐 사람의 비참한 현 상태를 상세하게 설명하고 있는데, 핵심은 죄로 인해 의지의 자유를 빼앗긴 채 종의 상태에 매여 있는 인간의 상태를 보여준다. 따라서 아우구스티누스의 생각을 따라 칼빈은 인간에게는 '자유의지'가 부적절하다고 지적한다. 칼빈의 말이다. "자유의지라는 용어를 계속 사용하게 되면 크나큰 위험이 따르게 되므로, 오히려 그것을 폐기하는 것이 교회를 위하여 큰 유익이 되리라고 본다. 나 자신은 이 용어를 쓰지 않을 것이고, 혹 다른 사람들이 나의 조언을 구한다면, 그들에게도 역시 쓰지 말라고 말하고 하고 싶다." 결국 인간은 자연적인 본성으로는 구원을 받을 수 없으며 인간의 본성은 죄로 인해 죽음과 정죄의 굴레 하에 놓여있기에 하나님과의 화해를 이루고자 오신 중보자, 곧 예수 그리스도의 복음을 통해 구원을 받을 수 있다는 것이다.

            테오—쿨투라

하게 하신다는 것이다.

영화로 시작했기에 영화로 결론을 내려 보자. 태오는 죄로 인해 하나님으로부터 이탈했으며 왜곡된 의지로 진리에 눈멀고, 육체에 굴복당한 것이다. 그가 자살하지 않고 '구속된 총체'로 가기엔 선의 결핍이 너무 심했던 것인가? 아니면 멸망할 바벨론 성이었기 때문일까? 답은 태오가 김 형사에게 그토록 사주기를 바랐던 변색안경(선글라스)에 있다. 실내에서는 그냥 도수 없는 안경이지만, 실외에서는 빛을 차단하는 선글라스가 되는, 그 안경 말이다. 그리고 요한복음은 태오가 안경을 갖고 싶었던 이유를 이렇게 말해준다. "빛이 어두움에 비춰되 어두움이 깨닫지 못하더라(요1:5)."

07. 액괴(액체괴물)

유동성의 시대와 액체근대

액괴를 만지는 아이들

1. 액괴의 시대와 강한 것들의 전성시대

요즘 딸아이가 갖고 노는 장난감 중 단연 으뜸인 것은 '액괴'이다. '액체괴물'의 줄임말이다. 액괴를 주무르는 것이 그리도 재미있는가 보다. 액체는 형태가 없는 무정형의 물질이다. 물과 같은데, 쏟아지지는 않는다. 아이들은 이러한 부드러운 무정형의 물질을 갖고 노는데, 어른들의 세계는 지금 강한 것들의 전성시대로 국가, 자본, 군사력, 경제력이라는 견고한 정형(solid)의 힘이 맞대결하고 있다.

현재 미-중 경제 대결이 유예되기는 했지만, 끝난 것이 아니다. 그리고 이 문제는 트럼프라는 기이한 인격의 소유자가 벌리는 일이 아닌, 그 이면의 다층적인 그룹들이 있다는 사실이다. 〈시사IN〉의 이종태 기자는 그 세력들을 이렇게 분석한다. "오래전부터 중국 제품에 대한 고율 관세 부과를 주장해온 '보호무역파', 관세 인상 자체엔 회의적이지만 중국의 무역 행위를 공정(fair)하다고 생각하지 않는 '자유무역파', 중국이 미국의 글로벌 패권과 안보를 위협한다고 보는 '군부와 정보기관', 중국산 수입품 때문에 일자리 보전에 위협을 느끼는 '노동조합', 중국공산당의 여론 탄압과 불법적 인신 구속에 분노하는 '인권 및 환경운동 진영'까지 느슨한 '반중 연합'에 발을 걸쳤다."

그럼 중국은 어떤가? 지금 중국은 옛날의 중국이 아니다. 1990년대 중반 이후 중국 경제는 급속도로 발전했다. 미국을 따라잡겠다고 발 벗고 나섰다. 그러나 중국은 삼권분립과 법치주의, 인권 보장 등 미국이나 한국, 서구 유럽 등이 갖고 있는 민주적 가치가 없다. 특히 시진핑 시대 이후 중국은 '아시아 인프라 은행', '일대일로(一帶一路, One Belt One Road, 육·해상 신실크로드 경제권을 형성하고자하는 중국의 국가전략)', '위안화 국제화' 같은 초대형 프로젝트를 추진하며 미국을 꺾고 중국의 의지를 세계적 차원에서 관철시키고자 한다.

이종태 기자는 이렇게 말한다. "중국이 2015년에 발표한 경제개발 프로젝트 '중국 제조 2025(Made in China 2025)'는 중국을 글로벌 첨단 제조업 부문에서 지배적 국가로 만들기 위한 국가 주도 산업정책이다. 2015년 이후 10년 동안 10개 부문의 첨단산업을 급속히 발전시켜 중국의 제조업 기반을 업데이트한다는 것이다. 전기차, 생명공학, 인공지능, 우주항공 등 이른바 4차 산업혁명 관련 기술들을 망라한다. 2025년까지 첨단산업 부문에서 70%의 자급력을 이루고 건국 100주년인 2049년엔 글로벌 마켓을 지배한다는 야망을 불태운다."

결국 미-중 대결은 자본주의와 공산주의의 이념대결이 아닌, '시장' 자본주의인 미국과 '국가' 자본주의인 중국의 자본의 힘 대결이라는 것이다. 시장 자본주의는 원칙적으로 국가가 특정 산업이나 기업을 지원하는 것을 반칙, 혹은 불공정 행위로 본다. 가령, 국가 보조금 덕분에 상품 가격을 대폭 낮출 수 있는 중국 국영기업이 서방국가의 기업(직접적 국가 보조금을 받지 못하는)과 경쟁해서 이긴다면 그 결과를 '공정'하다고 할 수 없는 것과 마찬가지이다.

그런데 이것이 단지 일반적 물품이 아니라, 안면 인식, 가상현실, 인공지능, 로봇, 자율주행자동차 등과 이런 기술의 필수 부품인 반도체가 될 경우, 상업적으로는 물론 군사적 목적으로도 매우 중요하게 된다. 기술이 안보와 국력의 문제로 연결되기 때문이다. 가령, 북한의 핵도 문제지만, 그 핵을 미국까지 실어 나를 수 있는 대륙간탄도미사일(ICBM)이라는 기술 때문에 미국이 북한과 대화를 시작한 것을 보면 알 수 있다.

핵심은 이것이다. 값싼 노동력으로 생산한 값싼 생필품을 해외에 수출하던 '세계의 공장'이었던 중국이 이제 첨단 제품을 생산하는 '지구의 공장'이 되려고 하기 때문이다. 미국은 그것을 위협으로 느끼고, 중국의 중국 제조 2025를 파탄시키려고 한다. 이종태 기자의 말이다. "미국이 각종 도발로 중국에 전달한 신호는 '국가 자본주의 체제의 해체'다. 하지만 '중국몽'을 부르짖어온 시진핑 주석이 가장 확실한 발전 방법인 국가 자본주의를 포기하기

테오-쿨투라

는 어려울 듯하다.

이 대결에서 미국이 이기면 '팍스 아메리카'는 좀 더 오래 갈 것이다. 그러나 미국도 타격이 있을 것이다. 그렇다면 이 전쟁에서 중국이 버틴다면? 미국과 중국의 신냉전 체제가 유지될 것이다. 혹, 이 전쟁에서 중국이 이긴다면 이제 '팍스 차이나'가 다가 올 것이다. 강한 것들의 전성시대가 날개를 다는 것이다.

이러한 시대적 상황을 '유동하는(liquid)' 액체의 이미지를 통해 성찰한 사회학자가 있다. 현대성 이론의 대가인 폴란드 출신의 영국 사회학자 지그문트 바우만이다. 그는 이론적인 틀에 얽매이지 않고, 수많은 주제들을 횡단하며 끊임없이 '지금, 여기'를 묻는다.

2. 액체근대, 그 유동성에 관한 우려

바우만은 유동하는 근대의 삶 속에서 인간이 느끼는 공포, 불안, 자유, 빈곤, 도시, 공동체, 진보, 유토피아 등에 관해 살펴보며 근대를 "유동적 근대(liquid modern age)"로 호명한다. 쉽게 말하면 '액체 근대'라는 말이다. 근대성이 가진 특성이 액체성, 곧 유동성이라는 말이다. 이것은 '언제 어디에서나 출렁이는 위험 앞에서 우리가 겪는 불확실한 불안에 붙인 이름이며, 그 위협이 대체 무엇인지 알 수 없는 우리의 인식 불능성에 붙인 이름이며, 그것에 대항해 무엇을 할 수 있고 할 수 없는지 판단할 수 없는 우리의 무력함에 붙인 이름'이라고 말한다.

포스트모더니즘이라는 말에 내포되어 있는 신비성을 액체근대라는 말로 제거해 버린 바우만은 『모두스 비벤디』(후마니타스, 2010)라는 책에서 액체근대의 5가지 특성을 잘 정리해 준다. 우선, 근대성이 '견고한(solid) 국면에서

'유동하는(liquid) 국면으로 바뀌었다. 다시 말해, 개인의 선택을 제한하는 구조나, 일상적인 일들과 용인될 만한 행동 양식이 반복될 수 있도록 지켜주는 제도들과 같은 사회적 형태들이 더 이상은 제 모습을 오래 유지할 수 없는(또한 그럴 것이라고 기대할 수도 없는) 여건으로 변해 버렸다.

둘째, 근대국가의 등장 이후부터 아주 최근까지도 사람들은 권력과 정치가 한 쌍이 되어 '죽음이 갈라놓을 때까지' 국민국가라는 한 가정을 공유할 것이라고 예상했지만, 이제 이들은 별거 상태로 이혼을 눈앞에 두고 있는 상황이다.

셋째, 과거에는 개인이 실패하거나 불행해지면 공동체가 보호해 주는 국가 공인 장치가 있었으나 이제는 이런 장치가 점점 일관되게 줄어들고 있다. 각자 도생의 시대로 전환된 것이다.

넷째, 장기적인 안목으로 생각하고 계획하고 행동하던 유형이 무너지고 오랫동안 이런 유형을 유지해 주던 틀인 사회구조들도 사라지거나 약해진다. 그리고 이처럼 파편화된 삶은 '종적인 사고방식(vertical orientation)'보다는 '횡적인 사고방식(lateral orientation)'을 조장한다. 사람들은 이제 각각의 단계를 넘어갈 때마다 다른 기회와 상이한 확률분포에 반응해야 하며, 그럴 때마다 다른 기술을 사용하고 자산을 새롭게 배치해야 한다는 것이다.

다섯째, 순식간에 변화하는 상황 속에서 끊임없이 당혹스러운 일들을 해결해야 하는 책임을 이제 개인이 떠맡게 된다. 오늘날 개인은 '선택하는 자유인'이 되어 자신의 선택에 따르는 결과를 책임져야 한다. 개인의 이해관계에 가장 도움이 된다고 선언되는 덕목은 규칙(여하튼 극히 드물고 종종 서로 모순적인)에 순응하는 태도(conformity)가 아니라, 그런 규칙에 유연하게 대처하는 능력(flexibility)이 되는 것이다.

인류가 고체처럼 견고한 사회를 지나 액체(유동적) 근대를 지나고 있다는 것이다. 사실 전자가 예측 가능한 사회였고, 공동체가 존속했던 시대였다

테오—쿨투라

면, 후자는 개인을 둘러싸고 있는 보호막이 모두 사라져버린 시대이다. 전자의 사회에서 개인은 노동하는 존재로 인식되었고, 따라서 노동 능력을 지니고 있는 한 공동체의 일원으로 간주되었다. 이러한 고체 사회에서 인간을 이해하는 기준은 '노동'이었고, 설령 한 개인이 실직상태에 있다 하더라도 노동능력을 상실하지 않는 한, 그는 공동체의 일원으로 간주되어 국가 또는 사회의 보호를 받을 수 있었다.

그러나 자본이 전 지구적으로 이동하는 유동적 근대 시대에 접어들어 상황은 변했다. 이제 한 개인에게 요구되는 조건은 노동력이 아니라 소비력이며, 소비능력이 없다고 간주되는 개인들은 더 이상 공동체의 일원으로 평가되지 않는다. 그들은 없어도 되는 존재가 아니라, 차라리 없어야 하는 존재, 즉 '쓰레기'로 판단된다.

그렇다면 갈수록 심각해지는 고용불안, 소비환경 등 세계화 문제를 해결하기 위해서 어떻게 해야 하는가? 바우만은 국가 단위가 아닌 '도시' 단위의 상호협력이 더 중요하다고 말한다. 그는 이렇게 말한다. "우리는 점점 더 매우 부서지기 쉬운 상태로 존재합니다. 인간의 유대, 그러니까 당신과 내가 어울려서 파트너로 있을 수 있는 시간은 만족을 느낄 때까지입니다. 만족한 기분이 사라지면, 같이 있어야 할 이유가 없어요. 항상 새로운 기회를 찾고 사용할 수 있죠. 그러나 여기엔 큰 문제가 있습니다. 관계를 만들 때는 두 사람의 동의를 필요로 하지만, 그 관계를 깨는 데는 한 사람의 결정이면 충분하다는 겁니다. 결국 양쪽 파트너는 늘 불안 속에 살 거라는 뜻이죠. 인간의 유대는 이제 이런 계약 문구를 갖게 됐어요. '추후 알림까지만' 임시적인 것입니다." 그렇다면 대안은 무엇인가?

3. 레트로토피아, 실패한 낙원으로의 귀환?

위기의 때에 과거로 돌아가는 것이 대안의 시작이었다. 그러나 실패한 낙원으로 귀환하는 것이 위험을 무릅쓰고 새로운 세상을 창조하는 것보다 나은가? 최근 출간된 유작 『레트로토피아: 실패한 낙원의 귀환』(아르테, 2018)에서 바우만은 이렇게 말한다. "대안이 없다며 아늑한 과거에만 머문다면 같이 공동묘지에 들어가는 일만 남을 뿐이다." 어쩌면 '심리상담'과 '떡볶이'로 마음을 달래는 역사상 가장 우울한 지금 대한민국의 젊은 세대들에게, 또한 태극기와 성조기와 이스라엘기로 숨어드는 한 많은 태극기 부대 어르신들에게, 그리고 새로운 세상을 여는 진리 탐구자들에게 주는 말이라고 볼 수 있다.

레트로토피아는 과거(레트로)와 유토피아의 합성어이다. '국경 없는 자본', '영토 없는 통치'를 통해 지구화와 개인화를 실천하고 있는 현실의 자본주의 체제를 통해 그 어느 때보다도 비참한 조건 아래 놓이게 된 이들이, 분노와 절망에 내몰린 이들이, 유토피아에 대한 '이차 부정'으로 '이미 실패한 과거'를 새로운 유토피아로 삼은 것을 지적하는 말이다.

사실 미래와 달리 과거의 기억은 친숙하다. 2016년 영국이 총선거로 유럽연합(EU)을 탈퇴하겠다고 결정할 때, '브렉시트'를 가장 강력하게 주장했던 극우 정치인 나이절 패라지(N. Farage)는 이렇게 외쳤다. "내 나라를 돌려 달라(My Country Back)." 2016년 말 미국 대통령에 당선된 도널드 트럼프 대통령의 캠프 구호는 "미국을 다시 위대하게(Make America Great Again)!"였다. 두 나라의 핵심은 "우리의 삶이 이렇게 망가지기 이전으로 돌아가자."라는 것이다. 해가지지 않는 대영제국, 지구의 경찰국가 미국으로, 다시 옛날로 돌아가자는 이야기이다.

바우만에 따르면 이렇게 과거로 회귀하려는 사유는 그 속에 4가지 의미

테오-쿨투라

를 담고 있다고 말한다. '흡스로의 회귀', '부족으로의 회귀', '불평등으로의 회귀', '자궁으로의 회귀' 등이다. 먼저 '흡스로의 회귀'는 토머스 흡스의 『리바이어던』으로 상징되는 '폭력을 독점하는 근대 주권국가'로 돌아가고자 하는 것이다. 물론 이것은 이미 실패한 것이었다.

둘째 '부족으로의 회귀'는 공동체와 개인 사이의 모순이 끝내 '나'와 '그들'을 나누고 '그들'을 배제하는 '부족주의'를 다시금 부추기고 있음을 알려준다. 사실 지금 들끓는 전쟁과 테러, 민족주의의 새로운 열풍은 이런 부족 회귀 현상과 긴밀하게 맞닿아 있다.

셋째 '불평등으로의 회귀'는 '복지국가' 정책의 실패 이후, 좌파의 복지, 평등을 비판하고, 급격히 확대되는 개인의 자유를 주장하며, 우파의 경제정책 (경제적 불평등을 옹호하는) 복귀를 내포한다.

마지막 '자궁으로의 회귀'는 자본주의가 구축한 문화와 생활세계 속에서 갈수록 개인의 문제에만 침잠하는 나르시시즘의 문제를 뜻한다. 그리고 이러한 흐름들의 원천에는 변덕스럽고 불확실한 현재에 내재한 미래에 대한 두려움이 있다는 것이다. 따라서 레트로토피아는 사람들로 하여금 더 이상 미래를 꿈꾸지 않게 만든다는 점에서 그 무엇보다도 치명적인 것이다.

4. 기본소득과 상선약수

그렇다면 대안은 무엇일까? 과거로 회귀하지 않고, 미래로 가는 대안은 무엇일까? 바우만은 이렇게 말한다. "대화할 수 있는 능력이 중요하다. 결국 서로 다른 사람들이 대화를 나누는 것만이 미래를 만들어가는 발판이 될 수 있다. 대화는 타인을 유효한 대화상대로 바라보고, 외국인, 이주자, 그리고 다양한 문화에서 온 사람들을 경청할 가치가 있는 존재로 존중하게 한다. 오늘날 우리는 '대화를 만남의 한 형태로 특별하게 생각하는 문화'를 형성하고, '공정하게 반응하는 포괄적인 사회'라는 목표를 추구하면서 동시에 합의와 동의를 구축하는 수단'을 창조하는 데 모든 사회 구성원들을 긴급히 동참시켜야 한다."

그럼 대화만 하면 될까? 대화 이전에 대화가 가능할 전제 조건은 없을까? 바우만도 그것을 알고 이렇게 말한다. "우리가 서로를 '유효한 대화 파트너'로 인식하고 대우하기 위해서는 몇 가지 추가적인 조건들이 부합되어야 한다. 이 가운데 가장 중요한 것은 '상호인정한 평등한 지위'의 보장, 곧 모두에게 적용되는 공정한 경제모델이다." 쉽게 말하면 경제적 균등이 대화의 전제 조건이라는 것이다. 그렇다면 경제적 균등은 어떻게 가능한가? 프롤레타리아 혁명이 일어나야 하는가? 아니다. 바우만은 '보편적 기본소득' 프로젝트를 대안으로 제시하며 이렇게 말한다. "이것은 파국을 향하는 흐름을 뒤집으려는 투쟁에서 유례없이 강력한 무기가 될 것이다." 곧, '보편적 기본소득'에 담긴 철학은 과거 지구화·개인화의 흐름 속에서 끝내 실패해버린 '복지국가'의 기반을 뒤집어놓을 수 있을 정도로 강력하다는 것이다.

정리해보자. 대한민국 모든 국민에게 1인당 월 50만 원의 기본소득을 제공해 주면 상호 인정한 평등한 지위 아래 서로를 대화 파트너로 인정한 새로운 세상이 올 것이다. 왜냐고? 적어도 경제적 평등에서 타인을 유효한 대화적 상대로 보고 상호 협상이 가능하기 때문이다. 이재용 부회장과 길거리 걸인이 상호 존중과 대화가 가능한 세상, 미국의 대통령과 예멘 난민이 만나 서로 배려하며 이야기를 나누는 세상, 그것이 바로 이사야가 꿈꾸던 메시아 통치의 세상이었다.

"그 때에 이리가 어린 양과 함께 살며 표범이 어린 염소와 함께 누우며 송아지와 어린 사자와 살진 짐승이 함께 있어 어린 아이에게 끌

테오-쿨투라

리며 암소와 곰이 함께 먹으며 그것들의 새끼가 함께 엎드리며 사자가 소처럼 풀을 먹을 것이며 젖 먹는 아이가 독사의 구멍에서 장난하며 젖 뗀 어린 아이가 독사의 굴에 손을 넣을 것이라. 내 거룩한 산 모든 곳에서 해 됨도 없고 상함도 없을 것이니 이는 물이 바다를 덮음 같이 여호와를 아는 지식이 세상에 충만할 것임이니라(이사야 11:7-9)."

자, 이제 교회부터 시작해 보자. 교회의 모든 헌금을 '종교국(이름은 어떠하든 상관없다)'으로 모은다. 그리고 종교국은, 목회자의 사례는 가족 수에 비례해서 지급하고, 교회 운영비는 교회 규모에 맞추어 지급한다. 그 외 남는 모든 금액은 그 교회가 속한 마을의 사회적 약자를 위한 기본 소득으로 쓴다. 그러면 교회는 세상으로부터 칭찬을 받고, 구원받는 사람들이 날마다 더할 것이다. 거짓말 말라고? 사도행전에 이미 시행되었고, 나와 있다.

"그들이 사도의 가르침을 받아 서로 교제하고 떡을 떼며 오로지 기도하기를 힘쓰니라. 사람마다 두려워하는데 사도들로 말미암아 기사와 표적이 많이 나타나니 믿는 사람이 다 함께 있어 모든 물건을 서로 통용하고 또 재산과 소유를 팔아 각 사람의 필요를 따라 나눠 주며 날마다 마음을 같이하여 성전에 모이기를 힘쓰고 집에서 떡을 떼며 기쁨과 순전한 마음으로 음식을 먹고 하나님을 찬미하며 또 온 백성에게 칭송을 받으니 주께서 구원받는 사람을 날마다 더하게 하시니라(행 2:42-47)."

바우만은 유동성을 부정적으로 보았지만, 아이들이 액괴를 재미있게 다루듯이 동양의 노자 역시 유동성을 긍정적으로 본다. 강한 것들의 전성시대에, 힘과 강함의 세상에 유동성과 액체성, 유연성이야말로 세상을 구원하는 힘이 될 것임을 깨달은 것이다. 노자는 '道(도)'를 상징하는 것으로 '갓난아이', '다듬지 않은 통나무', '물' 등과 함께 '계곡'과 '여인'을 소개한다. 도는 골짜기처럼 자기를 낮은 곳에 두고, 허허하고, 고요하고, 탁 트이고, 모든 것을 그대로 받아들이고, 동시에 그 품에서 모든 것을 길러내는 일을 한다고 말한다.

따라서 액괴와 같은 무정형의 물질인 물(水)에 관해 노자는 이렇게 말한다. "상선약수(上善若水)!" "최고의 선은 물과 같다."라는 말이다. 물은 자기 고유의 성질을 변질시키지 않으면서 어떤 형태로든지 변형되는 특성이 있다. 액괴도 마찬가지이다. 따라서 물은 대립, 갈등과 같은 폭력성과 반대되는 이미지를 갖는다. 액괴에 유해성분이 들어 있다고 말리는 나의 모습을 보며 딸아이의 저 손놀림 속에 유동적으로 움직이는 액괴 속에 깃든 노자의 생각도 읽어 본다.

08. 레짐(체제)

분열증 자본주의와 디스토피아
- '적의 계보학'에서 '음악, 시의 세상'을 향하여

"천국에 가는 가장 확실한 방법은
지옥에 가는 길을 숙지하는 것이다." (마키아벨리)

1. 앙시앵 레짐: 적의 계보학과 꼰대의 등장

정신분석학자 자크 라캉(J. Lacan)의 상징계(the Symbolic)처럼 우리는 태어나면서 언어와 사회 질서, 혹은 체제(regime)에 속하게 된다. 아리스토텔레스가 말하듯 인간은 '폴리스적 동물'인 것이다. 불교 문화권에 태어난 사람은 불교 문화를 자연스럽게 생각할 것이고, 유교 문화를 상징계로 접한 사람은 유교의 이상을 자연스럽게 그의 가치관이나 사상에 반영할 것이다. 예수께서 태어나신 팔레스틴 땅, 식민지 이스라엘과 주변 강대국의 문화와 영향은 예수의 말씀에 녹녹히 녹아있다. 예수의 비유가 그러하며 그의 날선 생명의 말씀이 그러하다.

이토록 레짐은 우리를 감싸고 있는 본질적 상황이다. 그리고 이 레짐은 완결되지 않았고 완전하지도 않다. 보수는 기존 체제를 지키려 하고 진보는 그 체제를 변화시키려 한다. 여기에 자신의 신념을 지키고자 적의 개념을 상정하고 '앙시앵 레짐(ancien régime, 프랑스 혁명 이전의 구체제)'과 '누보 레짐 (nouveau regime, 혁명 이후의 신체제)'이 체제수호와 변화의 변증법으로 존재하는 것이다.

가상의 복제물이 실체를 가리고 대신한다고 말하는 장 보드리야르(J. Baudrillard)는 '적의 계보학'에서 이렇게 말한다. "적(敵)은 최초 단계에서 '늑대'의 모습으로 나타나고 다음 단계에는 '쥐'(제발, 특정인을 연상하지 마시라!)의 형태, 그리고 '기생충'의 모습으로 다가오다가 마지막에는 '바이러스' 의 형태로 나타난다." 늑대는 울타리 밖에 선명한 적으로 존재하니, 비록 그 공포와 폭력의 서슬은 시퍼렇되, 전선이 분명한 만큼 대적하기도 단순하고 쉽다고 한다. 그러나 쥐는 야음을 틈타 은밀히 우리를 갉아먹는다. 지하벙커 같은 음습한 어둠을 좋아하며, 울타리를 아무리 견고하게 둘러쳐도 끈질기게 집안 깊숙이 들어온다. 따라서 우리들의 허술하고 지저분한 비위생성이야말로 쥐에겐 좋은 서식처가 된다.

쥐의 단계를 넘어선 적은 이제 기생충의 모습으로 다가오는데, 부지불식간에 내 몸 안에 들어와 기생과 숙주의 관계로 진화한다. 숙주로 하여금 걸신들린 것처럼 먹어대게 하거나, 끊임없이 욕망을 부추긴다. 따라서 내 몸 속의 적은 나의 탐욕을 조장하여 나 자신을 살찌운다. 숙주인 나는 날로 허허로워 치열하게 탐욕을 추구하지만, 그러나 결과적으로는 기생충만 살찌울 뿐이다. 그러나 이 단계까지 적은 나와 구별되는 타자성을 극복하지 못하고 있다. 따라서 그만큼 대적하기가 용이하다.

테오-쿨투라

〈앙시앵 레짐을 풍자한 그림〉

그러나 마지막 단계, 적이 바이러스의 형태로 나타나기 시작하면 적과 동지, 내부와 외부, 자아와 타자의 구분이 없어진다. 적이 나인지, 내가 적인지 헷갈린다. 적의 낯선 타자성이 사라지고 어느덧 내 안에 내재화된다. 심지어 적은 나로 하여금 나를 타자화하여 주체를 전복시킨다. 소외와 일탈이라는 비정상성이 일상화되어 정상성으로 둔갑한다. 일종의 착란상태가 되는 것이다. 사실 대한민국은 지금 체제와 사람 모두 착란상태에 빠져있다.

상징계의 이러한 착란상태에 항상 라캉의 상상계(The Imaginary, 타자를 자신으로 오인하는 허구적인 주체의 단계)로 퇴보하며 상징계를 뒤덮는 꼰대가 등장한다. 꼰대는 기성세대나 선생님을 뜻하는 은어로도 쓰였던 말인데, 프랑스 단어 '콩테(comte, 백작)'에서 유래되었다. 일제강점기 일본으로부터 백작, 공작, 후작 등 작위를 받은 친일파들이 스스로를 콩테라고 자랑하고 다녔는데, 이를 비웃던 백성들이 일본식 발음으로 '꼰대'라고 불렀던 것이다. 꼰대는 심리학적으로 '자기만 옳다고 느끼는 경향(sense of self rightness)', '스스로 특권을 누릴 자격이 있다고 여기는 경향(sense of self entitlement)'을 말한다. 기본적인 상식과 통념을 부정하면서 전문가의 권위만을 내세운다. 자기만 옳고 똑똑하며, 돈과 명예까지 가졌으니 대접받아야 된다고 믿는 것이다.

우리의 일상과 주변에 이러한 꼰대는 널려있다. 나이, 성별과 무관하게 계급장을 내세우고, 대접받고 싶어 한다면 누구나 꼰대가 될 수 있다. "나 때는 말이야"라고 말하는 가장 대표적인 꼰대인 꽝꼰(꽝장한 꼰대), 젊꼰(젊은 꼰대), 여꼰(여자 꼰대) 등. 따라서 인간관계에 있어서 상대를 대화의 주체로 존중하지 않고 가르쳐야 한다고 여기면 꼰대가 되어간다는 위험신호라고 할 수 있다.[1] 그러나 문제는 이 꼰대가 하나의 시스템으로 경제 체제와 정치

---

[1] '꼰대가 되지 않기 위한 지침' 5가지에 관해 북키닷컴 개발자인 이준행 대표는 이렇게 말한다. "첫째, 나이를 먼저 묻지 마라. 한국 사회에서 버젓이 나이를 묻는 것은 상대방과 위아래를 겨루자는 의미이다. 자신이 나이가 더 많음을 상대에게 주지시키고, 동등한 위치에서 대화를 하고 싶지 않음을 드러내려는 시도이다. 둘째, 함부로 호구조사를 하거나 삶에 참견하지 마라. 차라리 좋아하는 음식이나 동물을 물어보라. 셋째, 자랑을 늘어놓지 마라. 당신의 인생 자랑은 '노잼'이다. 당신이 살아온 시절에 대한 자랑은 당신에게만 유효하다. 당신의 인맥 자랑은 당신에게 잘 보이라는 알량한 호소임을 상대방은 너무나도 잘 알아챈다. 어느 것으로도 결코 유익하지 않다. 넷째, '딸 같아서 조언하는데' 같은 수사는 붙이지 마라. 인생 선배로서 조언한다는 이야기도 먼저 꺼내지 마라. 당신이 걸어온 길이 매력적

테오—쿨투라

체제로, 곧 레짐으로 확장될 때이다. 따라서 지금과 같은 분열증적 자본주의의 폭력 사회 체제 속에서 우리는 개인의 '힐링(마음 치유)'을 넘어 '권력의 미시적 짜임'을 날카롭게 들춰내는 역할을 해야 한다.

2. 분열증 자본주의와 디스토피아

들뢰즈/가타리(G. Deleuze/F. Gautari)는 『천 개의 고원』(새물결, 2003)에서 "초점은 장군이 아니라 하급 장교들, 하사관들, 내 안에 있는 병사, 심술궂은 자이며, 이들 각각은 나름대로 성향들, 극들, 갈등들, 힘의 관계를 갖고 있다 … 억압당하는 자가 억압의 체계 속에서 항상 능동적인 자리를 취할 수 있는 이유를 설명해주는 것은 마조히즘이 아니라 바로 이 미시적 짜임이다. 부유한 나라의 노동자들은 제3세계에 대한 착취, 독재자들의 무장, 대기 오염에 능동적으로 가담하고 있는 것이다."라고 말한다.

'리좀-나무, 탈영토화-재영토화, 무리-군중, 사본-지도, 분자-그램분자, 소수-다수, 유목성-정주성, 전쟁 기계-국가 장치, 매끈한 판-홈이 팬 판'과 같은 무수한 이항 대립의 쌍을 변주하며, 사유의 방식, 기능, 양태

이라면 상대가 알아서 물어올 것이다. 다섯째, 나이나 지위로 대우받으려 하지 마라. 나이나 지위가 없어도 타인에게 대우받을 수 있는 삶을 살아온 이들은 그런 걱정을 하지 않을 것이다. 여섯째, 스스로가 언제든 꼰대가 될 수 있음을 인정해라. 나이로 서열을 매기기 좋아하는 한국 사회에서 꼰대성이란 자신보다 젊어 보이는 이들 앞에서 자신을 과시하기 위해 쉽게 꺼내는 내 안의 괴물과도 같다. 그 괴물을 인지하는 것만으로도 꼰대 탈출의 가능성은 높아진다. 상대와 내가 살아온 시간이 다름을 인정하고 그 괴물을 늘 경계하라. 그러면 당신은 꼰대가 아닌 어른에 가까워질 것이다."

들에 대해 설명하는(여기에는 무수한 자의적 개념이 춤추고 있다. 가령 리좀, 동물-되기, 소수-되기, 영토화와 탈영토화, 포획, 탈주선, 지층과 지층화, 기관 없는 신체, 얼굴성, 추상기계, 배치, 매끈한 공간과 홈이 팬 공간, 공리계의 접합접속 등등) 들뢰즈와 가타리는 '차이의 철학', 혹은 '욕망의 미시정치학'에 대해 말하기 위해 생물학과 언어학과 음악학과 경제학과 정치학을 가로지르며 다양체가 의식과 무의식, 자연과 역사, 영혼과 육체의 분리를 어떻게 뛰어 넘을 수 있는지 보여준다. 그리고 미쳐 날뛰는 자본주의를 분석한다.

자본주의는 그 본질에서 분열증 자체이다. 주기적으로 위기는 돌아오고 증식하고 소멸하며 다시 그 과정을 반복한다. 환투기와 주식 투매의 미친 바람이 불고, 자본은 이익이 있는 곳으로 순간 휘몰아쳤다가 자양분을 빨아먹고 다시 썰물처럼 빠져나간다. 자본의 유동적 흐름은 포식자처럼 취약한 외환시장과 주식 거래를 삼켜버린 뒤 소화할 수 없는 뼈들만 뱉어낸다. 전 지구적 규모의 자본주의라는 정글에 방목된 사자들은 신자유주의자들에 의해 운용되는 토끼들을 사냥하기에 여념이 없다. 그렇다면 이러한 자본주의의 사자들에 대처하는 방법은 무엇인가? 서두에 인용했듯이 '지옥에 가는 길을 숙지'하면 되는 것인가?

들뢰즈와 가타리는 이렇게 말한다. "점유하고, 거주하며, 보존하는 영토에서 끊임없이 달아나라! 늑대 한 마리가 아니라 늑대 무리로 달아나라! 무리로 달아나야만 하나의 도주로가 아니라 천 개의 도주로를 만들 수 있다. 하나는 붙잡히지만 천 개는 붙잡히지 않는다. 경로를 따르지 말고 그것을 자주 이탈하라! 내가 어디로 움직일지 그들이 알 수 없게 하라! 정주민들이 아니라 유목민으로 살아라!" 머리둘 곳 없는 방랑자 예수와 그와 함께한 세리와 죄인들의 모습은 여기서 그리 멀지 않다.

따라서 『천 개의 고원』은 화폐와 노동의 흐름을 장악하고 있는 '국가-기계'의 포획에서 도망가도록 부추긴다. 국가-기계는 수많은 금기의 거미줄

테오-쿨투라

을 만든다. 제도들과 정책, 법과 치안의 그물로 국민을 포획하고 국가라는 지층에 편입시킨다. 따라서 조세와 병역 의무를 지우는 국가의 다양한 포획 장치로부터, 자본주의의 기계들(이를테면 정부, 한국은행, 군대, 나아가 학교, 종교단체 등)로부터 도망가라. 그때 구원의 문이 열릴 것이다. 아마도 예수께서 세상에 오셨을 때 헤롯과 온 예루살렘이 소동한(마태 2:3) 까닭도 여기에 있을 것이다.

디스토피아(dystopia)는 유토피아(utopia)의 반대말이다. 유토피아가 '어디에도 존재하지 않는 이상향'이므로, 디스토피아는 '어두운 미래 또는 현실'이 된다. 커지는 빈부격차와 취업난, 무한경쟁을 부추기는 분위기, 해법이 보이지 않는 교육·부동산 문제 등을 배경으로 IMF(국제통화기금) 경제위기 이후 우리나라의 문화 콘텐츠와 담론에서 디스토피아가 본격적으로 등장했다. 어려웠지만 앞날에 대해선 낙관적이었던 과거 군사정권 시절의 역동감 있는 문화 콘텐츠와 상반되는 문화적 흐름이었는데, 이는 세월호 침몰 사건 이후에 더 급진적 디스토피아로 전락했다.

디스토피아는 크게 셋으로 나눌 수 있다. '체제 디스토피아, 인간 디스토피아, 문명디스토피아'가 그것이다. 체제 디스토피아는 '개선이 거의 불가능한 억압적인 체제'와 관련된다. 국가와 거대자본은 물론이고, 실생활에서 고통을 느끼는 모든 분야가 그 대상이 된다. 인간 디스토피아는 인간 자체에 대한 불신과 환멸로 인한 디스토피아이다. 미시적이나, 사회 발전과 문명의 주체를 부정한다는 점에서 근본적인 디스토피아라고 할 수 있다. 문명 디스토피아는 현대 문명의 비관적인 전망과 연관되어 있다. 기후변화, 유전자 조작, 인공지능, 새 전염병, 외계인의 습격 등이 단골 소재가 된다.

종교개혁 500주년을 맞이하는 한국 개신교는 물론 대한민국은 지금 '체제 디스토피아'의 최전성기가 무너지고 있음을 목도하고 있다. 세월호 사건과 이후 해경·청와대·경찰·검찰·정치권 등 각 체제가 보여준 모습은 '체제 디스토피아의 완결판이고, 박근혜−최순실 게이트와 김기춘−황교안− 우병우 라인은 그 마지막 보루이다. 또한 '인간 디스토피아'는 그 정점을 찍었다. 청문회에 등장한 기득권층 인사와 고위 관료 등의 일그러진 모습을 통해 더이상의 사회 발전과 문명의 주체를 긍정 할 수 있는 인간 유토피아를 상실했다. 다만, '문명 디스토피아'를 통해 다중들이 조용히 제 소리를 내기 시작하였다. 그리고 그것은 음악과 시의 세상을 누보 레짐으로 열 것이다.

3. 누보 레짐: 음악과 시의 시대로

음악은 도레미파솔라시도로 이루어져 있다. 이러한 음악의 음들에 관해 고대 영지주의자들은 "음악의 음들은 저마다 우주, 혹은 천문학적 공간 속에서 우리가 지각하는 어떤 것과 상응한다."라고 말한다. 가령 레는 '레지나 아스트리스(별들의 여왕인 달)', 미는 '믹스투스 오르비스(선과 악이 섞여 있는 장소인 지구)', 파는 '파툼(운명)', 솔은 '솔라리스(태양)', 라는 '락테우스 오르비스(은하수)', 시는 '시데루에스 오르비스(별이 총총한 하늘)', 도는 '도미누스(신)'. 따라서 '달−지구−운명−태양−은하수−하늘−신'의 단계로 상승하는 음계를 통해 영적 지식의 향연을 볼 수 있는 것이다. 달과 지구에 국한된 인간의 운명은 태양과 은하수, 하늘에 속한 신의 레짐으로 귀속될 때 새로운 세상이 보이는 것이다. 그리고 음악은 그 길로 가는 지름길이 된다.

시 해설집 『홀림 떨림 울림』(나남, 2013)에서 이영광 시인은 이렇게 말한다. "좋은 시는 먼저 읽는 이에게서 생각이란 걸 빼앗아 갔다가는, 천천히 되돌려주는 것 같다. 그 찌릿찌릿한 수용과정은 '홀림−떨림−울림'으로 진행된다." 시도 그렇지만, 2017년은 타자의 아픔에 홀려 가슴이 떨리고, 몸 전체에 큰 울림으로 남아 울림이 홀림이 되어 더 큰 떨림이 되기를 바란다. 이영광 시인도 "지상의 영화를 찬양하는 종교가 없듯이 현세의 복락을 지지하는 시도 근본적으로는 없고, … 어떤 종교는 고통 그것도 허망이라고 가르치지만, 모든 시는 허망을 고통이라 느끼는 곳에서부터 말을 시작한다."라고 말한다.

예수의 십자가는 결국 타자의 아픔에 홀려, 자신을 그 고통 가운데 내어 주었고, 그 숭고한 죽음은 많은 이들에게 큰 떨림을 주었고, 이제 시대를 넘어 큰 울림으로 변한 것 아닌가? 그리고 그 홀림은 계이름 '레'로부터 시작하여 '도'로 완성이 되는 것이다. 목하, 음악과 시의 시대가 이 앙시앵 레짐의 시대, 곧 적의 계보학과 꼰대들의 시대에 새 희망을 주는 것이다.

09. 인터레그넘 시대

'1984'에서 '멋진 신세계'로?

〈1984의 빅브라더와 멋진 신세계 책표지〉

1. 인터레그넘 시대의 불안

21세기 현재 세계화 시대를 가리켜 영국의 사회학자 지그문트 바우만은 인터레그넘(interregnum, 최고지도자 부재기간)의 시대라고 말한다. 성서의 역사 가운데는 출애굽(과 사사시대까지) 시대로 볼 수 있다. 로마법에서 사용된 일종의 권력 이양기를 뜻하는 용어로 '지금까지 통치하던 왕이 사망했는데 아직 새로운 왕이 즉위하기 이전의 기간'을 의미한다. 애굽왕의 통치를 벗어나 새로운 왕(사사, 혹은 사울과 다윗 왕 등)이 나타나기 전까지 일종의 체제변화라고 할 수 있다. 그런데 이러한 체제변화, 혹은 권력 이양기가 현재 세계화 시대에는 계속 진행된다는 것이다.

사실 세계화는 영토, 국민, 주권에 기반을 둔 국민국가 중심의 질서를 해체했다. 세계시장과 자본권력이 개인의 삶에 막대한 영향을 미치고 있지만 국민국가의 정치적 제도와 국민의 주권적 힘은 아무런 영향을 미치지 못하는 인터레그넘 시대가 계속되고 있다는 것이다. 재벌. 혹은 프랜차이즈 본사의 갑질은 묻지 않고 최저임금 인상으로 경제가 죽어가는 것처럼 조장하는 현상, 부동산 과열문제, 교육 현장 붕괴 및 학벌 사회의 문제 등에 관해 자본 권력과 결탁한 언론 권력이 우리 사회 구성원들에게 불합리한 영향을 미치고 있지만, 국가의 제도는 물론, 국민의 주권적 힘은 이를 마냥 쳐다만 보는 기이한 현상에 놓여있다. 인터레그넘 시대에 사람들은 저 창밖으로 스물스물 기어들어오는 불안을 맛보고 있는 것이다.

마르크스주의와 라캉의 지적 유산을 계승한 슬로베니아 출신의 철학자 레나타 살레츨은 『불안들』(후마니타스, 2015)에서 세계화 시대, 혹은 후기 자본주의를 살고 있는 탈근대적 주체들의 불안을 분석하며 프로이트와 라캉의 이론을 빌어 이렇게 말한다. "불안이란 주체가 사회적 기대와 관련해 겪는 내면의 동요이다." 명확한 현실은 아니지만, 사회 전체가 광기에 빠져 (가짜 뉴스는 이 광기의 시작이다) 이상한 비상식을 권유할 때 주체는 탈근대(획일성이 사라진 사회)를 살고 있음에도 불구하고 내면의 동요를 겪는다는 것이다.

사실 미디어는 끊임없이 위험들을 경고하고, 언론은 불안을 고조시켜 정치적으로 이용한다. 제약회사들은 온갖 항우울제를 팔아 번창하고, 기업들은 쇼핑으로 불안을 가라앉히라고 유혹한다. 이것은 일찍이 발터 벤야민이 자본주의적 모더니티의 절정인 19세기의 파리를 "판타스마고리아의 수도"라고 불렀던 것의 귀환이다. 판타스마고리아(phantasmagoria, 환영 또는 환상)는 카메라가 발견되기 전, 다양한 환영들을 볼 수 있는 기계인데, 벤야민은 이미지를 만들어내는 이런 기계장치에서 현실의 사회적 과정을 분석하며 당대의 현실을 비판한다. 가령, 누가 어떤 목적을 가지고 환영 이미지를 만들어 내는가에 주목하고, 환영 이미지를 생산하는지를 찾아내는 것이다. 그것은 곧 자본 권력(과 결탁한 언론 권력)이 평범한 일상과 상식적 인간에게 판타스마고리아를 주입하여 구별짓는, 구별짓기의 발생사를 파헤치는 일이다.

2. 자본(언론) 권력의 4가지 구별짓기

프랑스의 사회학자인 부르디외는 『구별짓기: 문화와 취향의 사회학』(새물결, 2005)에서 4가지 자본을 소개한다. 곧, 경제자본, 문화자본, 사회자본, 상징자본으로 나눈다. 사실 부르디외는 발터 벤야민과 유사하게 사회적 관계를 단순히 경제적 자본논리(경제자본)로 설명하지는 않는다. 물론 경제자본이 매우 중요하고 결정적인 힘이 있긴 하지만, 경제적 자본 이외에 최소한 세 종류의 자본을 더 고려해야 한다는 것이다.

첫째, 문화자본은 가정환경이나 가정교육을 통해 개인에게 내면화된 고급스런 취향 및 언어능력, 인지능력이라고 할 수 있다. 학위나 학벌이 여기에 해당 된다. 곧 문화와 예술을 향유할 수 있는 미적 감각 그리고 사람들이 소장한 작품들을 의미한다.

둘째, 사회자본은 명문 대학에 들어가서 졸업장을 따거나 국가고시와 같은 시험제도를 통과해 얻는 자격 혹은 지위를 의미한다.

마지막으로 상징자본, 곧 사회관계자본은 문화자본과 사회자본을 얻는 과정에서 부수적으로 발생하는 '인맥'이다. 곧, 서울대 출신이나 판사, 검사, 의사처럼 실제 가치보다 높이 평가되고 과도하게 명예, 위신을 누리게 해 주는 상징적인 힘(정당화 메커니즘)을 뜻한다.

물론 부르디외가 주목하는 이 세 가지 자본들은 모두 경제자본이 뒷받침되어야 한다. 그러나 복권에 당첨된 벼락부자가 경제자본인 돈만으로 위 세 가지 자본을 저절로 확보할 수는 없다. 왜냐하면 이것들은 지속적인 시간과 여유가 있어야 얻을 수 있기 때문이다. 따라서 위 세 가지 자본들은 하류계층에서 상류계층으로 직접 진입하려는 벼락부자들을 막는 방어막이 되며 상류계층이 하류계층과 자신을 구별하는 구별짓기의 방편이 되는 것이다.

비록 경제적 자본은 상류사회와 비교해볼 때 결코 뒤지지 않지만, 신흥부자들은 상류사회가 가지는 아비투스(Habitus, 부르디외의 개념으로 인간 행위를 상징하는 무의식적 성향을 뜻한다. 이러한 아비투스에서 가장 중요한 요소는 교육이다. 즉, 아비투스는 복잡한 교육체계를 통해 이루어지는 무의식적 사회화의 산물이라고 볼 수 있으며, 교육을 통해 상속된다), 특히 미적 취향을 공유할 수 없다. 부르디외는 이렇게 말한다. "미적 취향이 상류사회에 걸맞은 실천이나 상품으로 인도한다." 곧, 상류계급이 선호하는 운동이나 행동 그리고 상품이 따로 있다는 말이다. 따라서 신흥부자들은 겉으로는 상류계급의 미적취향을 끊임없이 흉내 내려고 노력한다.

상류계급의 사람들은 하류계급 사람들이 쉽게 접근할 수 없다는 특성 때문에 (지금은 아니지만) 골프나 고가의 외제 승용차, 핸드백을 구매하는 것이다. 이처럼 비싼 명품을 구입할 때, 상류계급 사람들이 의도하는 것은 자신들이 하류계급과는 전혀 다르다는 것을 스스로에게 그리고 타인에게 분명히 입증하려는 것이다.

그러나 사도 바울은 이렇게 말한다. "너희 안에 이 마음을 품으라. 곧 그리스도 예수의 마음이니 그는 근본 하나님의 본체시나 하나님과 동등함을 취할 것으로 여기지 아니하시고 오히려 자기를 비워 종의 형체를 가져 사람들과 같이 되었고 사람의 모양으로 나타나셨으매 자기를 낮추시고 죽기까지 복종하셨으니 곧 십자가에 죽으심이라."(빌립보서 2:5~8) 따라서 명품 차와 가방이 아니라, 종의 형체를 지니고 죽기까지 복종하심이 참된 그리스도인의 구별짓기라는 것을! 그러나 오늘날 미디어는 그리스도의 마음이 아니라, 미디어의 판타스마고리아를 따르라 한다. 상류층을 모방하도록 조장하며 그렇지 못한 이들에게 열등감을 심어준다. 조지 오웰의 『1984』가 올더스 헉슬리의 『멋진 신세계』의 옷을 입은 것이다.

3. 『1984』와 『멋진 신세계』

미디어 이론의 대표적인 학자로 마샬 맥루한과 어깨를 나란히 하는 닐 포스트먼은 『죽도록 즐기기』(굿인포메이션, 2009)에서 "디스토피아를 다룬 소설 조지 오웰의 『1984』와 올더스 헉슬리의 『멋진 신세계』에서 오웰은 우리가 증오하는 것들이 우리를 몰락시킬 것을 두려워했고, 헉슬리는 우리가 좋아하는 것들이 우리를 몰락시킬 것을 두려워했다."라고 말한다.

텔레비전 주도의 '쇼비즈니스 시대'는 인쇄매체 시대에 가능했던 이성적인 사회적 담론이 죽어가고 있다고 경고한 포스트먼은 "대중이 하찮은 일에 정신이 팔릴 때, 끊임없는 오락 활동을 문화적 삶으로 착각할 때, 진지한 공적 대화가 허튼소리로 전락할 때, 한마디로 국민이 관객이 되고 모든 공적 활동이 가벼운 희가극과 같이 변할 때 국가는 위기를 맞는다. 이때 문화의

테오-쿨투라

사멸은 필연적이다."라고 말한다. 결국 닐 포스트먼은 조지 오웰보다는 올더스 헉슬리가 옳다는 입장이다.

조지 오웰은 『1984』에서 이렇게 말했다. "'고통'(외부적 압박)을 통해 사람들을 통제한다. '1984'에서 우리는 외부나 압제에 지배당할 것을 두려워했다. 누군가 서적을 금지시킬까 두려워했다. 정보통제 상황을 두려워했다. 진실이 은폐될 것을 두려워했다. 통제로 인해 문화가 감옥이 될까 두려워했다." (영화 〈1987〉은 이런 맥락에서 『1984』와 통한다.)

그러나 올더스 헉슬리는 『멋진 신세계』에서 이렇게 말한다. "'즐거움'을 제공함으로써 사람들을 통제한다. 멋진 신세계에서는 차고 넘쳐 나는 정보와 지천에 깔린 오락거리로 인해 사고능력이 저하된 수동적인 존재가 될 것을 두려워했다. 우리가 좋아서 집착하는 것이 우리를 파멸시킬까봐 두려워했다. 굳이 서적을 금지할 만한 이유가 없어질까 두려워했다. 지나친 정보과잉으로 인해 우리가 수동적이고 이기적인 존재로 전락할까 봐 두려워했다. 서구 민주사회가 춤추며 꿈길 속을 헤매다 스스로 망각 속으로 빠져들어 나란히 속박 당하게 되리라 확신했다. 모순에 무감각하고 기술이 주는 재미에 중독된 대중에게 아무 것도 감출 필요가 없음을 간파했다."

사실 디스토피아(dystopia)는 유토피아(utopia)의 반대말이다. 따라서 유토피아가 '어디에도 존재하지 않는 이상향'이기에, 디스토피아는 '어두운 미래 또는 현실'이 된다. 커지는 빈부격차와 취업난, 무한경쟁을 부추기는 분위기, 해법이 보이지 않는 교육·부동산 문제 등을 배경으로 아이엠에프 경제위기 이후 우리나라의 문화 콘텐츠와 담론에서 디스토피아가 본격적으로 등장하였다. 어려웠지만 앞날에 대해선 낙관적이었던 과거 군사정권 시절(물론 고통스러웠지만)의 역동감 있는 문화 콘텐츠와 상반되는 문화적 흐름이다.

포스트먼에 의하면 디스토피아는 크게 셋으로 나눌 수 있다. '체제 디스토피아, 인간 디스토피아, 문명디스토피아'가 그것이다. 체제 디스토피아는 '개선이 거의 불가능한 억압적인 체제'와 관련된다. 국가와 거대자본은 물론이고, 실생활에서 고통을 느끼는 모든 분야가 그 대상이 된다.

인간 디스토피아는 인간 자체에 대한 불신과 환멸로 인한 디스토피아이다. 미시적이나, 사회 발전과 문명의 주체를 부정한다는 점에서 근본적인 디스토피아라고 할 수 있다. 문명 디스토피아는 현대 문명의 비관적인 전망과 연관돼 있다. 기후변화, 유전자 조작, 인공지능, 새 전염병, 외계인의 습격 등이 단골 소재가 된다.

지금 우리는 '체제 디스토피아'의 위기를 간신히 넘어 인간 디스토피아와 문명 디스토피아로 넘어가는 인터레그넘의 시대에 살고 있다. 1984(우리에겐 '1987'과 '촛불혁명')을 넘어가지만 멋진 신세계가 이상하게 도래하고 있는 것이다. 이래저래 불행한 디스토피아임은 더 말할 나위 없다. 그러나 연민이 창밖으로 기어들어오는 불안의 뒤를 잇기에 아직 우리 인터레그넘 시대는 희망이 있다.

4. 연민, 구원의 세례 요한

정치 철학자인 시카고 대학 마사 누스바움 교수는 주요한 '인간의 기능적 능력 십계명'을 작성한 바 있다.

1. 생명(life): 정상적인 수명까지 살 수 있을 것.
2. 신체적 건강(bodily health): 좋은 건강에는 적절한 영양 공급, 적절한 주거, 건강한 재생산 기능을 포함한다.
3. 육체적 완전성(bodily integrity): 자유로운 장소 이동, 주권자로서 취

급될 신체적 경계선을 지킬 것, 즉 성적 학대, 아동에 대한 성적 학대, 가정 내 폭력, 성적 만족과 임신의 문제에서 선택권을 가지는 문제를 포함하여 폭력으로부터 보호될 수 있을 것.

4. 감각, 상상력, 사상(senses, imagination and thought): 상상하고 사유하고 추론할 수 있는 감각 기관을 이용할 수 있는 것은 '진정한 인간의' 길이고, 이 길은 적절한 교육에 의해서 길러지는 것이며, 결코 문자 위주의 기본적인 수학적, 과학적 훈련에 한하는 것은 아니다.

5. 감정(emotions): 자기 자신의 외부의 사물이나 사람들에게 애정을 가질 것, 우리를 사랑하고 배려하는 사람들을 사랑할 것.

6. 실천 이성(practical reason): 선 관념을 형성하고 자신의 삶을 계획하는 데 비판적으로 성찰하고 참여할 수 있을 것(양심의 자유 포함).

7. 협력 관계(affiliation): 다른 사람들과 더불어 살고 있고 그들에 대하여 관심을 보이고 인정하며 여러 형태의 사회적 상호 작용에 참여할 것.

8. 자연적 환경(other species): 동물, 식물, 기타 자연 세계와 관련하여 관심을 가지고 살 것.

9. 놀이(play): 웃고, 놀고, 여가 활동을 즐길 수 있을 것.

10. 자신의 환경에 대한 통제: 정치적으로 자신의 삶을 지배하는 정치적 선택에 효율적으로 참여할 수 있을 것, 물적·형식적으로가 아니라 실질적 기회를 통해서 재산을 유지할 수 있을 것.

여기서 연민에 관해 중요한 인간의 기능적 능력은 4~7계명이 된다. 감각과 감정을 통하여 실천 이성으로 협력 관계를 맺는 것이 올바른 인간의 기능이자 연민의 시작이라는 것이다.

좀 더 세밀하게 누스바움은 연민이 발현되기 위한 조건 네 가지를 말한다. "첫째, 상대방의 고통이 충분히 심각한 것이어야 한다. 둘째, 그 고통이 스스로가 아닌 타인에 의해 유발된 것이어야 한다. 셋째, 그 고통이 나의 삶에서도 일어날 가능성이 있다고 생각되어야 한다. 넷째, 그 사건이 나의 행복에 영향을 미치는 중요한 것이어야 한다."

연민의 발현을 방해하는 세 개의 병리학적 감정에 대해서도 누스바움은 "첫째, 수치심은 자신의 잘못된 감정에 빠져 그가 자신 밖으로 나오지 못하게 만든다. 둘째, 질투는 타인의 성취에 눈멀어 타인의 상실과 슬픔에 무감 각하게 만든다. 셋째, 혐오감은 우리와 그들을 임의적으로 갈라 그들을 증오하도록 만든다."라고 말한다.

'나의 삶과 행복에 영향을 미치는 타인이 다른 타인에게 끼치는 충분히 심각한 고통'(가령, 이웃집에 강도가 들어 우리 집도 안전하지 못할 때)에 대해서 우리는 연민을 느끼지만, '수치심과 질투, 그리고 혐오감'(가령, 이웃집 사람에 대한 관계)은 우리로 하여금 연민을 느끼지 못하게 한다는 것이다.

따라서 연민만 있고 공정하지 못하다면, 자신의 손해를 감수하며 남을 돕지 않을 것이요, 공정하나 연민이 없으면 타인을 위할 아무런 일을 하지 못한다는 것이다. 공정과 연민은 양립하는 것이다. 사실 우리가 누군가를 돕기 위해서는 공정함과 연민을 동시에 필요로 한다. 즉 이성과 공감이 함께 작용할 때 우리는 타인을 이해하고 행동하는 도덕적 인간이 될 수 있는 것이다. 오늘 많은 이들이 연민을 상실하고, 판타스마고리아에 빠져 살고 있다. 연민의 구원 열차가 지금 '1984'를 넘어 판타스마고리아의 '멋진 신세계'가 아니라, 하나님 나라를 향하여 기적 소리를 내며 달려오고 있다.

출애굽의 목적이 가나안이었다면, 가나안에서의 삶의 목적은 연민과 공정의 평등 공동체였다. 이것을 상실한 이스라엘은 다시 바벨론의 포로로 고통을 받았다. 올바른 목적이 없을 때 그 고통은 이토록 심각하건만, 우리는 이 과도기 시대에, 인간과 문명 디스토피아 시대에 목적 없이 사는 것이 아

테오-쿨투라

니라, 타자에 대한 연민과 공정으로 살아야 할 것이다. 어린왕자도 이렇게 충고했다. "사람들은 모두들 똑같이 급행열차를 타고 어디론가 가지만 무얼 찾아가는지는 몰라. 그러니까 어디를 가야 할지 몰라서 갈팡질팡하고 제자리만 빙빙 돌고 하는 거야."

10. 희생시스템과 제자도

예수 그리스도의 이름으로 명하노니 이 싸움을 즉시 멈춰라!

"디테일(detail)이 없으면 스케일(scale)이 없다. 각론은 없고 총론만 있는 현재의 상태로는 (한국 교회의) 미래가 밝지 못하다." (기장, 성북 교회 육순종 목사)

1. 희생 시스템

20세기 초, 덴마크의 육군대장 프리츠 홀름은 '전쟁절멸보장 법안'을 이야기 한 적이 있다. "각국에 이런 법률이 있다면 전쟁을 없앨 수 있다. 전쟁이 터지면 10시간 안에 다음 순번에 따라 최전선에 일개 병사로 파견한다. 첫째로 국가원수 둘째로 그의 친족 셋째는 총리, 국무위원, 각 부처 차관 넷째는 국회의원. 다만 전쟁에 반대한 의원은 제외. 다섯째는 전쟁에 반대하

테오-쿨투라

지 않은 종교계 지도자들!" 홀름에 의하면 전쟁은 국가 권력자들이 자기 이익을 위해 국민을 희생시키며 일으키는 것이다. 따라서 권력자들부터 희생되는 시스템을 만들면 전쟁을 일으킬 수 없게 된다는 신선한 착상이다.

남북정상회담이 성공적으로 끝났다. 이제 북미정상회담이 남았으나, 한반도에 평화의 물결은 뒤돌릴 수 없는 '하수(아모스 5:24)'와 같이 되었다. 비록 분열을 조장하고 평화체제에 배 아파하는 이(나라)들이 있지만 그들은 곧 역사의 물결에 휩쓸려 흔적도 없이 사라질 것이다.

아무튼 홀름의 '전쟁절멸보장 법안'은 원전 문제에도 적용할 수 있다. 『야스쿠니 문제』 등의 저작을 통해 '국가와 희생'의 문제를 파헤쳐온 철학자이자 도쿄대 교수인 다카하시 데쓰야는 『희생의 시스템, 후쿠시마 오키나와』(돌베게, 2013)에서 홀름의 제안을 원전 사고에 적용하여 이렇게 말한다. "원자로의 방사능 누출을 막을 '결사대'에 총리(한국의 대통령), 각료(장관), 주무부처 차관과 간부, 전력회사 사장과 간부, 원전 추진 과학자·기술자, 원전을 인구 과소지에 떠넘기고 전력을 써온 도시 사람들 순으로 파견해야 한다."

따라서 데쓰야는 전후 일본 사회 속에서 '희생의 시스템'이라는 개념으로 원자력 발전의 후쿠시마와 미일 안보체제를 상징하는 오키나와 섬을 그 예로 들고 있다. 사실 '후쿠시마'는 후쿠시마 원전에서 일어난 중대사고와 그 영향에 관한 문제들을 포괄적으로 일컫는 명칭이다. 데쓰야에 의하면, 원자력 발전은 추진되는 순간부터 희생을 상정하며 특정인의 이익을 위해 타자에게 모든 희생을 떠넘기는 국가적 희생 시스템이라는 것이다. 오키나와도 마찬가지이다. 주일 미군 전용시설 면적의 74%가 집중된 섬인 오키나와는 국가가 지속적인 희생을 전가함으로써 '본토'의 평화를 유지해 온 희생의 시스템이라는 것이다.

이 두 지역 '희생 시스템'의 구조를 통해 일본 사회가 구성된 것은 아닌지, 과연 경제 성장과 안보 같은 공동체 전체 이익을 위해 누군가 희생하는 시스템이 정당한 것인지를 데쓰야 교수는 묻고 있는 것이다. 물론 우리나라의 핵발전소와 '성주 사드' 문제도 마찬가지이다. 그리고 휴전협정과 휴전선은 남북 모두의 희생 시스템, 그 견고한 틀이었다. 이것이 남북 두 정상의 만남으로 균열을 일으키고 있는 것이다. 이러한 평화의 시대에 그리스도인으로서 참다운 제자도의 삶은 어떤 것일까?

2. "예수 그리스도의 이름으로 명하노니 이 싸움을 즉시 멈춰라"

이 말은 주후 4세기의 유명한 수도사 텔레마쿠스의 말이다. 그는 원래 세상을 등지고, 광야에서 은둔생활을 하고 있던 수도사였다. 그러던 어느 날 기도하는 가운데 이런 생각을 하게 되었다. '내가 지금까지는 세상을 등지고 살았지만, 이제는 늙어서 살 날도 얼마 남지 않았구나. 그러니 남은 기간 동안은 세상에 들어가서 사람들에게 그리스도의 복음을 전해야 되겠다.' 그리하여 텔레마쿠스는 그 당시 세계의 심장이라고 일컬어지는 로마로 갔다.

때마침 로마에서는 어떤 장군의 개선을 축하하기 위해서 축전이 열리고 있었다. 수많은 사람들의 행렬이 원형극장으로 들어가고 있었다. 그 당시 로마는 이미 기독교 국가였지만, 주말이 되면 원형극장 안에서는 포로로 잡혀온 검투사들의 칼싸움이 진행되고 있었다. 이 경기는 한 사람이 죽을 때까지 계속해서 싸우는 경기이다. 로마 사람들은 그 잔인한 칼싸움을 보면서 쾌감을 느끼고 있었던 것이다.

텔레마쿠스도 사람들 틈바구니에 싸여서 원형극장 안으로 들어가게 되

테오—쿨투라

〈검투사의 싸움을 말리는 텔레마쿠스〉

었다. 드디어 팡파르가 울려 퍼졌다. 두 명의 검투사가 경기장 안으로 들어
갔다. 먼저 황제 앞에서 인사를 하고, 죽기까지 싸우겠다고 맹세를 한다. 그
런 다음 그들은 서서히 경기장 중앙으로 걸어가기 시작했다. 텔레마쿠스는
그 모습을 보면서 마음속으로 '이것은 분명히 잘못된 일이다. 이것을 막으
라고 하나님께서 나를 로마로 보내셨구나!' 텔레마쿠스는 두 주먹을 불끈
쥐고 경기장 안으로 뛰어들면서 온 힘을 다하여 큰 소리로 외쳤다. "예수 그
리스도의 이름으로 명하노니 이 싸움을 즉시 멈춰라!"

　처음에 사람들은 그것이 쇼의 일종인 줄 알고서 그저 웃기만 했다. 경기
장 측에서 늙은 수도사 복장을 한 어릿광대를 집어넣어 경기를 흥겹게 해

주는 것으로 생각을 했다. 그러나 텔레마쿠스는 두 검투사 사이에 들어가서 결사적으로 그 싸움을 막았다. 마침내 사람들의 입에서 야유가 터져 나오기 시작했다. 그럼에도 불구하고 텔레마쿠스는 더 큰 소리로 외쳤다. "예수 그리스도의 이름으로 명하노니 이 싸움을 멈춰라!"

급기야 경기를 진행시키던 지휘관이 검투사 가운데 한 사람에게 텔레마쿠스를 먼저 처치해버리라는 손짓을 했다. 번쩍이는 칼과 함께 텔레마쿠스는 피를 흘리면서 그 자리에 쓰러졌다. 그러나 그는 자기의 숨이 멈추기까지 계속해서 외쳤다. "예수 그리스도의 이름으로 명하노니 이 싸움을 멈춰라!"

시간이 지나며 주변은 갑자기 숙연해졌다. 황제 호노리우스(Honorius)는 그 자리에서 조용히 일어났다. 그리고 말없이 경기장 밖으로 퇴장했다. 그의 뒤를 따라서 다른 사람들도 한 사람씩 두 사람씩 그 자리를 떠났다. 나중에는 두 검투사들마저도 고개를 푹 숙인 채 퇴장했다. 주후 391년에 있었던 사건이었다. 이 사건을 계기로 로마에서는 더 이상 검투사들의 경기가 열리지 않았다고 한다. 평화의 왕 예수 그리스도를 외쳤던 텔레마쿠스의 외침과 그의 희생적인 죽음이 그 잔인한 경기를 종식시킨 것이다.

역사적인 남북정상회담을 보며 그동안 민주화와 통일을 위해 애쓴 이 땅의 텔레마쿠스들의 모습이 눈에 떠오른다. 오늘 지하철과 역 앞, 이웃 종교의 사찰과 사당 앞에서 "예수 천당, 불신 지옥"을 외치는 이들이 그들의 외침을 진정 외쳐야 할 곳은 평화적 만남을 방해하는 이 땅의 분단 세력들 앞이라는 것을 잘 보여준다. "예수 그리스도의 이름으로 명하노니 사탄아 물러가라."

테오-쿨투라

3. 제자도: 믿음의 외적 실천

자신이 잘 훈련되어 있지 않으면 다른 사람을 훈련시킬 수 없다. 훈련되지 않은 사람이 총을 들면 그것은 흉기가 될 것이다. 『예수도: 몸으로 실천하는 진짜 제자도』(IVP, 2013)에서 예수님의 혁명적인 가르침을 삶으로 실험하고 자신의 경험을 나누는 일에 열정을 쏟아 온 저자 마크 스캔드렛은 "태권도 유단자가 되기 위해서는 훈련장에서 몸으로 부딪히며 기술을 익혀야 하듯이, 예수의 제자도는 영성의 훈련장인 우리의 실제 삶 속에서 연마되고 성숙되어 간다."고 말한다.

달리기, 자전거 타기, 요리, 쓰레기 뒤지기, 커피 로스팅, 오랫동안 산책하기, 아내와 데이트, 아이들과 텔레비전과 영화 보기를 즐기는 스캔드렛은 개인 중심 실험, 그룹 실험, 장기 프로젝트, 1회성 실험, 4-6주간의 단기 실험, 6개월-1년 이상의 장기 실험을 어떻게 준비하고 실천하며 인도할 수 있는지를 실례를 통해 보여 준다. 예수의 제자도를 삶 속에 실천하고 싶어 하는 사람들에게 실제적이고 창의적인 조언을 제공하는 것이다. 그를 통해 우리는 사회를 바꾸는 거대한 변화는, '한 사람의 작은 실험과 순종'에서 비롯된다는 것을 깨닫게 된다.

예수는 단순히 고상한 교리를 말씀하신 것이 아니라, 실제로 사람들을 치유하고 회복시키며, 우리 삶에 하나님 나라를 가져오셨다. 역사 속에서 그분의 삶에 매혹된 수많은 사람들이 그분을 따르기로 선택하고 그분의 제자가 되어 그분이 가신 길을 걸어왔다. 그러나 오늘날 우리가 추구하는 제자도는 개인주의적이고 지식에 치우칠 때가 많다. 따라서 지금 이 세상은 예수 그리스도의 제자를 자처하는 수많은 사람들이 있지만 세상에는 여전히 가난, 폭력, 착취, 경제적 불의와 다툼이 넘쳐난다. 스캔드렛은 진정한 제자도란 '믿음의 내적인 여정을 외적인 실천으로 나타내는 삶'이라고 말한다.

사실 스캔드렛은 오래전부터 기독교의 가치를 삶으로 실천하는 공동체 운동을 이끌어 왔다. 소유의 절반을 처분해 나누는 절반의 나눔 운동을 벌이고, 노동 착취와 인신매매에 바탕을 둔 불의한 경제 구조에 대한 저항 운동을 펼치는 등(이를 '노예해방 프로젝트'로 명명한다) 그는 예수님의 가르침을 급진적으로 실천하는 일을 개발하고 가르쳐 왔다.

　스캔드렛은 이렇게 말한다. "우리 소유의 극히 적은 부분만 나누어도 가난과 굶주림의 위기에 처한 전 세계 10억 인구를 살릴 수 있다. 이런 상황에서 우리는 예수님의 가르침이 돈과 소유에 관해 우리가 기존에 택해 왔던 방식들을 완전히 뒤집어엎고 있음을 깨달았다." 물론 이러한 나눔을 실천하는 것은 어려움을 동반한다. 공동체 구성원들 간의 갈등이 바로 그것이다. 따라서 스캔드렛은 "노예 해방 프로젝트를 수행하며 우리가 배운 놀라운 교훈 가운데 한 가지는, 모두가 한마음으로 하나님의 긍휼을 실천할 때에도 어려움을 겪는다는 점이었다. (…) '당신이 도장을 선택한 것이 아니라 도장이 당신을 선택한다.' 변화는 프로젝트 자체를 통해서도 일어나지만, 팀으로 일하며 갈등을 통해 성장하는 가운데에서도 일어난다." '더디 가도 지속적이라면 반드시 성공한다'는 진리를 보여준 것이다.

　스캔드렛은 "우리는 그 운동에 헌신했던 수백 명과 더불어 우리 이웃들이 사는 지역에서 더디지만 지속적인 향상이 일어나는 것을 경험했다. 또한 자유로운 이웃 운동을 통해, 소그룹이 창조적으로 동역할 때 그 파급력이 얼마나 커지는지를 깨달았다. 하나님의 치유를 일으키는 대리인으로서 우리의 목적을 실천에 옮기자 공공의식이 촉발되었다."고 매듭짓는다. 통일운동, 평화운동과 더불어 이제 '노예해방 프로젝트'가 참된 그리스도의 제자들로부터 시작되어야 함을 잘 보여준다. 왜냐하면 서두에 인용한 '디테일(detail)이 없으면 스케일(scale)이 없고', '각론은 없고 총론만 있는 현재의 상태'로는 한국교회의 미래가 밝지 못하기 때문이다. 그리고 디테일과 각론은 한 사람의 변화로부터 시작된다. 이 미완의 시대에 필요한 것은 바로 이러한 한 사람들의 연대가 될 것이다. 예수님 한분으로 시작된 하나님 나라 운동이 12제자로, 나아가 초대교회로, 마침내 우리들에게까지 전해졌던 것처럼!

4. 미완의 시대, 끝나지 않은 싸움

영국의 가장 뛰어난 역사가 중 한명이자, 평생 마르크스주의를 고수했던 진보적 지식인인 에릭 홉스봄(E. Hobsbawm)은 자신의 자서전인『미완의 시대』(민음사, 2007)에서 이렇게 말한 적이 있다. "자본주의나 사회주의 혁명은 모두 종결된 꿈이다. 그러므로 현재를 살고 있는 우리는 어떻게든 다른 방식의 사회를 희망하지 않으면 안 된다." 홉스봄은 산업혁명과 프랑스 혁명을 다룬『혁명의 시대』(1962), 유럽 자본주의의 성장을 다룬『자본의 시대』(1975), 부르주아 자유주의와 식민지 전쟁을 다룬『제국의 시대』(1987) 3부작으로 19세기가 1789년 프랑스 혁명으로 시작하여 1914년 제1차 세계대전의 발발과 함께 끝났다고 주장하며, '긴 19세기'라는 용어를 만들어낸 적이 있다.

역사가의 과업에 관해 '단순히 과거를 발견하는 것이 아니라, 설명하는 것이며 그 과정에서 현재와 관련성을 제시하는 것'을 주장하며 자본주의의 모순을 끊임없이 지적하며 새로운 인식의 필요성을 주장했던 에릭 홉스봄은 역사를 바라보는 다양한 관점(곧, '위대한 위인들의 이야기', '당연한 결과가 있다는 목적론적 인식', 기후가 온난하고 풍부한 자원을 가지고 있는 땅에 사는 사람들이 당연히 강한 힘을 갖게 된다는 '지정학적인 논리', 모든 것이 운과 불운의 결과일 뿐이라는 '카오스 이론'까지)을 설명하며 이 모든 것을 넘나들면서도 '그래도 가장 중요한 것은 보통 사람들'이라는 통찰을 우리들에게 전해준다. 홉스봄은 이렇게 말한다. "시대가 아무리 마음에 안 들더라도 무기를 내려놓지 말자. 사회 불의에 여전히 맞서 싸워야 하기 때문이다. 세상은 저절로 좋아지지 않는다."

남북정상회담만으로 이 땅에 평화가 오지는 않는다. 희생 시스템은 얼마나 견고한지! 촛불혁명에 참여한 깨어있는 시민들이 이 미완의 시대에 그리스도의 제자로 제자리를 지키는 것이 필요하다. 왜냐하면 세상은 저절로 좋아지지 않기 때문이다.

루이제 린저도 『생의 한가운데』(문예출판사, 1998)에서 주인공 여류소설가 니나 부슈만의 입을 빌어 이렇게 말했다. "과연 무엇이 진정으로 용기 있는 행동일까, 겁에 질려 미지의 해안으로 달려가는 것인가, 아니면 그전부터 가치 있었고, 아마도 앞으로 영원히 가치 있을 것들을 위해 제자리를 지키는 것인가?"

생의 모든 것을 껴안는 니나와 달리, 니나를 죽을 때까지 사랑한 슈타인 박사는 고통을 피하고 안정을 지향하며 관조적인 삶을 살았다. 이것을 안타까워했던 니나의 말은 미완의 시대, 다시 뒤로 돌아가는 이들에게 주는 충고이다. 왜냐하면 우리들의 선한 싸움은 아직 끝나지 않았기 때문이다.

테오-쿨투라

11. 동물해방과 동물신학

아기 예수를 경배한 황소와 당나귀

1. 동물 실험: '원숭이에게 미사일 쏘기'

"왜 사람들은 건물이나 예술작품과 같은 인간의 창조물을 파괴하면 '야만행위'라고 비난하면서, 신의 창조물을 파괴하면 '진보'라고 치부하는가?" (간디)

해마다 500억 마리의 동물이 인간에 의해 죽임을 당한다. 물고기를 빼면 매년 250억 마리의 동물이 인간의 음식이 되기 위해 죽고, 매년 4천 만 마리의 동물이 모피가 되기 위해 죽어간다. "한 국가의 위대함과 도덕적 진보는 그 나라의 동물이 받는 대우로 가늠할 수 있다."라고 마하트마 간디는 말한바 있다. 그러나 고양이가 사람을 보고 도망가고, OECD 국가 중 유기견 수출 1위(고아 수출 1위일 뿐만 아니라!)인 나라가 바로 대한민국이다. 동물들이 살기에 대한민국은 그리 좋은 나라가 아닌 것이다.

우리 사회에서 동물은 법적으로 철저히 '물건'이다. 물건은 '인권'이 아니라, 사람의 '물권'의 대상이 된다. 따라서 동물은 소유와 점유의 객체가 되고, 그 권리자인 인간에게 처분권이 있다. 동물은 다른 물건과 마찬가지로 사용되고 처분되고 심지어는 필요가 없으면 폐기된다. 2010년 11월 구제역이 처음 발생한 뒤 매몰 살 처분된 가축 수가 무려 350여만 마리에 달했다 (부산 시민 인구가 이 정도도 된다). 그뿐인가? 살충제, 부동액, 브레이크액, 표백제, 탈모제, 눈 메이크업, 잉크, 선탠오일, 손톱 광택제, 마스카라, 헤어스프레이, 페인트, 지퍼 윤활유 등 우리가 일상적으로 사용하는 이 많은 상품들의 공통점은 하나같이 모두 동물을 이용한 독성 실험을 거친 것들이다. 동물은 인간의 윤택한 삶을 위하여 실험실에서도 죽어가고 있는 것이다.

밖으로 눈을 돌려보자. 시카고 대학의 '쥐를 33일간 잠재우지 않는 실험', 오레곤 대학의 '갓 태어난 생쥐의 앞다리를 잘라 그럼에도 자기 몸을 단장하는지 관찰하기', 하버드 대학의 '사냥개에 플루토늄 주사하기', 옥스퍼드 대학의 '10일 된 새끼 고양이 양 눈을 꿰매 시력 상실의 영향에 대해 관찰하기', 케임브리지 대학의 '생쥐의 두뇌에 헤르페스 바이러스 주사하기', 미국방부의 '원숭이에게 신경가스, 청산가리, 방사능, 총알 혹은 미사일 쏘기', 미 농무부의 '어미 뱃속에 있는 새끼 돼지 태아의 목을 자르고 그것이 임신한 암퇘지의 인체 화학에 어떤 영향을 주는지 관찰하기', GM의 '자동차 충동실험에 돼지나 원숭이 이용하기' 등은 분명 '인류 문명의 진보'와 '동물의 고통' 사이에 상관관계가 있음을 잘 보여 준다. 곧, 인류의 진보는 동물 학대와 정비례하는 것이다.

테오-쿨투라

2. 동물해방과 동물신학 탐구: "성차별, 인종차별을 넘어 종차별도 극복 가능한가?"

'동물을 대하는 태도에 관한 한 모든 인간은 나치'라고 말하는 호주 출신의 도덕철학자이며 동물윤리학자인 피터 싱어(P. Singer)는 『동물해방』(인간사랑, 2006)이라는 책을 통해 인간과 동물의 관계가 어떠해야하는 지를 잘 보여주고 있다. '동물의 권리(animal rights)' 분야의 바이블인 이 책은 동물의 권리와 복지를 위해 "인간의 도덕적 관심에 동물을 포함해야 한다."고 말한다. 그는 동물이 단지 인간의 종(species)에 해당하지 않는다는 이유로 차별해서는 안 되며 이러한 '종차별주의(Speciesism)'를 반대함으로 종간의 원칙적 평등을 주장하고 있다.

사실 서구 역사에서 종차별주의의 발생사적 근원을 찾으면 로마와 기독교라는 두 문명을 살펴볼 수밖에 없다. 로마제국은 콜로세움 등의 원형경기장에서 수많은 동물들을 사람들의 호기심 거리와 놀이의 대상으로 여기고 학살했다. 이러한 경기는 시민들에게 먹을 양식을 배분하는 것보다도 더 중요한 행사였다고 하니 가히 로마의 동물학대가 어떠했는지를 알 수 있다. 아이러니하게 동물과 함께 학대당했던 초기 기독교는 인간의 존엄성을 신성시했기 때문에 인권의 신장에 큰 기여를 했지만, 동물과의 관계에서는 인간과 다른 종간의 차별을 공고히 한 종교가 되었다. 따라서 싱어는 다음과 같이 비판한다.

"(기독교)는 여러 면에서 진보적이었으며, 그리하여 로마인의 제한된 도덕적 영역을 엄청나게 확장시켰다. 하지만 인간 아닌 다른 종에 대한 처우와 관련시켜 생각해볼 때, 그러한 교의는 구약성서에서의 인간 아닌 동물들의 낮은 지위를 더욱 공고히 하고 저하시켰다. 구약성서에는 인간이 다른 종을 지배해야 한다고 쓰여 있지만, 그래도 거기에서는 다른 종들의 고통에 대한 희미한 관심이나마 찾아볼 수 있었다. 하지만 신약성서에서는 동물에 대한 가혹 행위에 반대하는 어떠한 명령도 찾아볼 수 없으며, 동물의 이익을 고려하는 권고 또한 찾아 볼 수가 없다."

종차별은 사실상 '인종차별(racial discrimination)'과 '성차별(sex discrimina-tion)'의 연장선상에서 이해해야 할 것이다. 즉, 종차별이 도덕적으로 인정될 수 있는 근거는, 인종차별이나 성차별에 잠재하고 있는 지적 능력에 대한 오해 때문이다. 가령 유색인종은 백인에 비해, 여성은 남성에 비해 지적 능력이 떨어진다는 오해처럼 종차별에도 그대로 적용되는 것이다. 즉, 인간이 다른 종(동물)을 차별하는 것은 인간이 그들보다 지적 능력이 탁월하다고 여기기 때문이다. 따라서 동물은 인간에 비해 하등동물이니 거기에 걸맞은 대우를 받는 것은 당연하다는 것이다.

이러한 인간의 동물 학대의 이유는 첫째, '인간이 동물보다 우월하고 특권적 지위를 누린다'는 전제이며, 둘째는 '동물은 도덕적 권리의 합법적 주체가 아니라'는 전제 때문이다. 이 두 번째 전제에서 동물이 인간과 다르다는 것을 기반으로, 차이는 '특별한 도덕적 배려의 원리'가 되어야 하는데, 차별의 근거가 되어버렸다. 그러나 오늘날 인종차별이나 성차별도 그러하듯, 인간과 동물의 차이를 지적 능력 운운하며 그 차별을 정당화할 수는 없다. 만일 그것을 인정하면 무뇌아로 태어난 아기(혹은 치매 노인들)는 침팬지보다 그 지능이 못하니 그 생명권을 연장할 이유가 없기 때문이다. 싱어는 이렇게 말한다.

"설령 좀 더 나은 지적 능력을 소유한다고 해도 자신의 목적을 위해 한 사람이 다른 사람을 이용할 수는 없다. 이것이 사실이라면 좀 더 나은 지적인 능력을 소유하고 있다고 해도 그로 인해 인간에게 인간 아닌 존재를 착취할 권한이 부여되지는 않는 것이다."

사실 인류의 역사는 도덕 지평 확대의 역사이다. 여성과 흑인, 사회적 약자와 장애인, 혹은 소수 종교인들과 동성애자로 그 도덕적 배려와 책임의 지평이 확장되었다. 그러나 성과 인종을 넘어 종 차이를 극복할 수 있을까?

동물권 신학의 핵심인 '관대함의 윤리(ethics of generosity)'를 부르짖는 영국 옥스퍼드 대학교 신학부 교수이자, 기독교 채식주의자인 앤드류 린지(A. Linzey)는 『동물신학의 탐구』(대장간, 2014)에서 싱어가 말하는 연약하고 스스로를 방어할 수 없는 존재들에게는 '평등한' 고려가 아니라, '더 큰' 고려가 필요하다고 말한다. 따라서 싱어의 공리주의보다 칸트의 의무론을 따르며 동물의 권리 신학인 동물신학을 전개하고 있는데, 동물과 같은 약자에게 '도덕적 우선순위'를 주어야 한다는 것이다. 린지는 이렇게 말한다. "윤리에서 내가 견지하는 이론적 입장은 약자와 상처 입기 쉬운 자들이 우리에게 특별한 권리를 요구한다는 것이다."

3. 예수와 동물들: "노새를 때리지 마라. 자비를 얻을 것이다."

사람들은 예수께서 동물들에 대해 아무 말도 하지 않았으며 기독교 사상은 동물 복지에 대해 무관심하거나 적대적일 것이라 생각한다. 그러나 1세기부터 8세기에 이르는 초기 기독교 외경 문학은 종종 예수와 동물과의 관계에 관해 다루고 있다. 특히 콥트교회의 문서조각은 '노새를 치유하신 예수'의 모습을 들려준다.

"그 일은 주님이 도시를 떠나 제자들과 함께 산을 넘어 가실 때에 일어났다. 그들은 산에 당도했고, 올라가는 길은 경사져 있었다. 그곳에서 그들은 짐을 실은 노새와 함께 있는 한 남자를 발견했다. 하지만 그 동물은 쓰러져 있었는데, 왜냐하면 그 남자가 너무 무거운 짐을 지웠기 때문이었다. 그는 그 노새를 때렸고, 노새는 피를 흘리고 있었다. 예수께서 그 남자에게 다가가 말씀하셨다. '남자여, 왜 당신은 당신의 동물을 때리는가? 당신은 이 동물이 고통에 괴로워하는 것을 알지 못하는가?' 그러자 이 남자는 대답하여 말했다. '그것이 당신과 무슨 상관입니까? 나는 내가 만족할 때까지 이놈을 때릴 수 있습니다. 왜냐하면 이놈은 나의 재산으로, 큰돈을 주고 샀기 때문입니다. 당신과 함께 있는 사람들에게 물어보십시오. 그들이 나를 알고 이 사실에 대해 알 것입니다.' 그러자 제자들 중 몇몇이 말했다. '그렇습니다. 주님, 그의 말이 맞습니다. 우리는 그가 노새를 어떻게 샀는지 보았습니다.' 그러나 주님이 말씀하셨다. '그러면 너희들은 노새가 어떻게 피를 흘리는지 보지 못하고, 어떻게 신음하며 울부짖는지 듣지 못하느냐?' 그러자 그들이 대답하여 말했다. '아닙니다. 주님, 그놈은 신음하고 울부짖지만 우리는 듣지 않습니다.' 그러자 예수께서는 슬퍼하며 외치셨다. '노새가 하늘에 계신 창조주께 하소연하며 자비를 구하며 우는 것에 귀 기울이지 못하는 너희들에게 화가 있으리라. 그러나 이 노새가 고통을 호소하며 울부짖게 만든 자에게는 세 배나 화가 있으리라.' 그리고 예수께서는 그 동물에게 다가가서 손을 대셨다. 그러자 노새는 일어났고 상처는 치유되었다. 예수께서는 그 남자에게 말씀하셨다. '가라, 그리고 지금부터 다시는 노새를 때리지 마라. 그러면 너도 자비를 얻을 것이다.'"(곱트교회 문서조각)

테오-쿨투라

마태복은 5장 7절의 "긍휼히 여기는 자는 복이 있나니 그들이 긍휼히 여김을 받을 것이라."는 말씀이 이루어진 것이다. 그리고 긍휼의 대상이 인간만이 아니라 동물에까지 확장된 것이다. 또한 예수께서 탄생하셨을 때, 아기 예수님을 경배한 동물들을 소개한 '유사 마태복음서'도 있다. 인용해보자.

"그리고 우리 주 예수 그리스도가 탄생하신지 삼 일째 되던 날, 마리아가 동굴에서 나와서 마구간으로 들어가 그 아이를 구유에 눕히자 황소와 당나귀가 그에게 경배했다. 그럼으로써 예언자 이사야가 말한 것이 성취되었다. '황소는 그의 주인을 알고 당나귀는 그 주인의 구유를 안다.' 그리하여 그 동물들, 황소와 당나귀가 그들 가운데 계신 예수와 함께 있으면서 그분께 끊임없이 경배했다. 이로써 다음과 같은 예언자 하박국이 말한 것이 성취되었다. '두 동물 사이에서 당신은 나타나실 것입니다.' 요셉은 삼 일 간 마리아와 함께 같은 장소에 머물렀다." (유사 마태복음)

아기 예수의 가족이 사막으로 들어갈 때 사자들과 흑표범들과 다른 동물들이 나타나 아기 예수께 경배하는 구절도 있다. 계속해서 유사 마태복음의 내용을 인용해보자.

"처음에 마리아가 그들을 둘러싸는 사자들과 흑표범들과 여러 야생 짐승들을 보았을 때 그녀는 큰 두려움을 느꼈다. 그러나 아기 예수는 그녀의 얼굴을 기쁜 표정으로 바라보면서 말했다. '무서워하지 마세요, 어머니. 저들은 어머니를 해치려고 오는 것이 아니라 어머니와 저를 서둘러 섬기려고 오는 겁니다.' 이 말과 함께 예수는 그녀의 마음속에 있는 모든 두려움을 몰아냈다. 사자들은 그들과 함께 계속 걸었고, 그들의 짐을 옮기는 짐승들과 황소들, 당나귀들과도 함께 걸었다. 이들과 함께 있었음에도 불구하고 사자들은 이 중 단 하나도 해치지 않았다. 사자들은 그들이 유대로부터 함께 있다가 데려온 양들 사이에서 온순했다. 양들은 늑대들 사이를 걸었으며 아무것도 무서워하지 않았다. 그리고 그들 중 어느 하나도 다른 동물에 의해 다치지 않았다. 그래서 '이리와 어린 양이 함께 먹을 것이며 사자가 소처럼 짚을 먹을 것이며'라는 예언자의 말이 성취되었다." (유사 마태복음)

4. 역지사지, 역지감지, 역지식지의 세상: '사자가 소 여물을 먹는 하나님 나라'

"인간들이여, 당신들이 동물보다 우월하다고 뽐내지 마십시오. 동물들은 죄를 짓지 않지만, 인간들은 자신의 위대함을 가지고 땅을 더럽히기 때문입니다." (도스토예프스키)

소통과 조화로운 세상을 위해서 우리는 역지사지(易地思之)를 말한다. 그러나 역지감지(易地感之)도 필요하다. 사지는 머리로 하지만, 감지는 가슴으로 한다. 그리고 가장 중요한 세 번째 단계는 이사야서에 나오는 말씀 그대로, '사자가 소가 먹는 풀을 뜯어 먹는 것', 곧, 강자가 약자의 주식을 먹음으로 자신의 체질을 변화시키는 것, '역지식지(易地食之)'가 필요할 것이다. 그렇게 돼야 정말 조화로운 평화의 나라가 올 것이다.

우리 조상들은 실생활에서 이러한 역지사지, 역지감지, 역지식지의 생명

테오-쿨투라

존중의 사상을 실천했다. 까치를 위해 감을 다 따지 않은 '까치밥', 음식을 먹기 전제 조금 떼어내 뭇 생명과 더불어 먹고자한 '고시래', 콩을 심을 때 세 알을 심어 한 알은 새가 먹고 다른 한 알은 땅 속 벌레가 먹게 한 농부의 배려, 길을 나설 때 미리 지팡이로 땅을 쿵쿵 굴려 벌레들이 도망하게 한 나그네의 세심한 배려, 하루 수십 리씩 걸어야 하는 소들을 위해 소장수들이 소에게 신겨준 '쇠짚신', 작은 생물이라도 해할까봐 뜨거운 물도 식혀 버렸던 어머니들의 살뜰한 살림살이, 소가 죽음의 공포를 느끼지 않도록 은어를 사용하며 한순간에 소의 명줄을 끊고자 노력했던 백정들의 우직한 배려, 한 집안에서 더불어 먹고 사는 존재들을 사람이나 짐승을 가리지 않고 모두 생구(生口)라고 불렀던 포용적인 마음, 또한 불교의 영향을 받아 오랫동안 실천했던 채식위주의 삶 등.

생각해보라. 아버지 기스의 암나귀들을 찾으러 떠났던 사울이 사무엘을 만나 이스라엘의 초대 왕이 되었던 것처럼(사무엘상 9장 참조), 동물에 대한 당신의 사랑이 당신의 인생을 어떻게 바꿀 것인지 혹시 알겠는가!

12. 거미

스피노자의 거미와 거미 신앙

〈긴호랑거미〉

"스피노자가 기거하는 방에는 거미 한 마리가 왕으로서 살고 있
다. 그러나 이내 스피노자가 길거리에서 동종의 거미를 구해와 그만

테오-쿨투라

의 세계에 개입시킨다. 자신의 의지와 타인의 의지와의 충돌이 일어나고 하나의 세상에서 '왕'이 되기 위해 그들은 싸움을 벌인다. 스피노자는 이에 그치지 않고 파리 한 마리를 거미줄의 세계에 집어 던진다. 그 거미들은 파리를 잡아먹고 다시 서로를 잡아먹기 위해 싸움을 벌인다."

종교적 박해와 빈곤 그리고 불치의 질환과 항상 싸워야 했던 고독한 철학자 스피노자(Benedict de Spinoza)는 그 불행한 가운데서도 마음의 평화와 삶의 즐거움을 누릴 수 있었다. 그것은 바로 자기 힘으로 할 수 있는 평범한 실천 속에서 조용한 기쁨을 발견하는 것이었다. 따라서 스피노자는 거미가 집을 짓는 과정을 바라보며(혹은 거미들의 싸움을 보면서) 기뻐하곤 했는데, 거미를 통해 자신의 철학을 엮어가는 큰 보람과 기쁨을 찾은 것은 아닐까?

인간은 거미처럼 자유의지로 자신의 세상(비록 거미줄 위의 세상이긴 하지만)을 만들며 살고 있다. 그러나 동시에 그 어떤 '의지'(위 인용구에 의하면 스피노자를 통한 동종 거미 같은 것이긴 하지만, 인간 세상의 유행, 관습, 규범, 제도, 사회, 국가라는 운명의 울타리이기도 하다.)와 대립하며 충돌하고 살아남기 위해 투쟁하며 살 수밖에 없는 운명을 지닌 비극적 존재이기도 하다. 스피노자의 거미의 자유의지에서 긍정적인 측면을 발견한 프랑스의 철학자 질 들뢰즈(Gilles Deleuze)는 이렇게 말한다. "진정한 철학적 동물은 올빼미가 아니라 거미이다."

사실 거미는 빛을 보지 못한다. 어떠한 빛의 형상도 기억하지 못하는 것이다. 따라서 거미는 자신의 다리로 세상과 소통한다. 촉각으로 전해오는 미세한 파장에 반응해서 소통하는 것이다. 따라서 들뢰즈는 거미의 집짓는 과정이나 동종간의 싸움 등에 흥미를 느낀 스피노자와는 달리 거미의 타고난 비자발적 신체구조에 흥미를 느낀다. 들뢰즈의 말을 들어보자.

"거미는 거미줄 꼭대기에 올라앉아서, 강도 높은 파장을 타고 그의 몸에 전해지는 미소한 진동을 감지할 뿐이다. (⋯) 이 거미는 오직 기호에 대해서만 응답한다. 그리고 미소한 기호들은 거미에게로 침투해 들어간다. 이 기호들은 파장처럼 거미의 신체를 관통하고 그로 하여금 먹이에게로 덤벼들게 만든다. (⋯) 거미줄과 거미, 거미줄과 신체는 하나로 접속된 기계이다. (⋯) 비자발적인 감수성, 비자발적인 기억력, 비자발적인 사유는 (⋯) 매순간 강렬한 전체적 반응들 같은 것이다(『프루스트와 기호들』)."

스피노자의 인간 세상의 유행, 관습, 규범, 제도, 사회, 국가라는 운명의 울타리이기도 한 타자의 의지, 혹은 신의 의지는 들뢰즈의 말로는 '홈이 패인 공간, 정주적 공간, 국가 장치에 의해 설정되는 공간'인 것이다. 이에 대립되는 것으로 들뢰즈는 '매끈한 공간, 유목적 공간, 전쟁 기계가 전개되는 공간'을 언급한다. 따라서 들뢰즈는 고정 불변의 이상향(이데아나 천국)을 향해 뻗어 있는 홈-패인 길(이것은 직선일 것이다.)을 건설하는 철학을 비판하며 올빼미로 상징되는 전통의 철학서와는 다른 글쓰기의 방식을 추구하는 것이다.

정리하면 이렇다. 들뢰즈의 거미의 철학은 비자발적 노출에 놓여진 감각을 중시하고 따라서 매순간 생동하는 시간을 살아가는 거미의 차이 생성을 찬양한다. 그것은 홈 패인 공간이 아니라. 매끄러운 공간으로 미끄러져 가는 공간, 유목적 사유, 노마디즘인 것이다.

성경은 예수님께서 (인간의) 율법과 그로 인해 만들어진 홈 패인 직선의 공간 속에서 그것을 가로질러 미끄러져간 사유와 실천의 기록이 아닐까? 따라서 예수님의 신앙을 거미의 신앙이다. 홈 패인 직선의 획일성과 고정

테오-쿨투라

불변한 이념을 곡선으로 미끄러져 튕겨져 나가 부활하신 예수님은 정주적이며 국가 장치에 의해 설정된 이 폭압적인 자본주의 세상을 새롭게 만드시기 위해 다시금 재림할 것이라고 생각해 본다.

13. 땅과 똥

땅의 분쟁과 똥의 연대

〈땅따먹기 그림〉

1. 신문이나 우유 배달하는 사람들은 승강기 이용을 금합니다.

위 제목은 몇 년 전 서울 강남 대치동의 한 고가 아파트의 승강기 앞에

붙어 있던 경고문이다. 충마다 승강기를 멈추는 바람에 주민들이 불편을 겪고 전기료가, 많이 나온다는 것이 그 이유이다. 이러한 고가 아파트 소유자들은 누굴까? 다주택자를 정조준 한 '8·2부동산 대책'이 시행되고 있는 가운데, 청와대, 국무총리실, 중앙부처 등 1급 이상 정부 고위 공직자 가운데 42%가 다주택 보유자라고 한다. 66%가 투기과열지구에 있고, 투기과열지구와 투기지역으로 중복 지정된 서울 강남 4구에 위치한 주택도 28%가 된다고 한다. 땅이 돈이 되고, 돈이 되는 땅에 지은 아파트는 금값이 된다. 구약 성서는 땅의 문제인데, 상반된 해석이 존재한다.

폴 리쾨르는 "하나의 작품을 해석한다는 것은 그것을 통해 자신의 새로운 '존재가능성'을 찾는 것이다. '텍스트 앞에서 자기 이해'를 얻는 것이며, 그것은 텍스트를 향해 자신의 고유하고 한정된 이해 능력을 주입시키는 것이 아니라, 텍스트 앞에 겸허히 나서는 일이다. 그럼으로써 텍스트에서 더 넓어진 자기를 얻는 것이다."

가령 『쌍전 – 삼국지와 수호전은 어떻게 동양을 지배했는가』(글항아리, 2012)에서 홍콩과 미국을 오가며 활동하는 디아스포라 지식인이자 현대 중국의 대표적인 인문학자 류짜이푸는 쌍전이라 불리는 『수호지』와 『삼국지』에 관해 "인간 마음에 지옥을 만들어내기 때문에 보지 말라"고 한다.

한(漢)족의 문화에 관해, '원형(原形)문화'와 '위형(僞形)문화'가 있는데, 원형문화란 한 민족의 참다운 본연의 문화이지만, 위형문화는 본연의 형태가 변하고 성질이 바뀐 문화라 말하며 수호지와 삼국지는 위형문화라고 말한다. 그렇다면 한족의 원형문화는 무엇인가? 『산해경』의 '사람을 뜨겁게 사랑하라'는 것을 원형문화의 정신이라 한다네. 그러나 『수호지』와 『삼국지』는 폭력과 권모술수를 숭배하며 사람을 사람으로 보지 않는 문화를 담기 때문에 위형문화의 정신이라고 한다.

『수호지』에서는 탐관오리에 대항해 반란을 일으킨 주인공들이 영웅으로 대접받는데, '반란은 어떤 수단을 써도 정당하다'가 깃들어 있으며, 『삼국지』 속의 주인공들은 누가 최대한 잘 위장하고 기만해서 남을 속여 넘기는지를 다루는 것인데, 유비는 유교적인 방법으로, 조조는 법가적인 방법으로, 사마의는 음양술적인 방법으로 각자의 권모술수를 펼친다. 권력이라는 목적만이 강조될 뿐 그 밖에 어떤 가치도 들어설 자리가 없는 위형문화! 류짜이푸가 확언하듯, "『수호지』는 암흑적인 수단(폭력)의 집대성이고, 『삼국지』는 권모술수, 음모, 교활한 심보의 집대성"이라고 볼 수 있다.

『수호지』를 통해 아버지의 '폭력을 통한 쿠데타'를 인정하고, 『삼국지』를 통해 딸의 '대통령이 되기 위해서는 권모술수를 펼쳐도 상관없다'는 대한민국의 인문학적 저급성은 정치 지형을, '중국 위형문화의 아류'로 우리의 사상과 정치를 재편하였다.

아무튼 땅에 관한 구약성서의 내용 가운데 여호수아서는 해석의 다양성을 보여준다. 전통적인 성서 해석에 따라 여호수아서를 읽게 되면, 가나안 땅 정복의 '폭력과 전쟁의 역사'가 된다. 그러나 이러한 관점 대신 땅 없는 민족(히브리 민족)에게 땅을 주시리라 약속한 '땅(대지)의 소중함'과 '하나님 약속의 신실함'으로도 읽을 수 있다. 따라서 여호수아서를 '땅 정복과 분배'로 읽어낸 기독교 역사가 십자군 전쟁에서 식민지 전쟁에 이르기까지의 오류의 역사, 그 발생사적 연원이었다면, 새롭게 여호수아서를 읽는 것은 땅 없는 민족에게 땅을 주신 하나님의 '정의와 평등의 사건'이며, 땅이야말로 저 하늘의 피안을 사모하는 종교사의 역사에 땅이야말로 소중히 여기고 보전하라는 생태학적 명령이 되는 것이다.

2. '분노의 포도'를 거쳐 '사랑의 연대'로

『분노의 포도』를 쓴 존 스타인벡(John E. Steinbeck)은 이렇게 말한다. "백만 에이커를 가진 한 사람의 대지주를 위하여 10만 명이 굶주리고 있었다." 1930년대 미국의 '사회주의 리얼리즘'을 대표하는 소설가 존 스타인벡은 1929년 10월 24일 뉴욕 주식시장의 대폭락 사건으로 촉발된 대공황을 배경으로 소작농 '톰 조드' 가족의 부서진 아메리카 드림을 그렸다. 사람이 굶어 죽어 가는데도 가격 폭락을 막기 위해 돼지를 산채로 매장하고, 오렌지 가격의 안정을 위해 오렌지를 불태워 버리는 지주들, 스타인벡은 그 상황을 이렇게 표현한다. "사람들의 눈에는 패배의 빛이 보이고, 굶주린 사람들의 눈에는 복받쳐 오르는 분노가 번뜩인다. 사람들의 영혼 속에 분노의 포도가 가지가 휘어지도록 무르익어간다."

주인공 '톰 조드'는 살인죄로 4년간 감옥살이를 한 후 가석방되어 집으로 돌아가는 길에 어린 시절부터 알던 목사 케이시를 만난다. 둘은 함께 톰의 부모가 사는 농가로 향하던 중 모래 바람으로 바싹 말라 버린 옥수수와 빈 농장들을 목격한다. 톰의 집 역시 비어 있었다. 가족들은 모두 근처 큰아버지 집에 모여 떠날 채비를 하는 중이었다. 가뭄과 모래 바람 때문에 농사를 망친 후 은행의 빚 독촉에 시달리고, 트랙터가 들어와 인력이 필요 없어지자 오랫동안 살아온 농장을 등지고 일꾼을 구한다는 캘리포니아로 떠나려던 것이었다. 톰은 가석방 상태라 주(州) 경계를 넘지 못하게 되어 있었으나, 가족을 위해 함께 여정에 오른다. 그러나 길을 나서자마자 그들처럼 캘리포니아로 가는 사람들이 고속도로에 가득하다는 사실을 알게 된다. 캘리포니아로 향하는 고된 여정 중에 할아버지와 할머니는 세상을 떠나고, 톰의 형은 말없이 사라지며, 임신한 여동생의 남편은 달아나 버린다.

그렇지만 가족은 선택의 여지없이, 막연한 기대를 품고 나아간다. 막상 캘리포니아에 도착해 보니, 일을 하려는 사람은 많고 기업화된 농장들은 담합하여 임금이 턱없이 낮아져 있었다. 끼니를 거른 아이들은 병들어 가고, 가족은 합류하기 시작하고, 생존은 힘들어 간다. 마침내 생존을 위해 파업을 이끌던 목사 케이시가 삽에 맞아 숨지는 사건이 일어나고, 톰 역시 이 사건에 연루되어 쫓기는 신세가 되어 가족을 떠나게 된다.

사람을 죽이고, 감옥에 갔던 철부지 톰 조드가 가족을 위해, 그리고 소외된 사람들을 위해 희생하고 그들을 위해 앞장서 싸울 사람으로 성장해 가는 모습을 통해 사람은 '분노의 포도'를 거쳐 '사랑의 연대'를 일구어 낼 수 있음을 깨닫게 된다.

3. 에덴의 동쪽과 '팀셸'

존 스타인벡의 또 다른 소설 『에덴의 동쪽』은 성경의 가인과 아벨 이야기를 모티프로 한 소설이다. 카인과 아벨의 갈등 구조를 20세기 초 캘리포니아의 아론과 칼 형제에게 투영함으로써 인간의 원죄 의식, 선악 사이에서의 갈등, 죄의 극복을 보여 준다. 줄거리는 이렇다. 아론은 잘생긴 외모에 선한 성품을 갖고 있으며, 동생 칼(영화 〈에덴의 동쪽〉에서 제임스 딘이 칼 역을 맡았다)은 질투심이 강하고 다소 사악한 성격을 갖고 있다. 이들의 어머니인 캐시는 아론과 칼 쌍둥이를 낳은 후 아버지 애덤 트래스크를 총으로 쏘고 도망쳐 시내에서 유곽을 운영하고 있으며, 아버지 애덤은 이 사실을 숨기고 중국인 하인 리와 함께 아이들을 키워 왔다.

칼은 1차 세계 대전 때 콩 값이 오르는 것을 이용해 콩 장사로 돈을 벌고 이 돈을 아버지 애덤에게 드리지만, 애덤은 전쟁의 혼란을 이용해 부당하게 돈을 벌었다고 생각해 칼이 주는 돈을 거절한다. 자신의 성의가 아버지에게

테오-쿨투라

거절당하자 그간 느끼던 아론에 대한 질투심이 폭발해, 칼은 우연히 알게 된, 어머니가 자기들을 버리고 유곽을 하고 있다는 사실을 아론에게 알린다. 순수하고 이상적인 성격의 아론은 큰 충격을 받아 그 길로 군에 입대하여 결국 전사하고 만다. 애덤은 아론이 전사했다는 소식에 쓰러져 버리고, 자기가 아론을 죽인 것과 다름없다고 고백하는 칼에게 "팀셸"이라는 말을 남기고 숨을 거둔다.

성경 가인과 아벨 이야기의 현대판 해석이라고 할 수 있다. 아론(Aron), 칼(Caleb)의 머리글자는 아벨(Abel), 가인(Cain)과 같고, 신이 가인의 제물을 거절한 것과 애덤이 칼의 돈을 거절한 것, 가인이 아벨을 죽였듯 칼이 아론을 죽게 만든 것, 신이 가인을 에덴의 동쪽으로 추방하며 '가인을 죽이는 자는 일곱 배의 벌을 받으리라'고 낙인을 찍은 것처럼 애덤은 칼에게 '팀셸(tim-shel)'이라는 말을 남긴다. 성경과 다른 점은 가인은 형이지만, 칼은 동생이다.

아무튼 팀셸이란 단어가 중요한데, 이 단어는 히브리어로 '너는 할 수도 있을 것이다(Thou mayest)'로, 선택의 기회를 주는 단어이다. 선택의 길이 열려 있다는 뜻이다. 다시 말하면 인간에게 책임이 있다는 말이다. 그러나 신과의 관계에서 책임은커녕, 인간 사이의 책임도 전무하다. 그리고 거기에 땅이 있다.

『에덴의 동쪽』에 나오는 대화이다. 주인공 '아담'에게 중국인 하인 '리'가 이렇게 말한다. "먼저 말씀드려야 할 것은, 미국 서부의 철도를 놓을 때 땅을 고르고 침목을 놓고 레일을 까는 고된 일을 중국인들이 많이 했다는 것입니다. 중국인들은 노임이 싸고 열심히 일하는데다가 혹시 죽더라도 걱정을 할 필요가 없기 때문입니다. 이 사람들은 대부분 광동에서 모집해 왔는데 광동(Guangdong, 廣東)인들은 체구가 작지만 힘이 세고 끈덕지면서도 싸움을 좋아하지 않았거든요. … 철도 회사의 노무자 모집원은 계약을 맺고,

그 자리에서 돈을 지불해 주었지요. 그래서 빚더미에 않은 많은 사람들을 모은 것입니다. … 남자들은 동물처럼 떼를 지어 컴컴한 배 밑바닥에 실려 6주를 향해한 끝에 샌프란시스코에 도착했지요. … 5년 동안 중노동을 하도록 되어 있었어요. … 샌프란시스코에서는 살과 뼈만 가진 인간들이 홍수처럼 가축 화차에 실려 산 위로 올라왔어요. 그리고는 시에라 산맥의 작은 언덕을 깎아 내고 산 밑에 터널을 파는 일을 했습니다." 땅에서 사람들이 죽는다. 그리고 사람들은 똥을 눈다.

4. 똥의 연대: 한반도가 똥으로 하나가 될 수 있다

한국유기질비료산업협동조합 김선일 이사장은 이렇게 말한다. "남한은 2차적인 환경오염을 걱정할 정도로 유기성 폐기물 처리에 골머리를 앓고 있는 반면, 북한은 유기성 자원의 부족에 따른 토양의 황폐화로 만성적이고 구조적인 식량난에서 벗어나지 못하고 있다. 그러니 남한의 넘쳐나는 유기성 자원을 퇴비로 만들어 남북한 전체를 대상으로 하는 순환적인 자원 재활용 시스템 구축에 활용한다면 남북은 서로의 문제점을 상생의 기반으로 만드는 반전의 계기를 만들 수 있다."

2013년 12월 31일을 끝으로 '런던협약 96의정서'에 의해 우리나라는 모든 유기성 폐기물의 해양투기가 전면적으로 금지됐다. 그동안 우리는 분뇨와 음식물쓰레기, 가축분뇨, 하수처리 등 유기성 폐기물을 푸른 바다에 아무 거리낌 없이 버려왔다. 지구상에 살아있는 생물체 가운데 오직 인간만이 저지르고 있는 반환경적, 반생태적 행위이다. 그러나 2014년부터 유기성 폐기물을 바다에 투기하는 것이 금지되면서 더 이상 반문명적 행위는 할 수 없게 됐다. 따라서 김선일 이사장은 "유기성 자원 재활용의 시야를 전 한반

　　　　　　　　　　　　　　　테오–쿨투라

도적 차원으로 확대하면 남한은 음식물쓰레기 및 축분 처리와 씨름하는 일반 시민과 (그것을 재활용하여) 요식업자, 축산농가에 간접적인 지원을 하는 결과를 얻게 된다."고 말한다.

또한 북한은 북한대로 스스로의 힘으로 확보하기 어려운 유기성 자원을 퇴비 형태로 확보하게 됨으로써 지력회복을 통한 농업생산성 증가로 식량난 해소의 커다란 전기를 마련할 수 있다. 가만히 생각해보면 한반도가 '똥으로 하나가 되는 놀라운 일'이 벌어질 수도 있다는 것이다.

한완상 전 부총리는 "악이 우리 속에도 존재하듯이, 원수 속에도 선이 존재한다는 진실을 잊지 말아야 한다. 만일 냉전근본주의 기독교인들이 확신하듯이 우리만 선이고 원수는 악이라면, 예수께서 원수를 사랑하라고 명령하지 않았을 것이다. 왜냐하면 그 명령은 악을 사랑하라는 뜻이 되기 때문이다. 오히려 원수를 사랑함으로써 원수와 선한 관계, 곧 평화의 관계를 만들라고 한 것이다."라고 말한다.

사도 바울도 원수를 사랑할 때 나타나는 놀라운 효과를 '머리 위에 숯불을 쌓는 것'이라 말한바 있다. 원래 머리 위에 숯을 얹는 행위는 죄를 강제로 자백받기 위한 고문행위였다. 그런데 바울은 이를 양심의 작용 효과를 내는 사랑의 행위로 재해석하였다. 쉽게 말하자면, 원수 속에 꽁꽁 얼어붙다시피 한 선한 마음, 곧 양심이 상대방의 사랑을 받음으로써 제대로 작동하게 된다는 진실을 부각시킨 것이다. 이런 양심의 작동은 원수 간의 증오의 관계를 대화와 화해의 관계로 바꾼다. 그래서 악순환은 선순환이 되고, 적대적 공생관계가 우호적 상생 관계로 아름답게 변화하게 되는 것이다.

이를 위해서 우리 안에 선입견을 깨뜨려야 한다. 종교개혁 500주년을 앞두고, 지난 장로교총회의 최악의 결의(뉴스앤조이 설문조사)가 종교개혁이 왜 지금 다시 필요한지를 잘 보여준다. '1. 동성애 관련 결의(46.9%) 2. 요가와 마술 금지(11.2%)—예장 통합 교단, 이효리와 성유리를 갈라놓음^^ 3. 종교인 과세 2년 유예를 국회에 건의하자(8.7%)—예장 합동 4. 하나님께 허락받지 않은 재혼은 간음(7.1%)—예장 합동' 재미있는 것은 최고의 결의인데, '1. 통합교단의 여성총대 의무할당제(1500명중 17명에서 67개 노회서 1명씩) 2. 고신교단의 교인이 500명 이상 되면 교회를 분립하는 게 바람직하다. 3. 목회자 성적 비행 막기 위한 통합의 예방교육 의무화 4. 고신교단의 설교 표절 근절 대책 수립'이 그렇다.

자유한국당이 돈이 있어 당이 해체되지 않고, 적폐 청산이 어렵듯이 한국교회도 돈 많은 교단들이 있어 해체되지 않고 그 돈 냄새 맡은 목사, 장로, 교인들로 교회는 종교개혁 500주년이라도 꿈쩍하지 않는다. 당나라 선승인 임제(臨濟, ?~867)는 이렇게 말한다. "머무르는 곳마다 주인이 되라. 지금 있는 그곳이 바로 진리(깨달음)의 세계니라! 부처를 만나면 부처를 죽이고, 조사를 만나면 조사를 죽여라. 아버지를 만나면 아버지를 죽이고, 어머니를 만나면 어머니를 죽이라!(隨處作主 立處皆眞!, 殺佛殺祖 殺父殺母!)

남과 북이 뜻으로 하나 되어 땅으로도 하나가 되면 좋겠다. 여호수아서처럼 정복 정쟁이 아니라, 가인과 아벨의 분쟁이 아니라, 분노의 포도가 아니라, 후회없는 팀셀로!

14. 권력과 폭력

관용과 '폭력에 관한 고고학'

"걸작은 새로운 다중을 창조한다."(질 들뢰즈)

질 들뢰즈에 의하면 걸작의 참된 의미는 대중의 주어진 감수성을 추구하
는 것이 아니라, '새로운 대중'(다중)을 창조하는 것, 대중이 듣기 원하는 입
에 발린 이야기가 아닌, '새로운 감수성을 창조하고, 현실 안에 잠재된 어떤
힘을 드러내는 이야기'라는 것이다. 그는 "문제의 해법에만 옳고 그름이 있
는 것이 아니라, 문제에도 옳은 것과 그른 것이 있다."고 한다. 옳지 않은 문
제에 옳지 않는 답도 문제지만, 옳지 않은 문제에 옳은 대답은 더욱 문제라
는 것이다. 따라서 들뢰즈는 "이론과 실천은 두 다리와 같다. 오른발이 앞으
로 나가면 왼발이 따라가고, 왼발이 앞으로 나가면 오른발이 따라간다." 지
금 대한민국이 그러하다. 대중이 한발 나가니, 헌법기관이 한발 따라온다.
그렇다면 헌법기관이 한발 나아가면 정치가 한발 따라갈까? 목하 대한민국은 새로운 대중을 창조하는 걸작이 필요한 시대이다. 그리고 걸작을 창조하는 새로운 지식인이 필요하다.

1. 지식인: 자퀴즈!

20세기 '지식인들의 지식인'이었던 장 폴 사르트르(J. P. Sartre)는 지식인에 관해 이렇게 말한다. "지식인은 자신과 무관한 일에 쓸데없이 참견하는 사람이다." 여기에 '계몽적 지식인'과 '유기적 지식인'을 첨가하면 참다운 지식인은 세 종류가 된다. 첫째, '참견하는 지식인'은 자신의 전문영역에서 쌓아올린 명성, 곧 상징자본을 세상을 바꾸는 데 사용하는 지식인이다. 가령, 1898년 드레퓌스 사건의 한복판에서 에밀 졸라(É. F. Zola)가 소설 쓰기를 제쳐두고 "자퀴즈!"(J'accuse!) 곧 "나는 고발한다."라고 외치고 나섰을 때, 반드레퓌스 우익세력이 한목소리로 작가가 왜 쓸데없이 남의 일에 끼어드느냐고 비난의 화살을 쏘는 순간 현대적 의미의 지식인은 탄생했다. 둘째, '계몽적 지식인'은 소위 '지혜를 사랑하는 사람'이란 뜻에서 스스로 철학자라고 불렀던 지식인들, 곧 (프랑스로 한정하여) 볼테르, 루소, 디드로, 달랑베르를 들 수 있는데, 이들은 18세기를 계몽주의 시대로 만들었다. 중세의 타락한 가톨릭교회 권력에 맞서 미몽의 세상에 빛을 끌어들였던 참 계몽적 지식인들이라 할 수 있다. 셋째, '유기적 지식인'은 일찍이 안토니오 그람시(A. Gramsci)가 말했던 바, '사회 계급의 신경 노릇을 하는 지식인'이다. 노동자계급의 유기적 지식인이야말로 그람시적 지식인의 본령이라 할 수 있다.

이러한 세 부류의 지식인은 당대 피억압자를 대신해 그들의 대표자, 대변자 구실을 하였다. 그러나 이런 의미의 지식인, 곧 대중 위에서 대중을 대표하고 대변하는 지식인은 죽었다. 대중이 스스로 지식의 주인이 되었으므로 이러한 지식인이 퇴장한 것일까? 아니면, 침묵 속에 짓눌려 익사당한 것일까?¹ 지금 대한민국은 후자에서 전자로 진행 중이다. 그렇다면 그 지식과 대중은 정치적 권력을 차지할 것인가?

2. 권력이란 무엇인가?

권력이란, '다른 사람의 의사에 관계없이 자신의 의사를 관철시킬 수 있는 힘'(대통령의 국정농단)이기도 하며, '다양한 의견을 모아 하나로 일치시키기 위해 나타난 것'(대통령 탄핵)이기도 하다. 눈에는 보이지 않지만 실제로 우리 일상생활 주변에 다양하게 존재하는 것이 바로 권력이다. 스티븐 룩스(S. Lukes)는 『3차원적 권력론』(나남, 1992)에서 "권력은 1, 2, 3차원으로 분류되는데, '직접적인 힘으로 제압하는 권력'인 1차원적 권력과 '법이라는 간접적 힘'으로 통치하는 2차원적 권력, 그리고 '설득과 영향력으로 부지불식간에 작용'하는 3차원적 권력"이 있다고 한다.

가령, 점심시간에 무엇을 먹을까를 생각하고 있을 때 담임목사가 자장면을 시켜 먹자고 하면 부목사들이 따를 수밖에 없는 경우가 바로 그것이다. 이때 담임목사가 가진 힘을 1차원적 권력이라고 한다. 따라서 1차원적 권력은 권력의 일반적인 정의로 국가의 국민에 대한 공권력 행사, 사회적 강자의

---

1   사실 '지식인의 고향', '지식인의 태반'이었던 대학이 대기업과 대자본의 하청업체가 되어 버렸다. 대학은 '죽은 지식인들의 묘지'가 되어 버렸고, 앞으로도 더 극심해질 이러한 세상에 사르트르적 지식인의 '불온한 기운'이 부활해야 할 것이다. 계몽적 지식인이 권력에 맞서 미몽의 세상에 빛을 밝혀야 한다. 그리하여 이 땅의 수많은 소외받는 이들과 함께 '불의에 대한 저항'의 꿈을 꾸어야 할 것이다.

사회적 약자에 대한 권력 행사 등을 예로 들 수 있다. '행태적(behavioral)' 권력이라고도 한다.

2차원적 권력이란 '구조적(structural)' 권력으로, 어떠한 문제를 모든 사람이 알 수 있도록 표면 위로 올릴 수 있는 혹은 올리지 않는 권력을 뜻한다. 교회 내적 문제에 관하여 당회가 막강한 권력으로 사안을 결정하여 좌지우지 하는 것이 바로 그것이다. 구조적 강자가 소수자의 의견을 아예 제도적, 혹은 원천적으로 막아서 그들의 의견이 수면위로 나오지 못하게 하는 권력을 뜻한다.

3차원적 권력은 '구성적(constitutive)' 권력으로, 교육과 사회화를 통해 사회 구성원의 사고방식을 지배하는 권력을 말한다. 그러나 보통 언론이나 매체의 권력을 뜻하기도 한다. 가령, 조선일보가 노조에 대해 '귀족노조'식으로 폄하하여 기사를 쓴다면(교회적으로는 여론을 형성하는 대형교회가 담론을 형성하면) 사람들의 생각도 노조를 '귀족노조'로 구성한다는 의미에서의 권력이라고 보는 것이다. 독일 나치스의 선전장관 괴벨스가 "대중은 거짓말을 처음에는 부정하고, 그다음에는 의심하지만, 되풀이하면 결국에는 믿게 된다", "거짓과 진실의 적절한 배합이 100%의 거짓보다 더 큰 효과를 낸다", "승리한 자는 진실을 말했느냐 따위를 추궁당하지 않는다", "나에게 한 문장만 달라. 그러면 누구든지 범죄자로 만들 수 있다."라고 말한 것이 바로 구성적 권력의 힘이다.

히틀러와 괴벨스는 국민 여론을 마음대로 조종할 수 있다고 믿었다. 괴벨스는 선전 수단으로 라디오에 주목했다. 그는 국가 보조금을 풀어 노동자들의 일주일분 급여인 35마르크만 있으면 라디오를 살 수 있도록 했다. 그리고 매일 저녁 7시 라디오 뉴스에 '오늘의 목소리'라는 코너를 만들어 총리 관저를 르포(reportage) 하도록 했다. 나치스 지지 군중대회도 실황으로 전국에 생중계했다. 이러한 괴벨스의 정치 연출의 핵심은 한마디로 "이성은

테오-쿨투라

필요 없다. 대중의 감정과 본능을 자극하라."라는 것이었다. 반면 미국 16대 대통령 링컨은 "국민의 일부를 처음부터 마지막까지 속일 수는 있다. 국민의 전부를 일시적으로 속이는 것도 가능하다. 그러나 국민의 전부를 끝까지 속이는 것은 불가능하다."고 했다.

1, 2차원적 권력이 구체적으로 권력을 실천하는 것이 폭력이다. 대한민국은 촛불혁명과 헌법재판소의 일련의 절차를 통하여 세계사에 유래가 없는 비폭력과 민주적 혁명을 완성하였다. 그러나 권력과 폭력의 고고학은 어떨까?

3. 폭력의 고고학: "잔혹함이 없는 사랑은 무력하며, 사랑이 없는 잔혹함은 맹목적이다"

〈왼쪽부터 벤야민, 데리다, 아감벤, 지젝, 어거스틴〉

"어제의 범죄를 벌하지 않는 것, 그것은 내일의 범죄에 용기를 주는 것과 똑같은 어리석은 짓이다. 공화국 프랑스는 관용으로 건설되지 않았다." (알베르 카뮈)

관용(tolerance)이란 '자신과 다른 사고방식과 행위 양식을 존중하고 승인

하는 태도'를 말한다. 자신이 아무리 확고한 신념을 가지고 있어도 다른 사람의 신념을 존중해야 한다는 것이 관용의 전제 조건이다. 이러한 관용은 모든 것을 관대하게 대하는 중립적 관찰자의 태도가 아니라, 다른 존재에 대해서는 그 존재 안에서도 가치를 발견하고 그것에 의미를 부여하고자 하는 태도이며, 동시에 자신의 존재에 대해서는 오류와 편견에서 자유롭지 못하다는 통찰에 근거한다. 그러나 관용에 한계를 정하지 않으면 관용의 정신 자체가 존립할 수 없는 지경에 이르게 된다.

『열린사회와 그 적들』(민음사, 2006)에서 전체주의 정치체제를 '열린사회'와 '닫힌사회'의 비유로 통렬하게 비판한 칼 포퍼(K. R. Popper)는 이것을 '관용의 역설(paradox of tolerance)'이라고 불렀다. 그리고 이렇게 말한다. "아무 제약 없는 관용은 반드시 관용의 소멸을 불러온다. 우리가 관용을 위협하는 자들에게까지 무제한의 관용을 베푼다면, 그리고 불관용의 습격에서 관용적인 사회를 방어할 준비가 되어 있지 않다면, 관용적인 사회와 관용 정신 그 자체가 파괴당하고 말 것이다.

그러므로 우리는 관용의 이름으로 불관용을 관용하지 않을 권리를 천명해야 한다." 열린사회(the open society)는 전체주의와 대립되는 개인주의 사회이며 사회 전체의 급진적 개혁보다는 점차적이고 부분적인 개혁을 시도하는 점진주의 사회이다. 반면 닫힌사회(the closed society)는 불변적인 금기와 마술 속에 살아가는 원시적 종족 사회로서 국가가 시민생활 전체를 규명하며 개인의 판단이나 책임은 무시되는 사회이다. 지금 대한민국은 열린사회 안에 작은 닫힌사회가 있다. 이 닫힌사회 속에 갇힌 어르신들을 사랑해야 할까? 아니면 이러한 관용의 역설에 불관용을 관용하지 않을 권리를 천명해야 할까? 폭력의 고고학을 소환하는 이유가 여기에 있다.

'폭력에 관한 고고학'의 첫째 이론가인 독일의 문예비평가 발터 벤야민(W. Benjamin)은 에세이 「폭력 비판을 위하여」(1920)에서 "폭력에는 '신화적 폭

테오-쿨투라

력'과 '신적 폭력'이 있다. 신화적 '폭력의 '신화'는 그리스 신화를 가리키고, 신적 폭력의 '신'은 유대교의 신, 곧 야훼를 가리킨다."라고 말한다. 그는 그리스 신화 속의 '니오베 이야기'를 사례로 든다. 테베의 왕비 니오베는 아들 일곱 명과 딸 일곱 명을 두었는데, 그들을 무척 자랑스러워했다. 그러나 니오베는 불경죄를 저질렀는데, 자신이 레토(Leto) 여신보다 더 훌륭하다고 뽐냈던 것이다. 왜냐하면 레토에게는 아들 아폴론과 딸 아르테미스 한명씩밖에 없었다. 따라서 화가 난 레토는 아폴론으로 하여금 니오베의 아들들을 죽이게 하고, 아르테미스는 딸들을 죽이게 하였다. 자식을 모두 잃은 니오베는 울며 세월을 보내다 돌이 되고 말았다. 여기서 레토의 분노가 바로 신화적 폭력이다.

반면, 벤야민이 든 신적 폭력의 사례는 구약 민수기의 '고라의 반역'이다. 고라는 모세의 사촌이었으나, 지휘관 이백오십 명과 함께 모세의 지도력에 반기를 들었다. 모세가 교만하고 독선적이라는 것이 반기의 명분이었으나, 사실은 같은 레위지파 후손으로서 모세에게만 영광이 돌아가는 데 대한 질투가 숨어 있었다. 그러나 모세에 대한 반역은 모세에게 권위를 준 야훼에 대한 반역이다. 따라서 모세가 야훼의 공정한 심판을 요청하자, 땅이 갈라지고 불길이 솟아 고라의 무리는 한꺼번에 소멸 당했다.

"땅이 그 입을 열어 그들과 그들의 집과 고라에게 속한 모든 사람과 그들의 재물을 삼키매 그들과 그의 모든 재물이 산 채로 스올에 빠지며 땅이 그 위에 덮이니 그들이 회중 가운데서 망하니라. 그 주위에 있는 온 이스라엘이 그들의 부르짖음을 듣고 도망하며 이르되 땅이 우리도 삼킬까 두렵다 하였고 여호와께로부터 불이 나와서 분향하는 이백오십 명을 불살랐더라(민수기 16:32-35)."

이것이 신적 폭력이다. 그렇다면 '신화적 폭력'과 '신적 폭력'의 차이는 무엇인가? 벤야민은 "신화적 폭력이 법 정립적이라면, 신적 폭력은 법 파괴적이고, 신화적 폭력이 경계들을 설정한다면, 신적 폭력은 경계를 파괴한다."라고 말한다. 곧, 신화적 폭력이 법을 정립하고 보존하는 폭력, 다시 말해 지배를 구축하고 유지하려는 폭력인 데 반해, 신적 폭력은 그런 법을 파괴하고 해체하는 폭력인 것이다. 벤야민은 이 신적 폭력을 '순수한 폭력'이라고 옹호하였다. '신화적 폭력이 생명체를 희생시킴으로 자족하지만, 신적 폭력은 생명체를 위해, 생명체를 구현하기 위해 생명을 희생'시키는 것이다.

약간의 신학적 무리수가 있긴 하지만, '레토(신)-니오베(인간)'과의 관계가 아니라, '인간(모세)-인간(고라)의 관계'에 '신이 폭력으로 편들어 주었다'는 것을 알 수 있다. 곧, 신화적 폭력은 신의 이름으로 인간을 억압하는 폭력이 되지만, 신적 폭력은 신의 이름으로 인간의 한쪽을 편들어 주는 것이다(물론 시대와 상황에 따라 그 한쪽의 정당성에 관한 논의가 필요하겠지만). 그렇다면 여기서 벤야민이 쓰는 '폭력'의 의미란 무엇인가? 독일어 'Gewalt'는 '힘·폭력·권력·권능·무력'과 같은 다양한 의미를 갖는다. 그러나 벤야민이 다루는 폭력은 '윤리적 상황'과 관련된 폭력을 뜻한다. 가령, 화산폭발이나 지진과 같은 자연현상으로서의 폭력은 고찰대상에서 배제한다. 따라서 폭력이 윤리적 현상으로 파악된다면, 그때 폭력은 법과 정의와 관련된다. 벤야민이 다루고자 하는 것은 바로 '법적 폭력'이다.

대체로 사람들은 폭력은 이성의 한계에서, 법은 이성의 정당한 출발점으로 인식한다. 그러나 벤야민은 "폭력은 정치의 근원이자 토대이고, 법은 정치의 종점"이라고 한다. 곧, 세상의 폭력을 제어하는 것이 법이 아니라, 오히려 법의 궁극적이고 내재적인 목적이 폭력 내지 권력을 통해 세상을 통제하는 데 있다는 것이다. 또한 벤야민은 이렇게 말한다. "신화적 폭력이 법에 준거하는 것이라면 신적 폭력은 법을 파괴한다. 전자가 경계를 설정한다면 후

테오-쿨투라

자는 한계를 인정하지 않는다. 전자가 죄를 만들고 속죄하게 하는 것이라면 후자는 죄를 제거한다. 전자가 협박적이라면 후자는 충격적이고, 전자가 피의 냄새를 풍긴다면 후자는 피의 냄새가 없고 치명적이다."

그러나 '폭력에 관한 고고학' 그 두 번째 이론가인 프랑스의 철학자 자크 데리다(Jacques Derrida)는 『법의 힘』(1994)에서 벤야민의 「폭력 비판을 위하여」를 심층적으로 분석하며 "이 텍스트에서 발견하는 가장 가공할 만한 것은 … (하나의) 유혹이다. 어떤 유혹 말인가? 대학살을 신적 폭력의 해석 불가능한 발현의 하나로 사고하려는 유혹"이라고 비판 한다. 사실 데리다와 달리 벤야민은 파쇼의 시대를 살았다. 따라서 '신적 폭력으로서 메시아를 요청'하는 벤야민을 데리다는 이해하기는 하나, 이러한 벤야민의 폭력론은 좌파와 우파가 뚜렷하게 구분되기 이전의 '혼란스러운 근친성' 속에서 저술된 것이며, 그런 만큼 위험을 내장하고 있다고 비판한다.

따라서 베냐민의 신적 폭력, 곧 피도 흘리지 않고 한꺼번에 내리치며 휩쓸어버리는 신의 폭력이 '최종 해결'이라면, 나치의 유대인 대학살 역시 그러한 맥락에서 읽혀질 수 있다고 비판한다. 그렇다면 아우슈비츠 가스실의 대학살은 벤야민의 '신적 폭력'의 한 모습이 될 것이다. 만약 모세를 나치로, 고라를 유대인으로 본다면 데리다의 비판은 타당할 것이다.

그러나 '폭력에 관한 고고학' 그 세 번째 이론가인 이탈리아의 철학자 조르조 아감벤(G. Agamben)은 『호모 사케르』(1995)에서 "신적 폭력을 '최종 해결'과 비슷하다고 생각하는 데리다의 주장은 정말 독특하다고 할 수밖에 없는 오해이다."라고 비판한다. 또한 '폭력에 관한 고고학' 그 네 번째 이론가인 슬로베니아의 철학자 슬라보예 지젝(S. Zizek)은 아감벤과 같이 데리다의 '오해'를 비판하고, 베냐민의 '신적 폭력'을 옹호한다. 지젝은 『폭력이란 무엇인가』(난장이, 2011)에서 "신적 폭력을 두려워해서는 안 된다. 그래야 모호함을 피할 수 있다."라고 말한다. 그리고 벤야민의 신적 폭력의 구체적 사

례로 프랑스 대혁명의 자코뱅(Jacobins, Jacobin Club) 공포정치², 그리고 1919
년 러시아 내전 때 붉은 군대의 '테러리즘'을 거론한다.

아무튼, 지젝은 『폭력이란 무엇인가』에서 신적 폭력이라는 이름의 '순수
한 혁명적 폭력'을 변호한다. 지젝은 이렇게 말한다. "신적 폭력은 자본주의
세계체제가 저지르는 거대한 구조적 폭력에 맞서는 대항 폭력이며 이러한
신적 폭력은 그 내부에 뜨거운 사랑을 간직하고 있다." (따라서 구약성서의 고
라를 자본주의 세계체제로 본다는 말일 것이다.) 체 게바라도 "진정한 혁명가는
위대한 사랑의 감정에 이끌린다."고 했다. 곧 사랑이 없으면 혁명도 없는 것
이며, 이러한 맥락에서 칸트(I. Kant)의 명제를 비틀어 지젝은 "잔혹함이 없
는 사랑은 무력하며, 사랑이 없는 잔혹함은 맹목적이다."라고 말한다.

진정한 사랑, 진정한 혁명은 잔혹, 곧 폭력 없이는 이룰 수 없다는 것이 지
젝의 결론이다. 십자가의 고통 없이는 부활의 기쁨이 없다는 기독교 신학의
정수를 역설적으로 폭력의 역사를 통해 메시아의 신적 폭력의 그 정당성을
보여주는 것이다.

이러한 폭력을 국가로 확장하면 성 어거스틴(A. Augustinus)의 '정당한 전
쟁론'(just war theory)을 살펴볼 수가 있다. 어거스틴은 "자살은 어떠한 경우
에도 금지되나 살해인 경우, 특별히 하나님의 거룩한 명령을 실천하는 경우
에는 예외로 인정된다."고 했다. 그리고 어거스틴의 이러한 살인에 대한 부
분적 허용이 '정당한 전쟁론'으로 발전했는데, 그가 전쟁을 정당화하는 8개

---

2 자코뱅파는 프랑스 혁명기에 생긴 정당 중 하나로 프랑스 혁명을 주도하였다. 파
   리의 자코뱅 수도원을 본거지로, 막시밀리앙 로베스피에르가 중심이 되어 급진적
   인 혁명을 추진하였다. 국민 공회에서 왼쪽 자리에 앉았다고 해서 '좌익'의 어원이
   되었다. 물론, 마르크스가 높이 평가했으며, 따라서 공산주의의 사상적 뿌리라 할
   수 있다.

테오-쿨투라

의 기본원칙은 "첫째 하나님의 공의를 침해하는 경우, 둘째 전쟁의 악함이 현저하다고 도덕적으로 판단될 때, 셋째 폭력의 사용을 위한 정당성이 인정될 때, 넷째 국가의 영적인 상태가 심각히 위협을 받을 때, 다섯째 신앙생활에서 복음적 기준의 해석들이 위협을 받을 때, 여섯째 불의한 사회적 변화에 더 이상 수동적 태도만으로 일관할 수 없을 때, 일곱째 전쟁에 참여하는 것이 성서에 비추어보았을 때도 적절했을 때, 여덟째 평화가 더 이상 지속될 수 없을 때"라고 한다. 지금 대한민국은 어떤 상태인가? 폭력의 고고학은 미래 권력을 향하여 묻고 있다.

15. 종교와 국가

국가와 종교에 관한 4차 혼합 방정식

"16~17세기, 국제 문제에 대한 대처법으로 무엇보다 먼저 종교와 전쟁이 이용되었다. 잉글랜드와 그 후의 영국연방, 그리고 미국의 내셔널리즘 성립에서도 상황은 마찬가지였다. 16세기에 프로테스탄티즘이 생겨난 이후, 영어를 모국어로 삼는 사람들은 다른 서양의 국가들과는 비교가 되지 않을 정도로 강하게 자기 나라가 '신의 나라'라는 것을 믿고 있었다. (……) 영국인은 새로운 '선택된 민족'이었다. 그리고 18세기 미국으로 이주한 이민자들은, 보스턴의 설교자에서 버지니아의 담배 농장주에 이르기까지 자신감에 넘쳐 이렇게 예언했다. 우리들의 '새로운 이스라엘'은 미시시피 강까지, 그리고 그 너머 태평양까지 넓혀질 것이라고." (케빈 필립스, 『사촌들의 전쟁』에서)

1. 어거스틴의 두 도성론과 루터의 두 왕국론

일찍이 철학자 아리스토텔레스(Aristoteles)는 이렇게 말했다. "철학은 필연적인 것(반드시 일어날 일)을 말하고, 역사는 현실적인 것(이미 일어난 것)을 기록하고, 극시(劇詩)는 개연적인 것(일어날 법한 일)을 모방한다." 몇 년 전 대한민국의 그 '어순실한' 정황 속에서 철학은 난무하지만, 역사는 지워지고, 극시가 코미디로 판을 깔고 있었다. 이는 정치의 문제로 국가가 제 기능을 하지 못했기 때문이다. 그렇다면 믿는 그리스도인들과 국가와의 관계, 종교와 국가의 관계는 어떠해야 할까?

로마서 12장에서 바울은 우리가 그리스도인으로 지닐 네 가지 기본적인 관계에 관해 말한 이후(하나님-자기 자신-서로-원수), 13장에서는 '국가-율법-시대와의 관계'를 말하고 있다. 특히 국가와 교회의 관계에 있어서 바울은 이렇게 말한다. "누구나 자기를 지배하는 권위에 복종해야 합니다. 하느님께서 주시지 않은 권위는 하나도 없고 세상의 모든 권위는 다 하느님께서 세워주신 것이기 때문입니다. 그러므로 권위를 거역하면 하느님께서 세워주신 것을 거스르는 자가 되고 거스르는 사람들은 심판을 받게 됩니다(공동번역 로마서 13:1-2)." 정말 그럴까?

어거스틴(Aurelius Augustinus)은 410년 8월 24일 서고트족이 로마를 침략하자 이방세력으로부터 교회를 보호하자는 뜻으로 『신의 도성(De civitas Dei)』을 저술한다. 여기에서 어거스틴은 신의 도성과 세상도성(civitas terrena)은 인간 역사상 언제나 대립적인 관계를 유지해왔고, 불신자는 인간들의 방법으로 신자는 하나님의 방법에 순종하며 살도록 예정되었으며 이 두 세력이 두 도성으로 세상에 존재한다고 생각했다. 따라서 어거스틴은 "세상 왕국의 할 일은 땅의 평화(Pax terrena)를 실현하는 것이고, 하나님의 나라에 속한 자들은 자신보다는 하나님을 더 사랑하는 행동양식을 갖추어야 한다."고 말한다.

어거스틴이 말하는 도성(나라)은 상징적이고 신비적인 의미를 지닌다. 그리고 그 차이점은 '하나님에 대한 사랑/세상에 대한 사랑, 자기를 경멸하기까지 하나님을 사랑하는 것/영을 사랑하는 것', 즉 두 도성은 '무엇을 사랑하느냐'에 따라 구분된다. 전자는 의로운 자의 나라요, 후자는 악한 자의 나라이다. 하나님의 놀라운 섭리에 따라서 인간들 가운데 확립된 이 두 도성은 마지막 심판 때에는 서로 갈라지게 될 것이다. 하나는 선한 천사들과 연합하여 그 왕과 함께 영생을 향유하고, 다른 하나는 악한 천사들과 함께 연합하여 그 왕과 함께 영벌에 던져질 것이다.

두 도성론은 그 본질상 신비적이며 초자연적인데, 전자는 '진리-선-질서-평화의 나라'이며 참된 사회이고, 후자는 전자를 거부하는 사회로 '오류-악-무질서-혼란'의 나라인 것이다. 이러한 어거스틴의 영향 하에 영적 왕국과 세속적 왕국을 구별하며(분리가 아닌), '하나님의 통치와 세상 권력(1522년)'이라는 설교에서 '세상 왕국이 이 땅에 존재하는 이유'에 관해 마르틴 루터는 (선별하고 축약하여 정리해 본다면) 이렇게 말한다.

"첫째, 이 세상 평화를 유지하기 위하여 하나님께서는 두 가지 통치방법(세상적, 영적)을 쓰시는데, 세상권력은 세상을 통치하는 군주들의 몫이다. 둘째, 세상통치권이 존재하는 이유는 악을 징벌하고 경건한 자를 보호하기 위함이다. 즉 검을 지닌다는 말을 기독교적으로 해석하면 타인을 지키고 섬기는데 만 검을 사용한다. 셋째, 세상의 모든 사람은 세상 통치 권세에 복종해야 한다(롬 13장). 왜냐하면 하나님께서는 이 세상을 그 권세를 통하여 다스리시기 때문이다. 군주는 또한 신실한 보좌관을 선택해야 하며, 악인과 선인을 어떻게 다스려야 할지를 알아야 한다. 백성의 실수를 눈감아 줄줄 모르는 군주는 다스릴 자격이 없다."

이러한 생각에 근거하여 루터(M. Luther)의 두 왕국론은 그리스도의 왕국

테오-쿨투라

은 '영원한 나라-하늘의 나라-영적 정부'이며 세상의 왕국은 '시간의 나라-잠정적인 나라-지상의 정부'라고 말한다. 따라서 그리스도의 왕국이 복음과 말씀, 사랑으로 내면적인 영역을 다스린다면, 세상 왕국은 율법과 강제력으로 외면적 영역을 통치한다. 최종적으로 그리스도의 왕국은 구원을 목표로 하고, 세상 왕국은 유지와 보존을 목표로 한다는 것이다.

이러한 두 왕국론을 이해하는 근간이 되는 '세상권세에 대하여, 세상 권세에 어디까지 복종해야하는가?(1523년)'라는 글을 통해 마르틴 루터는 "첫째, 세상 인간들은 하나님의 왕국에 속한 자와 세상 왕국에 속한 자로 구별할 수 있는데, 만약 모든 세상 사람들이 신실한 그리스도인이 될 수만 있으면 검이나 권력 따위는 필요치 않다. 따라서 의로운 자들을 다스리려고 법이 주어진 것이 아니라, 불의한 자들에게 필요한 것이듯이 율법 아래에서는 죄가 드러날 뿐이다. 따라서 세상 권세는 하나님의 질서 가운데 세워졌다."라고 말한다.

그렇다면 세속 권력의 한계는 어디까지인가? 루터는 "세속 권력이 다스리는 영역은 외적인 것이다. 그러므로 내적인 영역의 문제들은 오직 하나님 말씀의 통제만 받는다. 따라서 비록 로마서 13장에서 세상 권세에 복종할 것을 명령하고 있지만 이것은 인간의 외적 질서에 해당되는 말씀이지 이것을 넘어서 인간 내면의 신앙 문제에까지 적용해서는 안된다."고 말한다.

그렇다면 그리스도인 군주는 어떠한 방법으로 그리스도인으로서 동시에 군주로서의 책임을 완수해야하는가? 루터는 "하나님을 향하여는 올바른 신뢰와 진심으로 기도해야 하고 백성들에게는 사랑과 그리스도적인 다스림으로 대해야 하며 신하에게는 이성적으로 맹신하지 않는 이해심으로 이끌어야 한다. 그러나 불의에 대하여는 날카로운 엄격함으로 다스려야 한다."고 말한다.

세속 왕국은 불신자들을 대상으로 검을 사용하여 악을 벌하고 경건한 이들을 보호하며 이 세상에 정의와 평화를 이룩해야할 목표를 지니지만, 하나님의 영적 왕국은 말씀으로 통치하여 경건한 자들을 종말적인 구원을 향하여 이끈다는 것이다. 나아가 세속 왕국은 성경에 언급된 대로 하나님께서 세우신 것이지만(롬 13:1, 벧전 2:13), 결코 영적인 문제에 간섭할 수 없다고 생각했던 것이다.

루터는 "세속 왕국과 영적인 왕국, 이 두 가지의 통치영역은 절대로 혼합되어서도 안 되고 완전히 따로 떼어서도 생각할 수 없다. 그리스도인은 이 두 통치영역의 지배를 받는 시민이다. 그들이 군주든 소시민이든 그리스도인이라면 누구든지 권력이 있다 해도 자기의 이익을 위해 사용하지 않고, 오히려 인내와 고난당함으로 대처해야 한다. 세상 권력은 오직 이웃의 문제를 하나님의 뜻에 합당하게 하는데 사용할 수 있을 뿐이다."라고 말한다. 어쩌면 자기 자신에게는 엄격하게, 이웃에게는 한없이 관대한 사랑으로 사는 것이 진정한 그리스도인의 생활윤리임을 가르치려했던 루터의 고민을 엿볼 수 있는 글이다.

2. 국가와 교회의 4가지 모델

두 왕국론의 시작은 이러했으나, 그 결과는 근대국가의 군주적 통치권을 강화하는 방향으로 오용된다. 루터의 종교개혁 이념의 순수성이 국가와 종교의 관계에서 잘못 왜곡된 것이다. 역사적으로 근대 들어 종교개혁 지도자들이 자신들의 선한 복음적 의도를 넘어 선 강력한 군주들의 교회 개입에 반대하지 않았던 이유(가령 예를 들면, 루터의 서한「독일 기독교 귀족에게 보내는 서한」(1520)에서 교권분립의 대전제가 유사시에는 유보될 수 있다고 명시한다. 따라서 '비상주교(Notbischof)'론이 선포되었다.)는 그들이 직면한 상황에 대한

테오-쿨투라

현실적 고려였다. 가톨릭교회를 지지하는 세속군주들에게 맞서 개혁운동을 유지하기 위한 실질적 대안은 개혁교회를 지지하는 정치권과의 결탁이었고 이를 위해서는 교권 장악을 통해 자신들의 통치권을 강화하려는 군주들의 욕구를 암묵적으로 인정할 수밖에 없었다.

루터파를 공식적으로 인정한 1555년 아우크스부르크 평화회의가 채택한 으뜸 원리는 '한 지역의 종교는 그 지역의 통치자가 결정(cuius regio, eius religio)'한다는 것이었다. 종교개혁가들에 따르면 군주의 직위와 권한은 법과 질서를 유지하기 위해서 하늘이 제정한 범접할 수 없는 영역이므로 군주에 대한 복종은 민중의 당연한 의무라는 '왕권신수설'에 대한 당연한 보증이었다. 따라서 종교개혁은 결과적으로 국가의 교회장악을 가속시키는 기제로 작동하였고 통치자에 대한 민중의 순응을 강조함으로써 곧이어 유럽사회에 등장하게 되는 절대주의 체제의 토대를 마련해 주었다.

엥겔스(F. Engels)의 "루터는 절대군주정의 대단한 아첨꾼"이나, 휘기스(J. N. Figgis)의 "만일 루터파가 없었다면 루이 14세도 없었을 것", 혹은 윌리엄 맥거번(W. McGovern)의 말처럼, "나치의 뿌리가 루터의 정치사상에 있다."는 말에 쉽게 동조하기는 어렵더라도 일면 역사적으로 타당한 면이 있다. 루터가 폭군에 대해 민중이 취할 수 있는 대항은 고난을 감수하고 탄압을 인내하는 소극적 저항뿐이며, 불의한 군주는 저항의 대상이 아니라 인내의 대상이라고 언급한 것에서 그의 시대적 한계(혹은 어거스틴을 이어 이후 실존주의 신학자 루돌프 불트만에 이르는 서구신학의 실존적 한계?)를 엿볼 수 있다.

아무튼 국가와 교회의 관계는 존 스토트(John Stott)에 의하면 4가지 모델로 정리할 수 있다. 곧 국가가 교회를 통제한다는 '국가 만능론', 교회가 국가를 통제한다는 '신정', 국가가 교회에게 호의를 베풀고 교회는 그 호의를 계속 받기 위해 국가의 편의를 도모해 주는 타협안인 '콘스탄틴 주의', 그리고 교회와 국가가 건설적인 협력 정신으로 하나님이 주신 각자의 독특한 책임을 인정하고 격려하는 '동반자 관계'가 그것이다.

존 스토트는 로마서 13장 주석을 통해 "우리는 국가에 대한 순종이 하나님께 대한 불순종을 유발하기 전까지만 굴복해야 한다. 하지만 국가가 하나님이 금하시는 것을 명하거나 하나님이 명하시는 것을 금하나면, 우리 그리스도인들의 명백한 의무는 굴복하는 것이 아니라 저항하는 것, 곧 하나님께 순종하기 위해 국가에 불순종하는 것이 마땅하다."라고 말한다.

따라서 국가의 법이 하나님의 율법과 반대되어 제정될 때마다 '시민 불복종'은 그리스도인의 의무가 되는 것이다. 바로가 히브리인 산파들에게 갓난 사내아이들을 죽이라고 했을 때 순종하기를 거부하고(출 1:17), 느부갓네살 왕이 모든 신하에게 금신상에 엎드려 절하라는 포고를 내렸을 때, 사드락과 메삭과 아벳느고도 순종하기를 거부했으며(단 3장), 다리오 왕이 삼십 일 동안 아무도 자기 외에 '어느 신에게나 사람에게' 기도해서는 안 된다는 칙령을 내렸을 때, 다니엘도 순종하기를 거부했다(단 장6). 요한계시록에 의하면 핍박하는 국가(바다에서 나오는 짐승으로 묘사된)는 자신의 권세를 마귀(붉은 용으로 묘사된)에게 준 사탄의 동맹군으로 여겨졌다. 따라서 존 스토트는 이렇게 정리한다. "우리는 하나님이 주신 국가의 권위에 굴복해야 한다. 하지만 그 권위는 특별한 목적 그리고 전체주의적이지 않은 목적을 위해 주어졌다. '복음은 폭군과 무정부주의자 모두에게 똑같이 적대적이다.'"

사무엘서는 왕을 세움으로 백성들이 입게 되는 여러 가지 불이익을 열거한다. "사무엘은 왕을 세워달라는 백성에게 야훼께서 하신 말씀을 낱낱이 일러주었다. 사무엘은 이렇게 일러주었다. '왕이 너희를 어떻게 다스릴 것인지 알려주겠다. 그는 너희 아들들을 데려다가 병거대나 기마대의 일을 시키고 병거 앞에서 달리게 할 것이다. 천인대장이나 오십인대장을 시키기도 하고, 그의 밭을 갈거나 추수를 하게 할 것이며 보병의 무기와 기병의 장비를 만들게도 할 것이다. 또 너희 딸들을 데려다가 향료를 만들게도 하고 요리

테오-쿨투라

나 과자를 굽는 일도 시킬 것이다. 너희의 밭과 포도원과 올리브 밭에서 좋은 것을 빼앗아 자기 신하들에게 줄 것이며, 곡식과 포도에서도 십분의 일 세를 거두어 자기의 내시와 신하들에게 줄 것이다. 너희의 남종 여종을 데려다가 일을 시키고 좋은 소와 나귀를 끌어다가 부려먹고 양떼에서도 십분의 일 세를 거두어갈 것이며 너희들마저 종으로 삼으리라. 때에 가서야 너희는 너희들이 스스로 뽑아 세운 왕에게 등을 돌리고 울부짖겠지만, 그 날에 야훼께서는 들은 체도 하지 않으실 것이다.'(공동번역 사무엘상 8:10-18)"

오늘날, 고대의 왕과 민주정의 대통령(president)의 차이는 엄연히 존재한다. 대통령은 라틴어 '주재하다(praesidere)'라는 말에서 유래되었다. 따라서 그의 지위가 '법 위'인지, '법 아래'인지를 통해 왕인지, 대통령인지를 알 수 있다. 대한민국 임시정부는 1919년 민주공화국을 선포했다. 100년이 다 되어 가는데, 이 시국을 바라보며 우리는 아직 왕정 시대에 살고 있는 것은 아닌지 자문해보게 된다. 120여 년 전 1894년 동학혁명 당시 "갑오세(甲午歲) 가보세, 을미(乙未)적 을미적 거리다, 병신(丙申)되면 못 가리"라는 민요가 유행했었다. 갑오년(1894년)에 제대로 개혁을 하지 못하면, 을미년(1895년)에 허송세월만 보내다가 병신년(1896년)이 되면 결국 나라와 백성이 큰일을 당한다는 뜻이다. 2014년 개혁의 실패로 2015년 을미적 거렸고, 2016년은 120년 전 병신년과 같이 역사는 반복되었다.

한문 왕(王) 자에 관해 중국 전한 시대의 유학자 동중서는 이렇게 말한다. "세 개의 가로획은 하늘, 땅, 사람을 뜻하며, 이 세 가지를 관통하는 것이 왕이다." 애초에 왕은 지도자가 아닌 지배자였다. 너무 무서워서 신성한 존재였다. 무력의 독점과 잘 조직된 감시기구, 역모에 대한 가혹한 처벌은 왕권에 대한 도전의 싹을 자른다.

중세시대는 교황권이 황제의 권력보다 더 거대했다. 신성 로마제국의 황제 하인리히 4세에게 카노사의 굴욕을 안겼던 로마 교황 그레고리우스 7세는 "교황은 성령의 보호를 받기 때문에 오류가 있을 수 없다."고 말한바 있다. 이른바 '교황 무오류설'인데, 이와 마찬가지로 동양 역시 중국 왕조시대에 황제가 아무리 잘못을 해도 책임을 물을 수 없었던 것은, 황제는 하늘이 내린다고 봤기 때문이다. 고대 왕들의 '무오류에 대한 자기 확신'이었다. 그리고 그 확신이 오늘 세계를, 아니 대한민국을 망치고 있다. 『한비자』는 역린(逆鱗)에 관해 이렇게 말한바 있다. "용은 사람이 길들여 능히 올라탈 수도 있지만, 목 아래에 거꾸로 난 비늘을 건드리면 반드시 그를 죽인다." 용이 '이명박근혜라는 권력'인지? '대한민국 국민'인지? 2016년이 다 가기 전에 결정될 것이다.

3. 인터레그넘 시대의 교회의 역할

현재를 가리켜 영국의 사회학자 지그문트 바우만(Z. Bauman)은 "지금 세계화 시대는 인터레그넘(interregnum)의 시대"라고 한다. 로마법에서 사용된 용어로 일종의 권력 이양기로 '지금까지 통치하던 왕이 사망했는데 아직 새로운 왕이 즉위하기 이전의 기간'을 의미한다. 사실 세계화는 영토, 국민, 주권에 기반을 둔 국민국가 중심의 질서를 해체했다. 따라서 세계시장과 자본권력이 개인의 삶에 막대한 영향을 미치고 있지만 국민국가의 정치적 제도와 국민의 주권적 힘은 아무런 영향을 미치지 못한다. 인터레그넘이 계속되고 있는 것이다. 현재 대한민국의 상황이 그렇다.

따라서 바우만은 "권력을 잃은 국가의 대안으로 도시를 제안"한다. 국가는 애초에 영토를 지키기 위한 목적으로 성립된 단위이므로 국가보다 빠르고 쉽게 대처할 수 있는 작은 정치단위인 도시가 대안이 될 것이라고 한다. 그러나 유럽은 도시를 기반으로 한 사회 운영의 역사를 가지고 있으니 가능

테오-쿨투라

하나, 오랫동안 국가 중심의 삶을 살아온 우리에게는 무리가 있어 보인다. 가령, 축구를 보면 알 수 있다. 우리는 국가대항 경기에 관심이 많은 반면, 유럽은 도시 단위의 클럽 경기에 열광한다.

어쨌든 국가의 신용이 무너진 이때, 지역이나 '마을 공동체'를 중심으로 공동체를 살리려는 노력들이 대안으로 여겨지고 있다. 현시국에 대한 촛불 집회가 수도 서울 광화문에서 시작되었지만, 지역별 촛불로 분화되어 지역의 소리가 나오고 있다. 따라서 교회가 그 지역 마을 공동체의 음성을 듣고 그 마을을 살리는 일에 헌신할 때, '타자를 위한 존재'로서 교회가 제 기능을 할 것이며, 인터레그넘 시대의 시대적 사명을 감당할 수 있을 것이다.

일찍이 버지니아 울프(V. Woolf)는 "여성에게 조국은 없다."라고 말한바 있다. 마찬가지로 마르크스(K. Marx)와 엥겔스도 "프롤레타리아에게 조국은 없다."라고 한다. 그렇다면 '참다운 그리스도인에게는 조국은 있을까?'라는 국가와 종교에 관한 4차 방정식에 지역 공동체가 '정답 아닌 대답'이라고 말해도 될는지, 판단은 독자의 몫이다.

16. 성서와 민주주의

평등공동체 → 제한된 왕권 → 다윗 '왕'

1. 6월 항쟁 30주년, '대한민국 4.0시대'의 개막

2017년 6월 10일은 1987년 6월 항쟁 30주년을 맞는 해이자, 2016년부터 이어진 촛불혁명과 더해져 그 의미가 남달랐다. 문재인 대통령은 기념식 연설에서 "더 넓고 더 깊고 더 단단한 민주주의를 만들어가야 한다."고 했는데, 어느덧 대한민국은 민주주의 수입국에서 4·19, 5·18, 6·10, 촛불혁명을 통해 민주주의 수출국이 된 것이다.

그리고 이제 대한민국은 4.0시대가 개막했다. '대한민국 1.0'은 1945년 광복과 더불어 열렸고, 남북으로 갈라진 반쪽짜리였다. '대한민국 2.0'은 60년대 들어 시작된 압축성장의 '산업화 시대'와 그 뒤를 이은 민주화 시대까지이다. 김대중-노무현 정부까지로 볼 수 있다. 사실 산업화 시대의 압축성장의 폐해는 심각했다. 몸과 정신의 괴리는 컸고, 사람다운 가치는 실종이 되었으며 분열과 차별은 당연시 되었고 배려와 공감은 사라졌다. 형식주의, 학벌주의, 외모지상주의, 금전과 권세 지향주의로 인해 사회의 공공성은 크게 훼손되었다. 여기에 사대주의가 끼어들어 엘리트 중심주의까지 판을 치게 되었다. 물론 경제가 성장한 긍정적인 측면도 있다. 그리고 이후 민주화 시대를 통해 산업화 시대의 폐해가 사라지는 듯 했다. 권위가 해체되고, 지역감정이 유보되고, 사회의 공공성이 강화된 것이다.

그러나 '이명박근혜'의 '대한민국 3.0'이 되자, 다시 대한민국은 1.0때의 반쪽짜리와 2.0의 산업화 시대만이 강화되었다. 결국 "이게 나라냐?"며 외쳐 온 광장의 촛불들이 새로운 세상을 만들었다. 그것이 바로 '대한민국 4.0'이다. '청년실업, 노인빈곤, 남녀-세대-지역-문화-이념 갈등'을 넘어 사람이 사람답게 살아가는 자존감의 회복이, 생명이 생명답게 존중받는 생명의 가치가 그 핵심이 될 것이다.

2. 민주주의와 기독교

민주주의(democracy)의 어원은 그리스어 demos(민중)와 kratos(지배)의 합성어이다. 즉 '민중에 의한 지배'라는 뜻으로, 한자어 민주(民主)가 그 뜻을 잘 드러낸다. '백성이 주인'이라는 뜻이다. 역사적으로 볼 때 근대 이전의 국가들은 대부분 왕정이나 귀족정의 형태를 가지고 있었다. 즉 집단을 다스리는 주체가, 다시 말하면 권력을 가진 사람이 1인, 혹은 극소수에 불과한 정치 형태가 일반적이었으나, 민주주의는 다스리는 집단과 다스림을 받는 집단이 일치하는, '치자(治者)가 곧 피치자(被治者)'인 정치 형태이다.[40]

이후 근대 시민 혁명기에 다수의 민중은 피지배 계급이 아닌 정치의 주체로 자리를 잡게 되는데, 시민, 즉 국민 스스로 국가의 정책 결정에 참여하는 정치 체제인 민주주의가 발전하게 되었고, 오늘날 대부분의 국가에서 보편적으로 적용되고 있다. 중요한 것은 지배 계급의 억압과 착취로 개개인의 '자유'와 '평등'이 침해되는 것을 최소화함으로써 '인간의 존엄성을 수호'하는 것이 민주주의의 궁극적인 목적이라고 볼 수 있다. 그런 의미로 6·10항쟁과 촛불혁명은 민주주의의 참 뜻을 잘 내포하고 있다. 오늘날 이 민주적이라는 말이 생활 속으로 확장이 되어 민주적이라는 말은 집단 내에서 '건전한 비판'과 '타협'이 이루어지며, 타인에 대한 '관용' 정신이 잘 발휘되고 있다는 뜻으로 받아들여진다. 물론 다수결이라는 의사 결정 방식도 우리 생활 속의 민주적인 요소의 하나라고 볼 수 있다. 따라서 민주주의의 궁극적인 목적인, '인간의 존엄성 수호, 자유, 평등'의 측면에서 본다면 기독교와 민주주의는 상관이 있는 듯 보인다. 인간을 '하나님의 형상' 대로 창조하셨다는 측면에서 인간 최고의 존엄성 실현이 성서이며, 자유와 평등의 문제에 있어서도 마찬가지이다. 인간에게 자유의지를 주셔서 '신을 배반할 수 있도록 하신 것'(?)이야말로 최고의 자유가 아니겠는가? 마찬가지로 평등은 구약 이스라엘 선민공동체와 신약의 교회 공동체의 기본 원리라고 할 수 있다. 성서야 말로 민주주의의 교과서인 것이다.

---

1   물론 예외적으로 고대 그리스의 도시 국가인 아테네에서는 시민 전체가 참여하여 중요한 일을 결정하는 민회라는 의사 결정 기구가 존재했었는데, 그 민회에서 추첨제나 윤번제를 통하여 모든 시민이 공직에 나아갈 수 있었다. 오늘날의 민주주의의 원형이라고 할 수 있지만, 고대 그리스 아테네의 시민이란 성인 남자 자유민만을 의미하는 특수 계급으로, 여성, 노예, 외국인이 제외되었다는 점에서 제한적인 형태의 민주주의였다는 한계점이 있다.

3. 이스라엘 평등공동체

원래 이스라엘은 지파들이 모인 동맹체로서 자율적 기능을 가진 지파들이 야훼종교라는 이름 아래 평등주의적으로 결합된, 사회 – 문화적 공동체이다. 이들은 이집트 등 고대근동의 제국주의적 지배와 가나안 땅의 봉건적 착취구조에 저항하는 민중의 혁명으로 시작되었다. 고대 근동의 촛불혁명이라고나 할까, 아무튼 이러한 이스라엘의 구성원이 되는 조건은 야훼종교의 제의, 의식, 도덕적 훈련, 이데올로기에 대한 헌신과 사회경제적 법률들에 반영된 경제적 평등주의의 실천 등이 가장 큰 요건이었다. 오늘날의 '경제민화화'보다 세련된 가치였던 것이다.

그리고 매 7년마다의 계약 갱신을 위한 축제 때, 모든 지파회의를 통해서 토지의 재분배가 이루어졌다. 왜냐하면 이스라엘 사람들은 토지의 주인은 야훼뿐임을 철저히 믿었기 때문이다. "토지는 하나님의 것이고 사람은 하나님에게 몸 붙여 사는 식객에 불과하다."(레위기 25장23절) 땅의 주인은 인간이 아니라, 하나님이라는 것이다. 이러한 토지는 개인이 함부로 팔아넘길 수 없었다. 왜냐하면 하나님을 거역하는 행위가 되기 때문이다. 이스라엘의 가장 포악한 폭군 아합 왕마저도 처음에는 한 시골 노인 나봇의 포도원을 사들일 수조차 없었다.(열왕기상 21장 참조)

부득이한 경우 땅을 팔 수는 있었으나 가까운 친척이 사주어야 하며, 그렇지 못할 경우 희년 때까지만 기다리면 자동적으로 원래의 소유자에게 소유권이 되돌아오도록 규정한다(레위기 25장). 민주적 평등공동체의 구현인 것이다.

또한 50년째마다 돌아오는 희년은 잉여재산을 상속하여 대를 이어 부가 집중되는 것을 막는 사회적 제도이다. 이스라엘은 이렇게 이중, 삼중적 토지제도를 통하여 사회의 부가 몇몇 사람에게 집중되는 것을 막았으며, 이것을 어기는 것을 야훼 하나님께 대한 반역으로 생각하여 엄격한 금기사항으로 여겼다. 이스라엘은 다시 말하면 하나님 앞에 평등한 공동체의 삶을 살도록 제도적으로 규정하고 보완한 신정국가라고 할 수 있다. 고대 근동의 다른 국가처럼 인간인 왕이 아니라, 야훼 하나님만이 이스라엘의 통치자라는 것이다.

그런데 이스라엘이 정착한 팔레스틴 땅은 왕을 중심으로 한 계급적 사회였으며 경제적 불평등의 사회였다. 게다가 해양민족인 블레셋(오늘날 팔레스틴 사람인)이 팔레스틴 지방에 최초로 철기문화를 들여와, 발달된 무기로 끊임없이 이스라엘 평등사회를 괴롭혔다. 내우외환(內憂外患)이라고, 이스라엘 지파 내부에서도 분쟁이 생긴다. 사사기 21장에 보면 가장 작은 지파인 베냐민 지파와 나머지 지파들과의 전쟁 이야기가 나오는데, 지파간의 이해관계에서 갈등이 생긴 것이다. 우리식으로 말하면 지역감정이 생긴 것이다. 그리고 이 지역감정은 그 지역 내부에 빈부격차는 물론 계급착취가 존재하는 상황에서 지파간 연대의식은 사라지고, 따라서 200년이나 생명을 유지해온 이 믿을 수 없는 민주적 평등공동체는 그 막을 내리게 된다. 그 결과 왕정이 성립이 된다.

4. 제한된 왕권: 사울 왕의 경우

그러나 이스라엘의 왕권은 주변국의 왕권과 상당히 달랐다. '제한된 왕권'이라고 할 수 있는데, 첫째 이스라엘의 왕은 예언자에 의해 임명되었고 또한 폐위당하기도 하였다. 고대근동에서는 왕권이 세습에 의해 승계되는 것을 그 특징으로 하고 있지만, 이스라엘은 왕을 임명하고 폐위시키는 권한을 민중전통의 최후 보류인 야훼종교의 지도자에게 부여함으로 왕권이 절대권력이 되는 것을 제한하였다. 둘째, 왕의 권한은 군사적 임무로 제한되어 있었다. 따라서 이스라엘 초대 왕인 사울은 왕이라기보다는 블레셋에 대항하기 위한 군사적 총사령관이라고 볼 수 있다. 셋째, 전쟁 선포도 왕의 권한이 아니라 종교지도자의 권한이었다. 넷째, 왕의 통치는 철저하게 하나님의 법에 근거해야 했다. 고대 근동의 왕들은 자기 자신이 입법자이기 때문에 왕의 통치 근거는 자신에게 있었다. 그러나 이스라엘은 법제정의 권한을 철저하게 야훼 하나님께 돌린다. 그리고 왕 역시 법아래 있는 존재로, 법을 두루마리에 베껴 항상 왕의 옆에 두고 읽고 그것을 실천해야 했다. 제한된 왕권을 통해 백성이 주인이 되는 사회를 만들고자 했던 것이다. 그러나 이것은 다윗을 통해 변질된다. 그나마 민주적 평등공동체가 왕의 지배를 받는 체제로 변질된 것이다.

5. 강화된 왕권: 다윗 왕의 경우

다윗은 사울 밑에 장군으로 있었는데, 골리앗 사건을 통해 출세를 한다. 그런데 권력욕이 있었던 다윗은 개인적인 목적으로 용병을 고용하여 사병조직을 키웠다. 군내 사조직인 것이다. 이스라엘판 '하나회', 혹은 '일자회', '독사회'라고 할 수 있다. 원래 이스라엘 지파동맹체는 지파별 징병제도에 의해 운영되었기에 다윗의 개인 용병조직은 이스라엘에 낯선 것이었다. 아무튼 이렇게 권력욕에 취한 다윗이 사울에 의해 쫓기게 되자, 자신의 사병조직을 이끌고 적국인 블레셋의 성읍인 갓의 왕 아키스에게로 넘어가 무엇이든지 하겠다고 한다. 일제 시대에 일본에 충성을 서약한 것과 똑같다. 그러자 블레셋의 왕은 다윗에게 시글락이란 성읍을 다스리도록 내준다.

그런데, 이러한 다윗 주변에 사울 체제에서 소외당한 사람들이 모이게 된다. 그 유명한 아둘람 굴이다. 어떤 이는 이를『수호지』의 '양산박'으로 비유하는데, 환란당한 자, 빚진 자, 원통한 자들이 모여서 그렇다는 것이다. 그런데 블레셋으로 망명한 다윗 주변에 사람들이 모여들었다는 것은 이들이 사울체제에서 소외된 사람들이긴 했으나, 분명한 역사의식은 가지지 못한 민중들이라고 할 수 있다. 이들은 평등 공동체에 대한 애정도 없고, 단지 이기적인 목적을 달성하려는 의도로 다윗 주변에 모여들었던 것이다.

이렇게 힘을 가진 다윗은 막강한 군사력으로 헤브론을 장악하고 사유화했으며 자신의 사유지를 중심으로 마침내 유다지파의 왕으로 등극한다. 일종의 쿠데타이다. 이스라엘 지파동맹 체제에 대한 도전이며 반역행위이기 때문이다. 그런데 여기에 가만히 보면, 블레셋도 동의한다. 왜냐하면 다윗은 블레셋의 봉신이었기 때문에 블레셋의 승인 없이 다윗이 그러한 조치를 취할 수 없었을 것이다. 그리고 블레셋의 정책이 '분할하여 지배'하는 정책이기에, 이스라엘이 분단되는 것을 좋게 보았기 때문이다. 오늘날 한반도 주변 4대 강대국의 남북분할 정책도 마찬가지가 아닌가?

아무튼 다윗이 유다지파의 왕이 된지 7년 반의 세월이 지나며, 마침 사울의 뒤를 이어 이스라엘 지파동맹체의 지도자가 된 이스보셋과 그의 장군 아브넬 사이에 내분이 일어난다. 다윗은 내분을 틈타 아브넬을 꾀어 협상하는 척하다가 부하 요압장군의 손을 빌어 아브넬을 살해한다. 곧 이어 이스보셋도 원인 모를 자객에 의해 죽임을 당하게 된다. 성서는 표면상 아브넬과 이스보셋의 죽음에 대해 다윗의 의도와는 상관없이 진행된 일임을 강조하는 듯 보이지만, 실제 사울의 친척이었던 시므이가 다윗에게 퍼부은 욕설에 따르면, 이스라엘 민중들은 피의 숙청과 폭력에 의해 통일 이스라엘의 왕이 된 다윗의 정당성을 의심하고 있었다는 것을 알 수 있다.

사무엘하 16:8-9절 시므이의 말에 잘 나와 있다. "꺼져라! 이 살인자야, 꺼져라! 이 불한당 같은 놈아, 사울 일족을 죽이고 나라를 빼앗은 놈, 그 원

테오-쿨투라

수를 갚으시려고 이제 야훼께서 이 나라를 네 손에서 빼앗아 네 아들 압살롬의 손에 넘겨주신 것이다. 이 살인자야, 네가 이제 죄 없는 사람 죽인 죄를 받는 줄이나 알아라."

그러나 민중들의 불만에도 불구하고, 북왕국의 장로들은 다윗의 힘을 인정하지 않을 수 없었다. 10·26 이후 전두환 장군의 위세와 같은 것이다. 더욱이 블레셋을 비롯한 외세의 위협이 극심한 상황에서 오랫동안 권력의 공백기를 겪을 수는 없었다. 따라서 다윗의 탁월한 군사적 지도력을 인정하여 계약을 체결한다. 다윗을 전체 이스라엘의 왕으로 옹립하게 되는 것이다. 이스라엘 평등 공동체가, 어쩌면 성서의 민주주의 전통이 다윗이라는 간교한 인물을 통해 무너지고 만 것이다. (이상의 다윗에 관한 '신명기 사가'의 관점은 '역대기 사가'의 관점에서는 180도 달라진다. 다윗의 장점만 부각시키는 것이다. 포로기 이후 고향에 돌아온 역대기 사가의 관점에서 다윗-솔로몬 시대를 그리워하는 것은 당연한 일일 것이다.)

6. 초대 교회 공동체의 대안

왕을 세워 왕을 통한 민족의 부강을 바랐으나, 세상의 왕이 이스라엘을 올바르게 다스릴 수 없다는 사실에 구약의 예언자(특히, 이사야)들은 메시야를 요청한다. 그리고 그 메시야가 오셔서 성령을 통하여 새로운 민주적 평등 공동체를 세우는데, 그것이 바로 초대 교회 공동체이다. 사도행전 2장 44-47절에 보면 초대 교회 민주적 평등 공동체의 모습이 잘 나와 있다. "믿는 사람은 모두 함께 지내며 그들의 모든 것을 공동 소유로 내어놓고 재산과 물건을 팔아서 모든 사람에게 필요한 만큼 나누어주었다. 그리고 한마음이 되어 날마다 열심히 성전에 모였으며 집집마다 돌아가며 같이 빵을 나누고 순수한 마음으로 기쁘게 음식을 함께 먹으며 하나님을 찬양하였다. 이것을 보고 모든 사람이 그들을 우러러보게 되었다. 주께서는 구원받을 사람을 날마다 늘려주셔서 신도의 모임이 커갔다." 역사상 현존했던 가장 아름다운 민주적이고 개방적인 공동체였다.

그러나 이후 기독교의 역사에서는 그렇지가 못했다. 기독교가 주류종교가 되면서, 권력에 봉사하거나, 스스로 권력으로 군림하는 지배이데올로기로 전락하고 말았던 것이다. 로마의 국교로 전락이 되면서 기독교가 제 힘을 잃어버린 것이다. 예수 믿으려면 목숨을 걸고 믿어야 되는데, 이제는 속된 말로, '개나, 소나' 다 예수를 믿으니 타락 할 수밖에 없는 것이다. 이스라엘 평등공동체가 다윗-솔로몬이라는 왕정 체제에 의해 이념의 변질을 겪은 것처럼, 교회사에 있어서도 기독교의 원형이 굴절이 된 것이다. 올해가 종교개혁 500주년이기도 하지만, 아드 폰테스(ad fontes) 곧 '근본으로 돌아가야' 할 것이다. 그리고 그 근본은 정치적 민주, 사상적 자유, 공동체의 평등이라고 볼 수 있을 것이다.

테오-쿨투라

17. 광장

광장, 네 가지

"정치사적인 측면에서 보자면 1960년은 학생들의 해이었지만, '소설사적 측면에서 보자면 그것은 광장의 해이었다고 할 수 있다."(평론가 김현)

1. 광장, 허영과 허수아비만이 존재하다

우리 시대 가장 급진적이고 예외적인 지식인인 박노자 교수는 『당신들의 대한민국 1, 2』(한겨레출판사, 2001, 2006)에서 한국 사회에 유령처럼 떠도는 뿌리 깊은 전근대성을 질타한바 있다. 남과 북은 서로 다른 체제를 표방하고 있지만 그 내부를 들여다보면 '전근대적이고 극단적인 우상숭배'라는 교집합을 이끌어낼 수 있다는 것이다. 그리고 이러한 우상숭배의 장은 바로 최인훈의 『광장』(1960)으로 그 모습을 드러내준다. 남쪽은 허영의 광장으로,

북은 허수아비들의 그것으로!

한국 현대사의 핵심을 건드린 문제작인 『광장』에서 작가의 분신인 이명준은 분단과 전쟁을 겪으면서 남북 어디에도 진정한 광장이 없음을 고백한다. 이명준의 말이다. "한국 정치의 광장엔 똥오줌 쓰레기만 더미로 쌓여 있어요. 경제의 광장에는 사기의 안개 속에 협박의 꽃불이 터지고 허영의 애드벌룬이 떠돕니다. 광장이 죽은 곳, 이게 남한 아닙니까?" 북도 마찬가지이다. 이명준은 이렇게 말한다. "당은 저더러는 생활하지 말라는 겁니다. 당이 생각하고 판단하고 느끼고 한숨지을 테니, 너희들은 복창만 하라는 겁니다."

허영의 애드벌룬이 떠도는 남한의 광장과 꼭두각시만 남아 있는 북한의 광장, 그 어디에서도 설자리가 없는 이명준은 바다라는 드넓은 광장에 몸을 던진다. '하늘 광장'으로 돌아간 것이다. 사실 최인훈은 고대와 중세는 광장만 존재했던 시기라고 생각했다. 개인들의 밀실과 광장이 맞뚫렸던 시절에 사람들은 속은 편했다. 따라서 광장만 있고 밀실이 없었던 사제들과 왕들의 통치 시절에, 세상은 아무 일이 없었다. 그러나 밀실과 광장이 갈라지던 날, 창조적 괴로움이 시작되었다. 그 속에 목숨을 묻고 싶은 광장을 끝내 찾지 못할 때, 사람은 어떻게 해야 하는가?" 소설 『광장』의 이념적 발생사는 여기에 놓여 있다.

고대와 중세같이 개인의 자유보다 집단의 평등이 우선시되던 시절(물론 사제들과 왕들은 아니겠지만), 세상은 별다른 어려움 없이 흘러갔지만, 19세기에 자유에 눈뜨고, 20세기에 평등에 눈뜬 근대인들은 자유와 평등 모두를 소유하려고 했었다. 그리고 개인의 자유와 평등의 상징인 밀실과 광장은 양립해야만 그 이상을 실현할 수 있었다. 그러나 자유와 평등의 이상은 양차대전으로 그 이상의 종말을 맞이한다. 그 결과 남한은 개인의 밀실만 존재하여 광장은 전체주의의 장이 되었고, 북한은 광장만 있고 밀실이 존재하지

테오-쿨투라

않는 하향적 평등 세상이 되었다. 세계사적 모순이 이곳 한반도에서 구현되었던 것이다.

이후 남한은 4·19혁명을 통해 밀실들의 연대를 통해 광장을 되찾았다면, 5·16군사쿠데타는 그것을 한낱 몽상으로 만들어 버렸다. 자유로운 개인과 개인의 소통과 연대를 광장의 장을 통하여 이룩하고자 했지만 백일몽으로 끝난 것이다. 북한도 평등이라는 이름으로 밀실을 폐쇄하고 광장에 사람을 내몰아 허수아비들의 광장으로 만들어 버렸다. 자유와 평등의 이름은 남과 북에서 이름만 남기고 사라져 버린 것인가? 그리고 이렇게 이름만 남은 그곳엔 거짓된 이데올로기와 허황된 종교만이 자리 잡는다.

2. 광장, 이데올로기와 종교의 벼랑 끝

이명준이 배급받은 수첩에 적은, '한 가지 정신의 소산'으로써 스탈리니즘과 기독교(특히 가톨릭)의 유사성 분석은 탁월하다. 〈표 1〉로 정리해보자.

그리스도교	스탈리니즘
1. 에덴 시대	1. 원시 공산사회
2. 타락	2. 사유제도의 발생
3. 원죄 가운데 있는 인류	3. 계급사회 속의 인류
4. 구약 시대 여러 민족의 역사	4. 노예, 봉건, 자본주의 사회의 역사
5. 예수 그리스도의 나타남	5. 카를 마르크스의 나타남
6. 십자가	6. 낫과 망치
7. 고해성사	7. 자아비판 제도
8. 법왕	8. 스탈린
9. 바티칸 궁	9. 크렘린 궁
*9-1. 마르틴 루터	*9-1. 모택동
*9-2. 개신교 왕국	*9-2. 공산당 독재
*9-n	*9-n
10. 천년왕국	10. 문명 공산사회

〈표 1〉 스탈리니즘과 기독교의 유사성 분석(*은 필자의 첨가)

그러나 초대 교회의 순수한 정열과 열정적 믿음을, 현대 교회에서 찾아볼 수 없듯이, 코뮤니즘 역시 겉으로는 넓은 땅을 거느리고 있지만, 창시자들이 생각한 그것과 다르다. 자유와 평등의 밀실과 광장이 존재하지 않는다면 이데올로기는 거짓된 선동이며, 종교는 허황된 아편에 다름없기 때문이다. 최인훈도 파악했듯이 스탈리니즘에 있어서 마르틴 루터는 없었기에, 크렘린의 서슬에 맞선 사람은 이단 심문소에서 화형 당했다. 여기까지가 이명훈(혹은 최인훈)의 사유의 벼랑 끝이었다. 그리고 전쟁이 일어났다. 따라서 10. 천년왕국과 문명 공산사회로 가기까지 우리는 종교와 이데올로기에서 무수한 $9-n$의 벼랑 끝을 만나야 한다.

6·25전쟁이 일어나지 않고 스탈리니즘에 루터가 나타났다면(필자가 보기에 모택동은 루터보다는 토마스 뮌쩌에 가깝다. 그러나 뮌쩌도 실패했다.) 적어도 이명준은 에로티시즘이라는 광장으로 달아나지 않았을 것이다. 따라서 진실된 정치의 광장, 문화의 광장, 경제의 광장을 찾지 못하고 이명준이 찾아간 곳은 여성의 육체라는 에로티시즘의 광장이었다.

3. 광장, 에로티시즘이라는 확실한 진리?

가톨릭을 넘어 개신교(루터와 토마스 뮌쩌)의 역사를 알지(혹은, 이루지) 못했던 스탈리니즘의 한계에서 전쟁이 일어나자, 이명준에게 남은 우상(혹은 광장)은, 부드러운 가슴과 젖은 입술을 가진 인간의 마지막(이라고 믿었던) 우상이었다. 그것은 여성의 드넓은 에로티시즘이라는 몸의 광장이었다.

"사랑하리라. 사랑하리라. 명준은 속으로 그렇게 중얼거렸다. 이 다리를 위해서하면, 유럽과 아시아에 걸쳐 모든 소비에트를 팔기라도 하리라. 팔수만 있다면. 세상에 태어나 지금 이 자리에서 처음으로 진리의 벽을 더듬은 듯이 느꼈다. 그는 손을 뻗쳐 다리를 만져보았다. 이것이야말로 확실한 진리다. 이 매끄러움 닿음새. 따뜻함, 사랑스러운 튕김, 이것을 아니랄 수 있나. 모든 광장이 빈 터로 돌아가도 이 벽만은 남는다. 이 벽에 기대어 사람은, 새로운 해가 솟는 아침까지 풋잠을 잘 수 있다. 이 살아 있는 두 개의 기둥, 몸의 길은 몸이 안다."

그러나 중요한 것은 남한의 윤애와 북한의 은혜와의 에로티시즘은 단지 여성의 육체가 가부장적 틀에 묶여 명준에 의해 해부되거나 훼손되는 것이 아닌, 명준의 세계 인식을 견인하는 긍정적인 의미를 갖는다. 이것은 인간의 자유의지가 육체를 매개로 하여 이루어진다는 의미이며 동시에 성적 지향성이 자아의 내면화를 추동하는 힘이 된다는 의미이다. 따라서 섹슈얼리티와 에로티시즘이 인간의 소통 문제와 관계하고 있다는 놀라운 함의를 『광장』은 우리들에게 보여준다.[1]

---

1   물론, 윤애와의 관계는 부정적인 성관계로 묘사된다. 차지하고 싶은 '물건'에 불과하며, 미움과 짜증스러움, 불안함이 동반된 만남이었고, 그 만남에서 명준은 스스로를 '도적놈'이라고 표현한다. 따라서 윤애의 몸은 성적 지각이 쾌감으로써만 한정되는 차원에 머물기도 했지만, 차후 갈매기로 상징되는 윤애를 통해서는 승화되기도 한다.

4. 광장, 제3의 고향

1950–1960년대 문학에서 월남문학은 선우휘의 소설 『십자가 없는 골고다』(1965)와 『망향』(1967), 이호철의 『소시민』(1964~1965), 최인훈의 『광장』, 『서유기』(1966), 『화두』(1994) 등인데, 선우휘의 작품이 고향 회귀의 문제를 다루는 문학이라면 이호철의 문학은 현지 적응의 고민을 다루는 문학이다. 그리고 최인훈의 작품은 진정한 고향 찾기의 문학이 된다.[2]

최인훈의 소설 속 주인공과 같이 고향으로 돌아가고자 하는 대신 더 나은 고향을 찾고자 한 인물로 성서의 바울을 들 수 있다. 바울은 소아시아의 다소라는 곳에서 출생한 그리스어를 모국어로 사용하던 디아스포라(diaspora, 나라가 멸망하여 흩어져 이방 지역에 살고 있는 유대인) 유대인이었다. 당시는 동양(페르시아)과 서양(그리스, 로마)이 융합과 혼합하는 헬레니즘 시대였고,

---

2 월남문학의 '고향상실' 또는 그 극복 내지 초극의 양상을 세 개의 유형으로 나누어 보면, 첫째 유형은 '장소성을 회복'하려는 경향을 띤다. 이것은 고향에 대한 향수를 의미하는 것으로 전광용의 『목단강행 열차』(1978) 같은 작품에 나타난 인물들을 예로 들 수 있다. 두 번째 유형은 고향으로의 회귀 욕구를 최대한 자제하고 '고향을 떠난 현실 상태 그 자체에 적응'하고자 하는 것이다. 이것은 반공주의를 비롯한 남한 체제 옹호 이데올로기와 결합하는 양상으로, 다른 한편 그 과정 자체를 비판적으로 사유하는 형태로 나누어진다. 소설 『소시민』의 주인공이 여기에 해당된다. 세 번째 유형은 생래적으로 부여된 고향과는 '다른 차원의 고향'을 지향하는 것으로 나타난다. 월남을 일종의 엑소더스 또는 디아스포라 상태로 규정하고, 따라서 고향으로 돌아가고자 하는 대신 더 이상적인 고향, 상실된 과거로서의 고향보다 더 나은, '미래의 고향', '미지의 고향(필자가 보기에 하늘 고향)'을 지향한다. 그리고 이러한 경향을 가장 잘 대표하는 것이 최인훈의 소설들이다. 방민호, 「월남문학의 세 유형: 선우휘, 이호철, 최인훈의 소설을 중심으로」, 『통일과 평화』 7집 2호, 2015, pp. 166–167 참조.

바울은 그러한 흐름 속에서 유대교의 전통을 지키고자 했다.

처음에 바울은 바리새인적인, 엄격한 율법과 할례를 존중하는 유대교인 이었으나, 다메섹으로 가는 도상에서 예수를 만나, 회심 끝에 십자가에 달린 자에 관한 구원의 소식을 전파하는 사도로 변신한다. 따라서 헬레니즘과 유대교 사이의 반목 속에서 제3의 길, 곧 새로운 영성을 획득하게 된다.

따라서 바울은 헬레니즘은 물론 유대교로부터 자유로운 존재가 되었고, 세계를, 사랑을 그 자신의 존재의 장으로 삼는 탈공간적, 탈유대교적 사유의 지평을 획득했다. 그리고 이것이 디아스포라가 이루어야할 궁극적인 방향성이었다. 물론 이명준은 바다 광장에서 그것을 발견했지만 바울은 예수 그리스도의 십자가에서 하늘 광장의 본질, 곧 자유와 평등은 사랑을 통해서 광장을 획득한다는 것을 알았다.

> "나는 팔일 만에 할례를 받고 이스라엘 족속이요, 베냐민 지파요, 히브리인 중의 히브리인이요, 율법으로는 바리새인이요, 열심으로는 교회를 박해하고 율법의 의로는 흠이 없는 자라. 그러나 무엇이든지 내게 유익하던 것을 내가 그리스도를 위하여 다 해로 여길뿐더러 또한 모든 것을 해로 여김은 내 주 그리스도 예수를 아는 지식이 가장 고상하기 때문이라, 내가 그를 위하여 모든 것을 잃어버리고 배설물로 여김은 그리스도를 얻고 그 안에서 발견되려 함이니 내가 가진 의는 율법에서 난 것이 아니요, 오직 그리스도를 믿음으로 말미암은 것이니 곧 믿음으로 하나님께로부터 난 의라(빌립보서 3장 5-9절)."

3의 길, 새로운 길, 자유와 평등이 양립하는 길을 찾은 바울은 예수처럼 처형당했지만,[43] 이명준은 스스로 몸을 던졌다. 촛불혁명으로 광장을 탈환하여 정권을 교체했지만, 개인의 자유가 아닌, 전체주의 회귀를 모색하는 밀실은 여전히 위력을 발휘하고 있다. 어둠의 밀실을 넘어 활짝 열린 광장으로 나가야 한다. 비록 이명준은 '하늘 광장'으로 몸을 던졌지만, 오늘 우리들은 '촛불의 광장'으로, '소통과 연대의 광장'으로 '평등과 자유의 광장'으로 나가야 할 것이다. 그리고 그것은 이명준이 하늘 광장으로 꿈꾸었던 곳이며 이 땅의 광장에서 사랑으로 이루어야 할 그 어떤 유언이 되는 것이다.

5. 자유, 평등, 박애의 하늘 광장

프랑스 국기의 청·백·적 삼색은 자유(liberte)·평등(egalite)·박애(fraternite)를 의미한다. 19세기가 자유의 시대, 20세기가 평등의 시대라면 이제 21세기는 박애, 곧 사랑의 시대가 될 것이다. 남의 자유와 북의 평등이 이제 사랑의 남북으로 하나가 되어야 할 것이다. 2018년 7월 23일 저 하늘 광장으로 돌아간 최인훈은 (같은 날 하늘 광장으로 돌아간 노회찬 의원과) 이명준과 함께 그것의 시작을 보고 고향으로 돌아갔다고 위로한다.

---

3 이탈리아 영화감독이며 시인이었던 피에르 파올로 파졸리니(Pier Paolo Pasolini)는 사도 바울을 현대로 옮겨놓고 영화 시나리오를 쓴 적이 있다. 내용은 이렇다. 미국 뉴욕은 로마, 프랑스 파리는 로마인들에 점령당한 예루살렘이다. 이제 막 태어난 기독교 공동체는 레지스탕스이며, 바리새인들은 나치의 괴뢰정권이었던 페탱파 사람들이다. 여기서 바울은 부르주아 가문 출신의 프랑스인으로 나치 앞잡이가 되어 레지스탕스를 잡으러 다니고 있다. 바울은 다메섹으로 상징되는 프랑코 치하의 바르셀로나로 향하던 중 계시를 받고 반파시스트 레지스탕스 진영에 가담한다. 마침내 긴 여정 끝에 뉴욕으로 간 바울은 배반당하고 체포되어 처형당한다.

테오-쿨투라

18. 전쟁

68,452,000명 대 134,756,000명 – 거룩한 전쟁?

"예수께서 그들에게 이 비유로 이르시되 너희 중에 어떤 사람이 양 백 마리가 있는데 그 중의 하나를 잃으면 아흔아홉 마리를 들에 두고 그 잃은 것을 찾아내기까지 찾아다니지 아니하겠느냐 또 찾아 낸즉 즐거워 어깨에 메고 집에 와서 그 벗과 이웃을 불러 모으고 말하되 나와 함께 즐기자 나의 잃은 양을 찾아내었노라 하리라." (누가복음15:3 – 6)

1. "당신은 전쟁에 관심이 없어도 전쟁은 당신에게 관심이 있다"

세상에서 전쟁 이야기만큼 흥미진진하고 재미있는 이야기는 없다. 인간의 희로애락이 극명하게 드러나는 현장이 바로 전쟁이다. 인간 내면에 숨겨져 있던 폭력성과 욕망의 표출, 그리고 상대방을 굴복시키고 생존하려는 인간 의지의 분출, 전쟁은 바로 이러한 욕망과 의지의 실험장이자 대결장이다. 기본적으로 전쟁은 국가가 하는 일이고, 전쟁은 살인을 하는 것이다. 따라서 국가의 발생에는 언제나 전쟁과 함께 폭력이, 폭력과 함께 변절자들이, 변절자들과 함께 꼭 희생이 따른다. 히틀러 정권의 선전 책임자 요제프 괴벨스(Joseph Goebbels)는 "우리가 어떤 나라에 쳐들어가면 그 나라 국민은 자동적으로 세 부류로 나뉜다. 한쪽에는 레지스탕스들, 다른 쪽에는 협력자들이 있고, 그 사이에는 머뭇거리는 대중이 있다. 그 나라 국민들로 하여금 자기들의 온갖 부가 약탈되는 것을 참고 견디게 하려면 머뭇거리는 대중을 레지스탕스들 무리에 가담하지 않고 협력자들 편에 서도록 설득해야 한다. 그것을 위한 간단한 기술이 있다. 희생양을 지목해서 모든 것이 그의 잘못이라고 말하면 된다. 그것은 매번 통한다"고 했다.

동시에 전쟁은 사회적 약자인 어린아이와 여성들에게 엄청난 고통으로 다가온다. 일본군이 '군대의 효율성 때문에 군위안부를 만들었다'고 주장하는 한홍구 교수의 말은 전쟁이 여성들에게 엄청난 고통임을 보여준다. 군위안부는 사기 진작도 진작이지만, 병사들이 성병에 걸리는 걸 방지하기 위한 것이라고 한다. 가령, 병사 하나가 성병에 걸리면 그 한 병사만 기동을 못하는 게 아니라, 그이를 들쳐 엎고 가야 할 여럿이 있어야하기에 성병에 걸려 걷지 못하는 병사가 한 명만 있어도 네댓 명의 전투력 손실로 이어진다는 것이다. 한 교수는 이렇게 말한다. "성병을 방지하면 몇 십만 명을 더 징병하는 것과 똑같은 효과를 보는 거죠. 그런데 남자 몇 십만을 징병하는 대신에 총 들고 싸울 일 없는 여자 몇 십만을 들여보내면 군대를 100만 명, 200만 명 더 징병한 셈이나 마찬가지겠죠. 인간을 생각하지 않고 효율성을 따지다가 보니 이렇게 나오는 것입니다."(『특강: 한홍구의 한국현대사 이야기』, 한겨레출판, 2009)

테오-쿨투라

성서에 나오는 '잃어버린 양'의 비유에서 효율성으로 따지자면 우리의 99마리 양이 더 중요할 것이다. 그러나 예수는 그렇지 않았다. 잃어버린 한 마리의 양에 관심이 있었던 것이다. 아무튼 전쟁은 효율성 면에 있어서 최고의 가치를 지닌다. 이기면(지면 정반대이겠지만) '땅과 재물은 물론이고, 노예를 획득할 수 있는 고대 전쟁'으로부터 현대의 '정의로운 전쟁'에 이르기까지 전쟁은 우리가 상상하는 것 이상으로 많은 변화를 인류의 삶에 그 흔적을 남겼다. 정치, 경제, 사회, 문화는 물론이고 종교와 철학에 있어서도 큰 영향을 미쳤다. 곧, 인류의 문명은 긍정적이든 부정적이든 피비린내 나는 전쟁의 역사인 것이다. 성서의 역사도 마찬가지이다. 구약성서의 출애굽에서 가나안 정착사, 이후 왕조시대에 이르기까지, 아니 예수 당시까지도 끊임없이 전쟁은 이어지고 있는 것이다. 그러나 아무리 정의로운 전쟁이라는 명분을 내세워도 전쟁은 그 자체로 끔찍한 폭력이다.

가령, 2004년 미국은 대량살상무기 보유를 내세워 이라크를 침략했지만, 사담 후세인이 무기를 보유하지 않았다는 사실은 여러 경로를 통해서 입증되었고, 오바마 대통령 역시 2009년 아프가니스탄에 안정된 민주국가를 수립하기 위해 어쩔 수 없이 미군을 보냈다고 하지만 실은 전략적 요충지에 대한 통제 이외에 다른 것이 아니었다. 정당한 전쟁이라는 수사적 표현 뒤에 감춰진 '전략적 요충지에 대한 통제 야욕', '비전투원의 무차별 살인', '성폭력의 횡행'이 도사리고 있는 것이다. (박경미, '전쟁과 여성인권-위안부 피해자 문제의 재조명', 『기독교사상』2016년 3월호 참조) 따라서 레온 트로츠키(Leon Trotsky)의 다음의 말은 타당하다. "당신은 전쟁에 관심이 없어도 전쟁은 당신에게 관심이 있다."

2. 68,452,000명 대 134,756,000명: 입다의 딸과 레위인의 첩 이야기

"여성에게 조국은 없다"라고 말한 버지니아 울프(Virginia Woolf)는 옳았다. 전쟁은 여성을 무국적자로 만들며 희생을 요구한다. 구약 사사기의 '입다의 딸'과 '레위인의 첩'이 이에 해당 된다. 사사기는 이스라엘 12부족이 국가로 발전해가는 단계인 가나안 정착과정에서 벌어지는 전쟁 이야기이다. 그런데 성서는 이러한 전쟁으로 인해 희생당하는 여성들을 감추지 않고 보여주고 있다.

입다는 아버지 길르앗이 기생에게서 낳은 아들로 나중에 본처의 아들들에게 쫓겨나 돕 땅에 거주하며 잡류들과 함께 생활하게 된다. 그러나 암몬이 이스라엘을 칠 때 입다는 이스라엘 장로들의 요청으로 이스라엘의 장관이 되어 전쟁에 나서게 된다. 반드시 이겨야만 하는 전쟁에서 입다는 서원을 하게 된다. "그가 여호와께 서원하여 이르되 주께서 과연 암몬 자손을 내 손에 넘겨주시면 내가 암몬 자손에게서 평안히 돌아올 때에 누구든지 내 집 문에서 나와서 나를 영접하는 그는 여호와께 돌릴 것이니 내가 그를 번제물로 드리겠나이다 하니라(사사기 11:30-31)."

그러나 전쟁에 이기고 미스바로 돌아왔을 때 입다의 무남독녀가 소고를 잡고 춤추며 영접하였다. 그 결과 딸은 죽임을 당한다. 입다의 전쟁은 자신의 승리(장관이 되기 위해)를 위해 타인의 목숨을 놓고 하나님과 거래를 한 것이었으나, 여성인 그 딸은 아무 상관이 없었다. 이렇듯 전쟁은 여성들을 죽음으로 내몬다. 사실 전쟁법은 가급적 적의 군인만을 죽이고 무장하지 않은 일반 시민을 죽이지 않도록 노력해야 한다고 규정한다. 그러나 실제로는 일반 병사보다는 시민들이, 죄 없는 백성들이, 힘없는 여성과 아이들이 더 많이 살해당한다.

국가에 의해 살해된 외국인의 수는 68,452,000명이고, 자국민의 수는

테오-쿨투라

134,756,000명(20세기에 한해서)이다. 이것은 군대가 국민을 외국의 적으로부터 지킨다는 명분을 의심하게 만든다. '테러방지법'의 속뜻이 백성을 감찰하여 기득권을 유지하려는 것이듯, 전쟁은 지배자들이 자신의 기득권을 누리기 위한 최초이자, 최후의 수단이 되는 것이다. 아무튼 입다의 딸은 죽임을 당했다. 그러나 그녀는 입다의 '부당 거래'를 폭로한다. "딸이 그에게 이르되 나의 아버지여 아버지께서 여호와를 향하여 입을 여셨으니 아버지의 입에서 낸 말씀대로 내게 행하소서 이는 여호와께서 아버지를 위하여 아버지의 대적 암몬 자손에게 원수를 갚으셨음이니이다 하니라(11:36)" 전쟁의 극단적인 폭력의 한가운데 여성으로 살아간다는 것이 무엇인지를 잘 보여준다.

또한 사사기 19장에는 이스라엘 동족간의 전쟁인 '베냐민 전쟁'의 기원에 관해 설명해주고 있다. 에브라임 산지의 어떤 레위인이 베들레헴에서 첩을 맞았으나, 그 첩이 행음하고 남편을 떠나 베들레헴으로 돌아갔다고 한다. 레위인은 첩을 찾아 베들레헴으로 가서 데리고 돌아오다 베냐민 지파의 땅인 기브아에서 한 노인(에브라임 사람으로 기브아에 거주하는)의 집에 기거하게 된다. 그날 밤 그 성의 불량배들이 노인의 집에 찾아와 '우리가 그와 관계하리라(22절)'고 한다. 그러나 노인은 그들에게로 나와서 말한다. "내 형제들아 청하노니 이 같은 악행을 저지르지 말라. 이 사람이 내 집에 들어왔으니 이런 망령된 일을 행하지 말라. 보라 여기 내 처녀 딸과 이 사람의 첩이 있은즉 내가 그들을 끌어내리니 너희가 그들을 욕보이든지 너희 눈에 좋은 대로 행하되 오직 이 사람에게는 이런 망령된 일을 행하지 말라(19:23-24)"고 했으나, 무리가 듣지 않았다. 남성들의 폭력과 음행에 여성은 한낱 도구에 불과한 것이다. 따라서 레위인은 자기 첩을 그들에게 끌어낸다. 그리고 벤야민 지파 사람들이 그 여자와 관계하고 밤새도록 능욕하다가 새벽에 놓아주었다고 한다. 그녀는 죽었다!

〈죽임을 당한 레위인의 첩〉

　이렇게 죽임을 당한 첩을 레위인은 나귀에 싣고 집에 돌아온다. 그리고 시신을 열두 조각내고 이스라엘 각지파마다 보낸다. 이후 이스라엘 자손은 단에서부터 브엘세바까지 미스바에서 모여 벤야민 지파에 전쟁을 선포하게 된다. 동족 상잔은 참혹했고("이스라엘 사람이 베냐민 자손에게로 돌아와서 온 성읍과 가축과 만나는 자를 다 칼날로 치고 닥치는 성읍은 모두 다 불살랐더라", 20:28), 베냐민 지파는 멸절되다시피 했다. 그러나 이스라엘은 한 지파의 멸망을 두고 볼 수 없어 '야베스 길르앗 여자들'과 '실로의 여자들'을 빼앗고 납치하여 베냐민 지파의 후손을 잇게 하였다. 베냐민 전쟁의 시작부터 끝까지 여성은 이스라엘이나 이방인이나 할 것 없이 죽임을 당하고 납치를 당하고, 짓밟히는 존재인 것이다.

테오-쿨투라

3. 거룩한 전쟁?: "3차 세계대전에는 어떤 무기가 사용될지 몰라도, 4차 세계대전에서는 돌과 방망이로 싸울 것이다"

구약성서 가운데 가장 오해를 불러일으키는 사상은 "야훼는 전쟁의 용사(출15:3)"라는 말일 것이다. 따라서 이에 대한 잘못된 반응이 세 가지 있는데, 첫째 회피하거나, 아니면 부정적으로 평가하는 반응이 있고(대부분 진보적인 평화주의자가 이에 해당될 것), 둘째 이러한 전쟁신 관념을 근거로 군사행동 내지는, 혁명과 테러의 정당성을 찾거나(극단적인 근본주의자나 보수주의자, 그리고 편향적인 진보주의자가 이에 해당된다) 마지막으로 신약의 '사랑의 하나님' 이미지와 대조하여 구약의 하나님의 이미지를 '전쟁 용사'로 비하시키며 대립시키는 것이다. 대표적으로 초대교회의 이단인 마르시온(Marcion, 85~160)을 들 수 있는데, 그는 복음서 중에서 구약의 하나님과 관련된 부분들을 삭제하여 누가복음과 바울의 10서신만을 정경으로 인정하기도 했다.

그러나 이러한 전쟁의 용사로서 야훼의 '거룩한 전쟁' 이데올로기를 김이곤 교수는 『출애굽기의 신학』(한국신학연구소, 2003)에서 '눌림 받는 자를 변호하고, 억압자로부터 피억압자를 해방시키는 해방 이데올로기'로 본다. 곧, 이스라엘의 가나안 정착사를 '정복설'에 따라 이해하고, 구약의 거룩한 전쟁 이데올로기를 지배 이데올로기적 전쟁 이념의 산물이라고 보는 것은 성서의 현실을 근본적으로 오해한 관점이며, 오히려 알트·노트학파(The Alt-Noth School)의 평화적 '이주 가설'과 멘덴홀(George E. Menderhall)과 갓월드(Norman Golttwald)의 소외된 계층의 반란 및 '혁명 가설'에 근거하여, 지배

---

1 멘덴홀은 히브리인의 가나안 정복을 농민혁명이라는 관점에서 이해하였다. "이스라엘에서 열두 지파 조직이 시작되던 초기에는 통계적으로 중요하게 기록할 만한

이데올로기가 아니라 해방 이데올로기로 이해하는 것이 더 바람직하다는 것이다.

따라서 약자(히브리인)를 강자(애굽)로부터 해방시키는 이러한 야훼의 해방 의지는 '고난의 떡을 먹고 희생의 피를 마시는' 신약의 십자가 사건과도 연결이 되는 것이다. 더군다나 야훼의 해방 역사는 '인간의 전쟁 참여(신인협력사상)'와 폭력수단의 사용을 거부한다. "모세가 백성에게 이르되 너희는 두려워하지 말고 가만히 서서 여호와께서 오늘 너희를 위하여 행하시는 구원을 보라. 너희가 오늘 본 애굽 사람을 영원히 다시 보지 아니하리라. 여호와께서 너희를 위하여 싸우시리니 너희는 가만히 있을지니라(출14:13-14)."

이렇게 신인협력을 부정하는 것은 세속 왕권을 부정하며 '야훼의 유일한 왕권 이념'과 '야훼에 대한 절대 배타적인 신뢰'로 이어진다(이렇듯 성서의 배타성은 '다른 종교 자체'에 대한 배타성이기 보다는 '세속 왕권과 지배 이데올로기, 그리고 그에 복종하는 종교'에 대한 배타성이다). 기원전 8세기 시리아와 에브라임이 반 아시리아 군사 동맹을 체결하고 유다를 치러 온다는 소식을 들은 유

팔레스틴 정복은 없었다. 거주민들의 급격한 대치가 일어났던 것도 아니고, 대량 학살이 벌어졌던 것도 아니며, 왕정 행정지도자들에 대한 불가피한 축출을 제외하고는 본토 거주민들에 대한 대규모의 축출도 없었다. 요컨대 그 동안 일반적으로 알려져 왔던 그런 뜻의 팔레스틴 정복은 실제로 없었다. 그 대신에 다만 사회-정치적 과정에만 관심을 갖는 일반 역사가들의 견지에서 본다면, 실제로 일어났던 것은 농민들이 가나안 도시국가들의 결속된 조직망에 대항하여 일어났던 일종의 농민혁명이었다고 말할 수 있을 것이다." George E. Menderhall, "The Hebrew Conquest of Palestine," *The Biblical Archaeologist Reader*, vol.3(1970), p.107. 여기에 동의할지라도, 중요한 것은 '정복 가설', '이주 가설', '혁명 가설' 가운데 어느 것을 받아들이고 어느 것을 거부하느냐는 것보다, 이 세 가설들이 저마다 고대 이스라엘의 기원과 관련한 다양한 모습들 가운데 하나씩 그 배경을 밝혀주는 구실을 하고 있으므로 종합적으로 이해해야 될 것이다.

테오-쿨투라

대 땅과 아하스 왕의 마음이 바람에 휩쓸린 수풀처럼 흔들려 두려워 떨고 있을 때, 이사야는 야훼의 말을 이렇게 전한다. "너는 삼가며 조용하라. 르신과 아람과 르말리야의 아들이 심히 노할지라도 이들은 연기 나는 두 부지깽이 그루터기에 불과하니 두려워하지 말며 낙심하지 말라. (…) 만일 너희가 굳게 믿지 아니하면 너희는 굳게 서지 못하리라 하시니라(사7:4-9)." 오직 야훼, 오직 예수만인 것이다.

바울 사도도 전쟁을 이용하는 권력자와 그 지배 이데올로기의 핵심을 잘 간파하였다. 바울은 이렇게 말한다. "우리의 씨름은 혈과 육을 상대하는 것이 아니요, 통치자들과 권세들과 이 어둠의 세상 주관자들과 하늘에 있는 악의 영들을 상대함이라(엡 6:12)." 강자가 약자를 지배하는 세상에 약자를 위해 강한 자를 무너뜨리시는 야훼의 거룩한 전쟁은 이렇게 지금의 전쟁과는 달랐던 것이다. 그래서 아인슈타인의 말이 귓가에 선하다. "3차 세계대전에는 어떤 무기가 사용될지 몰라도, 4차 세계대전에서는 돌과 방망이로 싸울 것이다." 성서는 이렇게 말한다. "너희가 굳게 믿지 아니하면 굳게 서지 못하니라!", "아흔아홉 마리를 들에 두고 그 잃은 것을 찾아내기까지 찾아다니지 아니하겠느냐!"

4. "백성이 가장 귀하고, 사직이 그 다음이고, 군주는 가장 가벼운 것이다"

칼 야스퍼스(Karl Jaspers)는 『죄의 문제: 시민의 정치적 책임』(엘피, 2014)에서 "죄에는 4가지가 있는데, 첫째, 법률가의 관심사인 법적인 죄, 둘째, 인간의 운명에 공명하고 예술가적 인간에게 영감을 주는 형이상학적 죄, 셋째, 윤리학자나 정치철학자들의 사유를 진작시키는 도덕적 죄와 정치적인 죄"

라고 한다. 적용을 해보자. 가령, '법적인 죄'는 소수의 독일인 전범들, '정치적인 죄'는 독일 국적자 시민 전체, '도덕적 죄'는 나치의 만행을 방관한 독일인들을 포함한 유럽인들, 그리고 '형이상학적 죄'는 수용소 생존 유대인을 포함한 인류 전체로 넓어진다는 것이다. 권력관계 안에서 살아가는 인간의 숙명 때문에 우리 인간은 '피할 수 없는 죄'를 지을 수밖에 없다. 그러나 이를 극복하기 위해 '정의와 인권을 실현하는 권력을 지지하는 것'이 필요하다. 성서는 이것을 야훼의 거룩한 전쟁이라고 본다. 따라서 야스퍼스에 의하면 정의에 봉사하는 의미에서 권력투쟁에 함께 나서지 않는 것도 '정치적인 근본 죄이자 도덕적 죄'가 된다.

  야스퍼스는 "'모두가 죄인'이라는 사이비 교리와 '나만 무죄'라는 속물적 윤리 모두를 배격한다. (…) 침묵하는 태도 또한 '가면'이다. (…) (죄와 책임을) 회피하는 태도는 반드시 경계해야 한다. 회피적인 태도에서 자라난 마음은 은밀하고 무해한 욕설로 해소되고, 냉혹한 불감증, 광적인 격앙, 표현의 왜곡을 통해 무익한 자기소모에 이른다"고 말했다. 맹자도 이렇게 말한다. "백성이 가장 귀하고, 사직이 그 다음이고, 군주는 가장 가벼운 것(民爲貴 社稷次之 君爲輕)이다." 불의한 권력을 따를 것인가? 오직 예수를 따를 것인가? 믿음은 결단에서 시작된다!

19. 가짜뉴스

그들이 내 이름으로 거짓을 예언함이라!
−보편적 해방과 대안적 사실

"만군의 여호와 이스라엘의 하나님께서 이와 같이 말하노라. 너희 중에 있는 선지자들에게와 점쟁이에게 미혹되지 말며 너희가 꾼 꿈도 곧이 듣고 믿지 말라. 내가 그들을 보내지 아니하였어도 그들이 내 이름으로 거짓을 예언함이라. 여호와의 말씀이니라." (렘 29:8−9)

1. 거짓말 천국

지금 세계는 탈세계화(후기−지구화)[1] 시대로 접어들었다. 영국의 유럽연합

---

1   영어로는 모두 'post−globalization'으로, 우리말 '탈세계화'는 경제적 측면이 강하다. '세계화를 벗어나는 주장이나 현상'을 뜻하는 것으로 협의적 의미로는 2008년

탈퇴(Brexit)와 미국 트럼프 시대의 개막은 보호주의적 패권과 국민국가적 배타주의의 표상으로 소통과 교류와 연대는 자국의 이익을 위해 무시되고, 세계는 이제 끝없는 이기적 욕망의 지평으로 치닫고 있다. 이것은 보호무역주의와 국가적으로는 대외고립주의에 대한 요구로 이민자와 교역 상대국에 대한 적대의식을 감정적으로 표출하고 있다. 이러한 주체의 욕망과 타자에 대한 배타성을 뒷받침하기 위해 진실과 사실은 폄하되고, 거짓과 사이비가 그 욕망의 헛된 전망을 정당화시킨다. 옥스퍼드 영어사전은 2016년 '올해의 단어'로 '탈진실(post-truth)'을 선정했으며 독일언어학회도 '탈사실(postfaktisch)'을 2016년의 독일어로 뽑았다. 바야흐로 탈세계화 시대는 탈진실의 사회를 이끌며 '거짓의 시대'를 개막시킨 것이다.

지금, 대한민국도 마찬가지이다. 지난 2018년 10월 5일 재판부는 횡령, 뇌물 등 16가지 혐의로 구속기소 된 이명박 전 대통령(이하 MB)에게 징역 15년과 벌금 130억 원을 선고했다. 정계 입문 이래 20년 이상 국민을 속여 온 MB의 대국민 사기극이 이제야 막을 내리게 된 것이다. MB의 죄질이 박근혜 전 대통령보다 더 나쁜 이유는 다스가 '법인화된 최순실'이기 때문이다. 게다가 개신교 장로로서 거짓말을 하였고, 신앙으로도 "네 이웃을 네 몸과 같이 사랑"하기는커녕 친인척과 측근들에게 범행과 책임을 전가한 파렴치범이기 때문이다.

성경은 거짓(false, lying)을 '하나님보다 자신을 주인으로 생각하는 교만한 마음'으로 본다. 이러한 거짓은 하나님을 배반하는 행위인 우상숭배, 복술,

---

9월 15일 리만 브라더즈(Lehman Brothers) 파탄으로 발단한 금융위기 확대에 의해 세계적으로 무역이나 자본 이동이 정체하는 현상을 뜻한다. 반면 지구화가 경제, 정치, 문화적 측면에서 통합의 열망에 대한 이념이기에 후기-지구화는 정치, 경제, 문화, 기술의 영역에서 통합의 열망이 사라진 시대를 뜻한다.

테오-쿨투라

주술과 관련해 사용되었으며, 하나님께서 말씀하시지 않은 것을 하나님의 이름으로 속여 예언하는 사람에게도 적용되었다(렘 29:8-9). 구약성서는 거짓 고소와 거짓 증거에 대해 경계의 대상으로 여긴다. 신약성서도 마찬가지이다. 거짓에 대해서는 강경한 입장을 취한다. 십계명의 8계명도 이렇게 선포한다. "거짓 증언을 하지 마라." 그런데 지금 대한민국은 대통령부터 교회, 목회자, 개신교 단체에 이르기 까지 온 세상이 거짓말 천국이다.

2. 가짜뉴스(=허위정보)

가짜뉴스(fake news)는 2010년 중반에 등장했다. 최근 국내외 학계에서는 가짜뉴스라는 말 대신 '허위정보(disinformation)'로, 혹은 '거짓정보'로 용어를 변경해야 한다고 말한다. 왜냐하면 그래야만 가짜뉴스에서 풍기는 '그래도 언론적 행위'라는 이미지를 건져낼 수 있기 때문이다. 중요한 것은 '허위정보'가 100% 가짜만이 아니라는 것이다. 사실이 함유되어 있다. 경우에 따라서는 90%의 내용이 사실인 경우도 있다. 사실에 근거해야 일반 사람들이 믿기 때문이다. 그러나 '허위정보'는 인과관계를 허위로 만들어내고 별개 사실들을 자의적으로 결합하여 결론을 비틀어 버린다. 악마는 디테일에 숨어 있기 때문이다.

에스더 기도 운동의 실체를 파헤친 《한겨레 신문》 탐사팀 김완 기자는 이렇게 말한다. "에스더 기도운동은 동성애에 대한 공포와 불안을 조장하고, 난민을 범죄와 연결하려는 정치적 목적을 달성하기 위해 이 가짜뉴스들을 만들고 배포했습니다. 애초 탐사팀의 에스더에 대한 관심은 태극기 집회에 등장한 이스라엘기에서 시작되었습니다. 그 깃발을 추적하다 에스더를 만났습니다. 하나님의 선택을 받았다는 선민론 속에서 그들은 세상과 '영적 전쟁'을 벌일 '인터넷 사역자'를 모집해 '지저스 아미'(Jesus Army=하나님의 군대)를 양성하고 있었습니다. 그들의 무기가 바로 비틀어진 사실, 가짜뉴스였습니다." 그러나 이 시대는 '하나님의 군대', '십자군'이 아니라, 십자가가 필요한 시대이다. 개신교 단체의 '거룩의 지나친 잉여'가 '폭력의 과도한 풍성함'을 낳은 것이다.

2017년 8월 빌리그레이엄 센터 사무총장인 에드 스테쳐는 '가짜뉴스 세상에서 진리의 사람 되기(Being people of Truth in a world of fake news)'란 글에서 '가짜뉴스 대응법 4가지'를 소개하며 이렇게 말했다. "첫째, 당신이 확인할 수 없는 것은 공유하지 말라. 둘째, 진실함(integrity)을 지키라. 셋째, 당신이 공유하는 것이 사람들에 의해 인식될 수 있는지 확인하라. 넷째, 만약 당신이 문제의 일부라면 사과하라." 가짜뉴스, 곧 허위정보는 영혼을 좀먹은 사탄의 음성이다. 그렇다면 왜 이렇게 사실을 왜곡할까? 건전한 보수 정치가 무너졌기 때문이다.

3. 무너진 보수주의, 극우로 치닫다

서교인문사회연구실[2] 김현준 연구원은 한국 개신교의 극우 이념을 조사하며 이렇게 말한다. "기본적으로 개신교 보수주의는 반공주의와 근본주의를 그 핵심으로 하는데, 최근의 극우주의는 반공주의에 동성애 혐오, 여성혐오(반여성주의). 이슬람·이주민 혐오(인종주의)를 '가짜뉴스'로 추가하며, 혐오와 차별 주장을 공공성 담론으로 포장하기에 이른 것이다."

---

2 2017년 첫 발을 뗀, '해방적 사유와 실천의 전통 속에 스스로를 기입하며, 자유로운 개인들의 연합체'가 되고자 하는 연구단체이다.

김현준 연구원에 따르면 보수 우익 개신교의 역사는 이렇다. 1단계, 1970–80년대 '국가조찬기도회 정치'를 시작으로, 2단계, 1990년대 한국기독교총연합회의 '광장정치'와 기독당을 거쳐, 3단계, 2000년대 기독당과 기독교 뉴라이트라는 '전문적 사회운동조직'의 발전으로 이어지고, 마지막 4단계로, 2010년 전후 에스더 기도운동이라는 혐오와 차별 기반의 전방위적 세력으로 발전해왔다는 것이다.

그리고 이들 보수와 극우 개신교의 발생사적 근원은 이승만 초대 대통령이라고 한다. 김현준 연구원의 말을 들어보자. "한국 기독교의 극우 이념 중심에는 '독실한 크리스천' 이승만이 있다. 이승만은 오늘날 보수 우익 정치 세력 전체를 아우를 뿐만 아니라, 에스더 기도운동 네트워크 세력을 비롯한 이른바 '극우' 세력이 재발견한 보수 이데올로기와 국가론적 비전의 기원이다."

사실, 보수주의 개신교인들은 이승만 대통령을 '자유민주주의'와 '반공주의', 그리고 '북진통일'로 규정되는 대한민국의 정체성을 기독교적으로 세운 인물로 추종한다. 그러나 극우 민족주의 개신교인들은 좀 더 나아가 한국이 미국처럼 애초에 기독교 국가로 세워졌다고 생각하고 한민족이 '이스라엘' 유태인과 마찬가지로 하나님의 선택을 받은 '선민'임을 부각시킨다. (물론, 이것은 말세론자들의 144,000명만 구원한다는 것과 다르지 않다.)

이러한 극우 민족주의 개신교인들의 믿음, 나아가 에스더 기도운동이 대중에게 유발시키려는 정서는 (정치적 주도권과 도덕적 우월성에 대한) '상대적 박탈감'과 '소외감' 때문이다. 그리고 이러한 감정을 통한 여론의 동원이다. 곧, '대중의 절망과 좌절 – 사회적 공포 – 증오와 공격'이 극우주의의 출현 과정인 것이다. 말세론이 위세를 떨쳤을 때는 '증오와 공격' 대신 '포기와 무기력'이었는데, 최근의 극우주의는 공격성 레벨이 강화된 것이다. 사랑의 종교인 기독교가 혐오와 폭력을 부추기는 종교로 전락해 버린 것이다. 그리고 놀라운 것은 촛불 혁명 이후 대중은 절망하기 않고, 희망으로 나가고 있다. 따라서 '대중의 절망과 좌절'은 '보수주의의 절망과 좌절'로 교체해야 한다.

아무튼 김현준 연구원은 이렇게 말한다. "극우 기독교 세력은 오늘날 저마다 고통스러운 현실 속에서 살아가는 사람들에게 고통의 원인이 '사회적 소수자' 때문이라고 선동한다. 그들이 만든 가짜뉴스가 그 혐오와 차별에 정당성을 부여해주고 있는 셈이다. 가짜뉴스와 반지성주의는 현실의 고통을 자양분 삼아, 한국 사회의 극우화를 재추동하고 있다."

예수께서는 세리, 죄인, 창녀, 병자들과 같은 사회적 소외자와 소수자를 찾으셨는데, 한기총과 기독당, 기독교 뉴라이트 운동, 에스더 기도운동도 사회적 소수자를 찾는다. 그러나 다른 점은 예수께서는 그들의 아픔을 위로하고, 치료하고자 찾으셨지만, 이들은(물론, 다 그렇다는 말은 아니다. 대부분의 복음주의 진영은 거짓뉴스와 결별하고 진솔한 신앙과 복음의 의미를 고민하고 있다.) 그들의 아픔을 짓밟고자 찾고 있다.

4. 보편적 해방과 대안적 사실

'탈진실'과 '탈사실'의 시대가 이끈 '거짓의 시대'는 '진실의 죽음'을 가져온다. 포스트모더니즘의 윤리 상대주의(Ethical Relativism)와 다원주의(Pluralism)가 여기에 일조했다고 볼 수 있다. 포스트모더니즘은 모더니즘의 토대였던 진리를 해체하였고 개인의 개체화와 익명화는 거짓에 대한 민감성을 둔화시켰으며 인터넷 기술이 열어놓은 매체환경은 같은 의견을 가진 사람들이 모여 자신들만의 대안 사실을 믿는 분할된 '마이크로 공론장'을 만들어냈다. 중요한 것은 거짓을 사실로 믿게 만드는 것이 아니라 명백한 사실을 하나의 의견으로 강등시키기 때문에 문제가 되는 것이다. 이처럼 사실의 신

　　　　　　　　　　　　　　　　테오-쿨투라

뢰성을 잠식하고 공론장을 왜곡하는 것은 결국은 민주주의의 토대를 무너뜨린다. 나아가 소통과 교류와 연대가 사라질 때 세계는 다시 위기에 처할 것이다.

진리의 상대성으로 말미암은 포스트모던 상대주의에 칸트와 헤겔을 통해 대안을 탐구하고 있는 슬라보이 지젝은 이렇게 말한다. "우리는 보편적 해방이라는 새로운 인식론적 관점에서 진실을 재구성해야 한다." 지젝에 의하면 진실의 죽음은 3가지 경로를 통해서 왔다고 한다. 첫째, 종교적·민족적 근본주의의 부상 둘째, 새로운 디지털 미디어의 등장 셋째, 포스트모더니즘적 해체주의와 역사적 상대주의의 유산이 그것이다.

첫째 근본주의자들은 합리적인 토론을 거부하고, 자신들의 주장을 전달하는 데 유리하기만 하다면 가차 없이 데이터를 조작한다. 극우 근본주의자들의 예는 앞서 언급했으니, 좌파에 대한 지젝의 말을 들어 보자. "정치적 올바름을 주장하는 좌파들은 자신들이 선호하는 약자에 대해 부정적인 뉴스가 나오면 이를 감추려 들거나 그런 뉴스를 내보내는 매체를 '이슬람 혐오적인 인종주의'라고 비난한다."

둘째 새로운 디지털 미디어는 특정한 이데올로기적 이해관계로 공동체가 형성되기 때문에 온갖 음모와 주장이 아무런 제약 없이 유통이 된다(무수한 단체 카톡에 떠도는 허위 정보를 보라).

셋째 해체주의와 상대주의는 모든 사람에게 유효한 객관적 진실이라는 것이 존재하지 않는다는 믿음을 주었다. 그러나 자유주의자들은 팩트, 사실이라는 것이 엄연히 존재하고, '의견의 자유'와 '사실의 자유'는 구분되어야 한다고 생각한다.

여기서 지젝은 '대안적 사실'이라는 해결책을 제시한다. 지젝의 말을 들어 보자. "이른바 '데이터'라는 것은 방대하고 제대로 파악하기 어려운 영역이다. 우리는 언제나 특정한 이해의 지평에서 데이터에 접근하며, 어떤 데이터는 특권화하고 어떤 데이터는 누락된다. 우리의 역사가 바로 이런 것이다. 역사는 선별된 데이터를 엮어 일관된 서사로 만든 '이야기'지, 실제 일어난 일을 사진처럼 재현한 것이 아니다." 지젝의 생각을 신학적으로 적용하면 이렇다. 성서를 보되, '보편적 해방'과 '대안적 사실'의 관점에서 보아야 한다. 그렇다. 성서의 무수한 이야기들은 보편적 해방의 사건이며 그 사건의 진술은 대안적 사실인 것이다.

오늘 가짜 뉴스에 빠진 근본주의자들은 좌파, 우파 할 것 없이 자신들만의 디지털 미디어를 통하여 '우리는 역사적 제약에서 한 발짝 벗어나 세상을 객관적으로 볼 수 없다'는 상대주의의 인식론에 기반 하여 오히려 자신들만의 정당성을 위하여 거짓을 퍼뜨린다. 거기에는 보편적 해방도 없고 대안적 사실도 없다. 쉽게 이야기해보자. 거기에는 생명이 없다.

사람이 사람답게 존중받는 세상! 생명이 생명답게 인정받는 세상! 그들에게는 그러한 생명이 없다는 말이다. 생명 되신 주께서 우리에게 주신 사명은 바로 "네 이웃을 네 몸과 같이 사랑하라."라는 아주 간단한 보편적 해방의 관점이자, 이 불의한 세상에 대안적 사실이 된다. 일찍이 천재 시인 아르튀르 랭보는 이렇게 말했다. "사유는 세상의 속도보다 더 빨라야 한다." 그렇다. 그래야만 세상 안에 팽배한 악의 세력들과 그나마 겨우 맞설 수 있지 않을까? 참된 신앙의 길은 '치열한 사유'와 '뜨거운 실천'에 있을 것이다.

테오-쿨투라

20. 대한민국

당신들의? 우리들의! 대한민국

1. 모기들이 반대한다고 에프킬라 안칩니까?

2018년 7월 23일 노회찬 정의당 의원이 스스로 목숨을 끊었다. 노의원에
관해 도올 김용옥 선생은 이렇게 말했다. "저는 원래 노회찬이라고 그럴 때

그게 노나라 노(魯) 자예요. 그 노나라가 공자 나라라고요. 그래서 노회찬을 항상 보면 공자같이 생겼다. 사람이 너그럽고 좀 품위가 있게 넓게 생겼잖아요. 참 공자 같은 사람이다. 이런 생각을 내가 항상 했고. 회(會) 자라는 게 항상 사람을 모은다, 그런 의미거든요. 이문회우(以文會友)라든가 그런 우리 동양의 고전에도 그런 말들이 많지만. 사람을 주변으로 잘 모으고 그리고 그들을 아주 설득시키는 데 귀재고."

노나라의 공자와 같이, 진보 정당의 원내 정당 진입을 위해 힘써 왔고, 그럼으로 약자들의 목소리가 법을 통해 제대로 대변되기를 힘썼던, 그렇게 사람들을 모았던 사람이라는 뜻이다. 기독교에도 상당한 식견이 있는 도올 선생은 또 이렇게도 말한다. "그런데 이 사람의 특징이 말이죠. 우리 시대의 예수라고 생각했어요. 마가복음에 보면 예수라는 사람은 입 뻥긋 하면 다 비유였다 그러거든. 비유가 아니면 말하지 않았다. 씨 뿌리는 자의 비유라든가 겨자씨의 비유라든가 수없는 비유가 있습니다. 강도를 만난 비유라든가 이 모든 그 수많은 비유를 쓰는 데 사실 달인이었는데, 많은 사람들이 예수를 이해를 못하고 그게 무슨 하늘의 무슨 하나님의 말씀으로 아는데 예수가 그 비유의 달인이었다는 의미는 예수가 바로 '민중의 언어'를 쓸 줄 알았다는 거예요."

촌철살인의 비유, 오늘날 예수가 이 땅에 오셨다면 울고 갈 비유들이 노회찬 의원의 입에서 나왔다. 가령, 문재인 정부의 공수처(고위공직자범죄수사처) 설치를 반대하는 자유한국당에 노의원은 이렇게 이야기 했다. "정확한 얘기죠. 아니, 동네파출소가 생긴다고 하니까 그 동네 폭력배들이 싫어하는 것과 똑같은 거죠. 모기들이 반대한다고 에프킬라 안삽니까?"

2. 모기들의 대한민국, 번아웃 당하다!

『비굴의 시대』(한겨레출판사, 2014)에서 우리 시대 가장 급진적이고 예외적인 지식인인 박노자 교수는 이렇게 말했다. "(지금 한국사회는) 전례 없는 더러운 시대이다." 사회적 연대 의식은 증발하고, 저마다 자신과 몇 안 되는 피붙이들의 잇속만 추구하고, 타자의 아픔에 대한 공감이라고는 전혀 보이지 않는 각자도생의 사회이기 때문에 그렇다는 것이다. 이제 '인간이 사라져가는 곳'이며, 정치적으로는 파시즘이 위세를 떨치고 있으며, 유신 때보다 더한 '공포를 먹고 사는 사회'라고 말한다(물론, 이것은 촛불혁명 이전의 대한민국이다. 그러나 촛불혁명 이후 얼마나 달라졌는가?). 이러한 모기들의 대한민국에서 인간들은 번아웃 당한다.

번아웃 증후군(Burnout Syndrome)은 오로지 한 가지 일에 몰두하던 사람이 신체적 혹은 정신적으로 모든 에너지가 소모돼 무기력증이나 자기혐오, 직무 거부 등에 빠지는 현상을 말한다. 쉽게 말해 완전한 소진을 의미한다. 대체로 능력을 인정받고 근면 성실한 사람일수록 일을 마다하지 않기에 번아웃에 빠질 확률이 크다. 이러한 번아웃은 개인의 문제이기 이전에 '문명의 질병'이다. 수익 갈증에 따른 고강도 생산체제, 늘어나는 노동시간, 갈수록 심화되는 무한 경쟁, 풀리지 않는 스트레스와 피로는 현대인을 방향 상실로 몰아가는 것이다.

따라서 번아웃은 인간과 노동이 맺고 있는 풍요로운 관계를 앗아가고, 그 자리에 의미 상실이라는 커다란 공백을 남겨 놓는다. 단순히 고된 노력에 대한 성취감만 사라져버린 것이 아니라 더 나아가 일에 대한 의미마저도 파괴하는 것이다. 사실 명예는 빼더라도 '권력과 황금'의 곁에 다가서기 위해, 이 과열 시스템에 동참하기 위해, 수많은 이들이 피로와 추락으로 내몰리고 있다.

왕 모기들은 번아웃으로 노동자들을 탈진시키고, 더 나아가 해고시킨다. 아직도 쌍용차 해고 노동자 100여명을 복직시키지 않는 것은 더 이상 노동자가 필요하지 않다고 선언했던 신자유주의적 기획을 거스르지 않고 싶은 기업의 논리이다. 시인 노혜경의 말처럼, "1997년 현대자동차가 시작한 구조조정이 2009년 쌍용차로 완결되었다고 만족스러워하는 '보이지 않는 손들'을 실망시키면 안 되기 때문"인 것이다. 따라서 우리나라는 대통령은 몰아낼 수 있어도 노동자를 복직 시킬 수 는 없다. 인간의 노동 대신 기계와 금융이 지배하는 산업구조에서 사람이 설 자리는 애초에 없었기 때문이다. 왕 모기들에게 뜯기는 대한민국이다.

다시 도올 선생의 외침을 들어보자. "우리 사회는 기본적으로 이 노회찬의 목소리라고 하는 것은 이 문제를 해결해야 되는 겁니다. 그러니까 대기업들이 생각을 바꿔야 됩니다. 예수께서 천국이 가까웠으니 회개하라 했는데, 그게 원어로는 메타노이아라고 하는데, 생각을 바꾸라는 건 뉘우치라는 게 아니라, 너의 세계를 바라보는 눈을 좀 돌려라. 시각을 개조해라. 왜? 네가 개조하면 바로 천국이, 누구에게든지 천국이 온다. 'kingdom of God is at hand' 가까이 있다는 말이죠. 그거는 생각을 바꿔야 돼요. 그러니까 우리나라의 사회 진보를 위해서 대기업들이 생각을 바꿔야 됩니다. 그러면 최저임금 문제든 모든 걸 다 해결됩니다. 정권의 힘을 가지고 있는 자들은 절대적으로 진보, 보수를 막론하고 지금 이 대기업들의 횡포를 바로잡아야 합니다." 그러나 모기들이 생각을 바꿀까? 회개할까? 낙타가 바늘구멍 통과하는 것이 차라리 더 쉬울 것이다.

테오—쿨투라

3. 자유로운 기술과 행위, 그리고 협력

임마누엘 칸트는 『판단력 비판』에서 '산물의 생산을 목적으로 하는 모든 기술'에 관해 '봉사적 기술'과 '자유로운 기술', 두 가지로 구분한다. 봉사적 기술은 '물질적 산물의 생산과 관계하며 욕구에 봉사하는 기술'이다. 기계론적 테두리를 벗어날 수 없으며 학습과 반복적 연마를 통해 숙련이 가능하다. 이러한 기술의 가치는 생산의 유용성의 정도에 따라 결정된다. 가령 장인적 기술, 수공업적 기술, 기계적 기술 등이 그 예라고 볼 수 있다.

반면 '자유로운 기술'은 '목적을 그 자신 속에 가지며 그리하여 그 자체로서 영원한 생명력을 가지는 기술'이다. 곧, 독자적이고 자유로운 기술을 뜻한다. 따라서 칸트는 "예술의 목적은 물질적 욕구에 대한 봉사도 아니고, 어떠한 철학적 종교적 관념에 대한 봉사도 아니다."라고 말한다.

우리들의 대한민국은 자유로운 기술이 꽃피는 사회가 되어야 한다. 거기에는 첼로를 사랑했던, 그리하여 모든 국민이 악기 하나 정도는 연주할 줄 아는 세상을 꿈꾸었던 고(故) 노회찬 의원의 미학적 정치의 멋도 깃들어 있다. 칸트는 이렇게 말했다. "미적 예술은 그 자체만으로도 합목적적인 표상방식이며, 비록 목적은 없다 해도 사회적 전달을 위한 심의능력들의 문화를 촉진시키며, 이러한 미적 대상(표상)의 합목적성은 자의적 규칙들의 모든 구속으로부터 벗어나 있어, 마치 순수하게 자연의 산물인 듯 보여야 한다."

예술은 자유로운 기술로서 과학적 인식의 법칙과도 무관하며 심지어 회화의 기하학적 법칙과 음악의 수학적 법칙으로부터도 해방시켜야 한다는 것이다. 따라서 미적 예술은 필연적으로 천재의 예술이다. 천재는 예술작품을 통해 미를 구현할 수 있는 능력을 가지고 있는 사람이다. 취미가 미를 판정하는 능력이라면 천재는 미를 산출하는 능력을 가진 이다. 예술작품은 '자유로운 기술'의 소산이기에 천재는 아무런 목적이나 의도 없이 자신이 가진 재능을 발휘한다. 봉사적 기술이 요구되고, 노동이 소외되고, 인간이 기계화되는 이때 노회찬이 그리던 우리들의 대한민국은 어디에 있을까?

구약성서의 노동 개념 두 가지인 아보다(aboda)와 멜라카(melaka)는 각각 '봉사'와 '보내심'에서 유래된 것이다. 따라서 노동은 '신에 대한 봉사'와 '신적 위임으로 보내심'이라는 뜻이 있다. 따라서 그리스적인 노동관인 '자연의 질서, 숙명, 고통'으로 이해하는 것과는 다르다. 중요한 것은 하나님의 창조행위에 인간이 그의 노동으로 참여하는 동역의 의미인데, 이러한 동역이 개인의 일이 아니라 공동체에 위임되었다는 사실이다. 그러한 맥락에서 "아담이 돕는 배필이 없으므로(2:20)" 하와가 창조되었다는 사실은 노동과 공동체의 관계를 잘 보여준다. 따라서 노동은 공동체 내에서 자기 동일성의 실현이 된다. 결코 타자와의 관계에서 경쟁이 아닌 것이다. 자유로운 기술에 기반한 협동과 공동 참여라는 노동, 자연에 대한 착취와 지배가 아닌 공존과 돌봄이라는 노동은 언제 가능할까?

독일의 여성 정치 철학자 한나 아렌트는 『인간의 조건』(한길사, 2017)에서 노동과 작업, 행위 3가지로 인간의 활동 유형을 나눈다. "'노동(labor)'은 생존과 욕망 충족을 위해 행하는 육체의 동작이고, '작업(work)'은 자신의 재능을 발휘하여 일의 재미와 일정한 명예를 바라며 수행하는 제작 활동이며, '행위(action)'는 개인의 욕망과 필요를 넘어 공동체 속에서 어떤 대의를 위해 하는 행동이다."

예를 들면, 직장에 다니는 목적이 단지 봉급을 받기 위해서라면 그것은 노동일뿐이며, 그 일에서 보람과 재미를 느낀다면 작업이 된다. 그리고 출퇴근 시간에 짬을 내어 봉사활동을 하거나 자신이 중요하다고 여기는 문제를 놓고 시위에 참여한다면 그것은 행위라고 할 수 있다. 그러나 이 땅은 '노동'조차 어려운 나라가 되었다. 우리들의 대한민국은 노동이 행위로 바뀌기 까지 험난한 세월을 보내야만 하는 걸까?

테오—쿨투라

『협력하는 종: 경쟁하는 인간에서 협력하는 인간이 되기까지』(한국경제신문사, 2016)에서 새뮤얼 보울스 & 허버트 긴티스는 이렇게 말한다. "협력에 관한 가장 간단하면서도 많은 실험 및 증거들에 의해 지지받고 있는 설명은, 사람들이 비슷한 심성을 갖는 사람들과 협력하는 것에서 기쁨을 얻거나 또는 그렇게 하는 것에 대해 도덕적 의무감을 느낀다는 것이다. 또한 사람은 타인의 협력에 무임승차해 이로부터 이득을 취하는 사람들을 처벌함으로써 기뻐하거나, 그렇게 하는 것을 도덕적인 의무로 여긴다. 무임승차자들은 때때로 죄의식을 느끼며, 타인들에 의해 제재를 받을 경우 수치심을 느끼기도 한다. 우리는 이러한 감정들을 모두 묶어 사회적 선호(social preference)라 부른다."

진화생물학과 진화게임이론 연구 결과, 사람들이 이타적 협력을 지속시키는 것이 바로 '사회적 선호' 때문인데, 이것은 오랜 진화의 역사 속에서 형성되었다는 것이다. 즉, 사회적 선호란 사람들이 비슷한 심성을 갖는 사람들과 협력하는 기쁨이나, 협력에 대해 느끼는 도덕적 의무감, 또는 협력에 무임승차한 사람들의 죄의식이나 제재를 받을 경우 느끼게 되는 수치심 등의 감정을 뜻한다.

사회적 선호가 확산될 수 있는 이유는 제도를 만들고 학습된 행위를 문화적으로 전달할 수 있는 인간 특유의 능력 때문이다. 그러나 대한민국에서 이러한 공교육은 무너졌다. 사실 대한민국에서 '남자의 일생'은 이렇다. 세 살 때는 신동, 예닐곱 살 때는 천재, 초등생 때까지도 수재, 입시 한두 번 겪으면 범부, 사회 나오면 둔재! 교육환경이나 훈련보다 중요한 것은 어린 시절의 인지능력과 성취감이 성공 여부를 좌우하는데, 제대로 된 공교육이 무너진 대한민국은 아직도 학과 점수에 아이들을 길들이고 있다. 그 결과 무임승차자들은 죄의식이 없고, 당당하다. 따라서 자유로운 기술을 통하여 행위하는 인간들의 협력이 당신들의 대한민국을 우리들의 대한민국으로 만들 수 있을 것이다.

4. 당신들의 대한민국? 우리들의 대한민국!

박노자의 대한민국은 이렇다. 노조의 지원을 받는 정당들이 국회 의석을 절반 정도를 차지하는 나라, 입사 때 여성이나 장애인이 '정상적인 남성'보다 더 유리한 평등의 나라, 노동운동가들이 감옥에 잡혀가지 않는 나라, 학생들이 교수를 만날 때 노르웨이처럼 동등한 인간으로서 웃으면서 악수할 수 있는 나라, 제국주의의 침략으로 완전히 폐허가 된 아프가니스탄에 각종 원조를 제공하는 일이 덴마크처럼 지성계의 가장 중대한 관심사가 될 수 있는 나라, 여성들이 손님의 냉면을 잘라주는 '음식집 아줌마' 정도의 역할밖에 맡지 못하는 나라가 아닌 그런 대한민국이다.

그렇다면 우리가 가야할 길은 무엇인가? 박노자 교수는 이렇게 말한다. "실존적 운동으로서의 사회주의인… (다시) 좌파의 길이다." 현실 사회주의를 다시 일으키자는 것이 아니라, 자본주의에 반대하는, 이른바 비자본주의적 삶의 방식을 대변할 수 있다면 무엇이든 해보는 것이다. 자본의 한계를 직시하고 거기서부터 새로운 대안을 찾아야 한다는 것이다. 단순히 집권만을 위한 정당 운동이 아닌 폐허를 딛고 일어나 '인간으로 다시 거듭나고 뜻을 되찾기 위한 실존적 운동'을 해야 한다는 것이다. '경계를 넘어서는 연대의 힘'만 있다면 못 이룰 것도 없다. 따라서 박노자 교수는 이렇게 말한다. "새로운 참사가 계속 일어나도 아무런 투쟁을 하지 않고 그대로 두는 것은 결국 역사 앞에서 커다란 죄를 짓는 일일 것이다."

서론에 언급했던 노회찬 의원은 그 길을 가다 넘어졌다. 그의 유언은 이렇다. "나는 여기서 멈추지만 당은 당당히 앞으로 나아가길!" 다른 세상으

테오-쿨투라

로 가는 길에 동지 하나를 잃고 어깨에 더 무거운 짐이 올려지건만, 그리 힘들지 않음은 그의 웃음과 해학이 예수의 그 마음에 닿기에, 예수의 부활처럼 그도 부활하리라 생각하여 오늘도 당당히 앞으로 걸어간다. 노회찬 의원이 꿈꾸었던 대한민국을 향하여!

21. 심판과 구원

뱀의 역설

    뱀은 12지의 여섯 번째로 육십갑자에서 을사(乙巳), 기사(己巳), 계사(癸巳), 정사(丁巳), 신사(辛巳) 등 5번 돌아오는데, 시각으로는 9시에서 11시, 방향으로는 남남동, 달로는 음력 4월에 해당한다. 뱀은 냉혈동물이고, 독을 품고 있으며 그 모습 때문에 인간에게 공포의 대상이 되거나 흉물로 배척당한다. 징그럽게 꿈틀거리는 기다란 몸, 발밑을 소리 없이 스쳐 지나가는 두려움, 미끈하지만 축축할 것 같은 피부의 느낌, 독을 품은 채 허공을 향해 날름거리는 갈라진 혀, 사람을 노려 보는듯한 차가운 눈동자, 그 누가 뱀을 무서워하지 않으랴! 그러나 이러한 뱀은 민간신앙에서는 신적 존재로 이해되면서 다양한 풍속이 전래되어 오고 있다. 뱀은 자라면 구렁이가 되고, 구렁이는 이무기가 되고, 이무기가 여의주를 얻게 되면 용으로 승격한다는 민간신앙이 있다(심형래 감독의 영화 〈디워〉가 그것을 보여준다). 특히 뱀은 겨울잠을 자기 때문에 일시적으로 나타났다가 사라지고, 성장할 때 허물을 벗기 때문에 인간은 뱀을 죽음으로부터 매번 재생하는 영원한 생명을 누리는 동물로 이해하였다. '불사(不死)→재생(再生)→영생(永生)'의 상징으로 무덤의 수호신, 지신(地神), 죽은 이를 부활시키며 영생을 주는 존재로 인식했다. 게다가 많은 알과 새끼를 낳기 때문에 풍요와 재물의 신이며 가정에 복을 준다고 생각하였다. 정리하자면, 뱀은 생명 탄생과 치유의 힘, 지혜와 예언의 능력, 끈질긴 생명력과 짝사랑의 화신으로 문화적으로 이해되어 왔던 것이다.

1. 문화사 속 뱀의 재발견

뱀은 최초의 문명부터 등장한다. 고대 수메르의 인장에는 교접하는 쌍두사의 형상이 있다. 구데아 왕이 그의 신 닌기쉬지다에게 바친 주석(tin)으로 만든 병을 보면, 용의 가면을 쓴 사람이 긴 작대기를 잡고 있고, 뱀 두 마리가 지팡이를 사이에 두고 서로 꼬고 서 있는 모습을 볼 수 있다. 사실 뱀 두마리가 꼬고 있는 모습은 DNA의 이중나선구조와 비슷한데, 실제로 수메

〈구데아가 닌기쉬지다에게 바친 주석병〉

르 신화에서 이런 구조의 모양은 병의 치유와 관련된 신화에서 많이 나온다.

아즈텍(Aztec) 문명의 창조의 신인 케찰코아틀(Quetzalcoatl)도 흰색 깃털을 가진 날개 달린 뱀이다. 뱀은 땅의 권력을 뜻하고, 날개는 하늘의 권위를 나타내는데, 그는 위대한 쌍둥이로도 불렸고, 죽음을 통해 부활하는 힘의 기원이었다. 아스텍 사람들은 켓찰코아틀이 세상 사람이 살아가는데 필요한 기술, 가령 옥수수 키우는 법이나 베 짜는 법, 시간을 알아내는 법 등을 가르쳤다고 믿는다. 풍요와 평화의 신으로 알려져 있으나, 전쟁의 신의 음모로 인해 쫓겨났다. 하지만 그가 돌아온다는 전설이 있었고, 아즈텍인들은 켓찰코아틀이 다시 온다고 믿었다.

케찰코아틀의 재림은 아스텍 제국을 멸망시키고 멕시코를 스페인 왕의 영토로 만들었던 코르테스(Hernán Cortés, 1485~1547)에 의해 역설적으로 이뤄진다. 코르테스가 1520년, 처음 아즈텍에 왔을 때 아즈텍인들은 코르테스를 켓찰코아틀로 생각했다. 켓찰코아틀은 흰색 깃털을 가진 신이었는데, 흰 턱수염을 기른 백인 코르테스를 아즈텍인들은 케찰코아틀의 분신으로 여긴 것이다. 또한 우연하게도 당시 십자가 모양은 켓찰코아틀의 상징이었으며 마침 그 해가 케찰코아틀이 돌아온다는 해였다. 따라서 아즈텍의 황제 몬테수마 2세(Montezuma II)는 코르테스 일행을 극진히 모셨으나, 결국 그들에 의해 멸망하고 말았다.

탄드라(tantrism) 행자인 요기(yogi, 요가 수행자)들은 호흡으로 미저골(尾底骨, 꼬리뼈) 아래 잠자는 뱀의 기운인 쿤달리니(Kundalini)를 일깨워 머리를 들게 하고 있다. 우리의 몸에는 7개의 차크라(chakras, 산스크리트어로 원형, 또는 바퀴)가 있는데, 맨 아래의 것은 척추의 기부(회음부)에 있어서 물라다라(근기)라고 하는데, 여기에 여신이 뱀 모양으로 잠들어 있다. 이 모양을 쿤달리니라 하며 명상에 의해 쿤달리니를 상층의 차크라로 오르게 한다.

테오-쿨투라

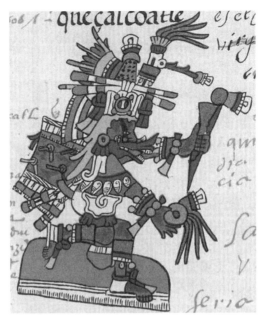

〈켓찰코아틀〉

차크라는 호흡과 소화와 같은 다양한 신체 기능과 연결되어 있는데, 각 차크라는 4원소(흙, 불, 물, 공기)와 소리, 빛, 생각을 상징한다. 그리고 차크라는 7가지(빨강, 주황, 노랑, 녹색, 파랑, 남색, 보라) 고유색을 가지고 있다. 태양과 달의 기운으로 일곱 개의 차크라를 각성시킨 쿤달리니는 요기의 정수리에서 '천 개의 꽃잎으로 피어난 연꽃'을 각성시켜 요기의 영혼을 불사에 이르게 한다. 비슷한 예로 '불의 요가'와 '꿈의 요가'와 '빛의 요가'도 '생명의 나무'인 척추를 거꾸로 올라가는 기술이다. 아마존에서는 지금도 샤먼들(shaman)은 엑스터시에 젖은 채 환상 속의 뱀으로부터 식물과 약초의 지혜를 전수받고 있다.

그리스 신화에서 뱀은 헤르메스(Hermes)가 사용하는 전령의 지팡이인 카두케우스(caduceus)에 나타난다. 여기서 지팡이를 감고 있는 두 마리의 뱀은

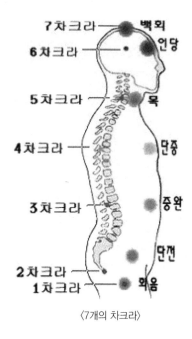

〈7개의 차크라〉

대립되는 양극의 균형을 통해 단일한 이해를 만들어내는 것을 상징한다. 재미있는 것은 밀교(密敎, Esotericism)에서 지팡이는 남근을 상징하고, 연금술(alchemy)에서 뱀은 각각 유황(남성)과 수은(여성)을 상징한다. 따라서 타로를 읽을 때, 뱀에게 어떤 성을 부여하든지 관계없이, 위를 향해 지팡이를 휘감는 뱀의 모습은 공동의 비전을 위해 둘의 시각을 합하고 협동하라는 메시지를 전하고 있다. 따라서 헤르메스의 지팡이인 카두케우스가 타로카드에서 지니는 상징적인 의미는 '통합, 융합, 균형, 조화, 통일, 단일화' 등을 뜻한다.

그리스 신화에 따르면, 뱀은 치료의 신이다. 아폴론의 아들 아스클레피오스(Asklepios)는 '의술의 신'인데, 그의 단장에는 언제나 한 마리의 뱀이 둘둘 말려 있다. 아스클레피오스는 의과 대학생들이 의사가 될 때 선서하는 〈히

테오-쿨투라

〈헤르메스의 카두케우스〉

포크라테스 선서)의 주인공 히포크라테스(Hippocrates, BC 460?~BC 377?)
의 스승이다. 히포크라테스는 '의학의 아버지'로 불리기도 하고, '의술의 성
인'으로 불리기도 한다.

　플라톤의 『파이돈』에 보면, 소크라테스가 독배를 마시고 제자들에게 유
언을 남긴다. "크리톤, 우리는 아스클레피오스에게 닭을 빚졌다네. 그걸 갚
게. 무시하지 말고!" 소크라테스는 육신의 감옥(soma sema)에서 벗어나 영혼
이 구원받으니 의술의 신에게 답례가 필요하다고 생각한 것이다. 아무튼 그
리스인들은 뱀이 껍질을 벗는 특성을 가졌기 때문에 '재생, 부활'을 상징한
다고 생각했다. 특히 고대의 자연주의자들은 갓 껍질을 벗은 뱀의 깨끗하고
빛나는 모습에서 뱀이 '변형, 정화, 새로운 것을 포용하기 위해 오래된 것을
벗어버림'의 의미를 지닌다고 보았다.

〈의술의 신 아스클레피오스〉

아스클레피오스는 그가 세운 의과 대학(신전)에 흙뱀을 길렀다고 한다. 아마도 아스클레피오스의 뛰어난 의술은 뱀의 능력을 이용한 것 같다. 따라서 생명을 다루는 의료 관련 기관들의 휘장에 공통적으로 그려진 뱀은 바로 아스클레피오스 신전을 지키는 흙뱀이라 할 수 있다. 지금도 군의관의 배지는 십자가 나무에 뱀 두 마리가 감긴 모습이고, 유럽의 병원과 약국의 문장은 의술의 신을 상징하는 뱀이다. 뱀과 생명의 관계는 인류의 오래된 믿음이었다고 볼 수 있다. 그 뱀이 과학의 시대에 부활한다.

유전자(Gene)와 염색체(Chromosome)의 합성어인 게놈(Genom)은 뱀 두 마리가 서로 몸을 꼬아서 올라간 쌍두사의 모습을 하고 있는 것이다. 생명의 비밀한 힘들이 왜 뱀의 형상을 하고 있을까? 또 어떻게 고대인들은 이러한 생명의 비밀스런 힘을 뱀을 통해 깨달았을까? 아마도 그들은 환각 식물이나 엑스터시, 기도와 고행의 힘으로 유전자에 숨어 있는 생명의 프로그램을 엿보았기 때문이 아닐까? 그리스도인들이 성령의 능력으로 생명의 기를 느끼듯이!

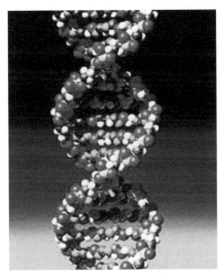

〈DNA 나선구조 개념도〉

2. '유혹/지혜', '심판/구원'의 이중적 상징인 뱀

성서의 무대가 된 숲과 초원에는 많은 야생동물들이 등장한다. 토끼와 사슴, 비둘기 같은 온순한 동물부터, 사자와 늑대, 독수리 등 강력한 동물들이 있다. 그 중에 뱀은 창세기에서 하와를 죄에 빠뜨리는 유혹자로 등장한다(창3:1-24). "하나님이 정말로 동산 안에 있는 모든 나무의 열매를 먹지 말라고 했니?" 인간의 심리를 이용한 교묘한 질문이다. 그리고 "너희는 절대로 죽지 않는다. 죽지 않고 오히려 눈이 밝아진다. 하나님처럼 된다"고 달콤한 말로 여자의 마음을 흔들어 놓는다. 이렇듯 성서에서 뱀은 유혹의 상징이 된다. 그러나 신약에서는 예수께서 "뱀같이 슬기롭고, 비둘기같이 양순하라"고 가르치신다(마10:16). 예수는 뱀을 지혜의 상징으로 소개하고 있는 것이다. 따라서 성서는 뱀이 교활한 존재인 동시에 신중과 지혜의 상징으로 이중적으로 설명하고 있다.

또한 모세의 이야기에 등장하는 뱀(불뱀과 놋뱀)은 심판과 구원의 이중적 상징으로 쓰인다(민21:4-9). 출애굽 당시 이스라엘 사람들은 사막에서 야훼 하나님과 모세에게 경솔하게 불평을 했다. "우리들을 이렇게 사막에서 굶겨 죽이려고 이집트 밖으로 내몰았느냐? 먹을 것도, 마실 물도 없잖아. 차라리 옛날이 낫지 이게 도대체 뭐냐!" 그러자 야훼는 불뱀들(nehashim seraphim)을 보내어 불평하는 이스라엘 사람들을 물려 죽게 했다. 불뱀은 당시 아라바 지역에 많이 서식하던 독사 가운데 한 종류인데, 등에 '불타는 듯한 붉은 반점'이 있었다.

그러자 백성들은 모세에게 찾아와 용서를 빌며 야훼께 기도해 주기를 청했다. 모세는 야훼께서 일러주신 대로 불뱀과 동일한 모형 놋(bronze)뱀을 만들어 깃발을 단 긴 장대(nes, '빛나다', '눈에 띄다'라는 뜻의 nasas에서 유래) 위에 매달았다. 그리고 그 뱀을 바라보는 자들은 소생할 수 있게 했다. 기독론적 해석에 따르면, 놋뱀은 불로 상징되는 심판과 그 심판의 고통을 견디어 내신 예수 그리스도의 인내를 상징하며, 죽음의 권세를 물리치시기 위해 인류의 죄를 대신 짊어지고 하늘과 땅으로부터 버림받아 허공에 높이 들리우신 예수 그리스도의 십자가 사건을 생생히 예표한다.

테오-쿨투라

"하늘에서 내려온 자 곧 인자 외에는 하늘에 올라간 자가 없느니라. 모세가 광야에서 뱀을 든 것 같이 인자도 들려야 하리니 이는 그를 믿는 자마다 영생을 얻게 하려 하심이니라."(요3:13-15)

그러나 기독론적 해석 없이 문화사적으로 살펴본다면(수메르에서 그리스 신화 속 뱀의 의미를 수용하여) 이것은 뱀을 높이 받듦으로써 뱀의 노여움을 풀고자 한 고대의 토템(Totem) 신앙으로 살펴 볼 수 있으며, 나아가 강력한 구리뱀을 만들고 그 위력으로 불뱀을 쫓아내고자 한 고대의 귀신 축출 신앙의 한 영향이라 할 수 있다. 곧, 모세의 지팡이에서 아스클레피오스의 지팡이를 찾아 볼 수 있는 것이다. 그러나 모세는 토템적 뱀의 의미를 넘어 야훼의 말씀, 그 말씀에 대한 순종을 강조한다. 이것은 "여호와께서 모세에게 이르시되 불뱀을 만들어 장대 위에 매달아라. 물린 자마다 그것을 보면 살리라(민21:8)"에 잘 나타나 있다. 이스라엘 백성들은 놋뱀 그 자체에 신통력이 있는 것이 아니라, 놋뱀을 통해서 당신의 구원 역사를 이루신 야훼의 주권이 중요하며 또한 그것을 믿고 순종하며 따르는 성숙한 신앙의 선민이 되어야 하는 것이다.

그러나 이러한 뱀에 대해 토템은 가나안 정착 이후에도 계속 보존되었다. 히스기야 왕 때까지 어리석은 이스라엘 백성들은 모세가 든 구리 뱀을 숭배하였는데, 히스기야가 그것을 깨뜨린다. "히스기야가 그의 조상 다윗의 모든 행위와 같이 여호와께서 보시기에 정직하게 행하여 그가 여러 산당들을 제거하며 주상을 깨뜨리며 아세라 목상을 찍으며 모세가 만들었던 놋뱀을 이스라엘 자손이 이때까지 향하여 분향하므로 그것을 부수고 느후스단(놋조각)이라 일컬었더라." (왕하18:3-4) 형상타파, 우상타파의 성서의 맥이 이어지는 것이다.

22. 믿음, 사랑, 소망

개츠비의 위대한 환상 세 가지―믿음, 사랑, 소망

1. 소설 『위대한 개츠비』

벨 에포크(La belle époque) 시대라는 말이 있다. 유럽 벨기에와 프랑스를 중심으로 제1차 세계대전 전까지 화려한 무늬와 장식으로 대변되는 '아름다운 시대'를 말한다. 유럽이 번성했던 화려한 시대를 뜻하는 것이다. 그 유럽의 화려함을 곧이어 미국이 이어받는다. 위대한 개츠비의 화려함은[1] 바로

---

1 소설로는 지역 구분과 화려함, 색조의 풍성함을 볼 수 없으나, 레오나르도 디카프리오, 토비 맥과이어, 캐리 멀리건 주연, 바즈 루어만 감독의 영화 〈위대한 개츠비 The Great Gatsby〉(2013)로는 그 시절의 화려함을 잘 볼 수 있다. 또한 재즈음악과 개츠비의 파티 모습, 재의 계곡(쓰레기 매립지)과 그곳에 있는 '신의 시선'이라고 볼 수 있는 광고간판 T. J. 에클버그 의사의 두 눈 등. 소설의 언어는 영화에서 이미지로 잘 표현되었다.

테오―쿨투라

2차 산업혁명의 결과였던 것이다. (물론, 유럽과 미국의 호황 배경에는 아프리카와 아시아 식민지 착취 때문이기도 하다!)

전기와 석유, 그리고 철강과 자동차의 등장으로 대변되는 2차 산업혁명은 미국을 완전히 바꾸어 버렸다. 당시 미국은 무일푼인 사람도 엄청난 부자가 될 수 있는 시대, 개천에서 용이 나는 시대였다. 비약적인 경제 발전 속에 백만장자가 하나둘씩 등장한 것이다. 그 시대에 개츠비가 살다가 갔다. 삶의 충실성으로, 이상향을 상징하는 초록빛 불빛을 소망하며, 순수한 사랑을 간직한 채!

소설 『위대한 개츠비』²는 미국의 소설가 스콧 피츠제럴드(F. S. Fitzgerald, 1896~1940)가 1925년에 발표한 작품으로, 1920년대 미국의 재즈시대를 대변하는 20세기의 가장 위대한 미국 소설로 평가된다. 아메리칸 드림을 품은 성공 지향적 인물들, 계급의 차이에서 비롯된 갈등, 물질만능주의 시대의 탐욕과 부조리한 부패의 온상, 광란의 향락을 즐기는 무질서한 상류사회 등을 통해 로스트제너레이션의 혼란을 효과적으로 포착해 냈다. 물론 그 제목이 말해주듯, 제이 개츠비라는 한 젊은이의 삶을 통해 이 모든 것을 섬세하게 다루고 있다.

속물적인 백만장자로, 매주 마다 화려한 파티를 주최했으며, 순수했던 첫사랑을 그리다가, 오해로 죽음을 당한 제이 개츠비. 그러나 그가 죽자 파티를 즐겼던 수많은 사람들 중 개츠비의 집에 찾아온 조문객은 소설의 화자 닉 캐러웨이와 개츠비의 아버지 헨리 개츠, 그리고 집사들뿐이다.

소설의 마지막 닉은 개츠비를 죽음으로 몰고 간 무책임하고 속물적인 부류들이 가득 찬 동부 사회에 환멸을 느끼고, 웨스트에그(개츠비와 같은 신흥

---

2   스콧 피츠제럴드, 김욱동 역, 『위대한 개츠비』(민음사, 2018). 이하 본문에 괄호 숫자는 이 책을 인용함.

부자들이 사는 곳, 반면 이스트에그는 톰과 데이지 같은 세습부자들이 사는 곳이다) 를 떠나 중서부의 고향으로 돌아간다. 이 소설은 어쩌면 속물 같고, 타락한 한 인간 개츠비가 왜 위대한가를 보여준다. 그것은 바로 그의 삶에 대한 충실성인 믿음과 순수한 사랑, 그리고 물러설 줄 모르는 소망이었다.

2. 개츠비의 믿음: 삶의 충실성

베일에 싸인 개츠비에 대한 사람들의 생각은 이렇다. "그분은 빌헬름 황제의 조카인가 사촌인가 된다더군요. 그분의 돈이 다 거기서 나온다죠", "전 그 사람이 무서워요. 그 사람과는 무슨 일로든 엮이고 싶지 않아요 (56)." "누군가가 그러는데요, 그 남자는 사람을 죽인 적이 있대요", "난 그렇게 생각하지 않아. 그 사람이 전쟁 중에 독일 스파이였다는 말이 더 맞는 것 같아", "그가 가끔 주위에 아무도 없다고 생각할 때 짓는 표정을 보세요. 살인을 한 사람이 틀림없어요(70-71)."

사실 가난한 중서부 출신인 개츠비는 지독한 가난이 싫어서 16살에 집을 떠났다. 어느 날 우연히 보트 선장이자 갑부인 댄 코드를 구해주고, 개츠비는 5년간 그와 함께 세상을 향해하며 신사의 품격을 배우게 된다. 집을 떠나 새로운 삶, 곧 신분상승을 추구하는 개츠비의 다짐과 삶의 충실성은 그의 믿음에서 나온다. 닉이 보기에, 이것은 '하느님의 아들'로 까지 격상된다. 개츠비가 '제임스 개츠'에서 '제이 개츠비'로 개명하며 새로운 삶을 시작하는 부분을 소설은 닉의 입을 빌어 이렇게 이야기 한다.

> "어쩌면 그는 이미 오랫동안 그 이름을 준비해 두고 있었는지도 모른다. 그의 부모는 무능하고 별 볼 일 없는 농사꾼이었다. 그의 상

상력으로는 결코 그들을 부모로 받아들일 수가 없었다. 사실인즉, 롱아일랜드 웨스트에그의 제이 개츠비는 스스로 만들어 낸 이상적인 모습에서 솟아 나온 인물이었다. 그는 하느님의 아들이었다. — 만약 이 말에 의미가 있다면 바로 그 말 그대로 그는 '자기 아버지의 일', 즉 거대하고 세속적이며 겉만 번지르르한 아름다움을 섬기는 일을 떠맡아야만 했다. 그래서 그는 열일곱 살의 청년이 만들어 낼 법한 제이 개츠비 같은 인물을 만들어 낸 뒤 이 이미지에 끝까지 충실했던 것이다(142-143)."

그러나 개츠비는 신의 아들이라는 자기 '삶의 충실성'을 데이지를 만남으로 '사랑에 대한 충실성'으로 바꾼다. 그리고 이것은 개츠비의 운명을 바꾸어 놓았다.

3. 개츠비의 사랑: 순수하여 죄를 대신 감당하는

개츠비는 켄터키 주 캠프 테일러에서 장교로 근무하던 중, 멋진[3] 여성 데이지 페이를 만나 사랑에 빠진다. 데이지는 상류사회의 상징이자, 그의 인생을 바꿔 놓을 운명적 여인이었던 것이다. 가난한 농부의 아들 '제임스 개츠'로서의 삶에서 벗어나, 오직 성공을 향해 달리는 아메리칸 드림의 실현인 '제이 개츠비'가 되어 새롭게 삶을 개척해 나가기 위해 필요한 여성이었던

---

[3] 원작 소설에는 'nice'로 표현되었는데, 민음사 번역은 '우아한'으로 문학동네의 번역은 '상류층'으로 번역했다. 신분 상승을 바라는 개츠비의 욕망이 잘 표현된 번역은 문학동네 번역이다.

것이다.

그러나 데이지는 미국이 제1차 세계대전에 참전하면서 유럽 전선으로 떠난 개츠비를 잊고, 시카고 출신의 돈 많은 톰 뷰캐넌과 결혼한다. 사실 데이지는 물질적 욕망이라는 풍선 위에 둥둥 떠 있었던 것이다. 소설의 첫 부분 닉이 톰의 집을 처음 방문하고 데이지를 만나는 장면은 소설 전체의 주제와 데이지의 욕망을 잘 보여준다.

"방 안에 있는 물건 중에서 움직이지 않고 고정되어 있는 것이라고는 엄청나게 큰 긴 의자뿐이었다. 그 위에는 젊은 여자 둘이 마치 붙잡아 매어 놓은 기구를 탄 것처럼 둥실 뜬 채 앉아 있었다. 두 사람 모두 흰 드레스를 입고 있었는데 마치 집 근처를 잠깐 날아다니다 들어오기라도 한 것처럼 잔물결을 일으키며 펄럭이고 있었다. 나는 커튼이 휘날리며 내는 찰싹거리는 소리와 벽에 걸린 그림이 달그락거리며 내는 신음 소리를 들으며 잠시 서 있었음에 틀림없다. 그러자 톰 뷰캐넌이 쾅 하고 뒤쪽 창문을 닫는 소리가 들려왔다. 방 안에 갇힌 바람이 방과 커튼과 양탄자 주위로 가라앉자 두 젊은 여자도 바닥 쪽으로 천천히 두둥실 내려앉았다(25쪽)."

전쟁이 끝나 귀국한 개츠비는 데이지가 이미 남의 아내가 되었다는 사실을 알게 되지만, 첫사랑을 다시 찾기 위해 온갖 수단과 방법으로 많은 재산을 모으게 된다. 그리고 데이지가 사는 곳 건너편으로 이사를 간다. 사실 개츠비는 데이지의 변심이 돈(물질)에 의한 것이라 생각했고, 막대한 재산을 모아 다시 그녀에게 돌아왔던 것이다. 그리고 데이지가 자신을 떠났던 이유인 재력이 충족된 지금, 데이지가 자신에게 온전히 돌아와 끊어진 과거의 지점을 연결하고 결혼하게 될 것이라고 믿었다. 개츠비는 데이지의 친구 조

　　　　　　　　　　　　　　　테오―쿨투라

던과 닉을 통해 데이지를 다시 만나게 된다. 데이지는 개츠비의 파티에 남편 톰과 함께 참석하고, 자신만을 위해 꾸며진 개츠비의 화려한 성에서 일시적 해방감과 여유를 만끽한다.

그리고 사랑에 빠진 개츠비는 데이지와의 관계를 5년 전으로 되돌려 놓고자 한다. 과거로 돌아가려고 하며 그 사랑의 추억을 위해 충실한 자신의 삶을 온전히 바친다. 그러나 닉은 데이지에게 너무 많은 것을 요구하지 말라, 과거는 반복할 수 없다고 개츠비에게 말한다. 개츠비는 이렇게 말한다. "과거를 반복할 수 없다고요? 아뇨. 반복할 수 있고말고요! 난 모든 것을 옛날과 똑같이 돌려놓을 생각입니다. 그녀도 알게 될 것입니다(159)." 철학자 헤라클레이토스는 만물유전(Panta Rei)을 말하며 인간은 두 번 다시 같은 강물에 발을 담글 수 없다 하였지만 개츠비는 시도했다. 그리고 그 시도는 그를 파멸로 이끈다.

톰은 데이지와 개츠비의 관계를 눈치 채고, 맨해튼의 한 호텔 스위트룸에 닉, 개츠비, 데이지, 조던 앞에서 개츠비의 실체를 폭로한다. 폭력조직의 두목인 마이어 울프심과 손을 잡고 금주법이 시행된 미국 사회에서 밀주를 유통하며 채권 밀매, 도박 등으로 부를 축적했다고 폭로한 것이다. 게다가 톰은 개츠비에게 "돈 많은 것은 같아도, 피가 다르다."라고 말한다. 이에 개츠비는 분노를 표출한다.

데이지를 향한 열망 뒤에 숨어있는 개츠비의 어두운 폭력성이 드러났음에도 불구하고, 개츠비는 데이지에게 톰을 사랑하지 않으니 자신에게 돌아올 것을 고백하도록 종용한다. 그러나 데이지는 남편 톰에게 머틀 윌슨이라는 정부가 있음에도 불구하고, 톰의 곁을 떠나지 못한다. 물질적 욕망의 풍선은 터지지, 아니 터질 수 없었던 것이다.

아무튼 개츠비가 마련한 고백의 자리에서 혼란스러운 데이지는 집으로 가고 싶어 한다. 이후 이스트에그로 돌아가는 길목, 재의 계곡을 지나던 개츠비의 노란색 롤스로이스(영화에서는 듀센버그[4]) 자동차를 운전하던 데이지는 톰의 정부인 머틀을 치게 되고 그녀는 즉사한다. 아내의 불륜을 알게 된 자동차 정비공 조지 윌슨이 그녀와 말다툼을 벌이다가 일어난 사고였고, 뒤늦게 출발한 톰과 닉, 조던이 탄 차가 현장에 도착한다. 톰은 도주한 사고차량의 주인이 아내 머틀의 불륜 상대라고 여기는 조지 윌슨에게, 그 사람이 제이 개츠비라고 이야기한다. 하지만 개츠비의 차를 운전했던 사람은 술에 취한 데이지였고, 개츠비는 그녀를 위해 살인죄를 덮어쓰기로 마음먹는다.

개츠비는 닉에게 이렇게 말한다. "저어, 내가 핸들을 꺾으려고 했는데 …… 하지만 물론 내가 운전했다고 할 겁니다. 형씨도 봤겠지만, 뉴욕에서 출발할 때 데이지는 아주 신경이 날카로워져 있어서 운전을 하면 마음이 좀 안정될 거라고 생각했던 거지요 …… 우리가 맞은편에서 오는 차를 지나치려는 순간 그 여자가 우리한테 뛰어들었어요. 한순간에 일어난 일이었지만, 내 생각에는 그녀가 우리에게 무슨 말을 하려고 했던 것 같아요. 우리를 아는 사람이라고 생각한듯합니다. …… 데이지가 잠들 때까지 여기서 기다리고 싶습니다(203-206)."

아무튼 사건의 전말을 들은 톰은 급히 데이지와 떠날 준비를 하고, 데이지는 개츠비의 진심 대신, 안전한 울타리에 몸을 숨기는 이기적인 선택을 한다. 여전히 데이지의 전화가 오기만을 기다리는 개츠비는 결국 자신의 저택 수영장에서 윌슨의 총에 맞아 목숨을 잃는다. 언론에는 '정신병자'의 소행으로 살인 사건이 정리가 되고, 데이지는 끝내 개츠비의 장례식에 나타나

---

4   요즘 사람들에게 럭셔리카 브랜드를 묻는다면 열에 아홉은 영국이나 독일 브랜드 이름을 댈 것이다. 캐딜락, 링컨 같은 미국 브랜드도 있지만 유럽 고급차에 못미치는 게 사실이다. 그런데 클래식카 시장에서 롤스로이스나 벤츠보다 더 비싸게 팔리는 미국차가 있다. 바로 '듀센버그'(Duesenberg)이다.

지 않는다. 순수하여 불가능했던 개츠비의 사랑은 데이지의 죄만 감당하고 사라졌던 것이다. 결국 개츠비의 사랑은 잡을 수 없었던 녹색의 불빛이었던 것이다. 그러나 그럼에도 불구하고 개츠비는 포기하지 않는, 물러설 줄 모르는 소망에 대한 탁월한 재능을 갖고 있었다.

4. 개츠비의 소망: 초록색 불빛

피츠제럴드는 '최고의 지성이란, 두 가지의 상반된 개념을 동시에 지니며 어떤 일이 가망이 없다는 사실을 꿰뚫어 보면서도 이를 바꿔보겠다는 결심을 할 수 있는 것'이라고 밝힌 바 있다. 가망이 없음에도 그 길을 가는 것, 시지포스의 신념과도 같은 모습을 우리는 개츠비에게서 볼 수 있다. 닉이 말하는 개츠비의 신념, 이것은 소망의 다른 이름이다. 초록색 불빛, 곧 데이지(와 혹은 소설의 무의식으로는 아메리칸 드림)를 향한 그의 소망은 멈추지 않는다.

> "개츠비는 그 초록색 불빛을, 해마다 우리 눈앞에서 뒤쪽으로 물러가고 있는 극도의 희열을 간직한 미래를 믿었다. 그것은 우리를 피해갔지만 별로 문제 될 것은 없다. ─ 내일 우리는 좀 더 빨리 달릴 것이고 좀 더 멀리 팔을 뻗을 것이다……. 그러면 어느 맑게 갠 날 아침에……. 그리하여 우리는 조류를 거스르는 배처럼 끊임없이 과거로 떠밀려 가나면서도 앞으로 앞으로 계속 나아가는 것이다 (253-254)."

따라서 이러한 개츠비의 정신은 그의 죽음으로 인해 끝나는 것이 아니라,

닉을 넘어 오늘 우리들에게도(?, 솔직한 필자의 생각으로는 미국인들에게만이 아닐까!) 계승되는 것이다. 거기에 개츠비의 위대함이 있는 것은 아닐까? 소설의 첫 시작에 나오는 닉의 독백도 개츠비의 이러한 소망의 위대함을 잘 보여준다.

> "오직 이 책에 이름을 제공해 준 개츠비만이 내가 이러한 식으로 반응하지 않은 예외적인 인물이었다—내가 드러내놓고 경멸해 마지 않는 것을 모두 대변하는 개츠비 말이다. 그러나 만약 인간의 개성이라는 게 일련의 성공적인 몸짓이라면 그에게는 뭔가 멋진 구석이 있다고 할 수 있었다. 그는 마치 1만 5000킬로미터 밖에서 일어나는 지진을 감지하는 복잡한 지진계와 연결되어 있기라도 한 것처럼 삶의 가능성에 민감하게 반응했다. 그러한 민감성은 '창조적 기질'이라는 이름으로 미화되는 그런 진부한 감수성과는 차원이 달랐다. 그것은 희망에 대한 탁월한 재능이요, 다른 어떤 사람한테서도 일찍이 발견한 적이 없고 또 앞으로도 다시는 발견할 수 없을 것 같은 낭만적인 민감성이었다. 그래, 결국 개츠비는 옳았다. 내가 잠시나마 인간의 속절없는 슬픔과 숨 가쁜 환희에 흥미를 잃어버렸던 것은 개츠비를 희생물로 삼은 것들, 개츠비의 꿈이 지나간 자리에 떠도는 더러운 먼지들 때문이었다(16~17)."

개츠비는 멀리 떨어져 있는 삶의 가능성에도 민감하게 반응하는 '이상주의적인 면모'와 닉이 거리감을 느끼는 '세속적인 감각'을 동시에 지닌 인물이다(영화에서 디카프리오는 이를 잘 살려 표현했다). 닉은 처음에 개츠비의 생활 방식과 호화로운 파티 등을 못마땅하게 여기지만, 모든 것이 한 가지 목적을 위해 계획되고 준비된 것이라는 사실과 이상주의적인 그의 삶의 방식을

테오-쿨투라

이해하게 되면서 그를 다른 인물들과 차별화하기 시작한다. 개츠비는 이룰 수 없을 것만 같이 멀리 떨어진 불가능한 꿈을 예민하게 감지하며 어디에도 존재하지 않는 자신만의 세계를 만들고자 소망한다. 동부 사회 그 어느 누구에게서도 찾아볼 수 없는 이러한 개츠비의 소망에 닉은 마음을 돌리고, 결국 개츠비가 전부 옳았다는 판단을 내린다.

초록색 불빛, 어쩌면 아메리칸 드림이라고 볼 수 있는 이 불빛이 다시 비치기 시작했다. 톰과 데이지의 대사와 "다시 미국을 위대하게" 만들려는 트럼프 현 미국 대통령을 통해서! 소설의 앞부분 닉과 처음 만난 톰이 대화중에 고더드의『유색 인종 제국의 발흥』[5]이라는 책을 소개하며 이렇게 말한다. "지배 인종인 우리 백인이 정신을 바짝 차려야 한다는 거야. 만일 그러지 않으면 다른 인종들이 이 세계를 제패하게 될 거라는 거지."

데이지가 답한다. "우리는 그들을 꾹꾹 밟아 버려야 해요." 그러자 톰은 이렇게 말한다. "이 책에서 말하는 건 우리 모두가 북유럽 인종이라는 거야. 나도 당신도 또 당신도, 그리고 문명을 이루는 것들은 모두 우리가 만들어냈다는 거야. 아, 과학과 예술 같은 것들 전부 말이지. 어디 내 말 알아듣겠어?"[6]

사실 위대한 건 개츠비 자신이 아니라, 개츠비의 믿음, 사랑, 소망에 대한 환상이다. 그리고 미국은 다시 이 환상을 그리워하고 있다. 이것이 미국에는 '위대한 환상'이 되겠지만, 아프리카와 아시아는 '위급한 환멸'이 될 수도

---

5 책의 주에 있듯이(31쪽) 저자와 책 모두 허구이다. 피츠제럴드는 시어도어 로스롭 스토더드의 『유색의 밀물』(1920)이나 매디슨 그랜트의 『위대한 인종의 멸망』(1916)을 염두에 두었던 듯하다.
6 32쪽 참조. 영화는 이 말 이후, 톰이 흑인 집사의 넥타이를 건드리는 장면을 보여주며, 소설의 의도를 정확하게 포착한다.

있을 것이다.

5. 위대할 개츠비?: 1920년과 2020년 미국의 데자뷔

최근 논의되는 4차 산업혁명이란 '제조업'과 'ICT'의 결합이라고 볼 수 있다. 1차 산업혁명은 1760년대 영국에서 일어난 증기기관과 방직기라는 기계의 발명으로 대표되는 '기계혁명'이다. 또한 2차 산업혁명은 1870년대에 시작된 '전기혁명'으로, 전기가 등장하고 석유화학 산업이 출현한 덕분에 대규모 조선업이 발전하고 철강 산업이 융성했던 시대를 말한다. 지금도 그 자장 안에 놓여 있다.

그러나 2차 산업혁명을 단순히 전기혁명이 아니라, 진정한 산업 혁명으로 이끈 사람은 '자동차 산업의 왕'이라고 불리는 헨리 포드이다. 포드는 우연히 도축장을 방문하여 컨베이어 벨트에 가축을 매달아 효율적으로 가축을 도축하는 장면을 목격한다. 그리고 이를 자동차 산업에 도입한다. 포드주의로 불리는 컨베이어 벨트 시스템이 등장한 것이다. 물론 찰리 채플린은 〈모던 타임즈Modern Times〉(1936)에서 노동자가 한 자리에서 마치 기계 부품처럼 동일한 노동을 반복하는 삶을 비판하지만, 이 시스템은 생산성을 비약적으로 향상시키게 된다.

따라서 노동자는 고된 노동을 하게 되지만 상대적으로 고임금을 받게 되었다. 포드 자동차 공장의 노동시간은 기존 9시간에서 8시간으로 줄었고, 시간당 임금도 2.34불에서 5불로 인상되었다. 이런 고임금과 휴식 시간의 보장은 대량 소비의 기반이 되었다. 목하 물질적 풍요를 통해 대량으로 생산하고, 대량으로 소비하는 시대가 개막된 것이다.

3차 산업혁명은 '정보화 혁명'이다. 엘빈 토플러도 '제3물결'에서 언급한

바, 1물결이 신석기 혁명, 2물결이 산업혁명이라면, 3물결은 정보화 혁명이다. 따라서 3차 산업혁명은 컴퓨터와 인터넷을 통한 혁명인 것이다. 3차 산업혁명은 2차 산업혁명만큼 경제적 성장을 주지는 못했지만, 3차 산업혁명의 기술(ICT)이 2차 산업혁명의 기반(제조업)과 접목하여 일어난 4차 산업혁명은 이제 새로운 시대의 개막이다. 인공지능, 3D 프린팅, 바이오테크놀로지, 그리고 자율주행 자동차! 위대한 개츠비의 1920년대 미국이 다시 100년 만에 부활한 것이다. 바로 개츠비가 탔던 노란색 롤스로이스를 통해서. 그 부활이 희망(위대한 환상)일지, 절망(위급한 환멸)일지는 소설 속 개츠비의 마지막에 잘 나타나 있다.

> "그는 그 옛날의 따뜻한 세계를 상실했다고, 단 하나의 꿈을 품고 너무 오랫동안 살아온 것에 대해 값비싼 대가를 치렀다고 느꼈던 것이 틀림없다. 그는 장미꽃이란 얼마나 기괴한 것인지, 또 거의 가꾸지 않은 잔디 위에 쏟아지는 햇살이 얼마나 생경한지 깨달으면서, 무시무시한 나뭇잎 사이로 낯선 하늘을 올려다보며 틀림없이 몸서리를 쳤을 것이다(227)."

23. 당신들의 천국

'밟힌 자'가 '밟은 자'를 구원한다는 역설—나를 통한 당신의 구원

1. '당신들의' 도스토예프스키와 '천국'의 톨스토이

톨스토이로 가기엔 너무나 고민이 많아서 도스토예프스키에 머무르려했던 작가 이청준. 따라서 그 고민의 흔적이 가장 잘 나와 있는 『당신들의 천국』(문학과지성사, 1976)은 톨스토이의 답인 '천국'과 도스토예프스키의 물음인 '당신들의'로 '왔다갔다' 합니다. 그리고 이 작품은 이러한 우왕좌왕 속에 치밀한 논리와, 토론, 대안을 고민하는 사람들이 나아갈 바를 절묘한 문체로 섞어 놓아, 작가 이청준을 우리 시대 최고의 '진리 사색가'로 만들어 주었습니다.

19세기 후반 러시아 문학의 양대 산맥인 톨스토이와 도스토예프스키. 이 두 작가는 예술적 관심에 있어서 약간의 차이를 보여줍니다. 바로 음악과 미술에 대한 관심의 대비입니다. 톨스토이는 음악에 많은 관심을 가졌습니

테오-쿨투라

다. 반면 도스토예프스키는 미술에 더 큰 관심을 가지고 있었습니다. 따라서 톨스토이의 음악과 청각적 요소의 활용법은 그의 소설에서 진실과 행복 찾기의 수단이 되고, 도스토예프스키의 작품에서 회화성, 곧 사물과 인물, 사건을 묘사하는 회화성은 그의 작품을 더욱 더 큰 고뇌의 상징기능으로 이끕니다. 사실 톨스토이의 작품에서 미술의 상징성을 발견하기가 쉽지 않고, 도스토예프스키의 작품에서는 음악의 힘에 대한 묘사를 찾기 어렵습니다.[1]

톨스토이의 작품의 핵심은(비록 일반화의 오류를 독자들께서 양해해 주신다면) 사회의 구조적인 악에 부딪히는 인간의 구원에 관해 기독교적 사랑을 제시하는 것입니다. 그리고 이러한 종교적인 통찰은 흔히 일반적인 종교에서 그러하듯, 신이라는 절대적 존재에 의지하는 것이 아니라, 민중의 낮은 자세(때로는 '바보' 같이 어리석은)와 민중을 통해 임재 하는 신의 섭리를 통해 민중 스스로가 신이자, 기독교적 사랑의 구현자로서 제시됩니다. 따라서 톨스토이의 작품에서 피날레 음악은 휴머니즘의 승리를 크게 외쳐 부릅니다.

그러나 도스토예프스키는 이러한 사회 구조적인 악에 부딪히는 인간의 고통에 관해, 절대자로서 신의 존재가 그 고통을 해결하는 해결사로 존재하기는 하지만, 이러한 신의 존재를 모르는 민중들을 그려줍니다. 그리고 그들에 대한 연민과 동정, 그리고 일정한 측은함과 조소를 소설 구석구석 배치하고 있습니다. 무신론자, 유물론자, 사회주의자 등과 같이 언제나 속물적이고 기회주의자이거나 현실을 직시하지 못하는 불쌍한 존재이자 패배자로 돌아가는 도스토예프스키적 고뇌하는 인간상은 바로 이러한 맥락에서 탄생합니다. 이것은 도스토예프스키가 사회와 인간을 바라보는 이해가 어

---

1 권철근, 「시각의 예술가와 청각의 예술가: 도스토예프스키와 톨스토이의 장편소설에 나타난 예술적 특성」, 『한국노어노문학회』24권 3호, 2012, 109–139 참조.

떤 것인지를 잘 보여줍니다.[2]

2. 당신들의 천국

소설은 나환자들의 섬 소록도에 전직 군의관 출신인 주인공 조백헌 대령이 새로 병원장으로 부임해 오는 것으로 시작합니다. 부임 첫날부터 원생의 탈출사고가 일어나고, 조 원장은 외부사람들의 눈에는 평화스러워 보이는 이 섬에 문제가 있음을 느낍니다. 이후 조 원장은 불신과 패배감에 젖어있는 섬을 바꿔놓기 위해 군인 특유의 저돌성과 끈기를 가지고 소록도를, 그리고 그곳의 주민들인 나환자들을 바꾸려고 합니다. 그러나 많은 난관에 부딪힙니다.

---

2   사실 이러한 관점은 러시아 짜르 정부의 쇼에 넘어간 한 인간의 실존적 패배라 할 수 있다. 짜르 정부는 도스토예프스키가 참여한 페트라셰프스키(푸리에의 공상적 사회주의에 대한 이상을 가지고 회합을 갖던 일종의 독서클럽이자 혁명 조직) 일 당에 대하여 사형 집행을 결의하고, 집행 바로 직전 황제 특사를 통해 사형을 취소함으로 인간 도스토예프스키의 삶을 변경시켰다. 황제의 쇼라고 생각하지 못하고 황제의 은혜에 감사한 그는 한때 자신이 추구했던 사회혁명의 이상을 완전히 버리고 철저하게 전향한다. 페테르스부르크로 돌아왔을 때 혁명의 동지들과 러시아의 급진주의자들은 그를 동지로서 반겨주었다. 그러나 도스토예프스키는 그들과의 교분을 완전히 끊고 짜르 알렉산드르 2세의 개혁 정책을 지지하고 나섰다. 문학가로서 저널리스트로서 19세기 격동의 러시아를 철저한 전향자로서 살았던 것이다. 그리고 전향자에게 (이전이든 전향 후이든 어떠한) 진리에 대한 확고한 신념이 없다면, 고뇌와 우유부단함만이 그의 내면을 차지하게 된다. 바로 도스토예프스키가 그러한 경우였고 그의 소설 주인공들의 내면은 이러한 자신의 삶, 곧 전향자의 혼란 그 투영이라고 볼 수 있다.

이러한 조 원장의 간곡한 설득과 열정 어린 의지에도 소록도 병원의 환자들인 원생들은 원장을 불신합니다. 그리고 조 원장의 모든 사업계획들에 시큰둥한 반응을 보입니다. 원장 입장, 혹은 지배자의 관점에서 '원생들을 위한 천국'을 건설하려 했던 모든 시도들은 원장 자신의 명예심과 과시욕 때문에 실패했음을 보았기 때문입니다. 원생들을 가혹하게 혹사시켰으나, 결국에는 그들 모두 원생들을 배반했으며 또한 이러한 원장의 탐욕과 권력에 빌붙어 개인의 안위를 위해 같은 원생들끼리 서로를 배신하고 싸우고 죽였던 과정을 수십 년 동안 반복해온 역사를 알기 때문입니다.

원생들이 겪은 배반의 대표적인 예가 일본제국주의 치하 때 4대 원장인 일본인 주정수 원장 때였습니다. 그는 행복한 낙원의 건설을 장담했고, 그의 의지에 감동한 원생들도 열심히 일하여 섬을 획기적으로 발전시켰습니다. 그러나 차츰 주원장과 원생들의 관계는 절대적인 지배자와 그에 복종해야 하는 피지배자의 관계로 변질되었습니다. 원생들은 낙원의 건설을 위해 계속 되는 부역에 노예처럼 끌려 나가야 했고, 섬을 탈출해 나가는 사람마저 생기게 되었습니다. 그들을 위해 만들어 놓은 낙원에서 목숨을 걸고 빠져나가는 모순이 발생한 것입니다. 나병환자들인 '우리들의 천국'이 아니라, 원장 '당신의 천국'이 되었던 것입니다.

게다가 권력에 아첨하는 무리들은 주원장의 동상까지 세우고, 매월 동상 참배까지 의무적으로 하도록 만들었습니다. 결국 주원장은 겉으로는 나환자들을 위한 복지시설이 완벽하게 건설된 낙원을 건설해 놓았으나, 속으로는 자신의 탐욕 때문에, 원한에 쌓여 있는 나환자들의 손에 살해당합니다.

또 다른 주인공인 보건과장 이상욱은 조 원장이 그 '주정수의 동상'을 되풀이 할 인물인지 아닌지를 끊임없이 의심합니다. 이 이상욱이라는 인물은 바로 전형적인 도스토예프스키적 인물입니다(물론 상욱의 출생 자체가 그를 그런 인물로 만들었지만). 그러한 상욱에게 조 원장은 섬사람들이 이제 지난날의 악몽을 씻고 내일을 바라보아야 한다고 역설합니다. 그 내일의 시작이 바로 원생 축구단이었고, 그 피날레가 '오마도(五馬島) 간척사업'이었습니다.[3] 소록도를 나가서 우리들이 만든 농지에서 우리가 먹을 것을 만들자는 것입니다. 원생들은 조 원장의 목숨까지 건 맹세를 받아내고서야 비로소 바다를 매립해 원생들의 농토를 만들자는 원장의 계획에 동참합니다.

이 계획의 실행은 쉽지 않았습니다. 먼저는 자연과 인간의 싸움입니다. 폭풍으로 인해 또는 자연 침하로 인해 바다 밑에서 솟아오르는 돌둑은 번번이 가라앉았습니다. 이에 따라 싸움은 인간과 인간의 싸움으로 번져갑니다. 조 원장은 살얼음을 걷는 심정으로 불만과 불신을 묵묵히 인내하는 원생들을 지켜보며 자신 또한 자기 자신과 힘겹게 싸움을 벌입니다.

그러던 어느 날 도 당국에서 파견한 작업조사반이 섬에 들어오게 됩니다. 간척장을 당국에서 인수하겠다는 것이었습니다. 분노한 조 원장은 이를 막기 위해 동분서주하지만, 결국 다른 병원으로의 전임발령을 받고 맙니다.

3　'실미도 사건'과 함께 역사 속에 묻혀 있던 대표적 인권유린 사건인 '오마도 간척사업 사건'이었다. 1962년부터 1965년까지 전남 소록도에 수용돼 있던 한센병(나병) 환자들이 고흥군 도덕면 오마도 북쪽 바다를 메워 330만평의 농지(서울 여의도의 3배 규모)를 조성한 대규모 간척사업이다. 그러나 완공을 앞두고 당국이 한센병 환자들을 배제한 뒤 지역 주민들에게 간척지를 나누어주었다. 권력이 사회적 약자였던 나환자들을 착취하고 유린한 대표적인 사건이다. 사실 오마도는 무인도였다. 1962년 간척공사를 하여 동편으로는 풍양면, 서편으로는 도양읍으로 육지로 연결됐다. 음성 환자 2000명이 2개 작업대를 만들어 1개 작업대가 한 달씩 교대로 일했다. 소록도 주민 5000명 중 음성 환자는 3300명이었고, 작업이 가능한 인원이 2000명이었으니 일할 수 있는 사람은 모두가 참여한 셈이다. 당시 작업도구는 모두 환자들의 손과 손수레가 전부였다. 산을 허물며 내려오는 작업이어서 산사태가 잦았고 사고도 많았다. 2명이 죽고 수십 명이 허리와 다리가 부러지는 중상을 입었다.

어떻게 해서든 사업을 완성시켜 놓고 떠나고 싶었던 조 원장은 모든 사실들을 원생들에게 이야기하고 사업을 빨리 진척시켜 줄 것을 독려합니다. 한결같은 조 원장의 헌신적인 모습에 마음이 움직이고 있던 원생들은 조 원장의 전임발령을 취소하라는 청원 서명 운동을 벌입니다.

그러나 이상욱은 원장을 찾아와 이것을 중단시킬 것과 사업의 완성 여부에 상관없이 이 섬을 떠나라고 충고합니다. 그의 이야기인즉, 간척사업의 과정에서 원생들은 이미 많은 것을 성취했으며, 그 사업의 완성을 보고 싶은 것은 혼자서 모든 일을 완성해 내고픈 원장의 욕심일 뿐이라고. 상욱은 비록 조 원장은 '동상'을 지으라고 말하지 않았어도 섬사람들이 스스로 지어 바칠 그 '동상'을 두려워하고 있었던 것입니다. 상욱의 말입니다.

> "원장님께서 부임 초에 말씀하셨던 대로 이 섬은 애초 누구도 어쩔 수 없는 유령들의 섬이었습니다. 원장님께선 그 유령들을 깨워 일으켜 땅 위를 걸어 다니는 인간으로 만들었습니다. 자신들의 생에 대한 희망과 신념을 갖게 하고 이웃 간의 신뢰도 심어주셨습니다. 그런데 그 모처럼 만의 희망과 신념이 또 다른 속박에로의 안내들이 되어서는 안 된다는 것입니다. 동상이란 언제 어느 곳에 세우게 되든 그것을 세우는 사람들에게는 일종의 자기 속박일 수 있기 때문입니다. 하물며 이 섬에 다시 누구의 동상이 세워지게 된다면 그 동상이 이 섬사람들에게 말하게 될 바는 조금도 짐작하기 어려운 일이 아닐 것입니다." (문학과지성사: 2008, 360쪽)

아무튼 조 원장은 그 간척사업의 결말을 보지 못하고 섬을 떠나지만, 5년 뒤 민간인의 신분으로 다시 섬으로 돌아옵니다. 그리고 보육소의 음성 병력자인 윤해원 선생과 건강인 윤해원 선생을 연결하여 그 결혼식 주례를 맡게 되었습니다. 돌아온 조 원장, 아니 소록도 주민인 조백헌은 섬사람들과 운명 공동체로서 함께 살며 믿음과 사랑이 바탕이 된 진정한 천국 건설을 꿈꾸게 됩니다. 톨스토이의 피날레를 엿볼 수 있습니다.

물론 도스토예프스키적 인간인 이상욱은 마지막까지 독자들이 파악 할 수 없는 웃음을 웃습니다. 조 원장이 결혼식에 늦은 줄도 모르고 주례사를 연습하던 모습을 지켜보는 부분을 신문기자 이정태의 시선을 빌어 작가는 이렇게 쓰고 있습니다.

> "긴장하고 있던 상욱의 얼굴 위에 비로소 희미한 미소가 한 가닥 떠오르고 있었다. 하지만 이정태는 아직 그 상욱의 웃음의 뜻을 읽 어낼 수가 없었다. 어찌 보면 그는 조 원장의 그 너무도 직선적이고 순정적인 생각에 다소의 감동을 받은 듯싶기도 했고, 어찌 보면 오 히려 쓸쓸한 비웃음을 보내고 있는 것 가기도 했다." (문학과지성사: 2008, 495쪽)

조 원장의 톨스토이와 이상욱의 도스토예프스키가 절묘하게 결합된 '천국'과 '당신들의'는 이렇게 '나를 통한 당신의 구원'을, 동시에 '당신만의 천국'을 고민하며 끝이 납니다. 결혼식의 축하곡은 들리지 않고, 조백헌의 독백만이 회화체로 한 장의 그림으로 남아버린 것입니다. 이청준은 톨스토이로 가기엔 너무나 고민이 많았고 도스토예프스키에 머무르기에는 아쉬웠던 것입니다.

3. 문둥병이 괴로운 것은 사랑하는 모든 사람으로부터 버림을 받는다는 데 있다

 같은 나병환자를 주제로 한 일본의 영화가 있습니다. 1997년 제2회 부산 국제영화제에 출품된 쿠마이 케이 감독의 작품 〈사랑하기〉(1997)입니다. 이청준의 고민과 연장선상에 있지만, 이청준 보다 톨스토이 쪽으로 더 가까이 나갑니다. 이 영화는 일본의 가톨릭 작가 엔도 슈사쿠(이평춘 옮김)의 『내가 버린 여자』(어문학사, 2007)가 원작입니다.

 소설의 주인공 미쯔는 사랑하는 청년을 위해서 자신의 모든 것을 내어주고 마는 '모자란' 여성입니다. 그 남자가 외로워하는 것을 보고 견딜 수 없기 때문입니다. 그에게 모든 것을 내어주고서 미쯔가 위로하듯이 묻는 말은 "이제는 외롭지 않아?"입니다.

 이런 천사와 같은 미쯔가 나병에 걸렸다는 진단을 받고 요양소에 들어갑니다. 그곳은 살아서는 걸어 나올 수 없는 절망의 땅입니다. 그러나 중요한 것은 절망은 '육체적인 것'만이 아니라는 것입니다. "이 문둥병이 괴로운 것은 사랑하는 모든 사람으로부터 버림을 받는다는 데 있다."는 어떤 나병환자의 말은 '사랑'의 반대말은 '버림받는 것'임을 잘 말해줍니다.

 이후 미쯔가 나병에 걸렸다는 것이 오진이었음이 밝혀집니다. 요양소를 떠나려고 짐을 꾸리는 미쯔는 축하해 주는 나병환자들의 눈에서 한없는 절망을 보게 됩니다. 그래서 모라란 미쯔는 요양소에서 잡일을 자청하게 되고, 나병환자들과 함께 살게 됩니다. "누군가 불행한 것은 슬프다. 지상의 누군가가 괴로워하는 것은 슬픈 일이다." 미쯔는 이러한 연민과 모자람으로 인해 어느 날 불의의 사고를 당하고 세상을 떠나게 됩니다. 이런 모자란 미쯔가, 내가 버린 여자가 나를 구원한다는 주제를 엔도는 말하고 있습니다.[4]

4. 당신은 누구십니까?

'미쯔'는 거꾸로 읽으면 '쯔미'가 됩니다. 쯔미란 죄(罪)의 일본식 발음입니다. 사랑하던 청년으로부터 버림받고 세상으로부터 버림받은 미쯔는 그녀를 버린 사람들에게 죄를 깨닫도록 해준다는 말입니다. 버림을 받은 그녀는 그래서 그녀를 버린 사람들을 신에게로 인도하는 '신의 흔적'이 됩니다. '밟힌 자'가 '밟은 자'를 구원한다는 역설입니다. 오늘 나 자신의 삶을 돌아봅니다. 창조주이신 신의 사랑(조 원장의 사랑으로, 이웃과 가족의 사랑으로도 변주 가능함)을 저버리고 살 때가 얼마나 많은지요. 쯔미(죄)의 삶입니다. 따라서 미쯔의 인도를 받아야 합니다.

따라서 이청준의 소설 『당신들의 천국』에서 주인공 조 원장을 미쯔로 읽을 때 이청준은 톨스토이의 제자가 되고, 이상욱을 통해 쯔미 속에서 고뇌할 때 이청준은 도스토예프스키의 후예가 됩니다.

당신은 누구십니까?

---

4   김승철, 『엔도 슈사쿠, 흔적과 아픔의 문학』(비아토르, 207) III. 4. 바보행전2, 《내가 버린 여자》지극히 평범하며 나와 같이 약한 사람, 모리타 미쯔가 사는 세계/ 한센병과 고야마부활병원 참조.

24. 어린양

종말론과 어린양 신학, "미투"

〈어린양과 사자〉

1. 종말론

2001년 9월 11일 '911 테러' 사건으로 인해 많은 사람들은 테러와 악의 존재에 대한 답과 그 의미를 성서에서 찾으려고 노력했다. 당시 미국 대통령 부시는 하나님의 놀라운 능력과 힘을 빗대면서, 공식적으로 '악의 축'과 싸우는 미국인들의 힘을 성서에서 찾았다. 하지만 테러와 악에 대하여 성서는 어떻게 말하고 있는가? 오늘 이 세계를 위하여 일하시는 하나님의 행위에 대해서 성서는 어떻게 이야기하고 있는가? 이러한 질문들에 대한 많은 해답들을 기독교 성서의 마지막 책인 요한계시록에서 볼 수 있으며 오늘날 널리 퍼지고 있는 종말론(Eschatology)에서도 볼 수 가 있다.

폭력과 전쟁으로 몸살을 앓고 있는 이 지구촌에 요한계시록이나 다니엘서와 같은 묵시록은 어떤 의미가 있을까? 세대주의(Dispensationalism) 종말론과 같은 잘못된 종말론이 판을 치고 있는 이 때에 기독교 근본주의에 기초한 기독교 종말론 소설들, 영화, 그리고 어린이를 위한 게임 등의 '휴거산업'은 우리의 영성에 어떠한 해악을 끼치고 있는가? 더 나아가 잘못된 종말론의 영향으로 인한 미국의 중동정책은 국제 정치에서 어떠한 의미를 던져주고 있는가? 실제로 미국의 종교사회학자들은 미국 기독교인의 45%가 휴거나 아마겟돈 전쟁과 같은 부류의 종말론을 믿고 있다고 하는데, 이들은 중동에 대한 미국의 정책을 강력히 지지하는 사람들이다. 가령 예루살렘을 이스라엘의 수도로 규정해 버린 트럼프의 정치적 행동을 무조건 찬성하는 것이다.

사실 종말론에 관한 입장은 인류의 역사에서 마지막으로 일어날 사건이나 우주의 마지막에 대한 신학적 이론이다. 그 근거는 마태복음 24장 예수께서 언급한 내용에 잘 나타나 있다. 이것을 조직신학의 한 부분에서 '개인의 죽음'과 '인류의 최후의 심판'에 대한 내용으로 다루게 되었는데, 부활 승천한 예수 그리스도가 마지막 때에 다시 재림하는 것이 기독교 종말론의 핵심이다. 슈바이처(A. Schweitzer)의 연속적 종말론(Konsequente Eschatologie), 도드(C. H. Dodd)의 실현된 종말론(Realized Eschatology), 불트만(R.

테오―쿨투라

Bultmann)의 실존적 윤리적 종말론, 몰트만(J. Moltmann)의 혁명적 종말론, 오스카 쿨만(O. Cullmann)의 구속사적 종말론 등을 들 수 있다.

이러한 현대신학자들의 종말론의 특징을 세 가지로 정리해 보면, 첫째 '유대교의 묵시문학적 종말론'으로 하나님의 나라의 미래성을 강조하는 것이다. 슈바이처와 바이스가 예수의 종말론을 연구한 결과 얻은 결론으로 미래 대망적 종말론이다. 이러한 종말론은 미국의 천년왕국 운동자들에 의해서 재강조 되었다. 둘째로 '하나님 나라의 현재성'을 강조하는 견해로, 도드의 실현된 종말론에서 시작되어 여러 가지 실존주의적, 윤리적 종말론과, 최근에 이르러 정치신학과 결부되어 혁명적 행동의 이념으로 이해된 종말론이다. 마지막으로 종말론을 구속사적으로 보면서 '약속과 성취'라는 구조 안에서 그 나라의 양면성('이미'와 '아직 아니')을 강조하는 경향이다. 이렇게 여러 가지 측면과 차원에서 해석하고 이해하려고 했으나, 아직도 종말론(하나님 나라)은 풀기 어려운 신비로 남아 있다.

2. 거짓된 휴거와 기획된 미래

종말에 관한 소설들을 살펴보면 성서의 문자를 폭력적으로 해석하며 세상의 종말을 이야기하고 있는데, 이러한 경향은 기독교 근본주의자들의 설교자에서 찾아 볼 수 있다. 이들은 사람들에게 유엔의 평화 정책이 실패하였고, 지진과 같은 자연 재앙과 테러 등을 하나님의 계획이라고 가르친다. 더구나 이들 중 몇몇은 신의 각본에 의한 우주적 종말인 피비린내 나는 '아마겟돈 전쟁(Armageddon)' 속으로 이 세상은 초읽기에 들어갔다고 주장한다. 따라서 성서의 종말에 대한 내용을 다루는 다니엘서와 요한계시록은 그들의 구미를 당기기에 충분하다. 그러나 문제는 이러한 소설이 성서의 이야기를 왜곡하며 꾸며낸다는데 있다.

아마겟돈은 세대주의 종말론[1]이 갈망하는 사건 중 하나이다. 사실 아마 겟돈이라는 말은 요한계시록 전체에서 단 한번 등장한다(계 16:16). 그러나 세대주의 종말론은 이 단어가 요한계시록의 가장 중심된 것이라고 주장한 다. 이 아마겟돈이 단순히 단 한번 수행되는 전쟁이 아니라 적어도 네 번의 전쟁으로 팔레스틴 곳곳에서 수행될 것이라고 주장한다. 첫 번째 전쟁은 페 트라(Petra) 또는 에돔(Edom) 지역(현재 요르단 지역)에서 일어나는데, 이곳은 '주님의 옷이 적들의 피로 얼룩지는 곳'이며 상상할 수 없는 두렵고 충격적 인 군사적인 참상이 있을 것이라고 한다.

세대주의 종말론자들은 자신들이 아마겟돈 전쟁을 갈망하는 이유가 예 수의 재림에 있다고 주장한다. 그러나 예수는 폭력과 전쟁을 일삼으면서 재 림하지 않으신다. 그럼 무엇 때문에 이토록 세대주의 종말론자들은 재림에 열광하는가? 어떤 이유로 그들은 피와 죽음을 강조하는가? 그 대답은 간단 하다. '성자들은 땅에서 하늘로 휴거되기 때문'이라는 것이다. 즉 세대주의 종말론자들은 자신들이 하늘로 휴거 된 이후, 저 높은 하늘에서 이 땅에 남 겨진 사람들이 당하는 고통과 세상의 종말을 구경하겠다는 것이다. 이것은 "이웃을 사랑하라", "원수를 사랑하라"는 예수의 말씀과 위배되는 행위이 다. 이웃이 고통 받을 때, 자신들은 폭력의 고통에서 탈출하여 휴거 된다는 아주 이기적인 신학이다. 마치 영화관 앞자리에서 총격전을 관람하듯 휴거 된 이들은 하늘이라는 2층 특별석에서 지구에 남아 있는 자들의 종말을 구 경하겠다는 것이다.

사실 요한계시록은 근본주의자들이 익히 알듯이 선한 서구(미국과 이스라

---

1 '파괴주의 종말론' 혹은 세대주의 종말론 관련은 바바라 로씽, 김명수·김진양 역, 『미국의 중동정책과 묵시 종말론』(부산: 경성대출판부, 2009)를 발췌하였다.

엘)가 악한 중동(구체적으로 아랍 이슬람)을 쳐부수는 아마겟돈 전쟁이 아니라, 하나님의 사랑으로 우리가 사는 이 세상 한복판에서 평화를 외치는 것이다. 요한계시록은 우리로 하여금 양을 치는 목자와 같은 하나님의 마음으로(God's Shepherding Lamb) 우리의 삶을 성찰하도록 이끌며 폭력과 힘의 구조를 성찰하도록 가르친다. 동시에 억압의 구조에 도전하고 새로운 희망을 꿈꾸도록 가르친다. 더 나아가 요한계시록은 우리가 사는 이 세상이 하나님께서 거주하시는 땅임을 이야기 한다. 이렇듯 요한계시록의 오독(거짓된 휴거와 기획된 미래)은 파괴주의 종말론을 형성하고 종말론적 광신을 불러일으킨다.

3. 어린양의 신학

예수는 요한계시록에서 가장 중요한 등장인물이다. 요한계시록은 '예수 그리스도의 묵시(1:1)'라는 제목으로 시작한다. 그러므로 요한계시록의 가장 원초적인 목적은 '예수의 이야기'를 말하는 것이지, 중동이나 유럽의 마지막 시대를 예언하는 것이 아니다. 그럼 예수는 누구인가? 이 책에서 예수의 이미지는 처음에는 검을 가진 위엄 당당한 모습으로 그려지지만, 나중에는 어린양의 모습으로 대체된다. 그리고 어린양은 요한계시록의 모든 부분을 지배하는 요소로, 144,000명의 거룩한 시온 산 전사를 소집하고(14:1), 악한 적과 싸우며(17:14), 전쟁이 끝난 후에 결혼을 하며 세상을 다스릴 것이다(19:7, 22:3).

실제로 요한이 사용한 헬라어 '양'은 단순히 어린양이 아니라, 정말 작다는 것을 뜻하는 단어로 '어린 양', '작은 양'(아르니온)이라는 표현을 사용한다. 이 단어는 신약성서에서 오직 예수가 자신의 제자들을 파송 할 때만 사용한 것이다. 가령, "어린 양을 이리 가운데로 보냄과 같도다(눅 10:3)." 그 어떤 묵시문학도 신적인 존재에 대해 어린양이라고 표현하지 않는다. 유대교의 관점에서는 결코 어린양이 메시야가 될 수 없다. 예수에 대한 이러한 이미지는 가장 연약한 모습의 예수 이미지를 보여주는 것이면서 역설적으로 가장 강력한 표현이 된다. "예수는 십자가에 죽었지만 다시 살아 나셨다!"

따라서 요한계시록의 어린양 이미지는 로마제국의 폭력을 무효화시키는 하나의 대안으로 1세기 초대 기독교인들에게는 상당히 충격적인 것이었다. 왜냐하면 요한계시록은 로마의 군사적 승전 이데올로기(팍스 로마나)가 온 세상을 지배하고 있었던 시기에 쓰여 졌기 때문이다. 요한계시록은 용감하게도 로마가 아니라, 하나님과 어린양이 이 세상을 다스린다고 선포한다. 세상은 그 어떤 제국이나 강대국이 다스리는 것이 아니라, 하나님의 종이나 노예들이 다스린다는 것이다.

요한이 있었던 에베소는 노예무역의 중심적인 도시로서 초대기독교인들은 이 도시에서 노예였던 것으로 보인다. 왜냐하면 당시 로마제국 전체인구의 약 30% 이상이 노예였기 때문이다. 이런 상황에서 요한은 노예들도 세상을 지배할 수 있다는 아주 획기적인 선언을 한 것이다. 가장 힘없는 노예들에게 요한의 이러한 약속은 그들의 삶에 얼마나 큰 힘과 용기를 주었을까! 어린양은 식민지 노예들에게 제국주의 고통에서 구출하며 폭력, 욕심, 두려움, 그리고 불의에 중독된 그들을 자유롭게 하신다. 이것이야말로 우리가 날마다 경험하는 출애굽인 것이다. 이와 마찬가지로, 요한계시록의 메시지는 오늘날 가장 힘없고 나약한 사람들에게 희망과 용기를 제공해주고 있다. 결국 요한계시록은 진정한 힘이 과연 무엇인지 보여준다. 곧, 우주의 가장 중심에 서 계시는 예수의 힘은 하나님의 희생양이라는 것이다.

구약성서 이사야 53장의 내용(유대교가 인정하지 않는)을 기억에 떠올리면, 예수는 도살장으로 끌려가면서 침묵하는 어린양과 같은 이미지와 유사하지

테오-쿨투라

만, 요한계시록의 어린양은 결국 승리로서 장식한다. 그 승리는 군사와 전쟁을 통한 승리가 아니라, 자신을 죽이고 희생함으로써 승리를 장식하는 아이러니를 보여준다. 요한계시록의 시작부터 끝까지 바로 이러한 '십자가의 신학'을 보여준다. 하나님의 능력과 힘은 약함에서 드러난다는 놀라운 아이러니의 신학인 것이다. 이러한 신학은 바울의 서신에서도 잘 드러나 있다. 어린양 신학은 요한계시록의 전체 메시지를 대변한다. 악은 폭력과 군사적인 힘에 의해서 제거되는 것이 아니라, 바로 어린양의 사랑의 희생으로 정복된다는 놀라운 신학을 이야기하고 있다. 이 신학은 희생자가 승리자가 되는 또 하나의 아이러니를 보여준다.

어린양 신학은 진정한 승자(Nike), 곧 최후의 나이키가 누구인지를 잘 보여준다. 어린양 예수를 믿고 따르는 이들 역시 '승리자들'이라는 것이다. 이것이 요한계시록이 가지고 있는 신학의 핵심이다. 사실 요한계시록의 많은 부분들은 폭력적인 장면으로 보일 것이다. 그러나 요한계시록의 이러한 폭력의 이면에 있는 신학적 의미들을 파악해야 한다. 요한계시록은 승리자와 정복의 개념을 새롭게 정의한다. 바로 어린양처럼 하나님의 사람들은 싸움이나 전쟁을 통해 얻어지는 승리가 아니라, 희생과 사랑으로서 얻어지는 승리인 것이다. 이러한 폭력에 대한 대안적인 면을 가진 '어린양 신학'은 세대주의 종말론이나 파괴주의 종말론에서는 도저히 찾아 볼 수 없는 귀중한 메시지이다.

4. 어린양, 미투

이러한 어린양의 비전은 놀라운 이미지이자 동시에 적개심을 없애는 위대한 비전이다. 왜냐하면 로마제국의 승리 이데올로기에 비하면 요한계시록의 어린양 이미지는 너무나 나약하고 보잘 것 없기 때문이다. 군사적 힘을 의지하는 관점에서 보면 어린양의 이미지는 비폭력을 상징하고 있다. 로마제국의 잔인한 살육에 대하여 요한계시록은 자기 자신을 살육의 희생 제물로 바치는 어린양의 이야기를 통해서 새로운 세상의 모습을 그려주는 것이다. 최근 벌어지고 있는 미투 운동 역시 남성가부장적 문화 속에서 잔인한 폭력의 희생양으로 고통 받던 여성들이 어린양과 같은 비폭력적 고백운동을 통해 새 역사를 만들어 가고 있다.

따라서 요한계시록은 우리에게 어린양과 같은 힘을 가지라고 요청한다. 우리로 하여금 어린양과 같은 삶을 실천하며 살아가기를 가르친다. 즉 우리가 어디를 가든지, 어느 곳에 있든지 어린양과 같은 삶을 살아갈 것을 촉구하는 것이다. 사실 어린양의 힘은 상처받기 쉬운 연약한 힘이지만, 동시에 세상을 변화시키는 가장 강력한 사랑의 힘이다. 어린양의 힘은 비폭력적의 힘이자, 불의에 저항하는 용기이다. 미투 운동이 그렇다. 어린양의 힘은 견고한 힘으로서 용서하는 힘이다. 미투 운동이 지향해야 할 목표이다.

이 험난한 세상에 우리는 언제든지 '어린양의 힘'과 '짐승의 힘' 둘 중 그 하나를 선택해야 하는 운명에 처해있다. 어린양의 힘을 선택한다는 것은 우리가 십자가 희생의 사랑의 정신을 받아들인다는 것을 의미한다. 그리고 이 사랑은 정의(혹은 하나님의 의)와 함께 하는 사랑이다. 따라서 어린양의 힘은 희망과 저항을 향한 우리들의 노력이며 실천이다. 또한 어린양의 힘은 짐승의 두려움을 극복하기 위한 우리의 노래이며 결속력이다.

우리는 요한계시록 말씀을 통하여 비폭력적인 어린양의 힘과 증언으로 이 불의한 세상(짐승들, 즉 바벨론/로마제국)을 정복하였음을 듣는다. 그들은 신성한 하나님의 법정에서 재판을 받았다. 이제 하나님은 우리를 새 하늘과 새 땅으로 초대하여 생명의 강과 나무를 상속하실 것이다. 그러나 정말로 복된 소식은 이미 우리가 이 하나님의 비전을 맛보고 있다는 것이다. 따라

테오-쿨투라

서 우리도 어린양이 가신 비폭력의 길과 정의의 길처럼 평화와 사랑의 길을 걸어가야 한다는 것이다. "어린양, 미투!" 왜냐하면 이러한 새 세상으로 어린양은 우리 모두 오라고 초대하고 있기 때문이다.

"다시 저주가 없으며 하나님과 그 어린 양의 보좌가 그 가운데에 있으리니 그의 종들이 그를 섬기며 그의 얼굴을 볼 터이요 그의 이름도 그들의 이마에 있으리라. 다시 밤이 없겠고 등불과 햇빛이 쓸데 없으니 이는 주 하나님이 그들에게 비치심이라. 그들이 세세토록 왕 노릇 하리로다(계 22:3-5)."

조선의 글과 청의 길 — 영화 〈남한산성〉 읽기

영화 〈남한산성〉(2017)은 보름달의 이야기이다. 보름달이 뜰 때까지 산성 문을 열지 않으면 나라가 멸망당하는 이야기, 초승달이 반달이 되고, 반달 이 보름달이 되어 마침내 산성문은 열렸고, 이제 보름달은 깨어진다. 그 보름달이 비춰주는 조선의 길과 청의 길은 너무도 다르고, 그 길을 글로 예비 하는 조선의 길과 청의 글 또한 다르다. 글은 '말의 쏨'이고, 종교개혁은 '오 직 성서(오직 말쏨)'로 시작되었다. 조선의 글과 길이 지금 종교개혁 500주년 을 맞는 한국 교회의 방향성이 되기를 소원한다.

1. 최명길의 글과 칸의 글

남한산성을 포위한 칸은 문한관(文翰官)들에게 산성 안으로 들여보낼 문서를 작성하라 명한다. 문서는 대청 황제가 조선 국왕에게 내리는 조유(詔諭, 임금의 명령을 적은 문서)의 형식을 갖추고, 조선 국왕을 '너'라고 칭하라 했다. 칸은 붓을 들어 문장을 쓰지는 않았으나, 문한관들의 붓놀림을 엄히 다스렸다. 고사를 끌어대거나, 전적(戰績)을 인용하는 문장을 금했다. 문체를 꾸며서 부화한 문장과 뜻이 수줍어서 은비한 문장과 말을 멀리 돌려서 우원한 문장을 먹으로 뭉갰고, 말을 구부려서 잔망스러운 문장과 말을 늘려서 게으른 문장을 꾸짖었다. 칸은 이렇게 말한다. "말을 접지 말라. 말을 구기지 말라. 말을 펴서 내질러라." 문한관들은 다음 날 아침 문서를 올렸다.

> "네가 기어이 나의 적이 되어 거듭 거스르고 어긋나 환란을 자초
> 하니, 너의 아둔함조차도 나의 부덕일진대, 나는 그것을 괴로워하며
> 여러 강을 건너 멀리 내려와 너에게 다다랐다. (중략) 너는 스스로 죽
> 기를 원하느냐. 지금처럼 돌구멍 속에 처박혀 있어라. 너는 싸우기를
> 원하느냐. 내가 너의 돌담을 타 넘어 들어가 하늘이 내리는 승부를
> 알려주마. 너는 지키기를 원하느냐. 너의 지킴이 끝날 때까지 내가
> 너의 성을 가두어주겠다. 너는 내가 군사를 돌이켜 빈손으로 돌아가
> 기를 원하느냐. 삶은 거저 누릴 수 없는 것이라고 나는 이미 말했다.
> 너는 그 돌구멍 속에 한세상을 차려서 누리기를 원하느냐. 너의 백
> 성은 내가 기른다 해도, 거기서 너의 세상이 차려지겠느냐. 너는 살
> 기를 원하느냐. 성문을 열고 조심스레 걸어서 내 앞으로 나오라. 너
> 의 도모하는 바가 무엇인지를 말하라. 내가 다 듣고 너의 뜻을 펴게
> 해주겠다. 너는 두려워 말고 말하라." [이하 인용은 김훈, 『남한산성』(학

칸이 말했다. "뻗쳐서 씩씩하다. 국새를 찍어라." 문서는 남한산성을 넘었고, 인조(박해일 분)는 천천히 말했다. "칸이 여러 가지를 묻더구나. …… 나는 살고자 한다. 그것이 나의 뜻이다." 최명길(이병헌 분)이 먹을 갈았다. 젖은 붓을 종이 위로 가져갔다.

> "소방은 바다 쪽으로 치우친 궁벽한 산골로, 시문과 담론에 스스로 눈이 멀어 천명의 순환에 닿지 못했고 천하의 형세를 살피지 못하였습니다. 캄캄한 두메에서 오직 명을 아비로 섬겨왔는데, 그 섬김의 지극함은 황제께서 망월봉에 오르시어 친히 보신 바와 같습니다. 소방의 몽매함은 그러하옵고, 이제 밝고 우뚝한 황극(皇極)이 있는 곳을 벼락 맞듯이 깨달았으니, 새로운 섬김으로 따를 수 있는 길이 비로소 열리는 것이옵니다. (중략) 황제의 깃발 아래 만물이 소생하고 스스로 자라서 아름다워지는 것일진대, 황제의 품에 들고자 하는 소방이 황제의 깃발을 가까이 바라보면서 이 돌담 안에서 말라 죽는다면 그 또한 황제의 근심이 아니겠나이까. 하늘과 사람이 함께 귀의하는 곳에 소방 또한 의지하려 하오니 길을 열어주시옵소서……."

올곧은 명분의 사람, 곧 예조 판서 김상헌(김윤석 분)[1]의 말대로 '뜻을 빼

---

1   김상헌의 명분은 '칼'로 재현된다. 그러나 이 명분이 백성을 살리는 명분이 아니라면, 결국은 자신을 해하는 길이 된다. 영화의 시작 한양에서 남한산성으로 가는 삼전도 나루터에서 뱃사공을 베었던 김상헌의 칼은 남한산성에 들어가 명에 대한 사대와 명분으로 청을 겨누지만, 결국은 인조의 투항에 죽음으로 명분을 지키고

앗기면 모든 것을 빼앗길 터', 최명길의 문서는 떳떳하게 살자는 문서가 아닐 수 있다. 그러나 최명길의 말대로 '상헌은 백이(伯夷)'이지만 자신은 '아직 무너지지 않은 초라한 세상에서 만고의 역적'이 되어도 좋으니 신의 문서를 칸에게 보내달라고 한다. "신의 문서는 '글'이 아니옵고 '길'이옵니다. 전하께서 밟고 걸어가셔야 할 길바닥이옵니다." 끝내 글은 길을 요청하러 남한산성을 넘는다.[2]

"글을 곧게 써라, 그래야 저들이 알아듣는다." 칸은 조선의 국서를 접수한 문한관 두 명을 처형한 뒤, 남한산성으로 들여보낼 문서를 다시 작성하라고 일렀다. 문한관이 글을 지어 올렸다.

"네가 사특한 입질과 기름진 붓질로 몽롱한 문장을 지어서 나를 속이려 하니 나를 따르겠다는 너의 기쁨이 대체 무엇이냐. 너의 문서는 돌려보낸다. …… 너의 신하들 중에서 나를 적대하고 능멸해서

자, 자신의 배를 가른다. 시작이 백성을 위하지 않았다면 그 결국은 자신에게로 돌아오는 칼이 되는 것이다.
2 남한산성에서 이렇게 맞섰던 두 주인공 최명길과 김상헌은 어떤 길을 걸었을까? 주화파 최명길과 척화파 김상헌은 전쟁이 끝난 후 청의 수도 심양에서 다시 만난다. 김상헌은 1640년 심양으로 끌려가 5년간 감옥에서 생활했고, 최명길은 명과 비밀 외교를 했다는 이유로 1642년 압송됐다. 벽 하나를 두고 주고받은 시의 대략은 이러하다. 김상헌, "조용히 두 사람의 생각을 찾아보니 문득 백년의 의심이 풀리는 구려." 최명길이 받았다. "고요한 곳에서 여러 움직임을 관찰하면 참되게 합의점을 찾을 수 있네. 끓는 물과 얼음은 모두 같은 물이고 털옷이나 삼베옷도 같은 옷이라네. 혹여 때에 따라 달라질지라도, 어찌 마음이 진리와 어긋나리오." 정치 노선은 극명하게 달랐지만 자신의 이익이 아니라 국가를 위해 다른 방식으로 접근했던 것을 인정한 순간이다.

결국 너를 그 돌구멍 속으로 몰아넣은 자들을 너의 눈으로 찾아내고, 너의 손으로 묶고, 너의 군사에게 끌리게 해서 나에게 보내라. 죽여서 그 머리를 높이 걸어 너희 나라의 후세 만대를 가르치려 한다. 만일 보내지 않으면 내가 너의 성을 깨뜨리는 날에 나는 내 손으로 너의 성을 뒤져 그자들을 찾지는 않겠다. 그날, 나는 너의 성 안에 살아 있는 모든 자들에게 나를 능멸한 죄를 묻게 될 것이다."

젊은 당하관인 교리 윤집과 부교리 오달제가 스스로 척화신을 자처했다. 금군위장이 그들을 묶었고, 최명길이 앞장서서 임금의 대열은 서문을 나와 삼전도로 향했다. 일제 식민지의 치욕 이전 가장 치욕스러운 한반도의 운명은 이렇게 남한산성을 떠났다. 글이 길을 만들었는지, 길이 글밖에 없었는지, 글과 길은 같은지, 다른지? 청의 글과 조선의 글은 무슨 차이인지, 또한 조선의 길과 청의 길은 무엇인지? 최명길은 이렇게 말한다. "강한 자가 약한 자에게 못 할 짓이 없고, 약한 자 또한 살아남기 위하여 못 할 짓이 없는 것이옵니다."

2. 주름과 실선: 바로크와 고전주의

바로크(Baroque)를 찬양하는 철학자 질 들뢰즈(G. Deleuze)는 『주름, 라이프니츠와 바로크』(1988)에서 이렇게 말한다. "바로크는 무한한 주름의 작업을 발명하였다. 문제는 주름을 어떻게 유한하게 만들 것인가가 아니라 그것을 어떻게 무한하게 이어나갈 것인가이다. 즉 주름을 어떻게 무한히 실어나를 것인가가 문제다." 주름은 사람의 피부에 있는 것으로, 손금의 경우 하나의 큰 선으로 보이지만, 사실 미세한 주름들로 이루어져 있다. 주름의

테오-쿨투라

〈렘브란트 자화상(1659)〉

모양이 사람마다 다르듯, 사람들의 표정이나 움직임도 다르다. 바로크 시대의 예술은 이러한 무수히 많은 주름을 표현한 것이다.

가령 바로크 시대의 대표적인 화자인 렘브란트(Rembrandt, 1606~1669)의 〈자화상〉(1659)은 얼굴에 내재한 삶의 굴곡을 주름으로 거침없이 드러내고 있다. 여기에는 기쁨과 분노, 환희와 절망, 공포와 용맹과 같은 '세계의 모든 속성'이 '내재'해 있다. 따라서 무한한 존재의 모습을 보여준다. 따라서 들뢰즈에게 있어서 바로크의 주름은 '내재적인 무한성'을 의미한다.

들뢰즈가 발견한 것이 바로 이것이다. 하나의 실선으로 환원될 수 없는 무수한 주름들의 발견, 그리고 이것이 곧 바로크의 실체이다. 반면 고전주의는 주름보다는 실선을 중요시한다. 따라서 데생이 강조된다. 주름과 실선의 차이가 바로크와 고전주의의 차이이며, 이것은 '변화/획일성', '차이/동일성/'의 대립에 다름 아니다.

이러한 동일성과 차이의 대립은 음악에서도 드러난다. 사실 바로크 음악의 특징은 통주저음(through bass, 숫자 붙은 베이스)이라고 볼 수 있다. 계속저음(basso continuo)이라고도 하는데, 말 그대로 베이스(저음)를 끊임없이 이어주는 것이다. 심장박동처럼 잘 들리지는 않지만 긴장감을 유발한다. 동시에 시작도 끝도 없이 저음이 반복되면서 곡의 서사적 완결성을 방해한다. 이러한 바로크 음악과 달리 고전주의 음악은 '제시부–발전부–재현부'라는 체계적이고 완결적인 소나타 형식을 통해 화음과 선율의 형식을 강조한다. 따라서 비형식적으로 반복되는 저음의 소리, 곧 정서적 강도(intensity)를 유발하는 바로크식 음의 긴장감은 밀려나게 되는 것이다. 서양 근대 음악이 자기완결적이며 거시적 체계와 형식에 얽매이는 것이다.

게다가 고전주의 음악에서 악보는 항상 동일한 의미를 전달해야하는 언어의 개념과도 같기 때문에 같은 곡은 다시 연주하더라도 같은 곡이 되어야 하는 것이다. 바로크와 고전주의의 이러한 차이에서 들뢰즈는 개념의 동일성에 깔려 죽은 차이를 다시 복원시킨 것이다. 따라서 바로크의 부활은 차이의 부활이 된다.

〈바흐의 두 대의 바이올린을 위한 협주곡 BWV.1043 1악장 첫 부분 일부〉

테오–쿨투라

3. 조선과 청의 글과 길

조선의 길과 청의 길은 차이와 동일성의 대립이며, 조선의 글과 청의 글은 '변화(칸의 말대로, 문체를 꾸며서 부화한 문장, 뜻이 수줍어서 은비한 문장, 말을 멀리 돌려서 우원한 문장, 말을 구부려서 잔망스러운 문장, 말을 늘려서 게으른 문장)'와 '획일성(칸의 말대로, "말을 접지 말라. 말을 구기지 말라. 말을 펴서 내질러라")'의 대조이다.

최명길의 글은 바로크적이다. 그리고 칸의 글은 고전주의적이다. 명길의 글에는 조선이라는 나라에 내재한 삶의 굴곡이 깃들어 있다. 이 굴곡은 다름 아닌 주름이여 이 주름은 하나의 뚜렷한 실선이 아닌 무수히 많은 미세한 선들로 이루어져 있다. 삶의 무게를 넘어서지 못하고 그 무게에 짓눌려 감당할 수 없는 무게의 흔적을 글은 담고 있다. 기쁨과 분노, 환희와 절망, 공포와 용맹이 주름져 놓여있기에, 어느 한 글이라도 근접할 수 없는 무한한 존재라 할 수 있다. 이렇게 무한한 주름으로 이루어진 명길의 글은 초월적인 의미에서 무한한 존재가 아니라 모든 것을 다 포함하고 있다는 점에서 '내재적으로 무한한 글(존재)'이라고 할 수 있다.

명길의 글 바닥은 바로크 음악의 시작도 끝도 없이 계속 진행되는 통주저음이 깃들어 있다. 이것은 조선의 비극적 운명을 드러낸다. 동시에 명길의 글은 길을 찾고자 하는 글이다. 이 글에 조선의 길이 있는 것이다. 반면 칸의 글은 고전주의 음악처럼 조선에 항복을 제시하고(제시부), 이를 직선적으로 발전시킨다(발전부). 마침내 다시 한 번 재현하며(재현부) 체계적이고 완결적인 '소나타 형식'의 자기 완결적이며 거시적 체계와 형식을 완성한다. 길을 제시하나, 그 길은 주름을 곧게 펴는 직선의 길로 무수한 주름들이 쓰러져 가고, 죽어가는 처참한 흔적을 그 배경으로 남긴다.

영화 〈남한산성〉에서 명나라는 지금의 미국이고, 청나라는 북한과 중국일까? 명나라 더하기 청나라가 미국이 아닐까? 영화에 보면 병자호란 시기에 "명은 천자의 나라이고, 청은 오랑캐"라고 주장하며 임진왜란 때 '명나라의 재조지은(再造之恩, 거의 망할 위기에서 구해준 은혜)'을 떠받드는데, 6·25전쟁 때 남한을 구해줬으니 과거의 미국은 명나라에 해당될 것이다. 그리고 북한과는 전쟁을 하겠다고 으름장 놓고, 남한과는 '한-미 FTA 폐지, 주한 미군 철수' 등의 위협으로 FTA 재협상 시도를, 사드 조기 배치를 밀어붙일 뿐, 동맹을 존중하는 태도를 찾아볼 수 없기 때문에 현재의 미국은 청나라에 해당될 것이다. 중국이 명에서 청으로 바뀌듯 미국도 '아름다울 미(美)'에서, 지구촌의 '곰팡이 미(黴)'로 바뀌는 것이다.

북한의 김정은 정권이 요구하는 핵심사항은 '적대시 정책과 핵 위협의 종식'이라고 볼 수 있다. 과거 제네바 합의나 6자회담의 9·19공동성명의 '핵무기 불위협, 불사용'이나 '불공격, 불침공'에서 한 걸음 더 나간 것이다. 과거 협상에서 수세적으로 '현상 유지'를 요구했다면 이제는 공세적으로 '현상 변경'을 요구하는 것이다. 사실 트럼프 대통령은 트위터를 통한 협박성 멘트를 앞세워 동맹국들에 값비싼 첨단무기 구매를 압박하여 미국 군수산업체들의 배를 불리고 있고, 무역협상에서 미국에 유리하도록 만드는 장사꾼에 다름없다.

지금 역사는 반복되고 있다. 조선의 길은 남한의 길로, 명, 청의 길은 미국과 중국의 길로. 보름달은 지금 다시 떠오르고 있건만. 500년 종교개혁의 음성이 들리건만, 아, 남한산성이여! 아, 대한민국이여! 오, 한국의 교회여!!

테오-쿨투라

신학과 문화의 만남

테오-쿨투라(Theo-Cultura)
— 눈에서 천국까지

발행일 1쇄 2019년 8월 30일

지은이 최병학

펴낸이 여국동

펴낸곳 도서출판 인간사랑

출판등록 1983. 1. 26. 제일-3호

주소 경기도 고양시 일산동구 백석로 108번길 60-5 2층

물류센타 경기도 고양시 일산동구 문원길 13-34(문봉동)

전화 031)901-8144(대표) | 031)907-2003(영업부)

팩스 031)905-5815

전자우편 igsr@naver.com

페이스북 http://www.facebook.com/igsrpub

블로그 http://blog.naver.com/igsr

인쇄 인성인쇄 **출력** 현대미디어 **종이** 세원지업사

ISBN 978-89-7418-394-3 93210

이 도서의 국립중앙도서관 출판시도서목록(CIP)은 서지정보유통지원시스템 홈페이지(http://seoji.nl.go.kr)와
국가자료공동목록시스템(http://www.nl.go.kr/kolisnet)에서 이용하실 수 있습니다.(CIP제어번호: CIP2019030818)